Witterstätter
Soziale Beziehungen

FACHBÜCHEREI
Praktische Sozialarbeit

Herausgegeben von
Professorin Dr. Helga Oberloskamp und Professor Kurt Witterstätter

Soziale Beziehungen

Gesellschaftswissenschaftliche Grundlagen für die Soziale Arbeit

von

Kurt Witterstätter
Diplom-Sozialwirt
Professor an der Evangelischen Fachhochschule Ludwigshafen
– Hochschule für Sozial- und Gesundheitswesen –

2. Auflage

Luchterhand

Die Deutsche Bibliothek – CIP-Einheitsaufnahme

Witterstätter, Kurt:

Soziale Beziehungen : gesellschaftswissenschaftliche Grundlagen für die soziale Arbeit / Kurt Witterstätter. - 2., überarb. Aufl.. - Neuwied ; Kriftel : Luchterhand , 2002

(Fachbücherei praktische Sozialarbeit)

ISBN 3-472-05080-2

www.luchterhand.de

Umschlaggestaltung: arttec grafik simon & wagner, St. Goar
Satz: Computersatz Ute C. Renda-Becker, Lahnstein
Papier: elementa BULK von Arjo Wiggins, Dettingen
Druck: Amer grafisch bedrijf, Oud-Gastel
Printed in the Netherlands, Juli 2002

∞ Gedruckt auf säurefreiem, alterungsbeständigem und chlorfreiem Papier

Vorwort zur zweiten Auflage

Das Erscheinen dieser nachhaltig überarbeiteten zweiten Auflage der soziologischen Grundlegungen für die Soziale Arbeit »Soziale Beziehungen« fällt in eine Zeit konstruktiver Unruhe an den Hochschulen für Sozialarbeit und Sozialpädagogik. Internationalisierung, Qualitätskontrollen und Evaluation der Studiengänge sind die ständigen Begleiter der Lehr- und Forschungstätigkeit an den Hochschulen des Sozialen. Das Studium der Sozialen Arbeit ist einerseits zu straffen, andererseits sind die Grundlagen so breit anzulegen, dass für die Studierenden leicht ein Wechsel in andere Studiengänge oder das Durchlaufen von Aufbaustudiengängen möglich wird. Die sehnlichst erwünschte Sozialarbeitswissenschaft, die das Vielfächer-Studium vereinfachen könnte, ist so umfassend und konzise noch nicht entwickelt, dass auf genuine Beiträge jener Disziplinen verzichtet werden könnte, die die Soziale Arbeit seit eh und je genährt haben.

Dabei sind die Beziehungen zwischen Sozialer Arbeit und ihren Mutter-Wissenschaften längst partnerschaftliche Verhältnisse auf Gegenseitigkeit. Soziale Arbeit hat es mit vergesellschafteten Wesen zu tun. Insofern stehen gesellschaftswissenschaftliche Konzepte von Anfang an im Focus sozialarbeiterischer Konzeptualisierungen. Andererseits sind ihre sozialarbeitlichen Beiträge für die Soziologie auch eine Legitimierung ihrer Relevanz geworden. So hat sich zwischen Soziologie und Sozialer Arbeit eine Beziehung von Wechselseitigkeit Gleichberechtigter ergeben. Ist heute von Professionalisierung, Betrachtungsebenen, Netzwerken, Sozialstruktur, Armut oder von Devianz die Rede, kann man kaum positionieren, ob man sich mit seinen wissenschaftlichen Konzepten auf soziologischem oder sozialarbeitlichem Terrain bewegt. Nicht zu Unrecht figurieren soziologische Beiträge zur Sozialen Arbeit in vielen derzeit erneuerten Studienordnungen unter Etiketten wie »Gesellschaftswissenschaftliche Grundlagen Sozialer Arbeit«.

Unter diesen Vorzeichen wird diese zweite Auflage soziologischer Beiträge zu Sozialarbeit/Sozialpädagogik unter dem Titel »Soziale Beziehungen« vorgelegt. Als im sozialen Topos Handelnde werden nicht nur die Berufsträger der Sozialen Arbeit begriffen. Es interagieren alle, ob Klienten, deren Umfeld, Professionelle oder wer auch immer. Anstöße dafür zu geben, dass dies ein »gelingenderes« Agieren werden möge, ist Anliegen dieses Buches. In diesem Sinne mögen die eh schon bestehenden Beziehungen aktiviert werden.

Kommunikatives Handeln, kommunitär-bürgerschaftliches Engagieren, subpolitisches Einfordern, Erweitern von Spielräumen und advokatorisches Stützen sind Ergebnisse gesellschaftsdienlichen Nachdenkens der letzten Jahrzehnte.

Sie werden jenseits der nach wie vor aufgenommenen reinen Gesellschaftsbeschreibungen vorgestellt. Zugleich soll diese erweiterte und vertiefte gesellschaftswissenschaftliche Einführung auch jenen Studierenden hilfreich sein, die sich – etwa nach dem Grundstudium der Sozialen Arbeit – anderen sozial- oder humanwissenschaftlichen Studien zuwenden. Infolge Emeritierung des verehrten Kollegen Klaus Stumpf hat der Unterzeichnende auch die Ausarbeitung dieses einführenden Kapitels anhand einer gerontologischen Fallschilderung übernommen. Die Kapitel Sozialstruktur, Familie, Jugend und Devianz wurden überarbeitet. Viele ausführliche Originalzitate sollen Lust auf weiteres, originäres Quellen-Lesen wecken.

Speyer, im Frühsommer 2001

Prof. Kurt Witterstätter

Vorwort zur ersten Auflage

Die Funktion der juristischen, medizinischen und sozialwissenschaftlichen Einzeldisziplinen im Fachhochschulstudium des Sozialwesens ist lange Zeit sehr kontrovers gesehen worden. Vertreter interdisziplinärer Überwindung fragmentarisierender »Kästchen« Sicht standen sich jenen gegenüber, die auf den historisch gewachsenen, heuristischen Wert der Einzelwissenschaften pochten.

Heute kann vielerorts von einer versöhnlicheren Sicht der Dinge ausgegangen werden, die die einzelwissenschaftliche Betrachtung im Studium der Sozialarbeit/Sozialpädagogik zuläßt: Freilich mit der Blickrichtung auf die Arbeitsfelder von Sozialarbeit und Sozialpädagogik und auf die Nachbardisziplinen.

Unter diesen Vorzeichen werden hier ausgewählte Kapitel aus dem Lehrgebiet Soziologie im Studium der Sozialarbeit/Sozialpädagogik vorgelegt.

Dabei will gleich der Einleitungsteil »Soziologie und Sozialarbeit – Grundlagen der Gesellschaftslehre für Sozialarbeit/Sozialpädagogik« klarmachen, daß die Soziologie Sozialarbeitern/Sozialpädagogen keine kurzschlüssigen Rezepte zu geben vermag. Vielmehr dient sie zunächst einmal als allgemeines Aufklärungs-, Informations- und Strukturierungs-Raster für die vielfältigen sozialen Beziehungen, in denen sowohl Klienten als auch die Professionellen selbst stehen. Diese Erhellungsmöglichkeiten werden mit idealtypisch-verstehenden, systemtheoretischen, interaktionistischen und konfliktorischen Ansätzen auf die sozialarbeiterischen/sozialpädagogischen Funktionsmöglichkeiten übertragen. Ausgehend von der Einbettung auch der Sozialarbeit/Sozialpädagogik in die doppelbödigen gesamtgesellschaftlichen Zusammenhänge der spätkapitalistischen Gesellschaft mit ihren Verwertungs-, aber auch Legitimations-Potenzen, wird zur Nutzung der mancherlei sich hier bietenden Spielräume aufgerufen.

So will auch die Sozialstrukturanalyse des zweiten Teils nicht vordergründig in der ökonomistischen Statusbetrachtung hängenbleiben. Vielmehr werden – neben traditioneller Unterschicht- und Schuldnerberatung auch die Möglichkeiten der Informations- und Kulturgesellschaft für ein wie immer problembehaftetes Klientel aufzuzeigen versucht.

Einen wesentlichen Erklärungswert für die Klienten-Situation haben nach wie vor die Bereiche von Familie und Jugend. Familien- und jugendsoziologischen Ansätzen in der Sozialarbeit/Sozialpädagogik gelten daher besondere Teile dieser »Sozialen Beziehungen«. Dabei werden unterschiedliche Familienformen wie Eineltern- und Stief-Familien ebenso beleuchtet wie die Funktion gewandelter jugendlicher Gesellungsformen der »Jugend im Umbruch der Zeiten«.

Im letzten Teil dieser vielfach fall- und praxisbezogen angelegten »Sozialen Beziehungen« wird auf die Erklärungsmodelle für abweichendes Verhalten eingegangen. Bei der Antwort auf Devianzen wird nicht nur, wie üblich, auf Resozialisieren und sozialpolitisches Erweitern, sondern auch auf eine Schärfung des Normbewusstseins abgehoben.

Die beiden Autoren sind Lehrende an verschiedenen, südwestdeutschen Fachhochschulen. Sie werten ihr Vorlegen dieser »Sozialen Beziehungen« auch als einen Versuch kollegialer Zusammenarbeit über die Pforten einer einzelnen Fachhochschule hinaus.

Für die umfangreichen Niederschriften sei Frau Helga Bauer von der EFHS Ludwigshafen besonders gedankt.

Mainz und Speyer, im Frühjahr 1994

Klaus Stumpf

Kurt Witterstätter

Inhalt

1 Soziologie und Soziale Arbeit: Grundlegung gesellschaftswissenschaftlicher Konzepte

Kurt Witterstätter

Soziale Arbeit als organisierte Hilfe bei Problemen ihrer Klientel und als Reaktion auf Lebenslagen der Menschen kann an der Grundtatsache des Lebens in der Gesellschaft nicht vorbei. Die *Soziologie* als Beschreibung und Erklärung der Gesellschaft gerade auch in ihrem Wandel stellt deshalb der Sozialen Arbeit wichtiges wissenschaftliches Wissen zur Verfügung.
Gefragt wird – diagnostisch oder anamnestisch – nach gesellschaftlichen oder auch makrosozialen Entstehungsbedingungen für soziale Problemlagen. Hier interessieren der soziologische Erklärungs- und Begründungszusammenhang. Man bewegt sich innerhalb des *interpretativen Paradigmas* der Soziologie.
Zum anderen sind die möglichen und denkbaren Interventionen Sozialer Arbeit auf dem Hintergrund dieser erklärenden soziologischen Analyse vor allem dann mit dem gesellschaftswissenschaftlichen Instrumentarium abzuklären und zu beurteilen, wenn es sich um typisierbare, verallgemeinerbare Problemstellungen handelt. Soziologisches Wissen wird dabei im Verwertungszusammenhang mobilisiert. Dabei handelt es sich um einen Paradigmenwechsel hin zum *normativen Paradigma*, das sich erst neuerdings in der Soziologie durchzusetzen beginnt. Lange glaubte man nämlich mit *Max Weber* (1976a, 5 – zuerst 1921), Soziologie habe gesellschaftliche Phänomene zunächst nur deutend zu verstehen und ursächlich zu erklären. Denn dies sei noch werturteilsfrei ohne eine Qualifizierung in schlechter oder besser vollziehbar. *Weber* forderte die Werturteilsfreiheit vor allem bei der Erörterung politischer Sachverhalte. Soweit der Wissenschaftler Werturteile im Sinne von Besser oder Schlechter abgebe, habe er dies ausdrücklich zu benennen, also seinen Schritt vom bloßen Erklären und Aufzeigen von Ursachen hin zum Vorschlag anzukündigen.

Dieser sogenannte *Werturteilsstreit* der Soziologie aus der ersten Hälfte des 20. Jahrhunderts ist heute ausgestanden. Denn auf der einen Seite forderten bestimmte Soziologen (wie die Vertreter der Kritischen Theorie der Frankfurter Schule) geradezu die Vorgabe von Wertmaßstäben ein: die freiere, mündige Entfaltung der Menschen etwa. Auf der anderen Seite weiß man inzwischen, dass auch die sogenannte werturteilsfreie Soziologie bereits bei der Auswahl ihrer Forschungsgegenstände Wertungen dadurch vornimmt, dass sie sich der einen Frage zuwendet, der anderen aber nicht. Klar wird auf jeden Fall: Die eine Soziologie gibt es nicht. Es geht vielmehr darum, sich mit einer Reihe soziologischer Schulen oder »Soziologien« auseinander zu setzen (*Bango* 2001, 83).

Fall »Hammerklang«

Der 62jährige Bürgermeister Ernst Maurer der 2000-Einwohnergemeinde Schöndorf besucht regelmäßig die Altersjubilare seiner Gemeinde zu ihren runden Geburtstagen. Dabei führen ihn die Geburtstagsbesuche der hochbetagten Jubilare immer häufiger ins 22 Kilometer entfernte Kreisaltenheim der Kreisstadt Schütthausen. Er hört dort ungefähr immer dasselbe: Seine alten Mitbürger aus Schöndorf sind in Schütthausen mit dem Heim, der Unterbringung und auch dem Personal zufrieden. »Wir sind bloß nicht zuhause«, klagen die Besuchten ihrem Bürgermeister. Besucht würden sie selten. Für Angehörige, Bekannte und Freunde, von denen viele selbst schon hochaltrig sind, ist der Weg von Schöndorf zum Heim in die Kreisstadt zu beschwerlich.

Der Bürgermeister schafft Abhilfe. Mit Gleichgesinnten gründet er die »Gemeinnützige Genossenschaft für bürgernahe Altenhilfe«. Nach Rücksprachen bei der Kreisverwaltung und im Landes-Sozialministerium reift mit Zusagen von Geldern aus dem Landesaltenplan und der Denkmalspflege der Plan, aus der der Gemeinde im Ortskern überlassenen alten Schmiede unter teilweiser Verwendung der alten Bausubstanz ein mehrgliedriges Altenzentrum zu errichten.

Bürgermeister Maurer kann seinen Plan in die Tat umsetzen. Nach drei Jahren wird das Altenzentrum »Hammerklang« der gemeinnützigen Genossenschaft »Bürgernahe Altenhilfe« mit 26 Wohnappartements, einem Tagespflegeheim mit 10 Plätzen und der Cafeteria »Schmiedestube« eingeweiht. Die 26 Appartements sind alle mit eineinhalb Räumen (Wohnzimmer und Schlafnische für Pflegebett), Küchenzeile und Nasszelle konzipiert worden. Alle Wohnungen sind in sich abgeschlossen. Der Zutritt ist nur nach Klingeln möglich. Je acht Wohneinheiten werden als Pflegebedürftigen-Appartments, als Betreute Wohnungen (mit Anbindung an den Pflegedienst der Pflege-Appartments) und als reine Mietwohn-Appartments geführt; die Bewohner letzterer haben bei Bedarf nach Wahl auch die Möglichkeit, anstelle der Leistungen des hauseigenen Pflegedienstes des »Hammerklang« auch solche von der Ökumenischen Sozialstation e.V. im benachbarten Thannhausen abzurufen. Die restlichen zwei Kleinwohnungen dienen als Kurzzeitpflege- und Urlaubs-/Vertretungspflege-Betten.

Der »Hammerklang« entwickelt sich dank der Aktivität des Heimleiters, des 20 Jahre lang im Kreisjugendamt Schütthausen tätig gewesenen Diplom-Sozialarbeiters Ewald Nord und der örtlichen Vereine rasch zu einer lebendigen Heimstatt. Die Bewohnerinnen und Bewohner erhalten ständig – oft im Vorübergehen bei anderweitigen Besorgungen »auf einen Sprung« – Besuch von ihren Verwandten und Bekannten.

Eine Gruppe des Kindergartens bastelt regelmäßig in der Tagespflege mit deren ambulanten Gästen und den ständigen Bewohnern des »Hammerklangs«, die kommen wollen. Einige der alten Bewohner bzw. Gäste des »Hammerklangs« sind zu Patenomas bzw. Patenopas der Kinder avanciert. Eine Grup-

pe von Schöndorfer Rentnern, die bis vor kurzem alle in der Werkzeugfabrik von Schütthausen als Arbeitnehmer-Kollegen tätig waren, übernimmt gegen Gutscheinbezahlung den Fahrdienst für die Tagespflege. Die Gutscheine können sie in der Schmiedestube oder in den therapeutischen Einrichtungen des »Hammerklangs« (Schwimmbad, Sauna) einlösen. Nord will in der mittags immer gut besuchten »Schmiedestube« ein Internet-Café für Seniorinnen und Senioren einrichten. Bürgermeister Maurer braucht bei seinen Jubilarbesuchen nun nicht mehr ins Kreisaltenheim nach Schütthausen zu fahren.

Sicher ist eine Initiative wie diejenige des Bürgermeisters Maurer zu Gründung, Bau und Betrieb eines ortsnahen Klein-Altenzentrums noch etwas Besonderes. Die Vorteile dieser gemeinwesenbezogenen Altenhilfe liegen angesichts familialer und siedlungsbezogener Wandlungen auf der Hand: Alte Menschen werden in ihrem Hochbetagten- und Pflegebedürftigkeits-Stadium (in ihrem sogenannten »vierten Alter«) nicht in eine von ihrem seitherigen Lebensmittelpunkt weit entfernte Großeinrichtung abgeschoben. Die den »Hammerklang« besuchenden Kinder und Erwachsenen erfahren anschaulich das Alter. Die jungen Alten im dritten Lebensabschnitt (sogenanntes »drittes Alter«) können sich gut auf das ihnen unmittelbar bevorstehende Stadium als Alt-Alte im vierten Lebensalter einstellen und vorbereiten.

1.1 Max Weber: Durchgesetzte Rationalisierung und der Berufsmensch in der Sozialen Arbeit

Soziologie als Wissen zur Deutung, Erklärung und auch Verbesserung gesellschaftlicher Beziehungen ist immer dann gefragt, wenn sich in einer Gesellschaft Grundlegendes ändert. Alte Menschen können aus demographischen Gründen (zunehmende Hochaltrigkeit, kleiner werdende und zerfallende Familien, siehe Teil 3) und wegen zunehmender außerhäuslicher Berufstätigkeiten sowie geographischer Wanderungsbewegungen (Mobilitätsprozesse) bei Pflegebedürftigkeit immer weniger innerfamilial betreut werden. Künftig wird der Anteil der traditional-familial versorgten Pflegebedürftigen abnehmen, der Teil der individualisiert lebenden Pflegebedürftigen (hochaltrige Singles) zunehmen (*Blinkert/Klie* 1999, 126). Umgekehrt steigt der Anspruch der alten Menschen, auch ihre Hochbetagtenphase möglichst autonom, integriert, würdevoll und befriedigend zu durchleben, zu Recht (*Witterstätter* 1999, 38 ff.).

Mit familialen, beruflichen und siedlungsstrukturellen Wandlungen befasst sich die Soziologie gerade auch im gegenwärtigen Wandel von der Moderne (Industriegesellschaft mit der Dominanz von Produktion und Verarbeitung als sekundärem Produktionssektor) zur Postmoderne (postindustrielle, tertiärisierte Gesellschaft mit Dienstleistungsdominanz als drittem Wirtschaftssektor). Soziologie hat immer da besondere Aufgaben und ist dann von besonderem Interesse, wenn sich gesellschaftliche Prozesse und Verhaltensmuster nachhaltig ändern. Der Wandlung von der vorindustriellen zur industriellen Gesellschaft verdankt die Soziologie sogar ihre Entstehung. Als sich gesellschaftliche Verhaltensmuster im Gefolge der sogenannten 1968er-Revolten nachhaltig in Richtung auf mehr Emanzipation, Liberalität und Angleichung der Lebensverhältnisse für viele zu ändern begannen, bekam die Soziologie nochmals einen starken Bedeutungsschub. Da Menschen sie nachhaltig tangierende Wandlungen krisenhaft erleben können, wurde die Soziologie zuweilen auch als Krisenwissenschaft bezeichnet. Da das Empfinden der in starke Wandelsphänomene involvierten Personen jedoch unterschiedlich ausgeprägt ist, dürfte die Benennung der Soziologie als *Krisenwissenschaft* übertrieben sein. Eher ist es schon zutreffend, dass soziologische Erkenntnis an Schnittstellen sich wandelnder gesellschaftlicher Verhaltensmuster besonders gefragt ist.

So entstand die Soziologie als Lehre (griechisch *logos*) von der menschlichen Gesellschaft und vom menschlichen Zusammenleben der Menschen (der Zeitgenossen – lateinisch *socii*) im 19. Jahrhundert in einer Zeit des von bürgerlichen Revolutionen und der Industriealisierung geprägten Umbruchs. Zwar wurde die Angewiesenheit des Individuums auf seine es umgebende soziale Umwelt, die Gesellschaft in welcher Ausprägung auch immer, bereits seit *Aristoteles*' (384 – 322) Bezeichnung des Menschen als *zoón politicon* thematisiert. Im 19. Jahrhundert bekam diese Betrachtung der Einbettung des Menschen in seine Sozialstruktur eine dynamische, religiös-ontologische Systeme überwindende Sicht. Geschichtsphilosophische und naturwissenschaftliche Deutungen prägten seinerzeit das Wissenschaftsspektrum. Der Franzose *Auguste Comte* (1798 – 1857), dem allgemein die Begründerrolle für die Soziologie zuerkannt wird, versuchte, mit der Physik entlehnten Beschreibungen von Kräften den historischen Ablauf individueller Einbettungen zu beschreiben. Auf religiös-fiktiv deutende Zeiten sei eine metaphysisch-abstrakt denkende Epoche gefolgt; das »positive«, die gesellschaftlichen Vorgänge eben in Analogie zu physikalischen Gesetzen quasi als »soziale Physik« erklärende, Zeitalter habe wiederum diese vorangegangenen Stadien abgelöst (sog. Dreistadiengesetz).

Ähnliche, teils ebenfalls geschichtsphilosophisch deutende Modelle (wie beispielsweise *Karl Marx*' historischer Materialismus mit seiner Abfolge Urgesellschaft-Sklavenhaltertum-Feudalismus-Bürgerliche Gesellschaft-Sozialismus, siehe auch Teil 1.5) aber auch organizistische Gebäude (*Herbert Spencer*, vgl. Teil 1.3) oder Volks-Charaktere erspürende Erklärungsmuster (*Wilhelm Dilthey*) standen am Beginn soziologischen Nachdenkens an der Wende vom 19. zum 20. Jahrhundert. Im 19. Jahrhundert dominierten einerseits noch solche umfassenden, deterministischen, geschichts- und kulturphilosophischen Gedankengebäude über sich ablösende Epochen der Menschheitsgeschichte. Daneben konstruierte man im Sinn der damals aufkommenden Naturwissenschaften makrosoziale Strukturgebilde.

Das Einsetzen der deutschen Soziologie erfolgte mit *Georg Simmel* (1858 – 1918), der sich als einer der ersten vom historisch-deterministischen Systemdenken löste. Nach Simmels »verstehender« Soziologie kann man das menschliche Zusammenleben in seiner reinen Gestalt nur historisch punktuell, nicht zeitlich epochen-übergreifend herausarbeiten. Die Soziologie hat nach *Simmel* das Zwischenmenschliche, das »soziale Leben«, die »Vergesellschaftung« unabhängig von einer konkreten Vergesellschaftung phänomenologisch herauszuarbeiten. Das ergab für *Simmel* eine »formale« Soziologie im Sinne einer »Geometrie des Sozialen«. *Simmel* legte mit seiner 1908 erschienenen »Soziologie« erstmals einen geschlossenen Entwurf einer Soziologie vor. Dieser stellte weder dynamische Gesetzmäßigkeiten fest noch legte er historische Entwicklungen zugrunde, sondern er beschränkte sich auf die Spezifika des Sozialen – die Wechselwirkungen der Individuen (*Simmel* 1968, 1 ff. – zuerst 1908):

»Ich gehe dabei von der weitesten, den Streit um Definitionen möglichst vermeidenden Vorstellung der Gesellschaft aus: daß sie da existiert, wo mehrere Individuen in Wechselwirkung treten. Diese Wechselwirkung entsteht immer aus bestimmten Trieben heraus oder um bestimmter Zwecke willen. Erotische, religiöse oder bloß gesellige Triebe, Zwecke der Verteidigung wie des Angriffs, des Spieles wie des Erwerbes, der Hilfeleistung wie der Belehrung und unzählige andere bewirken es, daß der Mensch in ein Zusammensein, ein Füreinander-, Miteinander-, Gegeneinander-Handeln, in eine Korrelation der Zustände mit anderen tritt, d.h. Wirkungen auf sie ausübt und Wirkungen von ihnen empfängt. Diese Wechselwirkungen bedeuten, daß aus den individuellen Trägern jener veranlassenden Triebe und Zwecke eine Einheit, eben eine ›Gesellschaft‹ wird.«

Hierbei wird bereits eine paradigmatische Perspektive der Soziologie deutlich: Gesetze der »großen« Gesellschaft aus der Betrachtung der »kleinen« Welt der Individuen herauszufinden. Das soziale Miteinander-Handeln von Individuen in ihrem Mikrokosmos, ein Grundpfeiler soziologischer Erkenntnis, wird also abgebildet auf Gesetzmäßigkeiten in der Makro-Gesellschaft. Die Mikro- und die Makrowelt mögen harmonisch integriert sein oder aber es mag – bei allem Ärger über das, was in der Gesellschaft »gilt« – zwischen beiden Sphären auch knirschen: Die Soziale Arbeit hat uns – vor allem in ihren Vernetzungslehren – darauf hingewiesen, dass zwischen Mikro- und Makro-Welt des Sozialen auch intermediäre Instanzen wirksam sind (*Bullinger/Nowak* 1997, 70 ff.). Wir haben es also beim Umgang mit unseren Klientelen gemäss soziologischer Erkenntnis und der Lehre von der Sozialen Arbeit (*Rauschenbach* 1994, 95 ff.) zu tun mit der

- *Mikroebene*: Dem Klienten, seiner Familie, seiner Kleingruppe. Natürlich ist das Handeln in der Mikrowelt vielfältig strukturell beeinflusst;
- *Mesoebene*: Nachbarschaften, Selbsthilfegruppen, Ämtern, Diensten und Einrichtungen vor Ort, die in einer für die Klientel erreichbaren Nähe agieren und individuell von den in ihnen handelnden Persönlichkeiten, aber auch strukturell durch makrosoziale Vorgaben beeinflusst werden, auf die sie dank ihrer höheren Spielstärke auch wieder zurückwirken können;

- *Makroebene*: Hier wirken die gesamtgesellschaftlichen Regelungsmuster wie Gesetze, Verordnungen, Politik, Wirtschaft, Bewusstseinsbildung durch Massenmedien und andere gesellschaftliche Institutionen.

Fall »Hammerklang«

Im Ausgangsfall der Bildung des kleinen gemeindenahen Altenzentrums »Hammerklang« können wir uns die Ebenen für soziale Handlungen gut vorstellen: Auf der Mikroebene sind die einzelnen Nutzer und Bewohner betroffen – beispielsweise in der Frage, wie zügig oder wie langwierig sie von ihren Angehörigen erreichbar sind. Auf der Mesoebene hat Bürgermeister Maurer mit seiner Pioniertat agiert und ein makrosoziales Regelungsmuster, eben ein Pflegeheim in wirtschaftlich vernünftiger, »rationaler« Größe fernab in der Kreisstadt vorzuhalten, überwunden.

Auch der große deutsche Soziologe *Max Weber* (1864 – 1920) erarbeitete sich bei all seinen historischen, geistes- und religionsgeschichtlich wirkenden Herleitungen und Deutungen der modernen Industriegesellschaft im Anschluss an *Simmel* Bausteine einer strukturell-positivistisch arbeitenden Gesellschaftslehre. Er tat dies mittels der von ihm so benannten Erkenntnisleitungen der »Idealtypen«: An diesen *Idealtypen* soll das Wirkliche, durch allerlei Affekte und Irrationalismen beeinflusste soziale Verhalten gemessen werden. Die Idealtypen sind aus der Wirklichkeit abgeleitete Erklärungsmuster, wie sie in der Realität selbst nie rein vorkommen. Diese ideal-beschreibende Typologie setzt an der Wirklichkeit als objektiver Lebenswelt an, wie sie vom Beobachter entweder erfahren wird oder wie sie sich ihm zumindest als erfahrbar erweisen könnte. Auf diese Weise ist für *Max Weber* die Wirklichkeit messbar und beschreibbar.

Ein Grundelement seiner Gesellschaftslehre ist auch für *Max Weber* das soziale Handeln. Er definiert es (1976a, 3) als

> »ein solches Handeln..., welches seinem von dem oder den Handelnden gemeinten Sinn nach auf das Verhalten anderer bezogen wird und daran in seinem Ablauf orientiert ist«.

Das soziale Handeln kommt nach *Max Weber* in vier idealtypischen Klassifizierungen vor (1976a, 12 f.):

- Das *wertrationale Handeln* steht im Dienst einer Überzeugung, einer religiösen Weisung oder einer Sachwichtigkeit; es steht unter Geboten und Forderungen, die der Handelnde für sich als verpflichtend erachtet;
- das *traditionale Handeln* ahmt Verhaltensvorbilder nach; es richtet sich an eingelebten Gewohnheiten aus;
- das *zweckrationale Handeln* orientiert sich an Erfolgen und Zwecken: Diese Handlungen sollen möglichst durchdacht und den Erfolg ihrer Bemühungen garantierend konzipiert sein;
- schließlich stehen beim *affektuellen Handeln* emotionale Momente im Vordergrund: Es wird vor allem durch Affekte und Gefühlsregungen bestimmt.

In der sozialen Wirklichkeit sind Handlungen durchweg von mehreren dieser idealtypischen *Weberschen* Leitbilder geprägt. Die Aufschlüsselung ist gerade auch für berufliches Handeln in der Sozialen Arbeit wichtig. Berufliche Soziale Arbeit steht in wertbesetzten Kontexten, seien sie tradiert-religiös oder an säkularen Grundüberzeugungen wie Grund- und Menschenrechten orientiert. Weiter ist Soziale Arbeit als bezahltes, berufliches Handeln gerade auch unter Kostengesichtspunkten der Anstellungsträger auch ergebnisorientiert, wie die seit den 1990er Jahren entbrannte Ökonomisierungsdebatte zeigt (*Finis Siegler* 1997, 85). Und dann ist Soziale Arbeit ohne dosierte und kontrollierte emotionale Bezüge zu ihrer Klientel, also ohne Empathie und emotionale Wertschätzung ihres Gegenüber, nicht vorstellbar.

Gerade zum *Berufshandeln* sind die religionsgeschichtlichen Herleitungen *Max Webers* aufschlussreich. Sie galten zwar in erster Linie der Erklärung der modernen Wirtschaftsführung in ihrer kapitalistischen Ausprägung und nicht so sehr der zweckhaften Tätigkeit in Staat und Verwaltung, auch wenn sich *Max Weber* sehr nachhaltig zu den Handlungsgesetzen der staatlichen Bürokratie geäußert hat (und sogar als Lehrkraft an ersten Kursen für soziale Hilfsarbeit von Mädchen- und Frauengruppen – den Vorläufern der späteren sozialberuflichen Ausbildung von Wohlfahrtspfleger/-innen – teilnahm; *Kühn* in: Soziologie 2000, 283).

In der Moderne wird für *Max Weber* das zweckrationale Handeln in Wirtschaft und staatlicher Bürokratie zur bestimmenden Größe. Das Handeln in den Gefügen von Betrieb und Verwaltung wird seines ehedem noch wertrationalen Bezuges zusehends entkleidet. Die zuvor religiöse Ausrichtung geht durch Prozesse der Säkularisierung mehr und mehr verloren.

Beruflicher und wirtschaftlicher Erfolg waren nach *Max Weber* (1976b, 105 ff.) in der Neuzeit zunächst noch als Ausfluss des asketischen Protestantismus auf den Geist des Kapitalismus zu begreifen gewesen. *Weber* beleuchtete diese Genese anhand von Seelsorgeschriften der englischen Moraltheologie unter anderem eines *Richard Baxter* wie folgt:

> »Denn für jeden ohne Unterschied hält Gottes Vorsehung einen Beruf (calling) bereit. Den er erkennen und in dem er arbeiten soll, und dieser Beruf ist nicht wie im Luthertum eine Schickung, in die man sich zu fügen und mit der man sich zu bescheiden hat, sondern ein Befehl Gottes an den Einzelnen, zu seiner Ehre zu wirken.....Auch nach der Quäkerethik soll das Berufsleben des Menschen eine konsequente asketische Tugendübung, eine Bewährung seines Gnadenstandes an seiner Gewissenhaftigkeit sein, die in der Sorgfalt und Methode, mit welcher er seinem Beruf nachgeht, sich auswirkt. Nicht Arbeit an sich, sondern rationale Berufsarbeit ist eben das von Gott Verlangte«.

Die gesamte moderne Wirtschaftsordnung sieht *Max Weber* aus dieser gnadenständigen Berufsverpflichtung entstanden; sie sei dann aber davon säkularisierend verlassen worden, was die Haltungen in antagonistische Kämpfe in Arbeit und Wirtschaft verschlimmert habe:

»Denn indem die Askese aus den Mönchszellen heraus in das Berufsleben übertragen wurde und die innerweltliche Askese zu beherrschen begann, half sie an ihrem Teil mit daran, jenen mächtigen Kosmos der modernen, an die technischen und ökonomischen Voraussetzungen mechanisch-maschineller Produktion gebundenen Wirtschaftsordnung erbauen, der heute den Lebensstil aller Einzelnen, die in dies Triebwerk hineingeboren werden – nicht nur der direkt ökonomisch Erwerbstätigen –, mit überwältigendem Zwang bestimmt und vielleicht bestimmen wird, bis der letzte Zentner fossilen Brennstoffs verglüht ist. Nur wie ›ein dünner Mantel, den man jederzeit abwerfen könnte‹, sollte nach *Baxters* Ansicht die Sorge um die äußeren Güter um die Schultern seiner Heiligen liegen. Aber aus dem Mantel ließ das Verhängnis ein stahlhartes Gehäuse werden. Indem die Askese die Welt umzubauen und in der Welt sich auszuwirken unternahm, gewannen die äußeren Güter dieser Welt zunehmende und schließlich unentrinnbare Macht über den Menschen, wie niemals zuvor in der Geschichte. Heute ist ihr Geist – ob endgültig, wer weiß es? – aus diesem Gehäuse entwichen. Der siegreiche Kapitalismus jedenfalls bedarf, seit er auf mechanischer Grundlage ruht, dieser Stütze nicht mehr. Auch die rosige Stimmung ihrer lachenden Erbin: der Aufklärung, scheint endgültig im Verbleichen, und als ein Gespenst ehemals religiöser Glaubensinhalte geht der Gedanke der ›Berufspflicht‹ in unserem Leben um. Wo die ›Berufserfüllung‹ nicht direkt zu den höchsten geistigen Kulturwerten in Beziehung gesetzt werden kann – oder wo nicht umgekehrt sie auch subjektiv einfach als ökonomischer Zwang empfunden werden muß –, da verzichtet der Einzelne heute meist auf ihre Ausdeutung überhaupt. Auf dem Gebiet seiner höchsten Entfesselung, in den Vereinigten Staaten, neigt das seines religiös-ethischen Sinnes entkleidete Erwerbsstreben heute dazu, sich mit rein agonalen Leidenschaften zu assoziieren, die ihm nicht selten geradezu den Charakter des Sports aufprägen. Niemand weiß noch, wer künftig in jenem Gehäuse wohnen wird und ob am Ende dieser ungeheuren Entwicklung ganz neue Propheten oder eine mächtige Wiedergeburt alter Gedanken und Ideale stehen werden, oder aber – wenn keins von beiden – mechanisierte Versteinerung, mit einer Art von krampfhaftem Sich-wichtig-nehmen verbrämt. Dann allerdings könnte für die ›letzten Menschen‹ dieser Kulturentwicklung das Wort zur Wahrheit werden: ›Fachmenschen ohne Geist, Genußmenschen ohne Herz: dies Nichts bildet sich ein, eine nie vorher erreichte Stufe des Menschentums erstiegen zu haben‹.«

Diese lange, am Ende auf Nietzsches Kulturpessimismus anspielende Passage aus *Max Webers* Religionssoziologie lässt Kritikpunkte am modernen Expertentum und Hedonismus anklingen, die noch heute in den gesellschaftlichen Beurteilungen und Kritiken an der Postmoderne hochaktuell sind (vgl. auch Teile 1.6 zur Kolonialisierung der Lebenswelt und 1.7 zur Risikogesellschaft). *Max Webers* Kritik am Fachmenschen ohne ganzheitlichen Blick, am Experten ohne wertrationale Rückbindung ist auch für die Soziale Arbeit nicht ohne Belang.

Für die Implikationen der sich durchweg in Anstellungsverhältnissen bei öffentlichen, freigemeinnützigen oder freigewerblichen Trägern vollziehenden Sozialen Arbeit sind wiederum *Max Webers* Charakterisierungen der *bürokratischen Organisation* (1976a, 551 ff.) hilfreich. Danach sind die bürokratischen Arbeitsvollzüge hierarchisch strukturiert, sie werden hauptberuflich von Bediensteten mit generell geregelter Fachqualifikation auf der Grundlage generalisierter Normen und schriftlicher Aktenführung vollzogen. Die Regelungen des Verwaltungsapparats gebieten strikte Gleichbehandlung aller Antragsteller. Hier ergeben sich Konflikte zu Wesen und Besonderheiten der Sozialen Arbeit:

- Die generelle, abstrakte Normierung der verwalteten Sozialen Arbeit erhöht die *Distanz* zum Klienten, der diese Regeln oftmals nicht kennt, geschweige denn durchschaut.
- Die Prinzipien von Ganzheitlichkeit der Fallbetrachtung und Individualisierung der Hilfe, die die Soziale Arbeit durchziehen, stehen im Widerstreit mit der *Generalisierung* des bürokratischen Regelwerks, das eher auf einen von der Klientenpersönlichkeit abgelösten Einzelaspekt denn auf eine Gesamtsituation abhebt.
- Nicht selten »produzieren« die auf Refinanzierung der Verwaltungen angewiesenen Sozialen Dienste und/oder Pflegeeinrichtungen die Fälle im Sinne des tatbestandlich nach Sozialleistungsgesetzen Abrechenbaren: Instrumentalisieren und *klientifizieren* also Lebensverhältnisse ihrer Klientel zu gängigen Defiziten (Zukunft des Jugendamts 2000; 25; Dritter Altenbericht 2001, 112 f.).

Abhilfen, um diesen Gefahren zu begegnen, bestehen in

- neuen, *teamartigen Organisationsmodellen* mit möglicher Gleichstellung und gleicher Mitbeteiligung der Mitarbeiter, deren fachliche Autorität zum Zuge kommen soll,
- der Behandlung eines Falles durch *eine Hand* mit Vermeidung der Trennung in (anamnestisch ermittelnden) Außen- und (subsumierend-leistungsgewährenden) Innendienst – Stadtteil- oder Bezirksprinzip, was auch die *Klientennähe* erhöht,
- dem *Lebensweltbezug* durch Netzwerkarbeit und -bildung mittels Zusammenarbeit mit Angehörigen, ehrenamtlichen Helfern und Selbsthilfegruppen der betreffenden Klientel.

Frage bleibt hier, inwieweit der Sozialarbeiter/die Sozialarbeiterin dabei noch der voll professionalisierte Experte allein auf weiter Flur bleiben kann – ob er seine Beiträge bei solcher, intendierter Kooperation mit Verwaltungsbeamten, Semiprofessionellen und Laien noch trennscharf abzugrenzen vermag.

Fall »Hammerklang«

Bei der Bildung des gemeindenahen Altenzentrums »Hammerklang« in Schöndorf war treibende Kraft nicht Diplom-Sozialarbeiter Nord, sondern Bürgermeister Maurer gewesen. Auch im Falle der Bildung der Kleeblattheime (beispielsweise im Kreis Ludwigsburg) kam die Idee dort aus der Verwaltung und nicht von der Sozialen Arbeit. Hier in Schöndorf bleiben dem Sozialarbeiter Nord als Aufgabe die gesamte Heimleitung. Selbst hier sind aber auch Träger anderer Berufe als desjenigen des Sozialarbeiters denkbar (so lässt die Heimpersonalverordnung für die Altenheimleitung auch verwaltungswirtschaftliche, pflegeleitende und kaufmännische Berufe zu). Insbesondere jedoch die Bereiche des Heimsozialdienstes wie Sorge um reibungslose Kooperation zwischen Bewohnerschaft, Mitarbeiterschaft und Angehörigen, die Verlebendigung der Einbindung des Zentrums ins Gemeinwesen mit Anbindung an Kindergarten, Ehrenamtliche und Einwohnerschaft sowie die Initiierung von Fortbildungsmaßnahmen bleiben aber eine Domäne der mit Sozialarbeitern/Sozialarbeiterinnen zu besetzenden Sozialdienste der Heime (Fernau/Gerhard 1999, 33 ff.).

Die Frage der *Professionalisierung* stellt sich im Anschluss an *Max Webers* Herleitungen des »Berufsmenschen« also durchaus. Hierbei muss man die Phänomene der Verberuflichung und der Professionalisierung im engeren Sinne unterscheiden (Soziologie 2000, 286 ff.).

Verberuflichung bedeutet, dass eine Tätigkeit

- beruflich, das heißt als spezifizierte Rolle mit erheblichem Zeiteinsatz ausgeübt wird und
- von fachlichen Kenntnissen als Voraussetzung getragen wird.

Die *Beruflichkeit* steht im Gegensatz zu einer vielfältig-allseitigen Tätigkeit, die in ein ganzheitlich familiales oder anderweitig ganzheitlich strukturiertes, lebensweltliches Gefüge rund um die Uhr eingeht und darin aufgeht. So besorgte die mittelalterliche Produktions- und Wohnfamilie noch viele Aufgaben wie Erziehung, Krankenpflege, Altenhilfe und Berufsausbildung, die heute von eigenen, außerhalb der Familie wahrgenommenen Tätigkeiten erfüllt werden (vgl. Teil 3.1): Von Lehrern, Ausbildern, Pflegekräften, Sozialberatern. Im frühmittelalterlichen, lehensrechtlichen Lebensverband war der Lehnsherr zuständig und verantwortlich für den militärischen Schutz, die Gerichtsbarkeit, das geistliche Leben und die wirtschaftliche Betätigung der Mitglieder seines Herrschaftsverbandes. Auch hier entwickelten sich spätestens mit der Neuzeit Berufe wie Soldat, Richter, Geistlicher, Handwerker und Landwirt.

Im Vergleich dazu spalteten sich eigene Berufe auf dem Gebiet der Sozialen Arbeit erst spät, nämlich an der Wende vom 19. zum 20. Jahrhundert, ab, und zwar eher aus der Ehrenamtlichkeit der »sozialen Hilfsarbeit« der Mädchen- und Frauengruppen sowie der Armenpfleger in den Quartieren preußischer Städte als durch Herauslösung aus anderen, zuvor umfassenderen Berufen: Auf dem Gebiet der Sozialarbeit entstand der Beruf des Wohlfahrtspflegers mit den Teilgebieten Jugend-, Wirtschafts- und Gesundheitsfürsorge in den 1920er-Jahren. Die Sozialpädagogik schuf gleichzeitig die Berufe der Jugendleiterin und des Heimerziehers, woraus in den 1960er-Jahren Sozialpädagogen/Sozialpädagoginnen wurden. Beide Tätigkeiten wurden nach gängigen arbeits- und tarifvertraglichen Normen bei öffentlichen, freigemeinnützigen oder freigewerblichen Trägern überwiegend als vollzeitige berufliche Tätigkeit ausgeübt.

Einher mit dieser Entwicklung der Beruflichkeit Sozialer Arbeit ging ihre *Fachlichkeit* mit einer Ausbildung der Berufsinhaber in Seminaren und Fachschulen (später in Höheren Fachschulen) mit festgelegtem Fächerkanon und Ausbildungsinhalten sowie vorgeschriebenen praktischen Tätigkeiten und Prüfungen für die Berufszulassung.

Während somit die Entwicklung der Beruflichkeit auf dem Gebiet der Sozialen Arbeit mit dem Ende der 1920er-Jahre als abgeschlossen gelten darf, ist dies bei der Frage der *Professionalisierung* nicht so eindeutig feststellbar. Professionalisierung erfordert ein Mehr im Vergleich zu bloßer Beruflichkeit und Fachlichkeit (*Witterstätter* 1996, 90); sie hat zusätzlich zu Beruflichkeit und Fachlichkeit den Professionsvertretern noch einzubringen

- die Möglichkeit, systematisiertes Wissen anwenden zu können,
- sich innerhalb von Produktions- und/oder Dienstleistungsgefügen autonom, das heißt ohne Weisungsunterstellung unter andere Berufsträger, betätigen zu können und
- nach eigenen berufsethischen Maßstäben handeln zu können.

Wieweit nun Soziale Arbeit bereits über eine eigenständige Wissenschaft, über Handlungsautonomie und über ein eigenes Berufsethos verfügt, ist für sie nicht durchweg so klar zu bejahen wie für Pfarrer, Juristen, Ärzte, Architekten oder Wissenschaftler.

Die Entwicklung einer *Sozialarbeitswissenschaft* hat vor allem durch die Verlagerung des Studiums der Sozialen Arbeit von 1971 an auf Fachhochschulen und universitäre Studiengänge starke Impulse bekommen, kann aber auch nach 30 Jahren bei weitem noch nicht als abschließend vollzogen gelten (*Engelke* 1992, 83 ff.). Zumal die Zuträger- (Frühzeit bis in die 1980er-Jahre) bzw. Leitwissenschaften (seit den jüngsten Studienreformen der 1990er-Jahre) für eine Sozialarbeitswissenschaft, nämlich Human-, Sozial-, Medien- und Rechtswissenschaften ihrerseits Phänomene Sozialer Arbeit aufgreifen in einer Art »Kolonialisierung der Sozialen Arbeit durch die Wissenschaften« (Soziologie 2000, 306).

Die *Autonomie* der Berufsträger in der Sozialen Arbeit ist durch die überwiegende Weisungsunterworfenheit der Sozialarbeiter/innen/Sozialpädagog/innen in Anstellungsverhältnissen nicht voll gegeben. Der klassische Rollenkonflikt des Sozialarbeiters (vgl. Teil 2.2.1) zwischen Ansprüchen der Klientel und den diesen oft restriktiv begegnenden Vorgaben der Anstellungsträger resultiert hieraus. Vertreter der Sozialen Arbeit sind gerade in ihren Anstellungs-Organisationen vielfach von Entscheidungen und Weisungen von Vertretern anderer Professionen abhängig (Dezernenten, Politikern, Verwaltungsbeamten, Psychologen, Juristen, Ökonomen). Ein unverwechselbares, autonomes Tätigkeitsreservat beginnt sich für Soziale Arbeit da zu entwickeln, wo die Linien-Hierarchisierung von Organisationen, in denen Soziale Arbeit stattfindet, zurücktritt zugunsten teamartiger Kooperation, wodurch sich Soziale Arbeit kraft ihrer funktionalen Autorität gleichberechtigt einzubringen vermag (und aus der formalen Unterstellung unter eine Amtsautorität herauskommt): Bei der Erstellung der Jugendhilfeplanung nach § 36 KJHG, bei der Einbringung fachlicher, sozialer Gesichtspunkte durch die Sozialdienste von Krankenhäusern, Heimen und in der Justiz, bei den Entscheidungen über Hilfe zur Arbeit nach §§ 18 ff. BSHG, 9 SGB III Empfängern von Lohnersatzleistungen der Sozialhilfe und/ oder der Arbeitsverwaltung gegenüber.

Naturgemäß ist Soziale Arbeit da autonom, wo sie außerhalb von Arbeits- oder Dienstverhältnissen in selbständiger Tätigkeit als freier Beruf wahrgenommen wird. Der Markt der selbständigen Sozialarbeiter/innen/Sozialpädagog/innen ist im Wachsen: Berufsbetreuer, Suchttherapie für betroffene Arbeitnehmer/ innen im Auftrag von deren Betrieben, medien- und abenteuerpädagogische Maßnahmen für Jugendhilfeträger, Supervision und Organisationsberatung in eigener Praxis und ähnliches (*Oberlander/Glahn* 1998, 24 ff.). Das alles spricht für einen Trend zu mehr Autonomie Sozialer Arbeit.

Die Entwicklung eigenständiger *berufsethischer Standards* wird vielfach als Entsprechung wachsender Autonomie gesehen. Wenn die Kontrolle der Angehörigen einer Profession durch Träger anderer Berufe abnimmt, ist die emanzipierte Profession für die Einhaltung ihrer ethischen Grundsätze selbst verantwortlich. Ehrengerichte und Unterwerfungen unter Spruchkammern, die bis zum Ausschluss von Mitgliedern gehen können, bei vielen in Berufskammern zusammengeschlossenen anderen Freiberuflern zeigen dies.

Auf dem Weg zu einer solch eigenen berufsständischen Kammer ist die Soziale Arbeit mangels einer großen Zahl selbständig tätiger Sozialarbeiter/innen/ Sozialpädagog/innen zwar noch nicht. Dafür existieren schon seit langem Berufsverbände wie beispielsweise der DBSH (Deutscher Berufsverband für Sozialarbeit, Sozialpädagogik und Heilpädagogik). In den berufsethischen Prinzipien solcher Verbände finden sich berufsethische Normen wie

- Individualität, Privatsphäre und das Wohl der Klienten zu beachten und zu verfolgen,
- keine Vorteile aus dem Verhältnis zu Klienten zu ziehen,
- Daten der Klienten geheim zu halten, ihnen aber umgekehrt Zugang zu sie betreffenden Unterlagen und Aufzeichnungen zu gewähren,
- sich für die Beachtung der Grund- und Menschenrechte einzusetzen.

Indes sind die beruflichen Handlungssituationen in der Sozialen Arbeit vielfach so konflikthaltig, dass solche eindimensionalen Berufskodices den Berufsträger im Ernstfall im Stich lassen. Es geht dann oftmals eher um die eigene fundierte ethische Begründung für die Entscheidung in konfliktbesetzten Situationen (wie einen Sorgerechtsentzug, eine Heimunterbringung, eine Zeugnisverweigerung oder eine Einwilligung in passive Sterbehilfe – *Dallmann* 2000,

47 f.) als um die regelhafte Anwendung von proklamierten Berufsethik-Normen. Dies setzt viel an Reflektion und beruflicher Reife voraus (*Baum* 1996, 112).

Somit ist die Professionalisierung der Sozialen Arbeit auf allen Ebenen – der wissenschaftlichen Eigenständigkeit, der Autonomie und der Berufsethik – im Vormarsch, aber noch nicht voll erreicht. Die Vollendung des Weges hängt davon ab, wieweit die Soziale Arbeit angesichts der Wandlungen in der Postmoderne mit Globalisierung, Internationalisierung, der Ausbreitung der Informationstechnologien und Neuen Medien sowie dem Organisationswandel mittels neuer ökonomischer Steuerungsmodelle Schritt hält und sich wirkungsvoll anpasst.

1.2 Interaktionismus: Mit eigensinnigen Akteuren arbeiten

In der auf idealtypischer Phänomenologie fußenden verstehenden Soziologie scheinen soziale Tatsachen gleichsam unabhängig von den handelnden Personen zu gelten: Nimmt der Stammgast eines Bierlokals wie üblich abends an dessen Tresen Platz, bekommt er auch ohne ausdrückliche Bestellung sein erstes Glas Bier gezapft. Wohl niemand der Beteiligten käme auf die Idee, ihm eine Limonade oder ein Glas Milch zu offerieren. Die Situation ist also eindeutig, weil keiner der hier Handelnden, weder Stammgast noch Schankwirt, davon ausgehen, dass sie anders ablaufen sollte. Die Situation wird von beiden Akteuren identisch gedeutet. Stammgast und Schankwirt haben in der abendlichen Lokalszene je ihre *personale Identität* gefunden. Beider personale Identitäten passen stimmig aufeinander und werden in dieser Hinsicht auch zu ihrer augenblicklichen *sozialen Identität*. Unschwer würde sich unser Stammgast auch in einem anderen Lokal zu bewegen wissen, und der Restaurantbesitzer könnte auch in einer anderen Kneipe mühelos den Schankwirt abgeben.

Nicht immer laufen die Auftritte handelnder Figuren so reibungslos wie hier im Wirtshausbeispiel ab. Situationen können von den in sie eingebundenen Personen auch gründlich missverstanden werden – ein Kind bläst etwa ein Kondom zum Luftballon auf – oder von den beteiligten Akteuren unterschiedlich interpretiert werden: Die abendliche Nachhausefahrt auf der Autobahn empfindet der eine Verkehrsteilnehmer möglicherweise als Autorennen und der andere vielleicht als Bewegung in einem beschaulichen Landschaftspanorama, dessen er sich stets wieder von neuem zu erfreuen vermag. Beide mögen aus ihrer hierbei je eigenen personalen Identität eine Verkehrsgefahr in ihrer sozialen Identität als Verkehrsteilnehmer heraufbeschwören.

Mit solchen Situationsdeutungen befasst sich die soziologische Erklärungsrichtung des *Symbolischen Interaktionismus*. Er fragt nach der Bedeutung und dem Sinn, den die Akteure ihren Handlungen selbst beimessen. Wichtig sind für die Handelnden jene Beziehungen, die zwischen ihnen und den Mithandelnden bestehen. Sie sehen im Handeln einen Sinn für sich selbst und eine Bedeutung anderen gegenüber. Am Sinn des Handelns erfahren die Akteure, wer sie sind. Die Deutung ihres Handelns wird so zu ihrem Selbstbild, ihrer Identität. Die Deutungen kommen mittels wechselseitig verstehbarer Symbole, in vielen Fällen der Sprache, zustande (*personale Identität*).

Soziales Handeln ist nach der Theorie des Symbolischen Interaktionismus, als deren prominentester Vertreter *George Herbert Mead* gilt, immer selbst interpretierte Reaktion auf das (ebenfalls subjektiv interpretierte) Handeln anderer, der Interaktionspartner. In soziale Handlungen gehen also subjektive Deutungen des/der Handelnden über ihre Situation ein. Diese Deutungen werden aus vergangenen und gegenwärtigen Erlebnissen der Akteure gespeist.

Die Situationen, in denen Akteure handeln, unterliegen für sie ihren ständigen wechselseitigen Beeinflussungen und ihrer gegenseitigen Deutung. Soziale Situationen – Kaufen und Verkaufen, Behandeln und Sich-Behandeln-Lassen, Lernen und Lehren, Beraten und Sich-Beraten-Lassen – sind dem Symbolischen Interaktionismus zufolge also nichts Objektiv-Typisierbares, wie es die verstehende Soziologie herauszuarbeiten versucht, sondern in sie schwingen immer subjektive Deutungen der Akteure hinein. Die soziale Situation ist für die Handelnden voll von einem eigenen, spezifischen Erlebnisgehalt. Die Akteure errichten eine für sie subjektive Lebenswelt, aus der heraus sie handeln: Ihre personale Identität (*Schütz* 1971, 23 ff.).

Nun richten die Menschen ihre Handlungen fortlaufend aufeinander und aneinander aus. So stimmen sie ihre Aktivitäten aufeinander ab und formen ihr individuelles Verhalten und ihr Selbstverständnis, ihre Identität. Soweit sie darin übereinstimmen, haben sie gleiche Standpunkte. Sie können aber auch in sehr verschiedenen, das heißt von ihnen unterschiedlich definierten »Welten« (im Sinn von Vorstellungswelten) leben (*Blumer* 1973, 87 ff.). So schaffen sich die Akteure ihre ihr Handeln bestimmende »Realität« im steten Miteinander, aber auch im Gegeneinander, also in der Interaktion mit ihrer Lebenswelt und erneuern sie gegebenenfalls auch daran. Dies schafft dann ihre *soziale Identität*. So lebt unser Schumi-Fan subjektiv in der Welt des Autorennsports, unser Naturfreund liebt Wälder und Felder. Als Autofahrer legen sie die Regeln des Straßenverkehrs je eigenwillig aus, respektieren sie aber hoffentlich dennoch so, wie Theaterschauspieler ihre vorgegebenen Rollen beachten. *Erving Goffman*, ein aktueller Vertreter des Symbolischen Interaktionismus, überschrieb seine Darlegungen zum Symbolischen Interaktionismus mit der Schilderung des Gehabes eines englischen Touristen namens Preedy an einem spanischen Badestrand darum auch unter dem Titel »Wir alle spielen Theater« (*Goffman* 1969, 8 ff.):

»Als erstes mußte er allen, die möglicherweise seine Gefährten während der Ferien sein würden, klarmachen, daß sie ihn überhaupt nichts angingen. Er starrte durch sie hindurch, um sie herum, über sie hinweg – den Blick im Raum verloren. Der Strand hätte menschenleer sein können. Wurde zufällig ein Ball in seine Nähe geworfen, schien er überrascht; dann ließ er ein amüsiertes Lächeln über sein Gesicht huschen (Preedy der Freundliche), sah sich um, verblüfft darüber, daß tatsächlich Leute am Strand waren, und warf den Ball mit einem nach innen gerichteten Lächeln – nicht etwa mit einem, das den Leuten zugedacht wäre – zurück und nahm heiter seine absichtslose Betrachtung des leeren Raums wieder auf. Aber jetzt war es an der Zeit, eine kleine Schaustellung zu inszenieren, die Schaustellung Preedys, des Geistmenschen. Durch geschickte Manöver gab er jedem, der hinschauen wollte, Gelegenheit, den Titel seines Buches zu bemerken – einer spanischen Homer-Übersetzung, also klassisch, aber nicht gewagt und zudem kosmopolitisch –, baute dann aus seinem Bademantel und seiner Tasche einen sauberen, sandsicheren Schutzwall (Preedy der Methodische und Vernünftige), erhob sich langsam und räkelte sich (Preedy, die Raubkatze!) und schleuderte die Sandalen von sich (trotz allem: Preedy, der Sorglose!).«

Das »Spiel« hat zwei Seiten: Akteure senden Botschaften aus, die Mitspieler geben Reaktionen zurück. Nicht umsonst hat *Goffman* bei solchem Nachdenken über Spieler und Szenen das Bild des Theaters bemüht. Ihr jeweiliges Umfeld setzt den Akteuren Zeichen für den eigenen Standort. Die Handlungsweisen anderer geben dem Individuum Aufschlüsse über seine Identität. Die Reaktion des Umfelds zeigt dem Akteur, wer und was er ist. Das Individuum gewinnt aber auch in der Erfahrung seiner selbst in Gruppen, Institutionen und Organisationen die Wahrnehmung seiner selbst. So »entsteht eine Ich-Identität in der Erfahrung« (*Mead* 1983, 217) – eben die soziale Identität.

Soweit Institutionen und Organisationen ihren Mitgliedern und Bewohnern bestimmte Verhaltenweisen abnötigen, kann dieses institutions-induzierte Verhalten zu deren zweiter Natur werden. Man spricht dann oft vordergründig von »angepasstem Verhalten« oder »einer zweiten Natur«, vergisst aber zu hinterfragen, ob der so Beeinflusste sich nicht lieber doch individueller, spontaner, eigenständiger verhielte als unter den gegebenen Umständen.

Fall »Hammerklang«

In unserem Altenzentrums-Ausgangsfall ist von einer gewissen Zufriedenheit früherer Heimbewohner im Kreisaltenheim von Schütthausen die Rede. Sie ist im Sinne einer solchen, vom Heim ausgehenden Entwicklung einer neuen sozialen Identität als Bewohner und Bewohnerinnen des Kreisaltenheims zu deuten. Elemente der ursprünglichen personalen Identität dieser Bewohner/innen als Mitbürger ihrer Heimatgemeinde Schöndorf müssen aber dennoch vorhanden gewesen ein, sonst wäre Bürgermeister Maurer nicht auf die Idee zur Gründung des Altenzentrums »Hammerklang« in Schöndorf gestoßen.

Der Symbolische Interaktionismus sensibilisiert gerade im Umgang zwischen Sozialer Arbeit und ihrer Klientel für die Frage, inwieweit durch sozialarbeiterische Interventionen in die Lebenswelt der Klienten und Klientinnen zu nachhaltig eingegriffen wird. Im Grunde warnt schon der sozialarbeiterische Grundsatz »Hilfe zur Selbsthilfe« (die Grundnorm von § 1 BSHG) davor, den Klient/innen die Vorstellungen ihrer Helfer überzustülpen; es sind ihnen vielmehr die Hilfen dafür zu erschließen, dass sie nach ihrer Façon selig werden können. Soziale Arbeit geschieht in der Spannung zwischen Hilfe und Kontrolle: Hilfe verstanden als Stärkung der personalen Identität des Klienten/der Klientin, Kontrolle als Durchsetzung von Vorstellungen der Allgemeinheit im Sinn von Bestehen auf der Rechtsordnung, von Verantwortlichkeit für die eigene Lebensführung und das Wohl beispielsweise der den Klient/innen anvertrauten Kinder. Diese Grundsätze haben sich die Agenten der Sozialen Arbeit als ihre personale Identität zu eigen zu machen. Die Kunst der Hilfe besteht nun darin, aus den personalen Identitäten von Klient/innen und Sozialarbeiter/innen im Hilfeprozess eine für beide Seiten tragbare soziale Identität zu generieren. Dies erfordert auf der Seite der Sozialarbeiter/innen viel an kommunikativer Kompetenz: Wertschätzung und emotionales Eingehen auf den/die Klient/innen, Geduld für deren Einsichtsgewinn, Anstöße zur Reflektion von deren Entscheidungen und Lebensentwürfen.

Der bereits erwähnte amerikanische Soziologie *Erving Goffman* untersuchte den Identitätswandel, den Insassen von konventionellen Strafanstalten, psychiatrischen Krankenhäusern und Heimen durchmachen. Er entwickelte für diese Einrichtungen den Begriff der *Totalen Institution* (*Goffman* 1973, 17 ff.), der später auf die Institution Krankenhaus übertragen wurde (siehe Nachweise bei *Witterstätter* 1996, 31). Wenig individuelles Eingehen und wenig mitmenschliche Zuwendung brachte diesen rehabilitierenden und resozialisierenden Einrichtungen den Begriff der Totalen Institution ein. Danach umschließt die Totale Institution alle lebenswesentlichen Funktionen ihrer Bewohner: Essen, Freizeitgestaltung, Schlafen, Arbeiten. Allein das Personal ist mit der Außenwelt verzahnt, die Patienten und Bewohner sind es nicht. Vier Kennzeichen gelten für die Totale Institution:

1. Alle Lebensangelegenheiten finden an derselben Stelle und unter derselben Autorität statt;
2. für alle Mitglieder besteht ein gleichartiger Tagesablauf;
3. dieser Tagesablauf ist exakt geplant und muss sich reibungslos vollziehen;
4. die Tätigkeiten und Möglichkeiten des einzelnen sind Teile des Gesamtplanes und orientieren sich einzig am Ziel der Institution. Der einzelne kann keine unterschiedlichen Rollen und Statuspositionen einnehmen.

Für das Krankenhaus wurden diese Eigenschaften noch weiter spezifiziert, so dass man hier feststellt

- den Liegezwang für die Patienten, der die Einwirkungsmöglichkeiten des Personals erhöht,
- die Einschränkungen im Tagesablauf mit frühem Wecken und häufigen Störungen beim Schlafen-Wollen,

- Wartezeiten auf Behandlungen und Informationen,
- das Verbot, das Krankenhaus zu verlassen und
- mangelnde Mitbestimmungsmöglichkeiten durch die Patienten.

Ein eindrucksvolles Beispiel für das Nichtübereinstimmen der personalen Identität von Pflegepersonal und einer Pflegebedürftigen in einem Pflegeheim ist der Fall von Frau Franz (*Schützendorf/Wallrafen-Dreisow* 1992, 62 ff.): Die Pflegekräfte ziehen Frau Franz frühmorgens aus dem Schlaf hoch, zwingen ihr die Medikamente mit der morgendlichen Milchsuppe in ihren Mund und wechseln gegen den Willen der Bewohnerin deren Bettwäsche. Das Personal ist aus der Aufgabenstellung der funktionalen Pflege heraus bestimmt. Die Bewohnerin lebt in ihrer Eigenwelt, in der sie für sich selbst bestimmen und niemandem zur Last fallen möchte. Die Situationsdeutungen von Personal und Frau Franz passen nicht aufeinander. Eine Koordination wäre nur durch einen Brückenschlag seitens der Altenpflegerinnen möglich, der die Lebenswelt der Bewohnerin Frau Franz berücksichtigen müsste: Frau Franz durch die pflegerischen Maßnahmen Möglichkeiten zu selbständigen Aktivitäten zu eröffnen. *Schützendorf/Wallrafen-Dreisow* (1992, 73) charakterisieren die unterschiedlichen Lebenswelten:

> »Die vier Beobachtungen legen die Vermutung nahe, daß Frau Franz eine Frau ist, die keinem zur Last fallen will, die es nicht mag, wenn man sich zu intensiv um sie kümmert, und die gern zurückgezogen für sich lebt. Behandelt wird sie dagegen wie jemand, der nichts selbständig erledigen und den man nichts alleine tun lassen kann. Sie wird gewaschen und gekämmt, obwohl sie zu beiden Verrichtungen selbständig in der Lage ist. Die Pflegerinnen sind während der Pflege ständig in ihrer Nähe und hantieren ohne Unterbrechung ständig an ihr.«

Selbst in nicht hospitalisierten Beziehungen besteht älteren Menschen gegenüber eine Situationsdefinition, die zur sogenannten *Senilitätsspirale* (*Voges* 1983, 25 f.) führt. Ausgangspunkt sind dabei Hochschätzungen von Jugendlichkeit den Mitmenschen gegenüber. Deren Vorzug haben sich auch Helfende angeeignet, die das eigene Altern noch nicht realisiert haben. Der Ältere wird dadurch mit Stereotypisierungen belegt. Einzelne biologische Rückbildungen bei ihm werden generalisiert. Der Ältere wird solche Etikettierungen und entsprechende, an ihn herangetragene Erwartungen übernehmen. Übernimmt er sie nämlich nicht, wird er negativ sanktioniert. So entsteht beim Älteren die Altersidentität mit einem negativen Selbstbild bezüglich seiner Kompetenzen: Die negativen Erwartungen der Umwelt werden als gerechtfertigt angesehen (sogenannte *Self-fulfilling-prophecy*). Die Altersrolle gilt dann als festgeschrieben, da jede weitere, davon abweichende positive Entwicklung sinn- und zwecklos erscheint. Diese übernommenen Zuschreibungen sind vor allem bei Devianzprozessen zur Erklärung abweichenden Verhaltens bedeutsam (siehe auch Teil 5.7).

Noch weiter als der Interaktionismus geht in seiner Betonung der Subjektabhängigkeit der Wirklichkeitserfassung der *Konstruktivismus*. Er fordert die

Anerkennung des vollkommenen Subjektbezugs aller Wirklichkeitskonstruktion. Eine objektive Wahrheit von Erkenntnis wird als zu objektivistisch und zu positivistisch abgelehnt, als Wissenschaftsgläubigkeit gesehen. Die Verlagerung von Erkenntnis auf die Ebene der Subjektabhängigkeit fußt auf zwei Ebenen:

- Erkenntnis bildet sich hirnphysiologisch aus je individuellen Abbildungen von Sinneswahrnehmungen in den rezeptiven Hirnregionen des erkennenden Subjekts. Hier entsteht eine je spezifische Erkenntnis. Eine übergreifende Objektivität von Erkenntnis kann es demnach nicht geben. Jeder weiß nur das, was sich in seinem Innern von Wirklichkeit abbildet.
- Dann kommt die subjektabhängige Sicht von Erkennen aus der Psychotherapie. Sie ist dort ungemein hilfreich. Ermöglicht sie doch dem Therapeuten empathische Zugänge in die Vorstellungswelt seiner Klienten. Sie erlaubt dem Therapeuten dort – in dieser subjektiven Klienten-Vorstellungswelt – neue sinnstiftende Schritte für das Weiterarbeiten (*von Glasersfeld* 1987).

Bezogen auf ein allgemeines Subjekt- und Weltverständnis haben diese konstruktivistischen Positionen aber die Wirkung, dass die Wahrheitsfrage nicht mehr weiter verfolgbar ist, sondern als objektivistisch und irrelevant zurückgehalten wird. Dies ist aber für ein soziales, auf andere bezogenes und damit auch bewertbares Handeln jenseits einer therapeutischen Situation eine unzulängliche Position. Jeder, der soziale Beziehungen erkennen, beschreiben, beurteilen und schließlich auch optimieren muss und möchte, benötigt dazu kommunizierbare Gedanken-Konstrukte, also objektivierbare Raster, mittels derer er seine Erkenntnisse überprüfen und mitteilen kann.

1.3 Strukturfunktionalismus: Keinen Sand ins Getriebe lassen

Neben der Erklärung sozialen Verhaltens mittels verstehend-typisierender Kategorien (verstehende Soziologie, vgl. Teil 1.1) oder mit interaktionistisch-handlungstheoretischen Interpretationen (Symbolischer Interaktionismus, vgl. Teil 1.2) widmen sich andere soziologische Überlegungen stärker der Beschreibung und Deutung des gesellschaftlichen Zusammenhalts und der sozialen Bindekräfte dafür, dass eine Gesellschaft nicht auseinander bricht. Es interessiert die Frage, wie und warum Individuen in gesellschaftlichen Zusammenhänge wie die Wirtschaft, die Religion, den Staat, das Gesundheits-, Sozial- und Bildungswesen eingebunden sind und welche Störungen sich hierbei ergeben können: Dass es bei einzelnen Persönlichkeiten eben zu Fehlanpassungen ihrer gesellschaftlichen Verortung kommt, oder dass sich zwischen gesellschaftlichen Gebilden und Individuen bzw. zwischen gesellschaftlichen Gebilden untereinander Reibungen, Missverständnisse und Defizite in der Aufgabenerfüllung ergeben.

Zwei soziologische Blickrichtungen sollen dafür folgend vorgestellt werden, weil sie über Kohäsion und Zusammenhalt von Gesellschaften Wesentliches aussagen:

- Der Strukturfunktionalismus von *Talcott Parsons* hier in Teil 1.3 und
- die Systemtheorie von *Niklas Luhmann* im nachfolgenden Teil 1.4.

Die Soziologie *Talcott Parsons* fußt einerseits auf *Max Webers* als Prozesse der Rationalisierung (durchdachte Planmäßigkeit und Erfolgsorientiertheit des Handelns, vgl. Teil 1.1) qualifizierte Generierungen der Moderne, andererseits auf der stärker organizistisch-evolutionär als die kontinentaleuropäische Soziologie ausgerichteten anglo-amerikanischen Sozialwissenschaft.

Hier hatte der Engländer *Herbert Spencer* (1820 – 1903) weniger darauf abgezielt, die Widersprüchlichkeiten der Industrialisierung mit ihrer Strukturierung in Arm und Reich zu überwinden, sondern eher darauf, sie zu rechtfertigen. *Spencer* sah die Gesellschaft analog einem lebenden Organismus. Er war vom biologischen Evolutionismus mit der Durchsetzung der stärkeren Arten, dem sogenannten *Darwinismus*, von *Charles Darwin* (1809 – 1882) beeinflusst (*Spencer* 1885, § 215):

»Es gehört ferner zu den Besonderheiten der socialen sowohl wie der lebenden Körper überhaupt, daß sie während der Zunahme an Größe auch in ihrem inneren Bau zunehmen. Gleich einem der niedersten Thiere zeigt der Embryo eines höher stehenden nur wenig unterscheidbare Theile; indem er aber einen grösseren Umfang erreicht, vermehren und differenziren sich auch seine Theile. So auch bei der Gesellschaft. Im Anfang sind die Verschiedenheiten zwischen den einzelnen Gruppen ihrer Einheiten der Zahl wie der Art nach sehr unbedeutend, sobald aber die Bevölkerung ansteigt, treten immer mehr und entschiedener ausgeprägte Abtheilungen und Unterabtheilungen hervor. Ferner hören diese Differenzierungsvorgänge in socialen Organismen sowohl wie in einzelnen Lebewesen erst zugleich mit dem Abschluss oder der Vollendung des Typus auf, welcher den Reifezustand bezeichnet und dem Zerfall vorangeht.«

Gesellschaftliche Konflikte sah *Spencer* zwar, doch glaubte er an Lösungen durch staatliche Kontrolle. Die könne in der immer friedlicher und erfolgreicher werdenden Gesellschaft sogar zurückgehen. Gefahren sah *Spencer* in zu schnellem Fortschritt. Die dem Vorankommen Dienlichsten würden sich durchsetzen. Den an ihm nicht Teilhabenden solle einerseits nicht geholfen werden, um nicht Erfolglosen zu sehr aufzuhelfen, andererseits sei ihnen soviel Almosen zuzuwenden, dass sie die Gesellschaft nicht gefährdeten. Die Gesellschaft sah Spencer differenziert in Erhaltungs-, Regulierungs- und Verteilungs-Subsysteme.

An diesen gesellschaftlichen Sub-System-Zusammenhängen setzte der Amerikaner *Talcott Parsons* (1902 – 1979) an: Er erklärte das gesellschaftliche Miteinander nicht unbeeinflusst von organizistischen Einheitsvorstellungen ohne größere Konfliktprobleme – als ein komplexes, wechselbezügliches System. Sand sollte da kaum ins Getriebe kommen. Denn die Gesamtsystem-Teile stehen für *Parsons* in einer feststrukturierten Funktion zueinander (sogenannte strukturell-funktionale Theorie). Man spricht folglich vom *Strukturfunktionalismus*: Die Person mit ihrem Verhaltensorganismus und ihrem Streben nach höchstmöglicher Gratifikation (Belohnung) steht hierbei in einem Gesamtzusammenhang mit ihrer Kultur (Werte- und Normen-Hintergrund) und ihren sozialen Systemen (als Verbindung zwischen Persönlichkeit und Gesellschaft mittels Rollen). Der Handelnde wird laut Parsons »durch Bedürfnisse motiviert und durch Werte kontrolliert«, wie es *Habermas* zusammenfasst (*Habermas* 1981, 322).

Um es leichter erfassen und behalten zu können, wird das soziologische Schema *Parsons*' unter das sogenannte AGIL-Schema gefaßt: Zu leisten seien

- vom Individuum die Anpassung an seine natürliche und soziale Umwelt (**A**daption)
- zum Zwecke seiner Zielerreichung (**G**oal attainment),
- wobei das Individuum über die sozialen Systeme seine **I**ntegration in die Gesellschaft erfährt,
- und diese ihre jeweils erreichte kulturelle Ordnung zu erhalten und zu tradieren trachtet (**L**atent pattern maintenance).

Das *Parsonssche* System ist somit viergliedrig: Die biologische Grundausstattung der Persönlichkeit ist einerseits bestimmend für das Verhalten der Persönlichkeit, wie dieses umgekehrt von der die Persönlichkeit einbindenden Gesellschaft mit ihren sozialen Systemen beeinflusst wird. Die Persönlichkeit ist nämlich verankert in solche sozialen Systeme – wie Familie, Gesundheitswesen, Ausbildungseinrichtungen, Wirtschaft, Rechtswesen usw. – und diese sozialen Systeme wiederum sind Bestandteil der Gesellschaft mit ihren spezifischen, kulturellen Werten und Normen (*Parsons* 1972, 12 ff.). Da die biologische Grundausstattung der Personen und ihre Persönlichkeit sozial (nicht psychologisch gesehen) in eins betrachtet werden können, spricht Parsons auch von einer Dreierbeziehung (vgl. auch Abb. 1 Integrationsmodell nach *Parsons*):

»Die Integration von Mitgliedern in eine Gesellschaft umfaßt die Durchdringungszone zwischen dem sozialen und dem Persönlichkeitssystem. Es handelt sich jedoch grundsätzlich um eine Dreierbeziehung, da sowohl Teile des kulturellen Systems wie der sozialen Struktur in Persönlichkeiten verinnerlicht sind und weil Teile des kulturellen Systems in der Gesellschaft institutionalisiert sind. Auf der sozialen Ebene sind die institutionalisierten Wertmuster die ›kollektiven Vorstellungen‹, die bestimmen, welche Typen des sozialen Systems wünschenswert sind«.

Kultur: Werte/Normen
I
Soziale Systeme: Rollen
I
Persönlichkeit/Verhaltensorganismus mit Gratifikationsstreben

Abb.1: Integrationsmodell nach *Talcott Parsons*

Der Anpassung und Zielverwirklichung dient bei Parsons also das Persönlichkeitssystem. Dieses wird mittels der Rollen als Verhaltenserwartungen in die sozialen Systeme integriert. Die sozialen Systeme wiederum sind zum Ziel ihrer Strukturerhaltung mit Werten und Normen kulturell in die Gesamtgesellschaft eingebettet.

Auf der Ebene der Persönlichkeit folgen für die Individuen unterschiedliche Belohnungsmöglichkeiten für die einzelnen entsprechend ihrem Gelingen bzw. Nichtgelingen des Erwerbs von Gratifikationen. Je nach erfolgreichem und weniger erfolgreichem Gratifikationsgewinn werden die Persönlichkeiten einen unterschiedlichen Statuserwerb davontragen und sich auf der Schichtungsskala ihrer Gesellschaft voneinander unterscheiden (vgl. Teil 2.3).

Bei seiner Betrachtung der verschiedenen Ebenen des Gesellschaftssystems ist *Parsons* auch zur Beschreibung von fünf Verhaltenspaaren für die Steuerung menschlichen Verhaltens gelangt. Dabei tendiert im idealtypischen Kontinuum jeweils die eine Verhaltensmöglichkeit mehr zu den kleinräumigen, natürlich gewachsenen, organischen Gebilden, wie sie in Familien, Nachbarschaften und kleinen Gruppen üblich sind, während die im Gegensatz dazu stehende, formalisierte Verhaltensleitung mehr der Orientierung in den größeren, eher gestalteten und künstlichen Gebilden wie Großbetrieben, Verwaltungen und Verbänden entspricht. Hier werden Einflüsse der deutschen Soziologie mit ihren Gegensatzbeschreibungen von Wesens- und Kürwille, Gemeinschaft und Gesellschaft auf *Parsons* deutlich (vgl. auch Teil 1.9). Mit der Vergesellschaftung geht die Entwicklung zwar von den organischen Verhaltensleitungen zu den eher formalen Verhaltenstypen. Dennoch behalten gerade in der Sozialen Arbeit beispielsweise die Verhaltensprägungen der organischen Gebilde nach wie vor neben der formalisierten Vorgehensweise ihre Gültigkeit (*Parsons* 1951,58; siehe auch Abb. 2: »Verhaltensleitungen nach Parsons« und Wörterbuch der Soziologie Band 2 1972, 608):

Organische Gebilde	Gesellschaftliche Systeme
Affektivität: Emotion zeigen Empathie, emotionale Zuwendung zur und Annahme der Klientel	*Affektneutralität*: Rational handeln, emotionslos bleiben sich nicht gefühlsmäßig überrollen lassen, kühlen Kopf bewahren
Kollektivorientierung: An andere denken Wir sitzen alle in einem Boot: Einer für alle, alle für einen	*Selbstorientierung*: An sich selbst denken sich vor Selbstüberforderung hüten
Partikularismus: Spezielle Orientierung Parteilichkeit zugunsten der Klientel	*Universalismus*: Allgemein standardisiertes Verhalten Gleichbehandlung aller als oberstes Gebot
Zuweisung: Von anderen erhaltene Ressourcen Vorliegen bestimmter Merkmale wirkt leistungsauslösend	*Leistungsorientierung*: Erarbeitete Vorteile Klient sichert seine Mitwirkung in einem Arbeitsvertrag zu
Diffuses Verhalten: Allseitige Orientierung Ganzheitliche, keine Symptomsicht, keine Abspaltung von Einzelproblemen	*Spezifisches Verhalten*: Arbeitsteilige Begrenzung Behandlung speziell indizierter Poblemstellungen

Abb. 2: Verhaltensleitungen nach *Parsons*

In der Tabelle von Abb. 2 »Verhaltensleitungen nach Parsons« sind unter den kursiv eingegebenen Typisierungen Parsons auch Anmerkungen zu ihrer entsprechenden Bedeutung im professionellen Handeln in der Sozialen Arbeit versucht. So werden Sozialarbeiter/Sozialarbeiterinnen ihre Klienten emotional entsprechend der Affektivität, wie sie in kleinräumigen Beziehungen üblich sind, anzunehmen haben. Andererseits dürfen sie sich emotional jedoch von der Klientenproblematik nicht überrollen lassen, benötigen also auch eine Spur Affektneutralität formalisierter Beziehungen, um die in der Sozialen Arbeit geforderte kontrollierte Emotionalität einbringen zu können. Ebenso sind kollektive Solidarität mit der und Parteinahme für die Klientel vonnöten. Andererseits müssen sich im sozialen Bereich Tätige vor Selbstausbeutung und Überforderung bewahren und dürfen den Blick für das Ganze nicht aus dem Auge verlieren. Hier ist bei aller Anspruchsbedürftigkeit auch die eigene Anstrengung der Klientel im Rahmen des den Klienten Möglichen einzufordern. Das Prinzip der Ganzheitlichkeit findet bei aller Abneigung von Aufspaltungen eines Falles in zu viele Einzelbestandteile da seine Grenzen, wo spezielle Dienste ein Klientenproblem wirksamer angehen können als die Allround-Anlaufstelle.

Die besondere Bedeutung, die *Parsons* der Werte-Fundierung durch die kulturellen Systeme einer Gesellschaft wie Religion, Erziehung und Bildung beimisst, muss sich natürlich in einer entsprechend wertgetränkten Sozialisation niederschlagen. Dies ist auch von Sozialer Arbeit zu berücksichtigen. *Lutz Rössner* hat darauf in seiner Theorie der Sozialarbeit in besonderer Weise hingewiesen (*Rössner* 1973, 290 ff.):

»Es wäre eine wichtige Aufgabe der Sozialarbeitswissenschaft, insbesondere die Wert- und Normenvorstellungen (= Normalitätsvorstellungen) zu ermitteln, die in der jeweiligen Gesellschaft bzw. in den jeweiligen Sozialarbeits-Institutionen herrschen bzw. – wie in dieser Theorie exemplarisch geschehen – aufzuzeigen, inwieweit diese Normalitätsvorstellungen bestimmte sind. Die therapeutischen Möglichkeiten des Sozialarbeiters würden damit im Einzelfall verbessert. Sehr bedeutsam wären aber solche Informationen auch bei der Anwendung der ›Methode‹ der ›sozialen Gruppenarbeit‹ und bei der ›Gemeinwesenarbeit‹. Wenn wir – wie in dieser Theorie notwendig geschehen – die Werte und Normen als unabhängige Variablen berücksichtigen, einbeziehen müssen, dann kommt es sehr darauf an, diese exakt zu bestimmen und zu formulieren, da sonst Sozialarbeits-Maßnahmen strenggenommen nicht möglich sind; denn Erziehung und damit auch Sozialarbeit sind ›unentrinnbar von Zielen, Werten und Idealen abhängig‹.«

1.4 Luhmanns Systemtheorie: Das Rad noch einmal neu erfinden – zirkuläres löst kausales Denken ab

Eine andere Blickrichtung als die Systembetrachtung *Talcott Parsons* nimmt *Niklas Luhmann* (1927 – 1998) vor. Er legt weniger eine integrativ-stimmige Momentaufnahme einer durch Sozialsysteme zusammengehaltenen Gesellschaft vor, die ihrerseits von kulturellen Normen und Werten getränkt sind. Luhmann stellt vielmehr in seinen Gegenwartsdiagnosen Möglichkeiten der Veränderung von Gesellschaft durch immer weitere Ausdifferenzierung in Teilsysteme vor. Zur Übersicht werden die hier vor und nach *Luhmanns* Systemtheorie dargestellten gesellschaftswissenschaftlichen Erklärungsansätze in Abb. 3 »Soziologische Theorien und ihr Bezug zur Sozialen Arbeit« tabellenartig dargestellt.
Das Ziel gesellschaftlicher Entwicklung interessiert *Luhmann* dabei weniger als eindimensionaler oder gar deterministischer Prozess. Kohäsion, Harmonie und Integration von bzw. unter (Teil-)Systemen sind für *Luhmann* keine Ziele an sich, die zu verfolgen wären, sondern möglicherweise erreichbare Ergebnisse unter anderen, ebenfalls möglichen Folgen (wie Miss-Koordination, Störungen, Entgleisungen, Disharmonien). Das hängt einerseits damit zusammen, dass *Luhmann* den Werteverlust gar nicht erst beklagt oder auch nur beschreibt (wie *Max Weber*), sondern laut *Habermas* »den Himmel von Werten leerfegt« (*Habermas* 1981 Band 2, 420). Sodann ist *Luhmanns* Denken und Argumentieren nicht endlich-kausal im Sinn von Wenn-Dann-Abfolgen, sondern prozesshaft-zirkulär im Sinn von angestoßenen und sich weiternden Entwicklungen.

	Leitziel	Dominanzen durch	Ansatz Soziale Arbeit
1. Max Webers rationalisierte Moderne	Säkularisierung, zweckrationales Kalkül	bürokratisch-ökonomische Rationalität in Staat und Wirtschaft	Professionalisierung der Akteure Sozialer Arbeit
2. Interaktionismus	Subjektiv gedeutete Lebenswelt	Interpretation und individueller Sinnbezug	Empathie, Rollendistanz, Szenenarbeit
3. Der Strukturfunktionalismus von Parsons	Integration und Funktionabilität	Werte und Überzeugungen koordinieren Subsysteme	erzieherische und sozialisatorische Einflüsse auf Klientel
4. Die Systemtheorie Luhmanns	Komplexreduktion durch Differenzierung	Binär operierende Teilsysteme	Zirkuläre Arbeit, Exklusionskorrektur
5. Der Neomarxismus	Einebnung von Klassenunterschieden	Bewusstwerdung von Entfremdung und Verelendungsgefahr	Nutzung der Spielräume des Interventionsstaates zur Reduktion der Deklassierung
6. Die Theorie des kommunikativen Handelns	Kräftigung der Lebenswelt gegen Systemzwänge	Verständigung durch herrschaftsfreien Diskurs	kommunikativ-lebensweltbezogenes Handeln
7. Die Risikogesellschaft Ulrich Becks	Aufzeigen von Gefährdungen einseitig wissenschaftlicher Orientierung	Überwinden organisierter wissenschaftlicher Unverantwortlichkeit	Gemeinwesenarbeit mit Subpolitik und Gegenmacht Neuer Sozialer Bewegungen
8. Anomie und Zweidrittel-Gesellschaft	Problematisieren der Rechte aus Mehrheitsentscheidungen	Begrenzen der Anspruchsinflation der Gewinner und Insider	Wohlfahrtsstaatlicher Schutz von Minderheiten
9. Der Kommunitarismus Etzionis	Rückkehr zu Grundwerten und gemeinschaftlicher Solidarität	Eindämmung von Autonomie und sozialer Übersteuerung	Reaktivierung sozialer Gemeinschaften

Abb.3: Soziologische Theorien und ihr Bezug zur Sozialen Arbeit

In diese Vorgänge sind zwar Eingriffe vorstellbar, die die gesellschaftlichen Prozesse aber nicht aufhalten können, ihnen allenfalls eine andere Richtung geben können. Luhmann sieht die Dinge somit nicht als Resultat, sondern in einer sich fortsetzenden Entwicklung. Er erfindet das Rad des Erklärens gesellschaftlicher Entwicklungen gleichsam nochmals neu.

Für die Soziale Arbeit ist das Luhmannsche Denken in zweierlei Weise interessant (vgl. auch *Scherr* 2000, 440 ff.):

- Einmal hat sich *Luhmann* in seiner Betrachtung gesellschaftlicher Teil-Systeme mehrfach auch direkt dem Sozialwesen zugewandt (in: Gesellschaftliche Perspektiven 1975 sowie *Luhmann* 1997);

- zum anderen ist das zirkulär-systemische Denken *Luhmanns* zu einer Interventionsmethode in der Sozialen Arbeit im Sinne Systemischer Handlungskonzepte der Sozialen Arbeit geworden (siehe unter anderen *Pfeifer-Schaupp* 1995).

In seiner Systemtheorie geht *Luhmann* der Frage nach, mit welchem Ergebnis in der Gesellschaft Aufgaben und Probleme angesichts vieler möglicher Verfahrensweisen gelöst werden. Die Unübersichtlichkeit und vom einzelnen aus betrachtete Zufälligkeit gesellschaftlicher Vorgänge führt zur gedanklichen Konstruktion von sinnhaften Bezügen als Systemen mit bestimmten Zuordnungen (Strukturierungen) von Elementen. Auf funktionierende Lösungen können neue Zuordnungen folgen. Dabei ist ein System immer ausschnitthaft zu sehen, eingebettet in bzw. neben andere Systeme, wobei die Änderung eines Systems die Bedingung für die Änderung in anderen Systemen abgibt (*Luhmann* 1984, 46 ff.).

In seiner Beschreibung von Systemen fußt *Luhmann* auf Erkenntnissen aus der Biologie und der Neurophysiologie der chilenischen Forscher *Humberto Maturana* und *Francesco Varela* zur Selbstregulierung natürlich-biologischer Systeme. Entwicklungsprozesse finden in der natürlichen Umwelt eben auch zufällig und aus sich selbst heraus in einer kontingenten Evolution statt. Die Entwicklung geschieht in einer Auswahl unter auch anders denkbaren Vorgängen. Solche Kontingenz hat für *Luhmann* auch statt beim Aufbau sozialer Systeme. Soziale Systeme sind selbstgenügsam oder autopoietisch, das heißt, sie haben aus sich heraus die Fähigkeit, sich selbst zu bilden (griechisch autos = selbst, poiein = machen).

Die sozialen Systeme sind für *Luhmann* geschlossen und regulieren sich selbst: Sie sind *selbstreferentiell.* Die Vorgänge in ihnen sind selektiv und *reduzieren Komplexität* in dem Sinn, dass in der strukturellen Zuordnung der Elemente eines Systems eine Auswahl unter den vielerlei möglichen Verbindungen vorgenommen wird; diese Auswahl geschieht im Hinblick auf Anforderungen, denen das System gerade auch von außen unterworfen ist. Mit anderen Systemen kann ein einzelnes System Verbindungen eingehen, ohne dass sich die miteinander agierenden Systeme dabei notwendigerweise aufheben oder zerstören. Für das betrachtete System ist/sind das/die andere/n System/e Umwelt. An dieser Differenz zur Umwelt (zu/m andere/n Systeme/n) erfährt das System seine Identität. Denn jedes System ist dank seiner eigengesetzlichen Komplexität *binär* strukturiert, so zum Beispiel das Rechtssystem in Recht-Unrecht oder das System Wirtschaft in Zahlen-Nicht Zahlen. Aus seiner Umwelt ruft das System Informationen ab, die es verarbeitet. Die Änderung eines Systems gibt die Bedingung ab für Änderungen in anderen Systemen. Soweit ein System an Strukturen anderer Systeme reift oder Systeme gegenseitig an ihrer Komplexität wachsen, spricht man von *Interpenetration*. Funktionierende Lösungen ziehen bis auf weiteres neue strukturelle Anordnungen der Elemente bzw. der Systeme nach sich.

Ein Handlungs- oder Interaktionssystem – nehmen wir die Beziehungen zwischen einem Familienberater und der indizierten Klientenfamilie mit einem problematischen Mitglied oder zwischen einem Patienten und seinem Behandlungsteam als Beispiele – ist für Luhmann ein nach außen hin abgegrenztes System (*Luhmann* 1975, 9 ff.). Auch hierbei sind die Handlungsmöglichkeiten dieses *Interaktionssystems* komplexer als diejenigen im konkreten Helfersystem selbst. In *Luhmanns* Systemtheorie ist das Interaktionssystem miteinander handelnder Personen eingebettet in ein Organisationssystem (und dieses wiederum in das Gesellschaftssystem – vgl. auch Abb. 4 »Systemtheoretische Einbindung des Beratersystems«). Das Interaktionssystem entsteht durch die in ihm präsenten und miteinander agierenden Anwesenden, die sich aufeinander beziehen. Zwischen den Interaktionssystemen und dem Gesellschaftssystem sind in komplexen Gesellschaften die Organisationssysteme eingeschoben.

Diese *Organisationssysteme* garantieren generalisierte, überdauernde Verhaltensweisen, dank derer sie – und damit die Gesellschaft – flexibel und anpassungsfähig sind. Koordinationsprobleme zwischen einem Interaktionssystem und den Organisationssystemen, in die es eingelagert ist, sind durchaus denkbar. Dabei besitzt ein Interaktionssystem aber durchaus die Fähigkeit, sich selbst (neu) zu organisieren und zu überdauern. Umgekehrt ist es von außen aber auch zerstörbar. Das könnte im Extremfall sogar auch Auswirkungen auf das Gesellschaftssystem haben. So kann man sich vorstellen, dass Interaktionssysteme zwischen SozialarbeiterInnen und Klienten durch sozialrechtliche Änderungen in den sie umgebenden Organisationssystemen (im Sozial- bzw. Gesundheitswesen) tangiert werden: Durch Restriktionen eingeschränkt, durch neue Muster aber auch befördert werden. Vgl. zu diesen System-Zusammenhängen Abb. 4 »Systemtheoretische Einbindung des Beratersystems«.

Vorteilhaft hält es *Luhmann* für Systeme (*Luhmann* 1971, 361), wenn sie sich verändern: Im Rahmen der Selbstselektion vorteilhafte Handlungsmöglichkeiten auswählen und ihre positiven Veränderungen stabilisieren:

»In einzelnen Systemen wird unter diesen Umständen eine Differenzierung verschiedener ›evolutionärer Mechanismen‹ vorteilhaft, die man organische, psychische und soziale Systeme übergreifend, als Mechanismen der Variation, der Selektion und der Stabilisierung beschreiben kann. Variation heißt, daß gegebene Zustände ›mutieren‹ können, dass sie geöffnet werden für umweltbedingte andere Möglichkeiten, daß ihre Abänderung, mit anderen Worten, eine reale Möglichkeit ist. Selektion heißt, daß unter einer

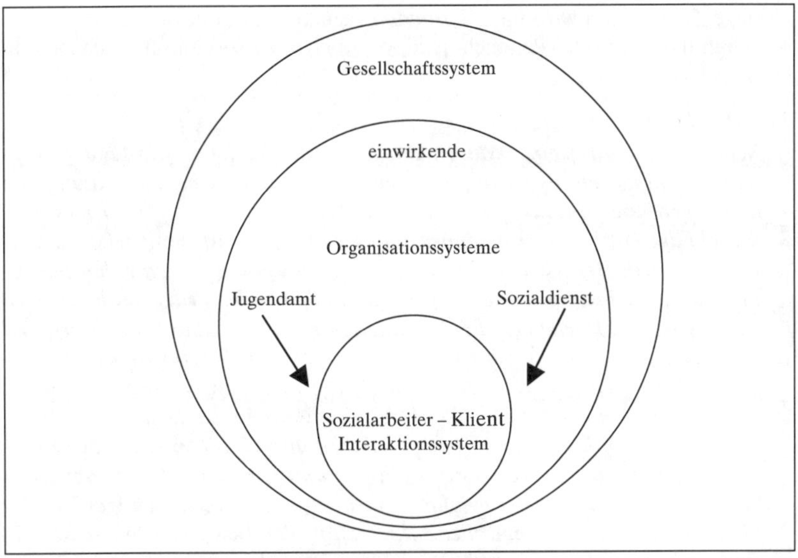

Abb. 4: Systemtheoretische Einbindung des Beratersystems

Vielzahl solcher anderer Möglichkeiten einige brauchbare ausgewählt werden, etwa nach der Bewährung im ›Kampf ums Dasein‹ oder nach Maßgabe.von Lust-/Unlust-Differenzen. Stabilisierung heißt, daß ausgewählte Änderungen als reproduzierbare Problemlösungen beibehalten werden können, etwa durch Isolierung einer Population, durch Gedächtnis, durch eine inferaktionell getragene Kultur«.

In seinen eingangs dieses Kapitels erwähnten direkten Äußerungen zur Sozialen Arbeit hat *Luhmann* den Prozess des Helfens historisch untersucht (Gesellschaftliche Perspektiven.Band 1 1975,21 ff.; vgl. auch *Scherr* 2000, 449 f.) In der archaischen Kultur sei die Hilfe noch auf der Grundlage der Reziprozität traditional institutionalisiert gewesen. Die Hochkulturen hätten dann bereits kraft Arbeitsteilung eine wertrational begründete, professionelle Hilfe in Gestalt von Ärzten, Priestern und Juristen gekannt. In der hochkomplex-modernen Gesellschaft sei Hilfe dann auf Organisationen verlagert worden. Geregelte organisatorische Systeme mit dafür spezialisiertem Handeln seien entstanden. Es sei zur Professionalisierung der Hilfe mit systematischer Regelhaftigkeit (Hilfsprogramm) und Personalisierung (Einzelfallentscheidung) gekommen. Es sei aber bei dieser Hilfsprogrammierung zugleich auch eine selektive Nichtbeachtung von Bedürfnissen der Hilfsbedürftigen mitproduziert worden. Die programmatisch vorgeschrieben Art der Hilfe (beispielsweise verrechtlichte Hilfe, somatische Behandlung) kann somit dazu führen, dass ein dahinter liegender, weitergehender Bedarf nicht erkannt wird, beispielsweise eine psychosoziale

Notlage. Das Helfen wird nach *Luhmann* (aa0, S. 36) in der organisierten Gesellschaft dysfunktional, da »nicht jede Art von Notlage organisatorisch zu steuern ist.«

Fall »Hammerklang«

Nehmen wir den Typ eines konventionellen Altenpflegeheims wie das der Kreisstadt Schütthausen als soziales Organisationssystem. Seine Zuordnung von Bewohner/innen undMitarbeiter/innen hat sich in einem langen Prozess herausgebildet. Die Verlagerung innerfamilialen Helfens auf Berufsträger mit systematisiertem Berufswissen, also ein Rationalisierungsvorgang, hat hier sicher ebenso beigetragen wie die Verselbständigung des Prozesses karitativen Helfens in im Mittelalter religiös initiierten Alten- und Siechenhäusern und Stiften. Aus den Umweltbedürfnissen entwickelte sich das längere Zeit existente System der mehrgliedrigen Alteneinrichtung aus Altenwohnheim, Altenheim und Altenpflegeheim unter einem Dach (Typisierung des Deutschen Vereins für öffentliche und private Fürsorge). Durch ihre Größe mussten diese Einrichtungen räumlich konzentriert und damit notwendig von den Herkunfts-Lebenswelten der Bewohner/innen entfernt vorgehalten werden. Die familiale und nachbarschaftliche Integration der Bewohner/innen war ein Bedürfnis, das selektiv nicht beachtet wurde und dem damit nicht Rechnung getragen wurde. Einflüsse des Systems kundenorientierter, anbietender Wirtschaft auf das Sozial- und Gesundheitswesen mögen mit dazu beigetragen haben, dass neue Heimtypen wie das von Bürgermeister Maurer initiierte Altenzentrum »Hammerklang« entstehen. Die Altenhilfe reproduziert dabei nicht mehr nur hergebrachte System-Modelle, sondern bewegt sich mit neuen Diensten und Produkten (wie Wahlleistungen, Betreuten Wohnanlagen und Pflegewohnungen) auf dem Markt, um ihr Angebot kundensondierend zu optimieren (Rückert 1996, 5 ff.). Altenhilfeträger reagieren und reproduzieren nicht mehr nur, sondern agieren innovativ und systemverändernd.

Angesichts der von einigen (Teil-)Systemen beförderten Anspruchsinflationen werden gesellschaftliche Systeme überlastet und schließen einen Teil ihrer Leistungsnehmer im Sinn einer *Exklusion* aus. Es kommt zu Ghettos, Exklusionsgefährdungen, regelrechten Orten der Exklusion (Elendsviertel der Großstädte) bis zu ganzen ausgeschlossenen Gesellschaften in der Dritten Welt. Bei vielen Randständigen schließt der Ausschluss aus einem System (keine Aufenthaltsgenehmigung im System der staatlichen Verwaltung) Ausschlüsse in anderen Systemen (kein Arbeitsverhältnis – Wirtschaftssytsem, keine Wohnung – Wohnungsversorgung) im Sinne von *Exklusionsverkettungen* oder des sogenannten Hauptmann-von-Köpenick-Syndroms nach sich (*Luhmann* 1997, 630 ff.):

»Denn die faktische Ausschließung aus einem Funktionssystem – keine Arbeit, kein Geldeinkommen, kein Ausweis, keine stabilen Intimbeziehungen, kein Zugang zu Verträgen und zu gerichtlichem Rechtsschutz, keine Möglichkeit, politische Wahlkampagnen von Karnevalsveranstaltungen zu unterscheiden, Analphabetentum und medizinische wie auch ernährungsmäßige Unterversorgung – beschränkt das, was in anderen Systemen erreichbar ist, und definiert mehr oder weniger große Teile der Bevölkerung,.die häufig dann auch wohnmäßig separiert und damit unsichtbar gemacht werden. Schon rein quantitativ haben die Exklusionsprobleme heute ein anderes Gewicht. Sie haben auch eine andere Struktur. Sie sind direkte Folgen der funktionalen Differenzierung des Gesellschaftssystems insofern,als sie ... auch darauf zurückgehen, daß Mehrfachabhängigkeit von Funktionssystemen den Exklusionseffekt verstärkt«.

Zur Exklusionskorrektur kann sich *Luhmann* die Herausbildung eines neuen gesellschaftlichen Teilsystems einer erweiterten Sozialhilfe (*Luhmann* 1997, 633) mit dem binären Code »Helfen – Nichthelfen« vorstellen. Für die Problembewältigung lässt sich hiermit sicher keine Garantie geben (Soziologische Gegenwartsdiagnosen I 2000, 141), zumal auch für dieses neu ausdifferenzierte Teilsystem der Nachteil einer eventuellen selektiven Nichtbeachtung an es herangetragener Probleme gelten könnte. Immerhin wird *Luhmanns* Systemtheorie so aber zu einem Reflexionsinstrument Sozialer Arbeit (*Bango* 2001, 91).

Zur anderen eingangs erwähnten Folgerung der *Luhmannschen* Systemtheorie auf die Soziale Arbeit, das Erarbeiten Systemischer Handlungskonzepte, kann eine erhebliche Fruchtbarkeit festgestellt werden. Besonders auf den Gebieten der Familientherapie und in der Sozialpsychiatrie hat sich ausgehend von der sogenannten Mailänder Schule systemisches Denken nachhaltig durchgesetzt (vgl. u. a. Sozialpsychiatrie und systemisches Denken 1988; *Palazzoli/Boscolo/Cecchin/Prata* 1981). Es geht hierbei nicht mehr nur um Indizierung und Behandlung eines Problemklienten, sondern um Betrachtung seines gesamten Beziehungsfeldes, das durch »Verstörung« über gezielte Interventionen seitens des Therapeuten (Frage nach dem Vorrang von Personen oder Subsystemen in Familien, nach Freizeitpräferenzen, Anstößen zur Metakommunikation der Mitglieder u.ä.) zu einer heilenden Systemveränderung gebracht werden soll. Die Möglichkeiten solcher systemischer Konzepte in der Sozialen Arbeit bestehen in (*Biermann* in: Soziologie 2000, 99):

»Anweisungen zur Strukturierung des Arbeitsfeldes nach Systemen und Subsystemen mit jeweils eigener Struktur, Entwicklung und Grenzziehung, zur ganzheitlichen Einbeziehung aller Systemelemente in die Hilfsbeziehung, zum Verzicht auf linear-kausales Denken zugunsten der Erfassung zirkulärer und wechselseitiger Prozesse und zur Orientierung an einem Gleichgewichtsmodell des Austausches zwischen verschiedenen Systemen und Systemelementen«.

1.5 Der Neomarxismus: Mit der Wand im Rücken in Fahrt kommen

Einer der nachhaltigsten gesellschaftstheoretischen Erklärungsversuche des 19. Jahrhunderts, der Marxismus, sollte in seiner neomarxistischen Weiterentwicklung im 20. Jahrhundert als grundlegende Überlegung auch für die Soziale Arbeit zumindest zeitweise von gewisser Wichtigkeit werden.

Im wissenschaftlichen Sozialismus von *Karl Marx* (1818 – 1883) und *Friedrich Engels* (1820 – 1895) verbinden sich

- erkenntnisphilosophische,
- politökonomische und
- historisch-deterministische

Inhalte. *Karl Marx* sah das vom Eigentum am Produktionsmittel Kapital ausgeschlossene Proletariat als Träger einer Entwicklung, die zur klassenlosen Gesellschaft mit Aufhebung des Privateigentums an den Produktionsmitteln und damit sogar zum Ende von Klassenkämpfen überhaupt führen würde, die die Geschichte bis dahin vorangetrieben hätten (*Karl Marx*, MEW Bd. 28, 1973, 503 ff.).

Die Frage kapitalistischer Ausbeutung wurde im Westdeutschland der 1950er Jahre während der gesellschaftspolitisch eher restaurativ-ruhigen Wiederaufbauphase nach dem Zweiten Weltkrieg wenig thematisiert und erst im Zuge der sogenannten 1968er-Revolte wieder verstärkt aufgegriffen. Unter den neuen Gegebenheiten sozialstaatlicher Transformation und wohlfahrtsstaatlichen Interventionismus' entstanden Fortschreibungen des Marxismus in Gestalt des Neomarxismus (vgl. auch Teil 2.3 einleitend und Teil 2.3.2.1 mit Differenzierung des Zweiklassensystems und Disparitätstheorem). Aus ihm heraus wurden vielerlei Versuche unternommen, diese neomarxistischen Betrachtungen für die Zielbeschreibungen und Vorgehensmethoden Sozialer Arbeit bis hin zu einem politisch-revolutionären Mandat nutzbar zu machen (vgl. nur Sozialarbeit unter kapitalistischen Produktionsbedingungen 1973).

Danach müsse Sozialarbeit an der Aufdeckung und Überwindung des von *Marx* erkannten Grundwiderspruchs mitarbeiten, um zu einer Strategie gesellschaftlicher Erneuerung zu gelangen, damit sie schließlich überflüssig werde (*Prodosh Aich* 1973 aaO, 261):

> »Der Verfasser ist davon überzeugt, dass es....entscheidend darauf ankommt, durch eine politische Strategie die Widersprüche zunächst systemimmanent aufzuheben. In diesem Prozess entsteht ein Bewusstsein in der Breite, das nicht notwendigerweise entfremdet ist. Es kommt auch nicht darauf an, die Sozialarbeit neu zu interpretieren, mit neuen Inhalten zu füllen, sondern es kommt entscheidend darauf an, die materielle Basis so zu verändern, dass die Sozialarbeit überflüssig wird.«

Ähnlich argumentierte *Hartwig Zander* (in: Gesellschaftliche Perspektiven Band 1, 1975, 233 ff.), der bei der Klientel mittels bewusstseinsbildender Prozesse von passiv-individueller Hinnahme ihrer Armut zur Erkenntnis einer objektiven Klassenlage mit der Notwendigkeit subjektiv-revolutionärer Gegenwehr zu kommen trachtete (aaO 1975, 260 f.):

»Die marxistische Sozialarbeit geht davon aus, dass der Arme zwar als Objekt fürsorgerischer Maßnahmen, nicht aber als revolutionäres Subjekt austauschbar ist. Die Entscheidung darüber, wie der Sozialarbeiter im einzelnen mit seinem Klienten arbeitet, hängt nicht zuletzt mit der vorausgehenden Erkenntnis des ›falschen‹ Bewusstseins von gesellschaftlicher Freiheit und gesellschaftlicher Notwendigkeit zusammen. Der methodische Ansatz seiner Arbeit bemisst sich an der Reaktion des Subproletariers auf seine Verarmung, daran also, wieweit er seine konkrete Lebenssituation als notwendiges Resultat gesamtgesellschaftlicher Bedingungen begreift. Die Bewusst- und Sprachlosigkeit vom eigenen Unglück und daher dessen passive Hinnahme als individuelles Leiden wird in der Entdeckung überwunden, dass Gegenwehr gegen bestimmte Erscheinungen ihres Unglücks realisierbar ist, im Bewusstsein ihrer Armut als umfassender Erscheinung......Die politische Sozialarbeit mit so genannten gesellschaftlichen Randgruppen geht folglich von der Einheit proletarischer Existenzbedingungen aus; davon, dass dort, wo die Einheit nur virtuell vorhanden ist, sie faktisch geschaffen werden muss. Die politische Sozialarbeit, die Armut den Deklassierten als Bedingung proletarischer Arbeit überhaupt erst bewusst macht, hätte Lernprozesse zu initiieren, die sich am objektiven Interesse ihrer Klienten orientiert.«

Die Rechnung der revolutionierenden Aktivierung der Klientel von Sozialer Arbeit ging einmal schon deswegen nicht auf, weil es Soziale Arbeit außer mit zugegebenen Verwerfungen aus den kapitalistischen Produktionsprozessen (Arbeitslosigkeit, Verarmung, Arbeitsunfällen, Berufskrankheiten) immer auch mit von wirtschaftlicher Produktionsweise unabhängigen Problem- und Bedarfslagen zu tun hat (Geburtsbehinderungen, Freizeitunfall-Folgen, Sucht, psychische Leiden, Altersgebrechen, Wohlstandsanomie). Zum anderen wurden die existierenden sozialistischen Modelle durch ihre praktizierten Systemzwänge bereits vor ihrem endgültigen Scheitern so obsolet, dass die Ansätze für eine neomarxistisch fundierte Soziale Arbeit verstummten.

Dies, obwohl sich in den 1970er Jahren eine Großzahl an Gesellschaftsveränderung Interessierter explizit der Arbeit mit Außenseitern und Randständigen zugewandt hatten – in der im Ergebnis fatalen Hoffnung, hier revolutionäres Potenzial mobilisieren zu können. Die Hoffnung trog indes schnell: Durchweg nämlich waren diese KlientInnen mit ihren eigenen Problemen viel zu sehr beschäftigt, als dass sie sich hätten politisch revolutionieren lassen. Zudem hinderten schnell Verhaltensbarrieren und Alltagsprobleme eine kontinuierliche Kooperation zwischen Intellektuellen und Randständigen.

Vor allem *Herbert Marcuse* (1898 – 1979) hatte in seiner 1967 erschienen Schrift »Der eindimensionale Mensch«, in der er die Unfähigkeit des gesellschaftlichen Systems kritisierte, über diese seine Eindimensionalität hinausgehende, es »transzendierende« Vorstellungen zuzulassen, den Glauben an die elementare, revolutionierende Kraft »der Geächteten und Außenseiter« genährt (1967, 267):

»Unter der konservativen Volksbasis befindet sich jedoch das Substrat der Geächteten und Außenseiter: die Ausgebeuteten und Verfolgten anderer Rassen und anderer Farben, die Arbeitslosen und die Arbeitsunfähigen. Sie existieren außerhalb des demokratischen Prozesses; ihr Leben bedarf am unmittelbarsten und realsten der Abschaffung unerträglicher Verhältnisse und Institutionen. Damit ist ihre Opposition revolutionär, wenn auch nicht ihr Bewusstsein. Ihre Opposition trifft das System von außen und wird deshalb nicht durch das System abgelenkt; sie ist eine elementare Kraft, die die Regeln des Spiels verletzt und es damit als ein aufgetakeltes Spiel enthüllt. Wenn sie sich zusammenrotten und auf die Straße gehen, ohne Waffen, ohne Schutz, um die primitivsten Bürgerrechte zu fordern, wissen sie, dass sie Hunden, Steinen und Bomben, dem Gefängnis, Konzentrationslagern, selbst dem Tod gegenüberstehen. Ihre Kraft steht hinter jeder politischen Demonstration für die Opfer von Gesetz und Ordnung. Die Tatsache, dass sie anfangen, sich zu weigern, das Spiel mitzuspielen, kann die Tatsache sein, die den Beginn des Endes einer Periode markiert«.

Muten diese Vorstellungen wegen der geringen Spielstärke von Randgruppen zu nachhaltiger Gesellschaftsveränderung heute utopisch an, so konnte neomarxistische Systemkritik auf der anderen Seite dennoch – wenn auch nicht systemüberwindend, so doch modifizierend – für Soziale Arbeit fruchtbar gemacht werden. Soziale Arbeit steht auch in dieser stark auf materielle Ungleichheitssituationen abhebenden Gedankenführung nicht nur ohnmächtig mit dem Rücken an einer stahlharten Wand, sondern gewinnt aus politischen Verwerfungen heraus durchaus neue Handlungsspielräume. An dieser Stelle soll auf Gedanken zurückgegriffen werden, die der Mitautor der ersten Auflage dieses Buches, Klaus Stumpf, in diesem Zusammenhang im Anschluss an einen Aufsatz *Lothar Böhnischs* entwickelt hat (*Witterstätter/Stumpf*: Soziale Beziehungen 1994, 19 ff.).

Angesichts seiner steuernden Interventionsaufgaben in der spätkapitalistisch-gemischten Wirtschaftsgesellschaft muss sich der Staat mehr und mehr auch gegenüber gesellschaftlichen Gruppen legitimieren, die weder unmittelbar noch mittelbar Kapitalinteressen verfolgen. Das erbringt der Sozialen Arbeit konkrete Spielräume und Handlungsmöglichkeiten (*Böhnisch* 1974) und nicht nur ein allgemein-politisches Mandat zur Denunzierung der Gesellschaft.

Soweit der Staat sich im Sinne der Idee des staatsmonopolitischen Kapitalismus lediglich darauf beschränken kann, dem Unternehmertum die Verwertungsbedingungen für sein Kapital zu verschaffen, zu erhalten und zu sichern (Perspektive 1), eröffnen sich keine sozialarbeiterischen Spielräume. Wenn der Staat bei den Arbeitenden aber zur Sicherung ihrer Mitwirkung bei der Kapitalverwertung Massenloyalität im Sinne einer positiven Sozialisation herstellen und aufrecht erhalten muss (Perspektive 2), sorgt er zumindest für soziale Entfaltungs- und Teilhaberechte zugunsten der Arbeitnehmerschaft und ihrer

Angehörigen; nicht arbeitenden, opponierenden Gruppen gegenüber reagiert er jedoch repressiv, Das ändert sich in einem dritten Stadium (Perspektive 3). Der Staat wird jetzt infolge Betroffenseins auch nicht produzierender und nicht unmittelbar an der Produktion mitwirkender Gruppen von der Kapitalverwertung angewiesen auch auf die Legitimation durch diese nicht im Ökonomischen agierenden, aber gleichwohl tangierten Gruppen. Dadurch öffnen sich Sozialer Arbeit und ihrer Klientel mancherlei Möglichkeiten zu Initiativen und Innovationen (*Stumpf* 1994 aaO, 22):

»Die heutige Situation der Sozialarbeit/Sozialpädagogik ist Indikator für die in der dritten Perspektive dargestellte Möglichkeit, dass die staatlichen Interventionen im strukturellen Gegensatz unmittelbar ökonomisch organisierter und nichtorganisierter Interessen beweglich sind. Dieser strukturelle Konflikt wird für die Sozialarbeit/Sozialpädagogik auf folgenden Ebenen deutlich und interessant:

a) als Legitimationsnachweis der Interventionsmacht im spätkapitalistischen Staat für die Disziplinierungs- und Stigmatisierungsfunktion und die Produktion von nichtrepressiven Erwartungsstrukturen;
b) die zunehmende Vielfalt und Komplexität sozialarbeiterischer/sozialpädagogischer Probleme bedingt die Öffnung der Sozialadministration für freie Initiativen sowie ihre Bereitschaft, Partizipation zuzulassen und zu kooperieren;
c) dieser Legitimations- und Partizipationsdruck kommt Innovationsbestrebungen innerhalb und außerhalb der Institutionen entgegen;
d) die Chancen dieser Entwicklung hängen sehr stark vom Problembewusstsein der Betroffenen und in der Bevölkerung ab.«

So ergeben sich auch unter spätkapitalistischen Vorzeichen für die Soziale Arbeit Chancen zu professionellen Initiativen.

1.6 Kommunikatives Handeln: Stimmiger Gesang erweicht die Steine

Als Systeme verfestigte Handlungszusammenhänge dominieren das Individuum seit der Moderne: Ob als Aggregate durchdachter, berechneter Rationalität (*Max Weber*, vgl. Teil 1.1), ob als Muster zur Komplexreduktion (*Niklas Luhmann*, vgl. Teil 1.4) oder als am Gewinn ihrer Eigner interessierte Unternehmungen ([Neo-]Marxismus, vgl. Teil 1.5). Ein Entrinnen scheint unter dieser Dominanz kaum möglich.

In seiner 1981 vorgelegten Theorie des kommunikativen Handelns sieht der von der Kritischen Theorie der Frankfurter Schule her kommende *Jürgen Habermas* (geb. 1927) eine auch für die Soziale Arbeit interessante Möglichkeit lebensweltlichen Aufbrechens von Systemzwängen durch das Obwalten kommunikativer Rationalität und kooperativer Verständigung in der Auseinandersetzung zwischen den handelnden Akteuren untereinander (*Habermas* 1981 Band 1, 28 und 149).

Die aus Auseinandersetzungen mit Max Weber, dem Interaktionismus und dem Marxismus entstandene Theorie des kommunikativen Handelns von *Jürgen Habermas* vereint verschiedene Elemente soziologischer Diskussion und Betrachtung:

- Sie verbindet die mikrotheoretische Sicht mit Anforderungen an das als wahr, richtig und wahrhaftig eingeforderte kommunikative Handeln mit makrotheoretischen Beurteilungen über die zu relativierenden gesamtgesellschaftlichen Steuerungsmedien Geld und Macht (Band 1, 460);
- in seiner kritischen Erkenntnistheorie zeigt sich *Habermas* der Auffassung, dass es keine ontologisch gültige, objektive Erkenntnis an sich und aus ihr heraus gibt, sondern sich Wahrheit nur ergeben kann als Vernunft-Einverständnis aus kommunikativen Verständigungsprozessen (Band 1, 532 f.):

»Die kommunikative Vernunft lässt sich nicht, wie die instrumentelle, einer erblindeten Selbsterhaltung widerstandslos subsumieren. Sie erstreckt sich nicht auf ein selbsterhaltendes Subjekt, das sich vorstellend und handelnd auf Objekte bezieht oder auf ein bestanderhaltendes System, das sich gegen eine Umwelt abgrenzt, sondern auf eine symbolisch strukturierte Lebenswelt, die sich in den Interpretationsleistungen ihrer Angehörigen konstitutiert und nur über kommunikatives Handeln reproduzert.«

Hier fordert *Habermas* offene Sprech- und Dialogsituationen. In solchen herrschaftsfreien kommunikativen Interaktionen einigen sich die Akteure über die Gültigkeit ihrer Äußerungen. Soziales Handeln ist für *Habermas* dialogisch, kann gar nicht nur monologisch sein (wie sich das *Max Weber* mit seinem »gemeinten Sinn« vorstellen kann). Die Kommunikationsinhalte der Akteure müssen folgende Eigenschaften haben: Sie müssen wahr, aufrichtig, wahrhaftig und konsensual sein (Band 1, 149). Stimmiger Gesang hat also die Chance, Systemzwänge abzumildern.

Zu berücksichtigen bleibt die jeweilige Kontextabhängigkeit der miteinander kommunizierenden Akteure. So kommt man zu einer eher situations-praktischen denn zu einer überindividuell-reinen Moral;

- In seinen systemischen Betrachtungen sieht Habermas im Anschluss an Max Weber ebenfalls die Gefahr der Werte-Entkleidung der ursprünglich wertrational-religiös verankerten und ausgerichteten Handlungssysteme mit einer Abschiebung des Religiösen ins Irrationale (Band 1, 315) und einer nur noch rein strategischen Autonomie der Systeme, die die Lebenswelt »kolonialisieren«.

  Selbst die Systeme sozialer Hilfen entfalten durch ihre Bürokratisierung eine entsolidarisierende Wirkung und zeitigen durch Distanz, Selektion (vgl. *Luhmanns* selektive Nichtbeachtung unter Teil 1.4) und verwaltungsgemäße Umdefinition der Problemlagen pathologische und desintegrierende Nebeneffekte (Band 2, 532 ff.):

»An den paradoxen Folgen der sozialen Dienste, überhaupt einer Therapeutokratie, die sich vom Strafvollzug über die medizinische Betreuung von Geisteskranken, Süchtigen und Verhaltensgestörten, über die klassischen Formen der Sozialarbeit und die neueren psychotherapeutischen und gruppendynamischen Formen der Lebenshilfe, der Seelsorge, der religiösen Gruppenbildung bis zu Jugendarbeit, öffentlichem Bildungssystem, Gesundheitswesen und generalpräventiven Maßnahmen aller Art erstreckt, zeigt sich die Ambivalenz des letzten, des sozialstaatlichen Verrechtlichungsschubes mit besonderer Deutlichkeit. In dem Maße, wie der Sozialstaat über die Pazifizierung des unmittelbar in der Produktionssphäre auftretenden Klassenkonflikts hinausgreift und ein Netz von Klientenverhältnissen über die privaten Lebensbereiche ausbreitet, um so stärker treten die erwarteten pathologischen Nebeneffekte einer Verrechtlichung hervor, die gleichzeitig eine Bürokratisierung und Monetarisierung von Kernbereichen der Lebenswelt bedeutet. Die dilemmatische Struktur dieses Verrechtlichungstyps besteht darin, dass die sozialstaatlichen Verbürgungen dem Ziel der sozialen Integration dienen sollen und gleichwohl die Desintegration derjenigen Lebenszusammenhänge fördern, die durch eine rechtsförmige Sozialintervention vom handlungskoordinierenden Verständigungsmechanismus abgelöst und auf Medien wie Macht und Geld umgestellt werden«;

- eine starke Lebenswelt-Einbindung zeichnet *Habermas*' Theorie dann verständlicherweise endlich aus: Die in *Habermas*' Systemkritik festgestellte, zweckrational dominierte Vernunft der Systemerhaltung darf sich nicht durchsetzen gegenüber dem kommunikativ hergestellten, vernünftigen Allgemeininteresse. Die Lebenswelt auch der Moderne als Orte, an denen sich soziale Gruppen bilden und interpretieren, hält verständigungsorientierte, kommunikative Möglichkeiten bereit, die die verdinglichenden Kräfte der Subsysteme eingrenzen können (Band 2, 486):

»In dem Maße, wie.......Kultur, Gesellschaft und Persönlichkeit auseinandertreten, wie die Geltungsbasis verständigungsorientierten Handelns die sakralen Grundlagen der sozialen Integration ersetzte, entsteht ein, von den Strukturen der Lebenswelt suggerierter, gleichsam transzendentaler, die bürgerliche Ideologie bestimmender und übersteigender Vorschein einer posttraditionalen Alltagskommunikation, die auf eigenen Füßen steht, die der Eigendynamik verselbständigter Subsysteme Schranken setzt, die die eingekapselten Expertenkulturen aufsprengt und damit den kombinierten Gefahren der Verdinglichung wie der Verödung entgeht«;

Eine solche lebendig interagierende Lebenswelt ermöglicht die Situationsbewältigung mittels der Gesamtheit des einem Akteur möglichen soziokulturellen Instrumentariums. Lebensweltliches Handeln lässt Aufgaben bewältigen und bindet die Akteure sozial aneinander. Je mehr sich die Lebenswelt differenziert, desto wichtiger wird Konsens auch durch das bessere Argument. Personale Sozialintegration und steuernde Systemintegration müssen ineinander gehen, damit es nicht zur pathologisierenden Trennung von System und systemisch kolonialisierter Lebenswelt kommt.

Ansätze sinnstiftender Lebensformen sieht *Habermas* in stark kommunikativen, den ökonomisch-produktivistischen Kernen der Gesellschaft eher fernstehenden Szenen und Bewegungen (wie Bürgerinitiativen, Friedens-, Frauen- und Ökologiebewegungen, Psychoszenen zu Lebenshilfe, Gegnern von Großprojekten, Befürwortern von von System- Kolonialisierung befreiten Zonen – Band 2, 578 f.).

Hier ergeben sich Schnittstellen mit Sozialer Arbeit, weil hierbei Bedarfe aus der Lebenswelt artikuliert, in die öffentliche Diskussion eingeführt werden und der Versuch gemacht wird, die Bedarfs- und Problemsituationen einer Lösung entgegenzuführen (*Mangold* 1985, 103).

Fall »Hammerklang«

Bei der Auslagerung der pflegebedürftigen Mitglieder aus der Dorfgemeinschaft von Schöndorf in das Kreisaltenheim Schütthausen haben wir ein typisches Beispiel für die Trennung von System (Pflegeheim) und Lebenswelt (Lebensort Dorf) kennen gelernt. Diese Trennung wird überwunden durch die neue Form des ins Dorf eingebundenen Altenhilfezentrums »Hammerklang«. Es erscheint hier zunächst als Ergebnis einer individuellen Eingebung einer einzigen Persönlichkeit, nämlich von Bürgermeister Maurer. Würden wir die Genese der Idee zur Bildung des Altenzentrums beim Bürgermeister weiter verfolgen, würden wir auch darauf stoßen, dass er sich Modelle von anderen Orten besorgt und angesehen hat: Somit virtuelle Dialoge mit Initiatoren anderer Altenzentren geführt hat. Auch können seine Besuchsgespräche mit den Jubilaren aus seiner Gemeinde Schöndorf im Kreisaltenheim Schütthausen als durchaus herrschaftsfreie, aufrichtige und wahre Dialoge gesehen werden von älterem Mensch zu älteren Menschen mit dem Ziel einer Verständigung zur Lösung des Problems der Auslagerung der pflegebedürftigen GemeindebewohnerInnen in ein entferntes Versorgungssystem. Schließlich dienen die Planungs-, Vorbereitungs- und Bauarbeits-Gespräche zur Errichtung des Altenzentrums »Hammerklang« dazu, die Trennung von System (Kreispflegeheim) und Lebenswelt (jahrzehntelanger Lebensmittelpunkt der alten Dorfbewohner) zu überwinden.

Die aktuelle Sorge von *Jürgen Habermas* gilt der Gefahr der Aufkündigung des sozialstaatlichen Kompromisses der Gesellschaft um der Ermöglichung der Internationalisierung des Wirtschaftssystems willen (*Habermas* in: Politik der Globalisierung 1998, 67 ff.): Verstetigung der Arbeitslosigkeit und Abbau von Sozialleistungen können Minderheiten ausschließen und marginalisieren. Dem gelte es, mit Gehör und kommunikativen Austauschprozessen zur Vermeidung der Desintegration der Gefährdeten gegenzusteuern.

1.7 Becks Risikogesellschaft: Es geht vielleicht doch anders, als es kommen muss

Die das heutige Leben beherrschenden techno-ökonomischen Groß-Systeme in Politik, Wirtschaft und Wissenschaft wie Konzerne, Verwaltungen, Institute und Organisationen zeitigen trotz staatlicher Aufsicht und Kontrollen, trotz gesetzlicher Auflagen und Einschränkungen Risiken und Gefahren, die immer wieder durchbrechen. *Ulrich Beck* hat für diese Fortentwicklung der vom Mangel zum Wohlstand gelangten Industriegesellschaft (erste Moderne) den Begriff der *Risikogesellschaft* gewählt (*Beck* 1986, 17): In der »einfachen Moderne« seien von der Industriegesellschaft dank Nutzung wissenschaftlicher Erkenntnis die Grundlagen für Wachstum und Wohlstand gelegt und entwickelt worden. Die Reichtumsherbeiführung habe ihre negativen Voraussetzungen und Begleitumstände, nämlich das Risiko an der Produktionsmitwirkung und -beteiligung, noch dominiert.

In der Risikogesellschaft der zweiten Moderne mit ihren »irreversiblen Gefährdungen des Lebens von Pflanzen, Tier und Mensch« werden die ins Allgegenwärtige vermehrten wissenschaftlichen Grundlagen auch hinterfragt und »demystifiziert«. Die Moderne wird zur »reflexiven Moderne«: Sie sieht das Ineinander von Reichtums- und Risikoproduktion. Neues Denken wendet sich – unter starken Rückzugsgefechten der Fortschrittsoptimisten gemäß dem Muster der ersten Moderne – der Erkenntnis zu, dass nun die Risikovermeidung vor der Reichtumsproduktion rangieren muss (*Beck* 1986, 14 ff.; vgl. auch Abb. 5 »Wandel von der Industrie- zur Risikogesellschaft«):

»Die Einschätzung lautet: Während in der Industriegesellschaft die ›Logik‹ der Reichtumsproduktion die ›Logik‹ der Risikoproduktion dominiert, schlägt in der Risikogesellschaft dieses Verhältnis um. Die Produktivkräfte haben in der Reflexivität von Modernisierungsprozessen ihre Unschuld verloren. Der Machtgewinn des technisch-ökonomischen ›Fortschritts‹ wird immer mehr überschattet durch die Produktion von Risiken. Diese lassen sich nur in einem frühen Stadium als ›latente Nebenwirkungen‹ legitimieren. Mit ihrer Universalisierung, öffentlichen Kritik und (anti-)wissenschaftlichen Erforschung legen sie die Schleier der Latenz ab und gewinnen in den sozialen und politischen Auseinandersetzungen eine neue und zentrale Bedeutung.«

	Epoche	Zieldominanz
Erste Moderne:	Industriegesellschaft – einfache Modernisierung	Reichtum vor Risiko
Zweite Moderne:	Risikogesellschaft – reflexive Modernisierung	Risikovermeidung vor Reichtum

Abb. 5: Wandel von der Industrie- zur Risikogesellschaft

Dabei ist es für *Beck* noch gar nicht ausgemacht, ob die Gefahren, die die Risikogesellschaft mit sich bringt, nämlich: Ökologische Gefährdungen, klimatische Veränderungen, Gesundheitsgefahren, Schadstoffbelastung neben den Individualisierungen aus berufsständischen und familialen Bindungen (vgl. Teile 2.4.3 und 3.4) – ob alle diese Unzuträglichkeiten zu bannen und in den Griff zu bekommen sind.

Noch immer wird die Risikovermeidung den Produktivitätsvorteilen geopfert. Beherrscht die von Beck so genannte »ökonomische Einäugigkeit« die Szene (*Beck* 1986, 80). Auch fürchten Wissenschaftler, die uns die Augen vor den Gefahren öffnen müssten, angesichts der von ihnen nicht mehr beherrschten Situationen einen Souveränitätsverlust, den sie nicht zugeben möchten (*Beck* 1986, 72). Außerdem sind die Risiken an sich wieder Quellen für neue Bedürfnisse und Märkte zur Gefahrenabwehr: So nährt sich die entwickelte Industriegesellschaft von den Risiken, die sie heraufbeschwört und produziert, und sie lebt gut davon (*Beck* 1986, 74 f.).

Bei diesem Vorteilsgemisch aus Profit, Vorteil, Renommee und Prestige, das bei den Akteuren des hergebrachten techno-ökonomischen Systems nach wie vor noch dominant ist, wundert es nicht, dass *Beck* ein hohes Maß an Unverantwortlichkeit für die Risikenabwehr beklagt, ja geradezu eine *organisierte Unverantwortlichkeit* feststellt (*Beck* 1986, 89 f.):

»Das System professioneller Überspezialisierung und seiner behördlichen Organisation versagt angesichts der Risiken, die die industrielle Entwicklung freisetzt.«

Auch *Beck* sieht also die Aufteilung der gesellschaftlichen Steuerung in Teilsysteme (ähnlich wie *Luhmann*, vgl. Teil 1.4). Deren Akteure handeln nach je eigenen Zielsetzungen. Das enthebt sie scheinbar von der Gesamtverantwortung für Folgen ihres Handelns, das im Gefüge mit dem Handeln von Akteuren anderer Systeme entsteht: Eine »Komplizenschaft« von Politikern, wissenschaftlichen Beratern, landwirtschaftlichen Produzenten und Unternehmern spiele ökologisch »Schwarzer Peter« (*Beck* 1986, 42).

Nur folgert *Beck* hieraus nicht unbedingt die Notwendigkeit der Herausbildung eines neuen (Teil-)Systems zur Risikogefahren-Abwehr, wie es wohl Luhmann täte. Erst einmal hält *Beck* von der Hilfe durch die Wissenschaft wenig: Wissenschaftliche Erkenntnis werde immer unüberschaubarer. Die Erkenntnisse der Wissenschaft könnten gegeneinander ausgespielt werden. Schlimmer noch: Was mittels Umsetzung wissenschaftlicher Erkenntnis umsetzbar wäre, wird sogar unterlassen. Statt Tabus zu brechen, wie es Aufgabe wissenschaftlicher Erkenntnis ist, würden sogar Tabus konstruiert. Wissenschaftler könnten zwar Probleme gewiss erforschen, aber leider unter den Deckmänteln von Sachzwängen, Systemlogiken, Eigendynamiken und beklagenswerten, aber angeblich unausweichlichen Nebenfolgen im Sinne von »Verharmlosungsforschung« auch »umforschen« (*Beck* 1986, 282).

Beck möchte aber auch die Fehler, die bei der politischen Gefahrenbekämpfung der ersten Moderne anlässlich der Überwindung der im Gefolge der Industrialisierung entstandenen Entrechtung und Verarmung entstanden sind, nicht wiederholt sehen, wie sie *Habermas* beschreibt (vgl. Teil 1.6): Den sozialstaatlichen Autoritatismus und seine Bürokratisierung. Ja, er sieht der zweiten Moderne sogar das effiziente politische Steuerungssystem abhanden gekommen und nur noch die sogenannte *Subpolitik* von Medienöffentlichkeit, Bürgerinitiativen und Sozialen Bewegungen in der Lage, politisch gestalterisch und lösend tätig zu werden (*Beck* 1986, 367 f.):

»Die Gefahren eines solchen ökologisch orientierten Staatsinterventionismus lassen sich auch aus den Parallelen zum Sozialstaat ableiten: wissenschaftlicher Autoritatismus und überschäumende Bürokratie. Darüber hinaus liegt diesem Denken aber ein Fehler zugrunde, der auch das Projekt der Reindustrialisierung kennzeichnet: Es wird davon ausgegangen, dass die Moderne durch alle Vervielfältigungen und Unübersichtlichkeiten hindurch ein politisches Steuerungszentrum hat oder doch haben sollte......Dabei werden nicht nur die inzwischen hinreichend deutlich gewordenen Schattenseiten eines bürokratischen Zentralismus und Interventionismus ausgeklammert. Es wird auch vorgängig der Grundsachverhalt verkannt, dass die moderne Gesellschaft kein Steuerungszentrum hat«.

Dabei keimt aber bei *Beck* der Hoffnungsschimmer auf, dass es vielleicht doch nicht so kommt, wie es kommen muss. Für hilfreich und akzeptabel hält *Beck* neue Formen subpolitischer Kontrolle, wie sie sich in den letzten beiden Jahrzehnten des 20. Jahrhunderts entwickelt haben: In einer Art experimentellen Demokratie sollte die Mitwirkung und Einbeziehung subpolitischer Akteure in den politischen Diskurs vorangetrieben werden.

An der politischen Thematisierung und Willensbildung zu beteiligen wären somit die Medienöffentlichkeit, Bürgerinitiativen, Neue Soziale Bewegungen, die Rechtsprechung, aber auch privates Handeln (wie es sich beispielsweise im starken Geburtenrückgang äußert). In diesen Größen sieht *Beck* subpolitische Akteure, von denen zur Problemlösung in der zweiten Moderne einiges zu erwarten ist (*Beck* 1986, 368).

Alle virulenten Interessen, vorhandenen Standpunkte und alternative Möglichkeiten angesichts der techno-ökonomischen Weiterentwicklung sollten jenseits von Sachzwang-Diktaten in Erwägung gezogen werden: Zum bestellten Gutachten müsse das Gegengutachten eingeholt werden, in Unternehmen seien innerbetriebliche Diskussionen zuzulassen, in berufsständischen Gremien müssten auch alternative Standesvertreter zu Wort kommen dürfen (*Beck* 1986, 372 f.):

»Nur dort, wo Medizin gegen Medizin, Atomphysik gegen Atomphysik, Humangenetik gegen Humangenetik, Informationstechnik gegen Informationstechnik steht, kann nach außen hin übersehbar und beurteilbar werden, welche Zukunft hier in der Retorte ist. Die Ermöglichung von Selbstkritik in allen Formen ist nicht etwa eine Gefährdung, sondern der wahrscheinlich einzige Weg, auf dem der Irrtum, der uns sonst früher oder noch früher die Welt um die Ohren fliegen lässt, vorweg entdeckt werden könnte«.

Beck sieht somit ähnlich wie *Habermas* (vgl. Teil 1.6) im Handeln von Individuen und Gruppen der Bürgergesellschaft den einzigen Weg, den Gefahren der Selbstzerstörung in der zweiten Moderne zu entgehen.

Fall »Hammerklang«

Für die Schaffung eines kleinräumigen, wohnlichen und die Privatsphäre garantierenden Altenzentrums gibt es in der gerontologischen Fachöffentlichkeit durchaus Sympathien und auch schon Konzepte (vgl. Dritter Altenbericht 2001, 140 ff.; Winter/Gennrich/Haß 1999). Bürgermeister Maurer und seine Mitstreiter konnten sich für den »Hammerklang« hier durchaus Anregungen für die Konzipierung eines gemeinschaftlichen Wohnens in der Pflege einer kleinen Zahl Pflegebedürftiger und zur Finanzierung eines solchen Modells holen. Diese Konzepte fungierten so gleichsam als Gegengutachten und fachliche Alternative gegenüber dem ansonsten noch durchweg herrschenden Konzept eines Altenheims in seiner konventionellen, funktionalen Gliederung als mehrgliedrige Einrichtung mit Altenwohnheim, Altenheim und Altenpflegeheim.

Die subpolitischen und experimentaldemokratischen Ansätze *Ulrich Becks* sind für die Soziale Arbeit insofern von Interesse, als hier gesellschaftliche Gruppen, die von Problemen und Einschränkungen betroffen sind, zur Gegenwehr in (Neuen) Sozialen Bewegungen und Selbsthilfegruppen aufgerufen und ermutigt werden. Solche für *Beck* system-notwendigen bürgergesellschaftlichen Initiativen sieht der Autor unter anderem auch auf dem Gebiet des Gesundheitswesens wie dem Kampf gegen Luftverschmutzung als Auslöserin für Pseudo-Krupp-Husten bei Kleinkindern (*Beck* 1986, 80 f.). Mit solchen Vorschlägen sind *Becks* Gedankengänge nahezu identisch mit den sozialarbeiterischen Zielsetzungen der Gemeinwesenarbeit. Deren Ziel ist ja eben auch die Verbesserung der Lebenssituationen von Menschen in ihrer Lebenswelt als Orten ihrer Lebensvollzüge und Bedarfsdeckung (*Kühn* in: Soziologie 2000, 402 ff.).

1.8 Anomie und Zweidrittelgesellschaft: Die im Dunkeln muss man doch sehen

Ausschluss, Exklusion und Marginalisierung von Minderheiten werden von der soziologischen Theorie der späten 1990er Jahre vermehrt festgestellt (vgl. die Teile 1.4, 1.5 und 1.6; sozialstrukturelle Fragen sind insbesondere Gegenstand der Betrachtungen von Teil 2.2). Wieweit angesichts der Globalisierungsentwicklungen der Interventionsstaat im einzelnen Gemeinwesen überhaupt noch Abhilfe schaffen kann (vgl. Teil 1.5), ist eine vieldiskutierte Frage. Neomarxisten sehen hier noch Möglichkeiten, andere erblicken die Remedur nur in weltwirtschaftlichen Reformen hin zu einer globalen Alternativ-Ökonomie im Weltmaßstab (*Henderson* 1987, 435) oder aber doch wenigstens in weltweiten Netzwerk-Aktivitäten zur Eindämmung der Verwerfungen (»Attac« mit *Tobin*-Steuer auf alle internationalen Wertpapier-/Devisen-Bewegungen).

Die Frage ist hierbei, ob sich die Staatengemeinschaft zu einer solchen Reform der Weltwirtschaft durchringt, die – wenn auch nur als Teilergebnis – bis in die Aufhebung der Randständigkeit einzelner Gruppen in einzelnen Staaten wirkt. Darauf wird man wohl vergeblich oder zumindest sehr lange zu warten haben. Und selbst bei für viele weniger ausschließend wirkenden ökonomischen Reformen würde es sicher individuell noch immer Not- und Problemlagen geben.

Einstweilen muss sich die Soziale Arbeit nennenswerten kollektiven Ausgrenzungsprozessen stellen: Die im Dunkeln also bewusst sehen und Interventionen zu ihrer Hilfe ersinnen. Die Diagnosen von Ausgrenzungen von großen Teilen der Bevölkerungen von Industriegesellschaften, die bis zu einem Drittel ihrer Bevölkerung gehen, stellen unter anderen *Wilhelm Heitmeyer* und *Ralf Dahrendorf*. Die Rede ist vom Interessengegensatz zwischen einer nicht ausgegrenzten Mehrheit und dem randständigen Drittel: Daher wird dieses Phänomen mit der Vokabel »Zweidrittelgesellschaft« gekennzeichnet.

Wilhelm Heitmeyer sieht die postmoderne Gesellschaft durch weltwirtschaftliche Verwerfungen gespalten in Gewinner und Verlierer (winner-looser-Spaltung). Die Chancen zu individueller Lebensgestaltung sieht er in den verschiedenen Sozialmilieus deswegen ungleich verteilt (*Heitmeyer* 1997, 11 ff.). Er folgert daraus für die Gesellschaft desintegrierende Prozesse:

- Die *Strukturkrise* besteht in einem Verlust der Gesellschaft, ihre Mitglieder existentiell zu sichern und in ihrem Sozialstatus zu integrieren;
- die *Regulationskrise* führt zu einem Verbindlichkeitsverlust gesellschaftlicher Normen und Werte, die vielfach nicht mehr ernst genommen würden;
- die *Kohäsionskrise* verursacht einen Verlust an Bindekräften in Beziehungen und Lebenswelten – die Abgrenzungen nehmen wieder zu (etwa zwischen Einheimischen und Migranten; *Heitmeyer* 1997, 633).

Die wohlfahrtsstaatlichen Ausgleiche können *Heitmeyer* zufolge diese Desintegrationsphänomene noch bewältigen. Wenn die Sozialsysteme jedoch diese Befriedung einmal nicht mehr leisten können, drohen anomische Prozesse eines um sich greifenden Normenverlustes mit einem durchaus gesellschaftsbedrohenden Charakter. Auf diese Desintegrationsgefahren durch Zunahme von Devianz hat Soziale Arbeit angesichts drohender Einschränkungen wohlfahrtsstaatlicher Absicherungen immer wieder deutlich hinzuweisen.

Ähnlich sieht *Ralf Dahrendorf* benachteiligte Gruppen der Gesellschaft mehr und mehr ausgeschlossen von den sichernden Vorkehrungen der Gesellschaft, den sogenannten *Ligaturen* als selbstverständlichen Sinnstiftungen und Handlungsleitungen. Die Verwehrung von Teilhaberechten mittels Schließungsprozessen wie bürokratischen Hürden des Sozialstaats werde von den Ausgeschlossenen sogar vielfach hingenommen. Ihre Rechte verkümmerten. Die Benachteiligten begegneten dem individuell auch über anomisches Verhalten und suchten ihre ganz persönlichen Auswege, um aus ihrer Misere herauszukommen. Das führe bis zu (staats)herrschaftsfreien Räumen in den Gettos der Ausgeschlossenen, in die sich Ordnungskräfte nicht mehr hineintrauten. Die gesellschaftliche Integration zwischen Mehrheits- und Minderheitsgesellschaft sieht *Dahrendorf* in der Gefahr zu zerbrechen (*Dahrendorf* 1992, 239 ff.):

»Die Schlüsseltatsache für die Unterklasse und die Dauerarbeitslosen ist, dass sie sozusagen keinen Einsatz im Spiel der Gesellschaft haben. Das Spiel findet ohne sie statt. In einem durchaus ernsten Sinn gilt die moralisch unerträgliche Feststellung, dass die Gesellschaft sie nicht braucht. In der Mehrheitsklasse wünschen viele, die Unterklasse möge einfach von der Bildfläche verschwinden.....Diese Anomie beschreibt einen alle Bereiche des sozialen Lebens durchdringenden Zustand. Dazu gehört der Missbrauch von Kindern und die Vergewaltigung in der Ehe ebenso wie die Steuerhinterziehung und andere Formen der Wirtschaftskriminalität. Menschen haben keinen Einsatz in der Gesellschaft und fühlen sich daher an ihre Regeln nicht gebunden.«

Dahrendorf hofft indes darauf, dass es in der Bürgergesellschaft stets genügend einflussreiche Gruppierungen gibt, die sich für die Aufrechterhaltung von Werten und Normen einsetzen. Auf diese bürgergesellschaftlichen Teile der Gesellschaft setzt *Dahrendorf* seine besondere Hoffnung auch für den Beistand den Gettoisierten gegenüber. Helfer in sozialen Gruppierungen, Freiwillige in Organisationen. Mitglieder kirchlicher Gruppen und Ehrenamtliche könnten durchaus Beiträge leisten zur Besserung der Situation der Ausgegrenzten, um für diese deren Anrechte einzufordern (*Dahrendorf* 1992, 266 ff.). Die ja vorhandenen sozialen Errungenschaften für alle müssten auch wahrgenommen und eingeklagt werden, dürften nicht durch administrative Hemmnisse ausgeschlossen werden. Dies wäre für die Soziale Arbeit eine advokatorische Position.

Somit setzt auch *Dahrendorf* ähnlich wie *Jürgen Habermas* und *Ulrich Beck* (vgl. Teile 1.6 und 1.7) auf aktive und damit gesellschaftsverändernde Minderheiten, eine Art politische Avantgarde, die den verwerfenden Dynamiken nicht einfach ihren Lauf zu lassen bereit ist. Ziel einer solchen prosozialen Minderheit, zu der sicher auch die Soziale Arbeit zu zählen ist, müssen Schutz und Bewahrung von von Ausschluss bedrohten Gesellschaftsgruppen sein bzw. bei deren doch erfolgter Gettoisierung ihre Reintegration in die Gesellschaft.

Während *Habermas* auf Diskurs und kommunikatives Handeln vor allem von Seiten Neuer Sozialer Bewegungen setzt, hebt *Ulrich Beck* auf die subpolitischen Aktivitäten der von ihm erblickten experimentaldemokratischen Prozesse wie öffentliche Skandalisierung ab. *Dahrendorf* nun hofft auf die Selbstheilung mit sich bürgerschaftlich, aber auch ordnend und sichernd gebenden Gesellschaftskräften als einem Gegenmittel gegen einen Autoritarismus, der jenseits der Anomie als schnelle Antwortfolge auf dieselbe heraufzuziehen droht (*Dahrendorf* in »Die Zeit« vom 8.1.1998):

»Parteipolitisch lassen sich die hier skizzierten Antworten nur schwer einordnen. Sie sind dennoch liberal. Sie akzeptieren die Offenheit gegenüber Reformen im Interesse der Lebenschancen von einzelnen. Sie versuchen einen Weg, der Flexibilität und Sicherheit, Wettbewerbsfähigkeit und Solidarität, Unternehmertum und institutionelle Bindungen miteinander verknüpft. Und sie bieten eine Alternative zu der größten Bedrohung der Zeit, einem neuen Autoritarismus. Dieser könnte sogar eine unheilige Allianz mit manchen Verteidigern des sozialdemokratischen Status quo eingehen. Den neuen Autoritarismus vor allem gilt es durch phantasievolle Reformen zu verhindern.«

1.9 Der Kommunitarismus: Rückkehr zur hilfreichen Gemeinschaft

Die gute, funktionierende und integrierende Gesellschaft war von jeher Ziel der Gesellschaftstheoretiker. Tendenzen von Anomie und Gettoisierung wirken dem entgegen. Entwicklungen der letzten Jahrzehnte haben in den Industriegesellschaften anomische und zersetzende Entwicklungen eher verstärkt, wie uns vor allem die vorstehenden Teile 1.7 zur Risiko- und 1.8 zur Zweidrittelgesellschaft gezeigt haben.

Hier nur korrigierend und resozialisierend mit einer Stärkung der Sozialleistungssysteme und der Integration der Randständigen anzusetzen, halten die Vertreter des *Kommunitarismus* für unzureichend. Für die Kommunitarier, als deren führender Vertreter der 1929 in Deutschland als *Peter Falk* geborene amerikanische Soziologe *Amitai Etzioni* gilt, liegen die Wurzeln von Anomie und gesellschaftlichem Zerfall tiefer und mitten in der (Mehrheits-)Gesellschaft. Individualismus und Ansprüche an die Gesellschaft seien besonders in der us-amerikanischen Gesellschaft der letzten Jahrzehnte überbetont und »übersteuert« worden. Der grundlegende Gedanke, dass sich persönliches und allgemeines Wohl gegenseitig bedingten, ist verloren gegangen. Ihn gelte es wieder zu beleben (*Etzioni* 1998, XII):

»Hier im Westen müssen wir ein Gefühl persönlicher und sozialer Verantwortung neu entwickeln, ein Bewusstsein dafür wecken, dass wir neben Rechten auch Pflichten haben und dass unser persönliches Wohl untrennbar mit dem der Gemeinschaft verbunden ist«.

Etzioni knüpft bei seinen die Gesellschaftsbrüche überwindenden Vorschlägen zu einem tätigen Miteinander an den alten soziologischen Begriff *Gemeinschaft* an. Mit ihr bezeichnete der deutsche Soziologe *Ferdinand Tönnies* (1855 – 1936) stark kohärent zusammenhaltende soziale Einheiten und stellte sie in seiner Gebilde-Typologie der vom Leistungs-Gegenleistungs-Prinzip charakterisierten, formalisierteren Gesellschaft gegenüber (*Tönnies* 1935, 40).

Verantwortung füreinander könne man, so begründet *Etzioni* seine kommunitaristischen Programme, nicht lediglich durch Übung und Progagierung in Kindheit und Jugend ein für allemal erlernen. Das Mit- und Füreinander müsse auch im späteren Leben stetig praktiziert und internalisiert werden, solle es nicht verschüttet gehen. Orte für das Üben und Praktizieren von gemeinschaftlichem Miteinander zum Besseren der Gesellschaft seien daher neben Familie und Schule auch betriebliche, nachbarschaftliche, gemeindliche und kirchliche soziale Einheiten. *Etzioni* spricht sich für die Rückgewinnung gemeinsamer gesellschaftlicher Verantwortung über eine starke Bürgerbeteiligung bei den öffentlichen Angelegenheiten aus (*Etzioni* 1998, 167 f.):

»Auch wer in einer der kommunalen Institutionen – wie Schulen, Kliniken, Bibliotheken – mitbestimmt, hat teil am öffentlichen Leben, oder wer sich mit örtlichen Müllproblemen befasst, die Parade zum 4. Juli (Nationalfeiertag) organisiert oder sich ins Begrüßungskomitee für neue Gemeindemitglieder einreiht. Der gemeinsame Nenner all dessen Empowerment, wie man das heute nennt, ist der Versuch, die Menschen offen und direkt an den für ihr Leben zentralen Entscheidungen partizipieren zu lassen.....Über die Möglichkeiten, die Menschen an Entscheidungsprozessen zu beteiligen und Gemeinschaftsaktivitäten zu fördern, wurden schon viele Bücher publiziert (auch über die damit verbundenen Probleme). Ich will diese Flut nicht vermehren, sondern einige wichtige Methoden nennen, die wir zum Bau der Gemeinschaften, also für die Rückkehr zur ›Wir‹-heit anwenden können: unsere Investition in die Gemeinschaft erhöhen; Berufsinteressen mit Gemeinschaftsbedingungen harmonisieren; unsere Lebensräume gemeinschaftsfreundlicher gestalten; sinnvolle statt triviale gemeinnützige Dienste anbieten und leisten; von anderen ein ähnliches Interesse und Engagement für die Gemeinschaft fordern. Wir wollen letztlich den Boden für jene Art tiefer menschlicher Befriedigung bereiten, die wir nur im Mit- und Füreinander finden, und die Gemeinschaft als eine moralische Infrastruktur stärken, als den neben dem Gewissen wichtigsten moralstärkenden Faktor«.

Gemeinschaftliche Aktivitäten sollen nicht nur in bereits bestehende Institutionen und Organisationen implantiert werden. Etzioni stellt sich auch einen Kreis neuer, eigens entwickelter und initiierter kommunitaristischer Projekte vor. Ihr Ziel und Wert sollten generalisierbar und somit allen Interessenten zugänglich, nicht diskriminierend sein und das gesamte Spektrum menschlicher Bedürfnisse umfassen. *Etzioni* entwickelte 1991 ein regelrechtes Musterprogramm für die Initiierung kommunitaristischer Unternehmungen (*Etzioni* 1998, 281 ff.).

Ausgehend von diesem kommunitaristischen Programm zur gesellschaftlichen Solidarisierung hat das Sozialministerium von Baden-Württemberg Stuttgart zusammen mit den Kommunalen Spitzenverbänden Baden-Württembergs 1995 das kommunale Lernprogramm »Bürgerschaftliches Engagement/Seniorengenossenschaften« zu einer gemeinwesenbezogenen und generationsübergreifenden Aktivierung der Bürger zur Gestaltung ihres Lebensraums und ihres Gemeinwesens gestartet. Zusammen mit den Bediensteten der Kommunalverwaltungen und der Wohlfahrtsverbände als Helfern und Experten im Hintergrund sollten insbesondere die älteren Mitbürger zu Initiativen mit dem Ziel ermutigt werden, ihre Lebenswelt zu optimieren. In ersten Berichten wird eine erfolgreiche Bilanz dieses Projektes, an dem sich 32 Städte, Gemeinden und Landkreise beteiligt haben, gezogen (*Klie/Roß* 2001, 57):

»Für die Bürgerinnen und Bürger geht es darum, die Privatheit der Familie und des Freundeskreises zu überschreiten, und im öffentlichen Lebensraum aktiv zu werden, ohne dass damit die Erwartung selbstloser Pflichterfüllung verbunden wäre. Bürgerschaftlich Engagierte legen Wert auf Selbstbestimmung, wollen ernst genommen werden und mitentscheiden. Aber sie sind zugleich bereit, sich in gesellschaftliche Belange ›verwickeln‹ zu lassen. Sie überlassen nicht alles dem Staat, sondern setzen Zeit und Können ein und übernehmen Verantwortung. Für die Fachkräfte geht es nicht allein darum, als ExpertInnen auf hohem professionellen Niveau für die Lösung der Probleme ihrer Kunden oder Klienten zu sorgen. Wichtig ist ebenso die Fähigkeit, bürgerschaftlich Engagierte partnerschaftlich zu unterstützen und – wo gewünscht und notwendig – zu befähigen, Aufgaben selbst zu übernehmen. Die Zusammenarbeit mit den Engagierten, die Unterstützung erwarten, aber nicht vereinnahmt werden wollen; die sich einsetzen, aber keine billigen Kräfte für Hilfsarbeiten sein wollen, ist kein leichtes Geschäft!«

Erfreuliche Entwicklungen zeichnen sich insbesondere für den Sektor der Aktivierung, Selbsthilfe und der Einrichtungsschaffung mit und für ältere Menschen ab. Für die Zukunft von Altenhilfe und Pflege mit ihren bekannten demographischen Belastungen kommt *Thomas Klie* auch aufgrund seiner Erfahrungen mit dem Modellprojekt »Bürgerschaftliches Engagement/Tagespflege« zu einem Vier-Faktoren-Pflegemix, der neben den drei gängigen Elementen

- Staat (Sozialversicherung und Institutionen der staatlichen Infrastruktur),
- informeller Sektor mit Familie und Freunden sowie
- Markt (privat-gewerbliche Dienste)

als viertes und wesentlich neues Element die

- Bürgerschaftliche und ehrenamtliche Arbeit für alte und pflegbedürftige Menschen

umfasst. Der Sozialen Arbeit der Wohlfahrtsverbände kommt in der Realisierung und Koordination eines solchen Pflegemix eine besondere Bedeutung zu (*Klie* 2001, 55 f.):

»Hier sind in besonderer Weise die Wohlfahrtsverbände gefragt, sich weniger in einer einseitigen betriebswirtschaftlichen Perspektive zu bewähren als in einer volkswirtschaftlich orientierten Verantwortungsübernahme für eine nachhaltige soziale Stabilität unserer Gesellschaft. Wenn es gelingt, mit Projekten wie BETA (›Bürgerschaftliches Engagement und Tagespflege‹) oder anderen Formen der systematischen Einbeziehung von Angehörigen und bürgerschaftlich Engagierten Pflegegeschichte zu schreiben, kulturell prägend zu wirken und die Landschaft pflegerischer Infrastruktur zu verändern, dann lassen sich Bilder entwickeln, in denen die Herausforderung Pflege jenseits des Gegensatzes Familie-Heim bewältigt werden kann«.

Fall »Hammerklang«

Aus dem Altenzentrum »Hammerklang« klingt bereits in gewisser Weise ein stimmiger Akkord von kommunaler, professioneller und bürgerschaftlicher Zusammenarbeit zum Wohle seiner alten BewohnerInnen herauf. Die Kinder des Kindergartens von Schöndorf interagieren mit den BesucherInnen und BewohnerInnen des »Hammerklangs«. Besucher aus der Gemeinde kommen in die »Schmiedestube«. Vereine betätigen sich im Altenzentrum. Eine Gruppe von frisch berenteten Schöndorfern leistet beim Transportdienst für die Tagespflege ehrenamtliche Hilfe.

1.10 Literaturverzeichnis

Bango, Jenö: Sozialarbeitswissenschaft heute. Wissen, Bezugswissenschaften und Grundbegriffe, Stuttgart 2001

Baum, Hermann: Ethik sozialer Berufe, Paderborn-München-Wien-Zürich 1996

Beck, Ulrich: Risikogesellschaft. Auf dem Weg in eine andere Moderne, Frankfurt 1986

Blinkert, Baldo/Klie, Thomas: Pflege im sozialen Wandel – Studien zur Situation häuslich versorgter Pflegebedürftiger, Hannover 1999

Blumer, Herbert: Der methodische Standort des Symbolischen Interaktionismus, in: Alltagswissen, Interaktion und gesellschaftliche Wirklichkeit; Symbolischer Interaktionismus und Ethnomethodologie. Hg. Arbeitsgruppe Bielefelder Soziologen, Bd. 1 Reinbek 1973

Böhnisch, Lothar: Sozialarbeit und Staat, in: Neue Praxis 4/1974, 291 ff.

Bullinger, Hermann/Nowak, Jürgen: Soziale Netzwerkarbeit – ein Einführung für soziale Berufe, Freiburg 1998

Dahrendorf, Ralf: Der moderne soziale Konflikt, Stuttgart 1992

Dallmann, Hans-Ulrich: Grenzfragen begründet beantworten – mögliche Positionen ethischer Aspekte in einer Sozialarbeitswissenschaft, in: Hochschulbrief der Evangelischen Fachhochschulen Darmstadt, Freiburg, Ludwigshafen und Reutlingen-Ludwigsburg 26/2000, 41 ff.

Dritter Bericht zur Lage der älteren Generation: Alter und Gesellschaft. Hg. Bundesministerium für Familie, Senioren, Frauen und Jugend, Berlin 2001

Engelke, Ernst: Soziale Arbeit als Wissenschaft – eine Orientierung, Freiburg 1992

Etzioni, Amitai: Die Entdeckung des Gemeinwesens. Ansprüche, Verantwortlichkeiten und das Programm des Kommunitarismus, Frankfurt 1998

Fernau, Urs/Gerhard, Michael: Sozialarbeit im Altenpflegeheim, Kulmbach 1999

Finis Siegler, Beate: Ökonomik Sozialer Arbeit, Freiburg 1997

Gesellschaftliche Perspektiven der Sozialarbeit Bände 1 und 2, Hg. *Hans-Uwe Otto/Schneider, Siegfried*, Neuwied-Darmstadt 1975

Glasersfeld, Ernst von: Wissen, Sprache und Wirklichkeit, Braunschweig-Wiesbaden 1987

Goffman, Erving: Wir alle spielen Theater, München 1969

Goffman, Erving: Asyle. Über die soziale Situation psychiatrischer Patienten und anderer Insassen, Frankfurt 1973

Habermas, Jürgen: Theorie des kommunikativen Handelns. Band 1 Handlungsrationalität und gesellschaftliche Rationalisierung, Frankfurt 1981
Habermas, Jürgen: Theorie des kommunikativen Handelns. Band 2 Zur Kritik der funktionalistischen Vernunft, Frankfurt 1981
Heitmeyer, Wilhelm: Was treibt die Gesellschaft auseinander? Bundesrepublik Deutschland auf dem Weg von der Konsens- zur Konfliktgesellschaft, Frankfurt 1997
Henderson, Hazel: Das Ende der Ökonomie, München 1987

Klie, Thomas: Die Zukunft der Pflege. Zwischen Mythos und Modernisierung, in: *Dr. med. Mabuse* 26. Jg. März/April 2001, 51 ff.
Klie, Thomas/Roß, Paul-Stefan: Mehr Demokratie wagen. Zivilgesellschaftliche Perspektiven einer sozialen Kommunalpolitik, in: Hochschulbrief der Evangelischen Fachhochschulen Darmstadt, Freiburg, Ludwigshafen und Reutlingen-Ludwigsburg 27/2001, 56 ff.

Luhmann, Niklas: Systemtheoretische Argumentationen, Frankfurt 1971
Luhmann, Niklas: Soziologische Aufklärung 2, Opladen 1975
Luhmann, Niklas: Soziale Systeme – Grundriß einer allgemeinen Theorie, Frankfurt 1984
Luhmann, Niklas: Die Gesellschaft der Gesellschaft, zweiter Teilband, Frankfurt 1997

Mangold, Jürgen: Soziologie-orientierte Ansätze sozialer Arbeit, in: Sozialarbeit und Sozialverwaltung. Hg. *Udo Maas*, Weinheim-Basel 1985, 102 ff.
Marcuse, Herbert: Der eindimensionale Mensch, Neuwied-Berlin 1967
Marx, Karl: Marx-Engels-Werke MEW, Gesamtausgabe, Band 28, Berlin 1973
Mead, George Herbert: Gesammelte Aufsätze, Band 2, Hg. *Hans Joas*, Frankfurt 1983

Oberlander, Willi/Glahn, Gabriele: SozialpädagogInnen als Existenzgründer – eine Orientierunshilfe für Gründer, Nürnberg 1998

Palazzoli, Mara Selvini/Boscolo, Luigi/Cecchin, Gianfranco/Prata, Giuliana: Hypothetisieren – Zirkularität – Neutralität: Drei Richtlinien für den Leiter der Sitzung, in: Familiendynamik 2/1981, 123 ff.
Parsons, Talcott: Beiträge zur soziologischen Theorie, Neuwied 1964
Parsons, Talcott. Das System moderner Gesellschaften, München 1972
Pfeifer-Schaupp, Hans Ulrich: Jenseits der Familientherapie – systemische Konzepte in der Sozialen Arbeit, Freiburg 1995
Politik der Globalisierung. Hg. *Ulrich Beck*, Frankfurt 1998

Rauschenbach, Thomas: Inszenierte Solidarität – Soziale Arbeit in der Risikogesellschaft, in: Riskante Freiheiten. Hg. *Ulrich Beck/Beck-Gernsheim, Elisabeth*, Frankfurt 1994, 89 ff.
Rössner, Lutz: Theorie der Sozialarbeit, München-Basel 1973
Rückert, Willi: Raus aus dem Jammertal – vom Heim zum Unternehmen, in: Modelle der Altenhilfe für das 3. Jahrtausend, Stuttgart 1996

Scherr, Albert: Luhmanns Systemtheorie als soziologisches Angebot an Reflexionsformen der Sozialen Arbeit, in: Rezeption und Reflexion, Hg. *Henk de Berg/Schmidt, Johannes*, Frankfurt 2000, 440 ff.
Schütz, Alfred: Das Problem der Relevanz, Frankfurt 1971
Schützendorf, Erich/Wallrafen-Dreisow, Helmut: In Ruhe verrückt werden dürfen – für ein anderes Denken in der Altenpflege, Frankfurt 1991
Simmel, Georg: Soziologie, 5. Auflage Berlin 1968 (zuerst 1908)
Spencer, Herbert: Principles of Sociology, London 1885
Sozialarbeit unter kapitalistischen Produktionsbedingungen, Hg. *Walter Hollstein/Meinhold, Marianne*, Frankfurt 1973
Sozialpsychiatrie und systemisches Denken. Hg. *Thomas Keller*, Bonn 1988
Soziologie – gesellschaftliche Probleme und sozialberufliches Handeln, von *Benno Biermann/Bock-Rosenthal, Erika/Doehlemann, Martin/Grohall, Karl-Heinz/Kühn, Dietrich*, 3. Aufl. Neuwied-Kriftel 2000
Soziologische Gegenwartsdiagnosen I. Hg. *Uwe Schimank/Volkmann, Ute*, Opladen 2000

Tönnies, Ferdinand: Gemeinschaft und Gesellschaft. Grundbegriffe der reinen Soziologie, Darmstadt 1935 (zuerst 1887)

Voges, Wolfgang: Soziologie des höheren Lebensalters, München-Augsburg 1983

Weber, Max: Wirtschaft und Gesellschaft, 5. Auflage Tübingen 1976a (zuerst 1921)
Weber, Max: Gesammelte Aufsätze zur Religionssoziologie, Tübingen 1976b (zuerst 1921)
Winter, Hans Peter/Gennrich, Rolf/Haß, Peter: Hausgemeinschaften – Werkstattbericht zur Entwicklung familienähnlicher Wohn- und Lebensformen für pflegebedürftige und/oder verwirrte alte Menschen. Band 2 Schriftenreihe Architektur und Gerontologie des Kuratoriums Deutsche Altershilfe KDA, Köln 1999
Witterstätter, Kurt: Grundwissen Soziologie für die Pflege – Pflege in der Lebenswelt, Stuttgart-Berlin-Köln 1996
Witterstätter, Kurt: Soziologie für die Altenarbeit, 12. Auflage, Freiburg 1999
Wörterbuch der Soziologie. Hg. *Wilhelm Bernsdorf*, 3 Bände, Frankfurt 1972

Zukunft des Jugendamtes. Hg. *Werner Thole/Galuske, Michael/Struck, Norbert*. Neuwied-Kriftel 2000

2 Der Klient in seinen sozialstrukturellen Bezügen

Kurt Witterstätter

In diesem Kapitel sollen der Zusammenhang der Gesellschaft, ihr Aufbau sowie die Zuordnung der Individuen sowohl zueinander als auch zur Gesellschaft, behandelt werden. Einen besonderen Raum nehmen die sich daraus ergebenden, unterschiedlichen Verhaltensweisen der verschiedenen Schichten und Sozialmilieus der Bevölkerung ein. Sie sind für die Soziale Arbeit von besonderer Bedeutung zur Erklärung des Verhaltens von Klienten und Klientinnen, aber auch zur erfolgsgerichteten Arbeit mit den Klientenpersönlichkeiten.

Fall Nufer

Vater Ewald Nufer, 40 Jahre, ist als Lagerarbeiter in einem Verpackungswerk tätig. Seinen Arbeitsplatz hat er seit einigen Jahren. Aber da sein Betrieb einer schwedischen Gesellschaft gehört, ist seine Stelle nicht sehr sicher. Schon öfters war zu hören, die Muttergesellschaft wolle sich von ihrem deutschen Verpackungswerk trennen. Herr Nufer hat im allgemeinen eine regelmäßige Arbeitszeit. Ab und an muss er bei eiligen Aufträgen aber auch einmal außerhalb der normalen Arbeitszeit arbeiten. Mit seinen Kollegen geht er oft – dieses zu Hause vorgebend – einen trinken, wobei neben Bier auch Schnäpse genossen werden. Danach randaliert er, beschimpft zu Hause seine Frau und hat des öfteren in solchen Situationen auch bereits seine Kinder verprügelt. Ansonsten ist er ruhig, kümmert sich nicht weiter um die Familie, hat wenig Selbstachtung und außer Fernsehen und Zechkumpanen auch keine Hobbys.

Die Hauptlast für die Alltagsprobleme obliegt der 34jährigen Frau und Mutter Elvira Nufer. Sie arbeitete bis zur Geburt des jetzt 13jährigen Ralf, der in die Sonderschule geht, in einer Gärtnerei.

In der Familie fehlt es wegen des geringen Einkommens von Herrn Nufer oft am Nötigsten, weswegen Frau Nufer beim Sozialamt hin und wieder einmalige Leistungen (Kleiderbeihilfen) beantragt hat. Regelmäßig sind noch Raten für Einrichtungsgegenstände und das Auto abzuzahlen, etwa zwischen 300 und 400 Euro pro Monat. Die Nufers bewohnen eine Einfachbau-Wohnung in einer Uniform-Mietshauswohnungsgegend aus den späten 50er Jahren. Das Mobiliar ist zum Teil verschlissen, es müsste teilweise ersetzt werden; doch dafür ist kein Geld da.

Zur Familie Nufer gehören neben Ralf noch die 11jährige, sehr auffällige, sich überall vordrängende und kaspernde Sandra und der schüchterne, in sich gekehrte 8jährige Stefan. Unter den Kindern gibt es häufig Streit beim Essen, und wenn der Vater nicht da ist, um das Fernsehprogramm. Auch werfen die Kinder sich ihre Sachen oft in dem einen, ihnen allen dienenden Kinderzimmer wild durcheinander. An geordnetes Schulaufgaben-Anfertigen ist kaum zu denken. Sandra hat eine Grundschulklasse einmal wiederholt und ist jetzt in der 5. Hauptschul-Klasse, Stefan in der 3. Grundschul-Klasse. Vor dem Vater haben die Kinder wegen seiner Wutausbrüche Respekt, der Mutter gehorchen sie nur sehr zögerlich.

2.1 Verschränkungen von Mikro- und Makro-Welt

Es geht im menschlichen Leben darum, dass bestimmte Strebungen wie Hunger, Durst, Sexualität, Sicherheit, Geltung befriedigt werden. Diesen Wünschen stehen nur begrenzt die Befriedigungsmöglichkeiten gegenüber. Der Ausgleich zwischen Wünschen und Möglichkeiten ist nur mittels erlernten Verhaltens möglich. Allgemein gültige Verhaltensweisen müssen von jedem Individuum erlernt werden. Sie müssen ihm von anderen Menschen vermittelt werden. Diese Verhaltensweisen werden zur Routine und entlasten das Individuum. Solches Routinehandeln überdauert diejenigen, die es an den Tag legen, und damit die Zeit. Die Gesellschaft erfährt mit diesen routinierten Handlungsweisen ihre Struktur – ein Gewebe aus immer wiederkehrenden Verhaltensmustern.
Solche Verhaltensmuster werden in der kleinen Welt des Individuums – seiner Mikro-Welt – erlebt. Hier erfährt beispielsweise der Schüler »seinen« Lehrer. In diesem Lehrer lernt er aber zugleich einen Vertreter der MakroWelt – in diesem Beispiel: Von »Schule an sich« (oder der Institution Schule) – kennen. Von Institutionen spricht man dann, wenn für Lebenssachverhalte Verhaltensmuster entwickelt sind, die aufeinander passen. Im Beispiel von »Schule« ist dies das Verhalten von Schüler, Lehrer, Schulrat, Eltern und Kultusministerium.
So durchdringen sich Mikro- und Makro-Welt: Die Institutionen der Makro-Welt bleiben nur »am Leben«, weil sie in der kleinen, individuellen Welt erlebt und praktiziert werden. Nicht selten werden sie von dort aus modifiziert, erfahren also eine Weiterentwicklung (*Berger/Berger* 1982, 13 f.): Sozialen Wandel.
Das Individuum und die Gesamtgesellschaft sind in diesem Vermittlungsprozess, der im wesentlichen als Sozialisation bezeichnet wird, noch nicht alles. Zwischen der individuellen und der gesamtgesellschaftlichen Ebene gibt es noch die Ebene der Kleingruppe (im Falle schulischen Lernens hat zwischen Schüler einerseits und Institution Schule andererseits durchaus auch die Schülergruppe eine Bedeutung) sowie die Ebene der Organisation – die Aufgabe schulischer Erziehung kann nur mit organisatorischen Einzel-Einheiten wie Schulen bewältigt werden (*Dechmann/Ryffel* 1981,15 ff.): Dies geschieht auf der Meso-Ebene.
Zur Erklärung menschlichen, individuellen Verhaltens können also Erscheinungen aus verschiedenen Ebenen bemüht werden: Aus der Ebene der Gesamtgesellschaft, aus der Ebene von institutionellen Einheiten, aus der Ebene von kleinen Gruppen sowie aus der Ebene des Individuums selbst. Soziologisch wird auch vom Sozialarbeiter/Sozialpädagogen Verhalten immer an einzelnen bzw.

zwischen einzelnen Individuen beobachtet. Dies ist in der anamnestischen Erhebung wie in Erstgesprächen mit Klienten oder bei ersten Familienbesuchen der Fall. Zur Deutung dieses Verhaltens wird man auf gesellschaftsstrukturelle Muster zurückgreifen (Arbeitsgruppe Soziologie 1982, 13 ff.).

Fall Nufer

Stefan mag seine Lehrerin mögen oder nicht, er erlebt sie auf jeden Fall als seine individuelle Lehrerin, wobei vieles mitspielen mag. Die Lehrerin hat für ihn gute, schlechte, vielleicht auch ihn gleichgültig lassende Eigenschaften. Sie stellt für ihn aber auch eine Lehrperson schlechthin dar, ein Exemplar einer großen Kategorie von Menschen, die Lehrerin/Lehrer genannt werden, die für das Schulsystem schlechthin, ja sogar für die Gesellschaft stehen.

2.2 Sozialstruktur

Das Zusammenspiel zwischen Individuum und Gesellschaft interessierte insbesondere den amerikanischen Soziologen *Talcott Parsons* (vgl. Teil 1.3). Ihm lag vor allem das Funktionieren im Zusammenspiel zwischen Individuum und gesellschaftlichen Einrichtungen und auch zwischen diesen gesellschaftlichen Einrichtungen am Herzen. Er sah die Person mit ihrem Streben nach höchstmöglicher Gratifikation (Belohnung durch andere) in einem Gesamtzusammenhang mit ihrer Kultur und deren sozialen Systemen stehen (*Parsons* 1972, 12 ff.). In diesem Erkenntnisinteresse hat *Parsons* ein Begriffsschema entwickelt, das für die Soziologie von großer Bedeutung wurde.

2.2.1 Rolle

Auf allen Ebenen der Gesellschaft nimmt ein Individuum bestimmte Plätze ein. Jeder ist in der Gesamtgesellschaft etwa Steuerzahler und/oder Sozialleistungsempfänger. In einzelnen institutionellen Einrichtungen wie einer Schule hat das eine Individuum den Platz des Lehrers/der Lehrerin, das andere Individuum jenen des Schülers/der Schülerin. In einer Gruppe oder einem Verein kennen wir ein führendes Mitglied, ein normales Mitglied und vielleicht auch einen Mitläufer. Man spricht hier von Positionen, die das Individuum innerhalb einer Institution oder innerhalb eines sozialen Systems einnimmt.

Fall Nufer

So ist in unserem Ausgangsfall der Familie Nufer Ewald Nufer Ehemann in der Ehe der Nufers, Vater der Familie Nufer, er ist ferner Hilfsarbeiter in seinem Betrieb und Mieter im Mietshaus, in dem er wohnt. Über eine Vereinsmitgliedschaft von Herrn Nufer erfahren wir nichts, jedoch wissen wir, dass er bei der engeren Gruppe seiner Arbeitskollegen, die ab und an »einen trinken geht«, mittut.

Nun gibt es eben nicht nur im Einzelfall, sondern immer in sehr vielfältiger Weise ganze Gruppen von Vätern, Arbeitern, Ehemännern, Mietern und Vereinsmitgliedern. Von allen diesen Vätern, Arbeitern usw. werden ganz bestimmte Handlungsweisen erwartet, wieder andere Verhaltensweisen sind ihnen verboten. Solche Verhaltenserwartungen an Inhaber einer bestimmten Position nennt man *soziale Rollen*. Rollen verbinden nach Parsons das Individuum mit seinem jeweiligen sozialen System.

Rolle »definiert eine Klasse von Individuen, die aufgrund wechselseitiger Erwartungen zu einer besonderen Gesamtheit gehören. Folglich umfassen Rollen die wichtigsten Zonen gegenseitiger Durchdringung zwischen dem sozialen System und der Persönlichkeit des Individuums. Eine Rolle ist jedoch niemals einem bestimmten Individuum eigen. Ein Vater unterscheidet sich zwar für seine Kinder von anderen Vätern, aber er ist ›Vater‹ gemäß der Rollenstruktur seiner Gesellschaft. Gleichzeitig steht er auch in verschiedenen anderen Interaktionszusammenhängen, etwa indem er eine Berufsrolle ausfüllt« (*Parsons* 1972, 13 f.).

Rollengemäßes bzw. rollenkonformes Verhalten wird durch die soziale Kontrolle mittels Sanktionen gesichert. Sanktionen sind negative Folgen, die das Individuum zu vermeiden trachtet, oder aber positive Folgen, die es erstrebt. Sanktionen können bestehen in Gesetzesvorschriften, in der Meidung bzw. Ächtung eines Individuums durch seine Umwelt, im Gruppendruck oder auch (positiv) in Belohnungen bzw. Gratifikationen. Je nach Stärke der Sanktionen unterscheidet man *Muss-Rollen* (das Verhalten ist praktisch unausweichlich), *Soll-Rollen* (das Verhalten wird sehr nachdrücklich erwartet) und *Kann-Rollen* (das Verhalten kann an den Tag gelegt werden, kann aber auch unterlassen werden). Enthält eine Rolle sehr viele Muss-Vorschriften, spricht man von einer *geschlossenen Rolle*, ist eine Rolle sehr disponibel und kennt sie wenige unumgängliche Vorschriften, spricht man von einer *offenen Rolle*.

So wird die Rolle des Studenten der Sozialarbeit/Sozialpädogik offener sein, die Rolle des im Beruf stehenden Sozialarbeiters/Sozialpädagogen geschlossener sein, da hier Arbeitszeiten einzuhalten und Weisungen von Vorgesetzten zu erfüllen sind; der Student hingegen soll zwar seine Lehrveranstaltungen besuchen, hin und wieder wird er jedoch den Vorlesungen auch einmal fernbleiben können (*Dahrendorf* 1971, 38).

Eine Rolle kann *zugeschrieben* sein wie z. B. die Geschlechtsrolle als Mann bzw. Frau, sie kann jedoch auch *erworben* sein wie die Rolle als Träger eines Berufes (Sozialarbeiter nach Ablegung seines Examens als Diplom-Sozialarbeiter an einer Fachhochschule). Eine *echte Rolle* besteht in einem geschlossenen Komplex von Verhaltensweisen (beispielsweise Lehrer), eine *unechte Rolle* ist ergänzungsbedürftig (etwa »alter Mensch« – die sogenannte »Altersrolle«

ist immer zu ergänzen mit Präzisierungen wie Geschlecht, Familienstand, Zugehörigkeit zu Vereinen, Wohnsituation, Freundeskreis, Gesundheitszustand usw.). Da Rollen immer aus einer Mehrzahl von Verhaltenserwartungen bestehen, kann es zu Unstimmigkeiten zwischen einzelnen dieser Verhaltenserwartungen oder Segmenten einer Rolle kommen. Sind Segmente zwischen verschiedenen Rollen nicht vereinbar, spricht man von einem *Interrollenkonflikt.*

Fall Nufer

Vater Nufer verdient nicht allzuviel. In seiner Rolle als Familienvater macht sich dies bemerkbar: Einiges in der Wohnung müsste erneuert werden, für zurückliegende Anschaffungen sind noch Raten zu zahlen. Andererseits gibt er aber als Arbeitskollege mit seinen ebenfalls dem Alkohol zusprechenden Kollegen (wenn man so will: Rolle eines Stammtischbruders) Geld wiederum aus. Andere Familienväter würden möglicherweise dieses Geld, was von Herrn Nufer in Alkohol umgesetzt wird, für Familienanschaffungen verwenden.

Der Interrollenkonflikt ist dadurch zu lösen, dass das Individuum Prioritäten zugunsten einer Rolle setzt. Unter Umständen wird ein Rollenverhalten total aufgegeben. Das wäre im geschilderten Fall bei einem Vater denkbar, der bei Schulden seiner Familie die Trinkerei ganz aufgibt. Auch das Gegenteil ist denkbar: Ist bei einem Überschuldeten der Ruf erst einmal ruiniert und lebt er ganz ungeniert, erfüllt er u. U. seine familialen Unterhaltsverpflichtungen überhaupt nicht mehr.

Nun können auch Segmente ein- und derselben Rolle unvereinbar sein. In diesem Fall liegt ein *Intrarollenkonflikt* vor. Dabei können die beiden gegensätzlichen Erwartungen vom Rollenträger/der Rollenträgerin selbst ausgehen (eine Mutter will sowohl ihren Haushalt vorbildlich führen als auch ihre Kinder pädagogisch optimal fördern), vom Rollenträger und seinem Partner (eine Altenpflegerin möchte Bewohnerin A betreuen, die Stockwerksleitung schickt sie aber zu Bewohner B) oder aber nur von den Auftraggebern/Partnern des Rollenträgers.

Fall Nufer

Wir können uns den Familie Nufer betreuenden Sozialarbeiter vorstellen. Angesichts der finanziellen Engpässe und Mängel bei Familie Nufer möchte dieser Sozialarbeiter – auch um einer förderlichen Entwicklung der Kinder willen – dieser Familie möglichst großzügige Hilfe gewähren. Vielleicht aber ist seine Kommune finanziell derart in der Klemme, dass sein vorgesetzter Amtsleiter ihn dazu verpflichtet, nur sehr eingeschränkte Hilfen zu gewähren.

Dies wäre der sogenannte klassische Fall des Intrarollenkonflikts des Sozialarbeiters: Der Klient hegt Erwartungen an den Sozialarbeiter, denen die restriktiven Erwartungen des Vorgesetzen des gleichen Sozialarbeiters entgegenstehen. Erfüllt der Sozialarbeiter die Erwartungen des Klienten, gerät er innerhalb seines Dienstverhältnisses in Konflikte. Handelt er in diesem Dienstverhältnis konfliktfrei, wird er den Klienten enttäuschen. Für die Lösung des Intrarollenkonflikts (*Gehrmann/Müller* 1981, 39) kennt die soziologische Theorie folgende Lösungsmöglichkeiten (*Holm* 1974, 87):

1. Verzögerung der Entscheidung,
2. Verschleierung des Handelns den Rollenpartnern gegenüber,
3. Schaukelpolitik: Einmal der einen, einmal der anderen Seite Genüge tun,
4. Handeln danach, was der Rollenträger für legitim hält und
5. Handeln nach Sanktionskalkül, d. h. der Rollenträger tut demjenigen genüge, der über die stärksten Druckmittel verfügt.

Für den Sozialarbeiter werden angesichts seines »doppelten Mandats«, wie man den Intrarollenkonflikt bei ihm auch nennt, die Möglichkeiten Nr. 1, 2 und 3 ausscheiden – jeweils würde er Vertrauen bei Klienten und beim Vorgesetzten verlieren; in der Folge hätte er keine gute Basis zum Weiterarbeiten mehr. Das Handeln nach der eigenen Überzeugung (Nr. 4) ist vorzuziehen, wobei ein Engagement für den Klienten vor dem Dienstherrn offensiv zu vertreten ist und bei den Kollegen Verbündete zu suchen sind.
Die Sanktionsgewalt des Dienstherrn, dessen Weisungsrecht und mögliche Disziplinarmaßnahmen (Nr. 5), sind natürlich in Rechnung zu stellen. Aus diesem Grunde wird auch die Auffassung vertreten, der Intrarollenkonflikt bestehe für den Sozialarbeiter gar nicht, da er dienstrechtlich ohnehin immer den Weisungen seines Vorgesetzten zu folgen habe, mithin die Erwartungen seiner Klienten erst in zweiter Linie zum Zuge kommen könnten (*Maas* 1985, 118 ff.). Deshalb wird hier ein Vorgehen auf zwei Ebenen vorgeschlagen: In der formellen, dienstrechtlichen Beziehung soll der Sozialarbeiter entsprechend der Polarisierungsstrategie darauf abzielen, dass sein Klient interessegeleitet handele, seine Ziele selbständig verfolge, wobei er – auch durch den Sozialarbeiter vermittelt – die Möglichkeiten und Grenzen der Institution des Sozialarbeiters kennen soll. Auf der informellen Ebene zwischen Sozialarbeiter und Klient soll gemäß der Befriedungsstrategie gehandelt werden, d. h. der Sozialarbeiter soll danach trachten, ein gutes Vertrauensverhältnis zum Klienten zu gewinnen und aufrechtzuerhalten, gleichviel, wie die Behörde des Sozialarbeiters den Klienten am Ende bescheidet.

2.2.2 Norm

Bei der Schilderung der Rollenkonflikte war zu sehen, wie gesellschaftliche Teilbereiche durch die Akteure zusammenhängen. So gibt es Beziehungen zwischen einer Familie und der Verwaltung, zwischen Familie und Wirtschaft, zwischen Familie und Schule und natürlich auch wieder zwischen Schule und Verwaltung und viele andere Zwischenbeziehungen. Die verschiedenen Subsysteme der Gesellschaft hängen also zusammen, die Individuen müssen sich in ihnen zugleich und zwischen ihnen bewegen. Dies kann ihnen nur gelingen, wenn sie Verhaltensweisen kennen gelernt haben und an den Tag legen, die über das jeweils einzelne Sozialsystem hinausgehen. Solche Verhaltensvorschriften sind die Normen. Soziale Normen sind Verhaltenserwartungen, die die Mitglieder der Gesellschaft wechselseitig aneinander hegen, und die von ihnen für verbindlich gehalten werden. Normen enthalten ein »Sollen«, sie sind das »Gesollte«. Ihre Hauptaufgabe besteht nach *Parsons* in der Integration sozialer Systeme zwischeneinander. Ein gutes Beispiel dafür ist die Sprache: Nur durch den Gebrauch einer allen zugänglichen und von allen auch erwarteten Sprache ist ein aufeinander bezogenes Miteinander von Familie, Verwaltung, Schule, Wirtschaft, Kulturbetrieb, Freizeiteinrichtungen usw. möglich.

Es gibt Normen, hinter denen Werte stehen. Die Norm der Unterhaltsgewährung des wirtschaftlich Stärkeren an den wirtschaftlich Schwächeren innerhalb einer Familie oder zwischen staatlichen Sozialleistungsträgern und Klient ist Ausfluss des Wertes, dass der Stärkere den Schwächeren zu schützen habe. Wertgespeiste Normen sind auch die Tötungs- und Verletzungs-Verbote in staatlichen Gesetzen: Dahinter steht das Leben und die Unverletzlichkeit der Person als Wert. Daneben gibt es reine Zweckmäßigkeitsnormen wie diejenige, im Straßenverkehr rechts zu fahren (was ja auch anders geht, wie das Beispiel England zeigt), sich die Füße vor Betreten einer Wohnung abzuputzen oder sich mehrmals täglich die Hände zu waschen.

Aufs erste betrachtet machen Normen den Menschen unfrei. Sie schreiben ihm Verhaltensweisen vor und verbieten ihm wieder andere. Ohne Normen würde jedoch eine Gesellschaft nicht funktionieren. Normen erfüllen folgende vier wichtige Funktionen (und die Normverletzung wirkt sich folglich dysfunktional aus – vgl. Teil 5.3. 1):

- *Sie entlasten von Entscheidungsdruck*, denn ohne Normen würden wir in unserem Alltag praktisch nicht vom Fleck kommen, weil wir in jeder Situation wieder neu herausfinden müssten, wie wir uns verhalten sollen; dysfunktional ergibt sich bei Normverletzungen ein gesellschaftlicher *Belastungseffekt*.
- Normen geben zum zweiten *Erwartungssicherheit*, denn sie machen das Verhalten unserer Mitmenschen vorhersehbar und berechenbar. Die Menschen können sich durch die Gültigkeit der Normen aufeinander verlassen. Werden Normen übertreten, stellt sich ein *Ungewissheitseffekt* ein.
- Drittens *koordinieren* Normen das Handeln verschiedener Menschen miteinander und machen es dadurch effektiv – sie erfüllen also die Funktion der Verhaltenkoordination. Normübertretungen zeitigen *Aushöhlungseffekte*.
- Schließlich *integrieren* Normen viertens die Mitglieder einer Gesellschaft untereinander und sorgen so für den Zusammenhalt von Menschengruppen; die Normen erfüllen also eine Integrationsfunktion. Geraten Normen außer Geltung, stellen sich *Desorganisationseffekte* ein.

Soweit Normen verletzt werden, mithin abweichendes Verhalten an den Tag gelegt wird, können natürlich einzelne oder alle vier Funktionen der Normen – die Entlastungs-, Sicherheits-, Koordinations- und/oder Integrationsfunktion – nicht erfüllt werden (vgl. Teil 5). Man spricht dann in Umkehr von Entlastung von der Belastungsfunktion, anstelle der Erwartungssicherheit von der Ungewissheitsfunktion, statt der Koordination von der Aushöhlungsfunktion und im Gegensatz zur Integration von der Desorganisationsfunktion des abweichenden Verhaltens bzw. der Devianz (siehe auch Teil 5.3. 1).

2.2.3 Position und Status

Die Individuen nehmen in ihren Personengefügen oder den Systemen (als aufeinander bezogenen Rollen), denen sie angehören, jeweils eigene *Positionen* ein. Jeder hat in seiner Familie, seinem Betrieb, seinem Verein eine bestimmte Stellung oder Position inne. Nun werden solche Positionen im Sinne von höher- oder geringerwertig miteinander verglichen und voneinander abgehoben.

> ***Fall Nufer***
> *Vater Ewald Nufer nimmt in seinem Verpackungswerk die Position eines Hilfsarbeiters ein. Dem Hilfsarbeiter vorgesetzt ist vermutlich ein Vorarbeiter, diesem wieder ein Werkmeister und diesem wieder der Betriebsleiter. Auch als Mieter können wir Herrn Nufer in einer solchen Rangordnung stehend sehen: Mehr Prestige hätte in bezug auf das Wohnen die Position des Eigentümers eines Eigenheims oder einer Eigentumswohnung, geringeres Prestige hätte Herr Nufer jedoch, wenn er Benutzer einer Notunterkunft (Obdach) wäre.*

Soweit Positionen im Sinne eines Höher oder Niedriger bewertet werden, spricht man vom *Status*. Die angesprochenen Wertungen sind Ausfluss der Tatsache, dass die Menschen eben nicht gleich, sondern – aus welchen Gründen auch immer – ungleich sind. Ein Status bezieht sich immer zunächst nur auf eine ganz bestimmte Position. So kennen wir den Berufsstatus, den Bildungsstatus (entsprechend den durchlaufenen oder nicht durchlaufenden Bildungsgängen), den Wohnstatus, den finanziellen oder auch den politischen Status (*Rüegg* 1969, 194 ff.).

2.3 Soziale Ungleichheit und Schichtung

Mit den unterschiedlichen Statuslagen ist eine ganze Reihe von Maßstäben genannt, die etwas über die soziale Ungleichheit der Menschen im Sinne von höher – niedriger, übergeordnet – untergeordnet oder bessergestellt – schlechtergestellt aussagen. Man kann mit diesen eher objektiv ermittelbaren Status-Unterschieden (Einkommens-, Vermögenshöhe, Berufsposition, Art des Bildungsabschlusses, Wohnsituation, politischer Einfluss, Freizeitverhalten) Menschen in Statusgruppen oder Sozialkategorien zusammenfassen: Die Gutverdienenden, die Mieter, die Akademiker, die Hauseigentümer, die Parteidelegierten, die Arbeiter, die Sozialhilfeempfänger, die Abgeordneten oder welche Statusgruppe auch immer. Im wesentlichen wird für eine Sozialkategorien-Bildung auf drei

Momente der Ungleichheitsbeziehungen unter den Menschen abgehoben (*Bahrdt* 1984, 133):

1. Die Möglichkeit der Güterversorgung über die ökonomischen Chancen (Einkommen, Besitz – Armut),
2. die Möglichkeiten zum Informationsgewinn: Informationschancen (Bildung, Ausbildung – Bildungsmangel) und
3. die Möglichkeit, das Handeln anderer zu beeinflussen: Macht-Chance (Macht – Ohnmacht).

Fall Nufer

Ewald Nufer gehört beruflich gesehen zur Gruppe der Arbeiter oder Hilfsarbeiter, sein beruflicher Status ist gering. In bezug auf seine Wohnsituation ist er Mieter einer Einfach-Wohnung. Auch hier ist sein Status nicht sehr hoch, wenn er auch nicht auf der untersten Stufe der Leiter der Wohnkategorien als Obdachloser steht. In seiner Familie ist sein Machtstatus uneinheitlich: In bestimmten Situationen erzwingt er von seinen Familienangehörigen Respekt und Unterwerfung, in anderen Situationen legt er keinerlei Wert darauf, dass seine Vorstellungen befolgt werden.

Soweit nun verschiedene Statuslagen miteinander in Verbindung gebracht werden und sozusagen eine Gesamtbewertung vollzogen wird, und weiterhin noch entsprechende, mit den Statuslagen einhergehende Verhaltensweisen in den Blick genommen werden, spricht man von *Schichten*. Schichten sind also Menschen mit gemeinsamen Status- und Verhaltensmerkmalen. Diese *Schichten* stehen in einem vertikalen Verhältnis, einer Zuordnung im Sinne von höher – tiefer zueinander: In grober Einteilung kennt man die Ober-, die Mittel- und die Unterschicht. So definiert *Bolte* (in Funkkolleg Sozialer-Wandel SBB 7 1975, 62):

»Verbinden sich mit den Abstufungen des jeweiligen Merkmals Differenzierungen im Sinne von besser- oder schlechtergestellt, bevorzugt oder benachteiligt, mehr oder weniger geachtet usw. und liegt den Abstufungen nicht eine willkürliche, statistische Gliederung zugrunde, sondern handelt es sich um Abgrenzungen, denen bestimmte Verhaltensdifferenzierungen entsprechen, dann – und nur dann – soll von Schichten gesprochen werden.«

Die *soziale Schichtung* ist ein herausragendes Thema der Soziologie. Denn zur Erwartung der Gleichheit aller Menschen steht die tatsächlich festzustellende Ungleichheit unter den Menschen in einem Spannungsverhältnis, das erklärt sein will. Die Festlegung von Schichten im Sinne eines Höher und Niedriger von Menschengruppen stößt von daher immer wieder dadurch auf emotionale Barrieren, dass die meisten Menschen vom Wert der Gleichheit aller ihrer Mitmenschen überzeugt sind. Dieser latent vorhandene Wunsch nach Egalität kann sich auch dadurch artikulieren, dass auf die Schwierigkeit der Abgrenzung von Schichten-Gruppen, wie sie ja wissenschaftlich tatsächlich existiert, hingewie-

sen wird. Es ist gar nicht unbedingt ausgemacht, dass es in der Industriegesellschaft ausgerechnet immer die landläufig benannten drei Schichten Ober-, Mittel- und Unterschicht geben muss. Zuweilen werden noch wesentlich differenziertere, sechsgliedrige Schichtungssysteme konstruiert, so vor allem in den USA. Für die Sozialarbeit hingegen hat es sich als praktikabel erwiesen, lediglich von einem Zwei-Schichten-Modell auszugehen, in dem der gehobenen Schicht (landläufige Ober- und Mittelschicht) die Unter- oder Grundschicht gegenübergestellt wird.
Zur Illustration sei *Lloyd Warners* sechsgliedriges Schichtungssystem für die US-amerikanische Gesellschaft mitgeteilt, wie es *Berger/Berger* (1982, 104 ff.) referieren:

»So hat er (*Warner*) beispielsweise die bereits erwähnte oberste Oberklasse von einer Oberklasse unterschieden, deren Mitglieder erst sehr spät in die vornehmen Kreise aufgestiegen waren. In manchen Fällen hatten diese viel mehr Geld als die Angehörigen der obersten Oberklasse. Aber sie bemühten sich, deren Lebensstil nachzuahmen. Das beste Wort, um diesen Lebensstil zu kennzeichnen, ist ›Ruhe‹. Es ist ein ganz anderer Lebensstil als der der oberen Mittelklasse, aus der die meisten Angehörigen der Oberklasse eben erst aufgestiegen waren. In der oberen Mittelklasse werden die Früchte wirtschaftlicher Tüchtigkeit zwar mit mehr oder weniger Geschmack, aber offen und manchmal geradezu angriffslustig zur Schau gestellt. Im Gegensatz dazu verlangt der Oberklassenstil, dass man Reichtum so weit wie möglich verbirgt. Dementsprechend besteht natürlich auch ein Unterschied im Ethos. Das Ethos der Mittelklasse ist, mit einfachen Worten, offensiv und streberhaft. Werte, die in der Mittelklasse als gesunder Ehrgeiz angesehen werden, sind für die Oberklasse ›kleinkariert‹ und ordinär. Ähnliche Unterschiede im Ethos gibt es auch weiter unten auf der sozialen Leiter. Warner hat nachweisen können, dass die Trennungslinie zwischen dem, was er die oberen Unterklassen und die Unterklassen genannt hat, vor allem eine Frage der Moral ist. Die obere Unterklasse (die meisten Soziologen würden sie heute die Arbeiterklasse nennen) ist arm, in manchen Fällen sogar so arm wie die Leute aus der Schicht unter ihr. Aber sie ist ganz durchdrungen von einem Ethos harter Arbeit, Disziplin und Ehrgeiz. Im Gegensatz zur ihr besitzt die untere Unterklasse keinerlei derartige Tugenden. Ihr Ethos ist überwiegend auf raschen Genuss eingestellt, und für die Belohnungen, nach denen die anderen Schichten streben, hegt sie meistens nur Verachtung.«

Zugleich wird aus diesem Zitat deutlich, wie für die Schichtenbildung sowohl materielle Statuslagen maßgebend sind als auch jeweils unterschiedliche Verhaltensweisen.
Kritik an der Schichtenbildung kommt auch von anderer Seite, nämlich von den Anhängern der *Klassentheorie.* Im Gegensatz zum mehrdimensionalen Schichtungsbegriff (Kombination verschiedener Statusmerkmale, Verhaltensunterschiede) hebt der Klassenbegriff für die Klassenbildung lediglich auf ein einziges unterschiedliches Merkmal ab. In der Nachfolge von *Karl Marx* sind soziale Klassen ökonomische Klassen: Proletarier und Bourgeoisie unterscheiden sich voneinander durch die Verfügungsgewalt bzw. die Nichtverfügbarkeit über Produktionsmittel und die daraus sich ergebende Herrschaftsgewalt über andere Menschen auf der einen und das Nichtvorhandensein solcher Herrschaft

auf der anderen Seite. Diese Klassen stellen für *Marx* das grundlegende Strukturprinzip einer kapitalistischen Gesellschaft dar, woraus der Klassenkampf als wichtigste Antriebskraft für einen sozialen Wandel hin zur sozialistischen Gesellschaft resultiert. Die Neomarxisten unseres Jahrhunderts haben diese Klassenbildung auf die Gegenwart zu übertragen versucht (vgl. Teil 2.3.2.1). Von vielen Autoren werden jedoch die marxistischen Klassenbegriffe zur Strukturierung der späten Industriegesellschaft bzw. der postindustriellen Gesellschaft nicht mehr für geeignet erachtet (*Rüegg* 1969, 201; *Bolte/Hradil* 1984, 353): Der Klassenbegriff sei historisch entstanden und daher als zeitübergreifend anwendbarer theoretischer Begriff nicht brauchbar. Die Industriegesellschaften hätten sich außerdem nicht in der von *Marx* vorausgesehenen Richtung, sondern von einem Zweiklassensystem wegentwickelt, da sie zunehmend differenziert würden. Zu den Risiken und den Entfremdungen, unter denen Arbeiter litten, kämen andere Momente der Differenzierung wie soziale Rechte, staatliche Eingriffe, unterschiedliche Wertigkeiten verschiedener Branchen sowie Bildungs- und Erziehungseinflüsse, die *Marx* so nicht vorausgesehen hätte. So sei die Bundesrepublik keine Klassengesellschaft, vielmehr eine differenzierte, mittelschichtdominante Wohlstandsgesellschaft.

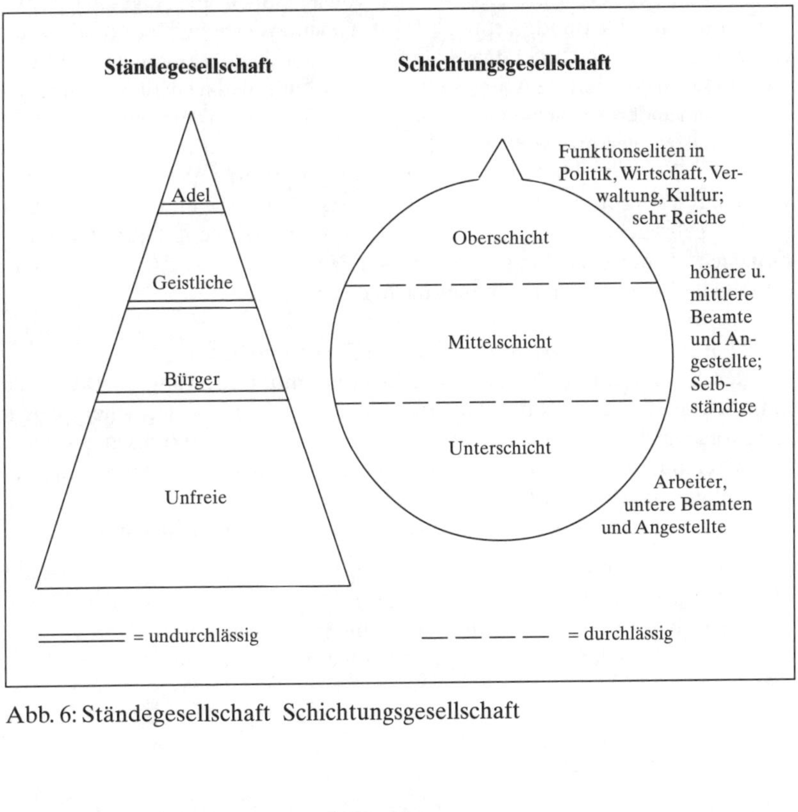

Abb. 6: Ständegesellschaft Schichtungsgesellschaft

Soweit man zugestehen mag, dass die frühindustrielle Gesellschaft des vorigen Jahrhunderts eher eine Klassengesellschaft gewesen ist, muss man für die Zeit vor der Industrialisierung zur Kennzeichnung der seinerzeitigen Gesellschaften auf den Begriff des Standes verweisen. Die Ständegesellschaft regelte den Zugang zu bestimmten Berufen sowie die Lebenslagen ihrer Mitglieder nach den durch Geburt vermittelten Ständen. Die wichtigsten Stände der mittelalterlichen Gesellschaft waren der Adel, die Geistlichkeit, die Bürger und die Unfreien (vgl. Abb. 6 »Ständegesellschaft – Schichtungsgesellschaft«). Ein Wechsel von einem zum andern Stand kraft vertikaler Mobilität war, da der Stand durch Geburt zugeschrieben war, ausgeschlossen.

2.3.1 Schichtungsuntersuchungen

Eine Mehrzahl von Status-Unterschieden oder Soziallagen und unterschiedliche Verhaltensweisen sind also die Voraussetzung für das Vorhandensein von verschiedenen Sozialschichten, wobei – wie gesagt – deren Existenz nur sinnvoll und ergiebig ist im Verein mit für die jeweilige Schicht charakteristischen Verhaltensweisen. Die hohe Zeit von Untersuchungen zur Sozialschichtung war in der Bundesrepublik die Zeit des sich vollziehenden und abgeschlossenen Wiederaufbaus der Bundesrepublik-West, also im weitesten die drei Jahrzehnte zwischen 1950 und 1980. Das hängt zum einen damit zusammen, dass sich nach 1945 ein von den USA angestoßener Forschungsbedarf in dieser Richtung ergab. Zum anderen brachte die Beendigung des Zweiten Weltkriegs eine Menge von Umwälzungen im sozialen Gefüge auch des westlichen Teils des alten deutschen Reiches mit sich: Großgrundbesitz, Offizierskorps und Teile der Landwirtschaft verloren an Bedeutung. Handwerk, Industrie und Arbeiterschaft wurden gebraucht und daher favorisiert; hinzu kamen neue Dienstleistungsbranchen wie der Verteilungs-, Freizeit- und Unterhaltungssektor, deren gesellschaftliche Bedeutung noch immer im Wachsen ist.

2.3.1.1 Erkenntnismethoden für soziale Differenzierungen

Bei den heiklen und nicht leichten Schichtungsdifferenzierungen erhebt sich natürlich die Frage nach dem methodischen Vorgehen soziologischer Schichtungsforschung. Gewiss reichen hier Unterschiede in berufsständischen Privilegierungen oder Benachteiligungen oder aber einfache statistische Berufsgruppenzählungen nicht mehr hin. *Bolte/Hradil* (1984, 197 ff.) schildern die drei wichtigen Forschungsmethoden für die Gewinnung der sozialen Schichtung:

1. *Registrierung prestigerelevanten Verhaltens*: Man beobachtet/befragt, wie sich Mitglieder einer Statusgruppe zueinander beispielsweise bezüglich Heirat, gegenseitiger Besuche, Zugang zu bestimmten Veranstaltungen usw. untereinander verhalten. Einzuschränken ist, dass dies nur für überschaubare

Gruppierungen möglich ist und daher nicht für eine Vielzahl von Mitgliedern einer Gesellschaft Ergebnisse bringen kann.

2. *Errechnung von Indexpunkten*: Man bewertet wesentliche Statusmerkmale (besonders Beruf, Einkommen, Bildung) mit einem Punktesystem und teilt die Schichten nach summierten Gesamtpunktzahl-Bereichen ein. Hier ist einzuschränken, dass die Bildung solch mehrdimensionaler Indizes, die Punktzuteilung, die Gewichtung der Indizes untereinander und die Abgrenzung der Schichten anhand einer Gesamtpunkteskala natürlich willkürlich sind. Subjektive Vorstellungen der Forscher werden hierbei in die Ergebnisse einließen.
3. *Ermittlungen der Selbsteinstufung*: Da die Mitglieder einer Gesellschaft auch selbst eine Vorstellung von ihrem Platz im Statusgefüge der Gesellschaft haben, befragt man sie hiernach. Hier ist einzuschränken, dass diese sogenannte Selbsteinschätzung meist Ergebnisse bringt, die stark nach der gesellschaftlichen Mitte hin tendieren (Soziologie 2000, 220).

2.3.1.2 Ergebnisse von Schichtungsuntersuchungen

Trotz methodischer Schwierigkeiten sind natürlich Untersuchungen zur sozialen Schichtung sehr zahlreich durchgeführt und Ergebnisse mitgeteilt worden. Für den erwähnten Zeitraum von 1950 bis 1980 in der Bundesrepublik kann verkürzt auf folgende Ergebnisse verwiesen werden.

Für die bundesrepublikanische Nachkriegszeit sprach *Helmut Schelsky* (1954, 219 ff.) von gesellschaftlichen Abstiegs- und Aufstiegsprozessen, die eine Tendenz gebracht hätten zu einer nivellierten, kleinbürgerlich-mittelständischen Gesellschaft: Abstiegsprozesse hätten vor allem Vermögensbesitzer, Beamte, Ausgebombte und Vertriebene durchgemacht; dagegen seien großenteils die Arbeiterschaft, Angehörige von Verwaltungsbürokratien, Handel und Gewerbe aufgestiegen. Beide Mobilitätsvorgänge hätten die kleinbürgerlichen, mittelständischen Schichten vergrößert:

»Beide Richtungen der sozialen Mobilität wirken aber in der Herausbildung des gleichen sozialen Verhaltens und eines gleichen sozialen Status zusammen: Einer sozial standortlabilen, nivellierten, kleinbürgerlich-mittelständisch sich verhaltenden Gesellschaftsschicht. «

Gegen diese verkürzt so genannte Tendenz zur nivellierten Mittelstandsgesellschaft ist vor allem von Klassentheoretikern (*Jaeggi* 1973, 28) Kritik geübt worden, die die Einschätzung *Schelskys* als zu pazifierend (befriedend) und in bezug auf die wirklichen Unterschiede zu einebnend ansahen. Liest man *Schelskys* Text jedoch genau, sieht man, dass er nur die Konvergenz von Schichten unterhalb von Elite und Oberschicht zu einer von ihm kleinbürgerlich genannten Gesellschaftsschicht beschrieb.

Bolte kam nach Untersuchungen zwischen 1952 und 1959 in Norddeutschland zur Vorstellung von Differenzierungen in der Sozialschicht je nach Wohnortgröße (mitgeteilt nochmals in *Bolte/Hradil* 1984, 204 ff.): In agrarisch strukturierten, kleinen Dörfern sah er noch eine traditionelle Schichtungsstruktur wirksam – mit Lehrern/Pfarrern an oberster Stelle, Handwerkern und Händlern in der Mitte und Landarbeitern am unteren Ende der Skala; die Landwirte ordnete er je nach Besitzumfang den drei Gruppen zu. Für den großstädtischen Bereich stellte *Bolte* bereits damals eine Tendenz zu einer starken, fluktuierenden Mitte hin fest, jenseits derer es nur die relativ kleinen Gruppen der »Oberen Zehntausend« einerseits und der sozial Abgesunkenen andererseits gebe; für ein und dieselbe Person könne hier das Ansehen je nach gerade ausgeübter Rolle variieren. Die Tendenz zu einer breiten, mittleren Statuslage wird also auch von *Bolte* bestätigt:

»In extremen Fällen kann der einzelne in diesen verschiedenen Lebensbereichen mitunter mit jeweils völlig anderen Menschen zusammentreffen und von Bereich zu Bereich ein unterschiedliches Ansehen und einen jeweils unterschiedlichen Status zugeordnet erhalten. Jemand, der eine ›geringe‹ berufliche Position hat, kann im politischen Bereich durchaus eine angesehene Funktionärsstellung haben. «

Anhand einer umfangreichen, zwischen 1954 und 1961 erstellten Datenanalyse teilte *Erwin K. Scheuch* (1961, 65 ff.) einen sehr genau ausdifferenzierten Schichtungsaufbau mit sechs Statusgruppen mit, für den er das mehrdimensionale, gepunktete Indikatorenschema aus den drei Merkmalen Einkommen, Beruf und Bildung zugrunde gelegt hatte. Er kam zu folgendem Schichtungsaufbau für die Bundesrepublik:

- Oberschicht 2,5%,
- Obere Mittelschicht 6,1%,
- Mittlere Mittelschicht 14,6%,
- Untere Mittelschicht 20,7%,
- Obere Unterschicht 36,6 %,
- Untere Unterschicht 19,5%.

Fasst man die Gruppen der Ober- und Mittelschichten Scheuchs einerseits sowie seine Unterschichten andererseits zusammen, erhält man für die Gruppen »Oben« und »Mitte« insgesamt einen 43,9%igen Anteil, für den unteren Bereich einen 56,1%igen Anteil der Bevölkerung.
Bolte und Hradil ermittelten 1984 für die Bevölkerung der Bundesrepublik fünf Lebensstandardniveaus (1984, 124 ff.): Sie sprachen von 2,1% Reichen, 18,9% Wohlhabenden und 29,6% Gutgestellten einerseits, andererseits, von 35,8% unterdurchschnittlich Bedachten und 13,6% Schlechtgestellten. Summiert man auch hier in zwei Gruppen, so erhält man einen Anteil von 50,6% der Bevölkerung, dem es besser geht, gegenüber einem schlechter gestellten Bevölkerungsanteil von 49,4%.

Die vertikale Schichtung aus dem Konglomerat Bildung-Beruf-Einkommen hat in der Spätphase des 20. Jahrhunderts weitere Differenzierungen, ja sogar Aufbrüche erfahren. Dies vor allem durch lang anhaltende Prozesse von Arbeitslosigkeit, von unterschiedlicher politischer Repräsentanz von Bevölkerungsgruppen, durch starke ökonomische Umstrukturierungen und zum Teil damit verbundener Fesselungen ausgleichender staatlicher Aktivitäten. Betriebe unterscheiden sich nach Markt- und Absatzchancen, nach Innovationskraft und Stagnation; entsprechend hoffnungsfroh oder chancenarm ist die Situation für ihre Beschäftigten. Die Belegschaften selbst differenzieren sich wegen der oft schnell wechselnden ökonomischen Chancen ihrer Unternehmen in privilegierte, gut abgesicherte Stammarbeitnehmerschaften mit stabiler Situation einerseits und andererseits in schlechter gestellte, ungesicherte Randbelegschaftsgruppen in erodierten Arbeitsverhältnissen wie befristeter und/oder teilzeitiger bzw. Kurzarbeit, evtl. sogar in Scheinselbständigkeit ausgelagerter Arbeit in ausgesprochen instabiler Situation (*Hradil* 1999, 117 ff.). Es spricht einiges dafür, dass gerade die status-gesicherten Stammbelegschaften auch verbändemäßig (Gewerkschaften) und sogar (regional-)politisch besser abgesichert sind als die sich an der Peripherie bewegenden Arbeitskräfte. In Ostdeutschland schlagen diese Unterschiede besonders stark durch (*Geißler* 1996, 173 ff.). Die staatlichen Sozialleistungssysteme können diese Gefährdungslagen individuell zumindest nicht mehr den Lebensstandard sichernd auffangen (*Witterstätter* 2000, 54).

	Monatseinkommen	
	Prozent West	Prozent Ost
bis 1000 DM	13,0	18,1
1000 bis 2000 DM	11,4	17,7
2000 bis 3000 DM	12,3	29,2
3000 bis 4000 DM	17,3	22,0
4000 bis 5000 DM	19,3	7,8
5000 bis 6000 DM	10,1	3,4
6000 bis 7000 DM	6,3	1,1
über 7000 DM	10,0	0,6

Abb. 7 Verteilung von Monatseinkommen in Deutschland (brutto 1993)

In der Einkommensverteilung hat sich in den letzten Jahrzehnten die Ungleichheit erhöht. Einen Einblick dazu gibt bezüglich der deutschen Ost-West-Relation Abb. 7 »Verteilung von Monatseinkommen in Deutschland«. Für die Betrachtungszeit zwischen 1973 und 1998 führt der 2001 erschienene »Erste Armuts- und Reichtumsbericht der Bundesregierung« (Lebenslagen in Deutschland 2001,

20) die sich spreizende Einkommensverteilung auf die gestiegene Arbeitslosigkeit und die dadurch unterschiedliche Beschäftigungsintensität vor allem für die Arbeitnehmer der unteren Statusränge zurück. Auch die Lohnunterschiede zwischen West und Ost waren in den 1990er Jahren noch erheblich, wie dies auch aus Abb. 7 »Verteilung von Monatseinkommen in Deutschland« deutlich wird. Hier fällt neben einer Kumulation der monatlichen Bruttoeinkommen zwischen 4000 und 5000 DM West (bzw. zwischen 2000 und 3000 DM Ost) auch eine Häufung im unteren Einkommensbereich unter 1000 DM monatlich auf. Für den Zeitraum 1991 bis 1998 stellt der Erste Armutsbericht (Lebenslagen in Deutschland 2001, 31) eine gewisse Stabilität des Verbleibens im unteren und mittleren Einkommensbereich vor allem für Ostdeutschland fest (während sich ein Teil der Westdeutschen hier stärkerer Einkommensaufstiege hätte erfreuen können).

Fall Nufer

Im Fall der Familie Nufer kann man sicher eine Zuordnung zur jeweiligen unteren Hälfte der Schichtungsskala vornehmen. Einkommensmäßig dürfte die Familie mit lediglich einem Einkommen aus einem Hilfsarbeiterberuf am unteren Ende der Arbeitseinkommens-Skala liegen. Das berufliche Prestige Herrn Nufers ist vergleichsweise gering, weiterführende Bildungsabschlüsse hat kein Mitglied der Familie. Auch von statuserhöhenden Aktionen im Freizeitbereich ist für keines der Familienmitglieder der Familie Nufer die Rede.

2.3.1.3 Verhaltensdifferenzierungen

Die verschiedenen sozialen Schichten der Bevölkerung unterscheiden sich nicht nur in Statuslagen, sondern auch in ihren Verhaltensweisen. So differenziert man die einzelnen Statuslagen auch unterscheiden kann, für Verhaltensweisen ist dies wesentlich schwieriger. Daran aber ist gerade Sozialarbeit/Sozialpädagogik interessiert. Sie will nämlich Verhaltensweisen ihrer Klienten erklären. Andererseits möchte sie, auf vorgegebenen Verhaltensweisen aufbauend, auch Verhalten von Klienten in die gewünschte Richtung verändern. Wegen der Schwierigkeit, Verhaltensunterschiede entsprechend den Untersuchungen zur sozialen Schichtung auszudifferenzieren, hat man sich darauf beschränkt, lediglich von einer gehobenen Schicht (Mittelschicht und Oberschicht) im Gegensatz zur unteren Sozialschicht (auch Grundschicht genannt) zu sprechen, Nach entsprechenden Verhaltensbeschreibungen für die untere Sozialschicht bzw. die gehobene Sozialschicht bei *Bolte/Hradil* (1984, 301 ff.) und *Hurrelmann* (1986, 120) kann das folgende Schema von Abb. 8 »Schichtspezifische Verhaltensweisen« mitgeteilt werden:

	Untere Sozialschicht	Gehobene Sozialschicht
Erziehungsziele	Konformität, Gehorsam, Sauberkeit, Ordnung kontrolle	Individualität, Kreativität, Selbständigkeit, Selbst-
Erziehungs-verhalten	reagiert auf beobachtetes Verhalten, körperliches Strafen	reagiert auf hinter dem Verhalten liegende Absicht, verbal-argumentativ
Sprachstil	restringiert, geringere Nutzung der Sprache	elaboriert, höherer abstrakter Wortschatz
Leistungs-verhalten	extrinsisch, Strafe vermeiden, Belohnung bekommen	intrinsisch, d.h. um der Sache selbst willen etwas tun
Familiensystem	statusbezogenes Rollensystem, geschlossenes Interaktions- und Kommunikationssystem	personenbezogenes Rollensystem, offenes Interaktions- und Kommunikationssystem
Anregungs-milieu	geringere kognitive und soziale Anregungen für die kindliche Persönlichkeitsentwicklung	vielfältigere kognitive und soziale Anregungen für die kindliche Persönlichkeitsentwicklung

Abb.8: SchichtspezifischeVerhaltensweisen

In *Sozialisation* und *Erziehung* werden Angehörige der unteren Sozialschicht konformistische Werthaltungen bevorzugen; sie legen großen Wert auf Gehorsamkeit, Ordnung und Sauberkeit. Die Kinder sollen festgelegten Verhaltensregeln folgen. Mit erzieherischen Maßnahmen wird auf das beobachtete Verhalten reagiert. Strafen sind vorwiegend körperlich. Die Disziplinierung ist machtorientiert. Das Anregungsmilieu ist geringer.

Die Angehörigen gehobener Sozialschichten legen dagegen in Erziehung und Sozialisation mehr Wert auf die Entwicklung von Individualität, Kreativität, Selbständigkeit und Selbstkontrolle ihrer Kinder. Sie reagieren mit erzieherischen Maßnahmen vorwiegend auf die Absicht, die hinter dem von ihren Kindern gezeigten Verhalten liegt. Die antwortenden, erzieherischen Maßnahmen sind eher argumentativ und psychologisch kontrollierend. Das Anregungsmilieu ist höher.

Der *Sprachstil* der unteren Sozialschicht ist wenig komplex, bedient sich vielfach stereotyp-eingeschliffener Wendungen sowie kurzer, oft auch unfertiger Sätze. Der Schriftsprache sind die unteren Schichtgruppen vielfach nicht mächtig. Die Angehörigen der gehobenen Sozialschicht können sich differenzierter und zumeist auch grammatikalisch korrekt ausdrücken. Sie können Absichten und auch psychologische Zusammenhänge wesentlich leichter mitteilen. Sie

können auch zeitunabhängige Mitteilungen über Vergangenheit und Zukunftserwartungen machen. Die Schriftsprache beherrschen sie.
Im *Leistungsverhalten* sind untere Statusgruppen meist fremdbestimmter, d. h. sie vollbringen Leistungen eher, um negative Konsequenzen zu vermeiden oder Belohnungen zu erhalten. Höhere Statusgruppen nehmen sich einer Leistung eher um deren selbst willen an. Misserfolge verkraften höhere Statusgruppen eher, sie sind auch in der Lage, momentane Bedürfnisbefriedigungen um zukünftiger Ziele willen zurückzustellen, was den Angehörigen der unteren Schichten nicht so leicht möglich ist; diese wiederum sind eher an der augenblicklichen Bedürfnisbefriedigung interessiert und tun sich mit Bedürfnisaufschub schwer.
Die *Familienatmosphäre* ist in unteren Schichtmilieus stärker status- und rollenbezogen; familiale Positionen werden weniger verschoben oder ausgetauscht; die Kommunikation unterliegt stärker vorgegebenen Regeln. In den Familien höherer Statusgruppen ist die personale Zuordnung stärker personenbezogen; Positionen werden flexibler verändert je nach Fortschreiten des familialen Prozesses; der kommunikative Umgang ist individueller, nimmt stärker auf situative Begebenheiten Bezug und thematisiert auch stärker das Miteinander an sich (familiale Metakommunikation).

2.3.2 Erklärungsansätze für soziale Ungleichheit

Die soziologische Theorie hat sich mit Quantifizierung und Beschreibung sozialer Ungleichheit nicht zufriedengegeben. Die sozialen Differenzen zwischen den einzelnen Individuen sollten auch ursächlich erklärt werden.

2.3.2.1 MarxistischeAnsätze

Marxistisch werden gesellschaftliche Difierenzierungen auf der Grundlage der Klassentheorie (vgl. Teil 1.5) also der Zuordnung der Menschen zueinander in der Sphäre der Produktion, somit mittels der Produktionsverhältnisse, erklärt: In der industriellen Gesellschaft stünde der Klasse der Produktionsmitteleigentümer (der Bourgeoisie) die Klasse der Proletarier (Nichteigentümer an Produktionsmitteln) gegenüber, die von ersteren mittels des Mehrwertes der erschaffenen Produktion über den zu ihrem Lebensunterhalt entgoltenen Lohn ausgebeutet würden. Zwischen diesen beiden Grundklassen der Bourgeois und Proletarier stünden noch Zwischenklassen oder Mittelschichten, doch tendierten diese zur einen oder zur anderen der beiden Grundklassen. Der historische Materialismus nahm an, dass es bereits vor den beiden gegensätzlichen Klassen der industriellen Gesellschaft in anderen historisch-gesellschaftlichen Stufen Klassenwidersprüche gegeben habe. Die jeweils historischen Klassengegensätze hätten immer wieder eine neue, in sich antagonistische Gesellschaftsformation heraufgeführt. Dieses gegensätzliche Klassenmodell finde erst ein Ende, wenn die Klassenwidersprüche in einer sozialistischen Gesellschaft, in der jeder nach seinen Bedürfnissen leben könne, beseitigt seien. Kritisch ist hier folgendes zu sehen:

- Der Mehrwert, der in der kapitalistischen Klassengesellschaft den Produktionsmitteleigentümern zufällt, lässt sich tatsächlich nicht exakt quantifizieren, sondern lediglich theoretisch als Differenz zwischen Produktions- und Reproduktionswert;
- die Zwischenschichten passen nicht so recht ins eigentliche Klassensystem der beiden antagonistischen Grundklassen;
- die Tendenz zur klassenlosen Gesellschaft ist seither nicht von stabil-ausdauernder Wirkung gewesen, vielmehr haben sich zunehmend, wie die Schichtungsuntersuchungen zeigen, in sich differenziertere Statusgruppen herausgebildet;
- es lassen sich für eine Klassengesellschaft die konkreten, sich in vielen Stufungen präsentierenden Unterschiede in den Lebensverhältnissen der Individuen in vielem nicht mehr nur auf den grundlegenden Unterschied der beiden Grundfiguren der Produktionsverhältnisse – Eigentum oder Nichteigentum an Produktionsmitteln – zurückführen.

Neomarxisten stellen folglich auch die Existenz einer konfliktträchtigen Lage zunehmend in Abrede. Mit dem Disparitätstheorem sieht *Claus Offe* die Zusammenhänge zwischen Arbeit und Einkommen gelockert, weil Tradition und die Verbandsmacht der Tarifparteien die Lohnhöhe stärker bestimmen würden als die wertmäßige Leistung. Weiter sieht *Offe* auch den Zusammenhang zwischen Einkommen und Lebenslagen überlagert von dem, was der Staat für seine Bürger an Konsumierbarem bereithält bzw. nicht bereit hält. Hier sei der Bürger stärker in seiner Lebenslage auf staatliche Entscheidungen verwiesen als auf seinen Lohn. An solchen Gebieten staatlicher Dominanz nennt *Offe* (1972, 135 ff.) Bildung, Gesundheit, soziale Sicherheit, Verkehr, Wohnen und Freizeit. Bestimmte Bereiche würden vom Staat besonders bevorzugt gefördert, andere nicht. Dies spüre der einzelne auch bei sich. Da, wo der Staat Initiativen ergreife, sei die Lebenslage des Bürgers wesentlich besser als in Bereichen, in denen sich der Staat zurückhalte. Somit trete zu dem vertikalen System sozialer Ungleichheit, das aus den Produktionsverhältnissen resultiere, ein horizontales Ungleichheitssystem, das der Staat mit seiner Aktivität bzw. seiner Passivität verursache. Die Individuen seien somit mit Teilen ihrer Lebenstätigkeit in privilegierte Lebensbereiche hineingenommen, während sie in anderen Bereichen in unterprivilegierten Bereichen verharren müssten. Die Ungleichheit würde somit mehrdimensional und unanschaulich, so dass die ursprünglich aus dem Produktionssystem verursachten Konflikte unterdrückt bzw. überlagert würden. Man kann diesem Disparitätstheorem allerdings entgegenhalten, dass der Bessergestellte durch staatliche Passivität verursachte Defizite individuell besser ausgleichen kann als dies der Schlechtergestellte kann, der für eine ausreichende Versorgung stärker auf die staatlichen Leistungen angewiesen ist.

2.3.2.2 Die funktionalistische Sicht

Talcott Parsons erklärt die Schichten-Differenzierung funktionalistisch: Die einzelnen Positionsinhaber leisten unterschiedlich wichtige Beiträge zur Erhaltung der gesellschaftlichen Systeme. Für die Wahrnehmung wichtiger Aufgaben ist nur eine begrenzte Anzahl von Talenten vorhanden. Deren Eintritte und Aktivitäten müssen durch Belohnungen angereizt werden, damit sie die Mühen von langer Ausbildung und von Verausgabung ihrer Kräfte auf sich nehmen (*Parsons* 1964, 215). Hiergegen ist nun kritisch folgendes einzuwenden:

- Leistungen werden nicht nur extrinsisch, sondern auch intrinsisch motiviert;
- dank der Bildungsexpansion gibt es in der entwickelten Gesellschaft mehr Talente, als für die anfallenden Leistungen benötigt werden; inzwischen kommen bereits viele zureichend ausgebildete Talente nicht mehr adäquat zur Wirkung;
- das Belohnungssystem ist bei weitem nicht mehr nur funktional in bezug auf einen Anreiz der Fähigsten konzipiert, sondern in vielem eher nach traditionellen Stufungen ausgerichtet, die nicht revidiert wurden.

2.3.2.3 Die »erneuernde« Konflikttheorie Dahrendorfs

Ralf Dahrendorf sah die Gesellschaft ebenfalls von Klassengegensätzen geprägt, allerdings nicht wie *Marx* von ökonomischen, sondern von Herrschaftsgegensätzen (1961, 82): »Diese produktive Ungleichheit ist verknüpft mit den aus der ungleichen Verteilung von Herrschaft hervorgewachsenen Massen und ihren Kämpfen«. Die Herrschaft ausübenden Mitglieder der Gesellschaft würden nun danach trachten, das etablierte gesellschaftliche Normensystem zu erhalten, welches ihnen Vorteile in Herrschaft und Vermögen erbrächte. Diejenigen, denen dieses System samt seiner Gratifikationen nicht diese Vorteile wie den Konformen und Begünstigten erbringe, trachteten hingegen danach, es zu verändern (*Dahrendorf* 1957, 139 ff.). Somit ist Dahrendorfs Sicht von gesellschaftlicher Differenzierung durchaus wandelsgeneigt. Kritisch ist hier allerdings folgendes zu sehen:

- Es gibt keinen rechten Ausgleich zwischen Stabilisierung eines Systems zwischen Herrschenden und Beherrschten und dem Wandel dieses Systems: Gesellschaften können sehr verfestigt in ihrem stabilen Normensystem verharren, umgekehrt können abrupte Wandlungen die Funktionen gesellschaftlicher Normen (Sicherheit, Koordination, Integration, Entlastung) aufs Spiel setzen;

- auch hier ist die Grenzziehung zwischen Herrschenden und Beherrschten schwierig: Wo etwa wären in diesem System die Herrschaftshelfer oder die Angehörigen der von Dahrendorf selbst so genannten Dienstklasse einzuordnen?

Rund 30 Jahre nach der Konzipierung seiner Herrschafts-Konfliktstheorie sieht *Dahrendorf* selbst kein sehr nachhaltiges zum Konflikt bereites gesellschaftliches Potential, das einen Wandel herbeiführen könnte. Besonders bei den Herrschaftsunterworfenen kann er keine Aktivitäten im Hinblick auf gesellschaftliche Veränderungen erkennen (in: Soziologie der sozialen Ungleichheit 1987, 25 f.):

»Trotz aller Nebenwirkungen gibt es eine beharrliche Gewohnheit des Festhaltens an der Wachstumsgesellschaft. Trotz aller offenbaren Widersprüche bleiben die Werte und Gestalten der Arbeitsgesellschaft dominant. Rechtssystem, Wirtschaftsordnung, politische Verfassung, öffentliche Werte bleiben unverändert, obwohl sie angesichts neuer Fragen nicht mehr weiterführen. Das ist nicht bloße Gewohnheit (obwohl die Rolle der Trägheit im sozialen Wandel nicht zu unterschätzen ist); es ist auch handfestes Interesse derer, die unter den gegebenen Verhältnissen gut genug abschneiden und jedenfalls veränderte Strukturen eher befürchten als erhoffen. Das aber ist in der entwickelten Staatsbürgergesellschaft die große Mehrheit. So wird ein Prozeß in Gang gesetzt, in dem wir mitten darin stehen. Die profitierende Mehrheit schart sich enger um die Werte und Strukturen der alten Gesellschaft. Sie grenzt damit beinahe automatisch diejenigen aus, die von diesen Werten und Strukturen wenig haben, die z. B., die noch nicht oder nicht mehr am Arbeitsmarkt teilnehmen. Die Ausgegrenzten beginnen, an den Annahmen der offiziellen Gesellschaft zu rütteln. Das führt zu weiterer Verhärtung dieser Annahmen und der durch sie geprägten Strukturen. Die offene Gesellschaft ist offen nur mehr für die, die im Licht sind, die im Dunkeln sieht man einmal wieder nicht. Ein neuer Klassenkampf? Wohl nicht, jedenfalls zunächst nicht. Auch wenn es systematische Erklärungen für den Prozeß der Ausgrenzung gibt, sind die Ausgegrenzten doch keine systematische Sozialkategorie; viele von ihnen erleben ihr Schicksal nicht zufällig als individuell. Ihre Solidarität ist sporadisch. Kennzeichnend für diese Situation ist die Gefährdung von Recht und Ordnung, sind passivere Ausdrucksformen der Anomie, ist der spürbare und sich ausbreitende Zweifel am Gesellschaftsvertrag selbst. Das alles könnte zunächst zu weiteren Verhärtungen der Mehrheitsgesellschaft führen. Dann stünden uns unruhige Zeiten bevor, in denen anarchische und faschistische Tendenzen ständig miteinander konkurrieren.«

Dahrendorf meint jedoch am Ende seiner Replik auf sich selbst, dass man doch mit Kräften von Unruhe, Widerstand, Zwietracht und Konflikt rechnen sollte, sie nämlich seien Kräfte der Zukunft. Somit bleibt er, auch wenn er eine gesellschaftsverändernde Konfliktsituation momentan nicht erkennen kann, seinem konfliktorischen Gesellschaftsbild letztlich treu. Nun sieht er aber ausgangs der 1990er Jahre starke anomische Tendenzen der Gewalt vor Ort und/oder des Rückzugs bei den vom System Benachteiligten (siehe auch Teil 1.8; »Die Zeit« vom 8.1.1998):

»Wo liegen für die Menschen in den alten Industrieländern Quellen der Hoffnung angesichts der Herausforderungen weltweiter Märkte? Wie wird sich die Arbeitswelt zurechtschütteln nach den Erfahrungen von Arbeitslosigkeit und neuer Armut? Läßt sich ein zugleich effizienter und erschwinglicher Sozialstaat denken und schaffen? Wie kommen wir den Tendenzen der Anomie bei, die Recht und Ordnung gefährden, indem sie den sozialen Zusammenhalt auflösen?....der Sozialstaat wird zum Selbstbedienungsladen der Mittelschichten. Zugleich verfehlt er Formen der neuen Not, zum Beispiel der working poor, auch viele Alleinlebende, ob Studenten oder Mütter mit Kindern. Was leistet der Sozialstaat, wenn es um den Verfall der Innenstädte oder die Jugendgewalt in den Vorstädten geht?«

2.3.3 Mobilität

Gesellschaftliche Aufstiegsprozesse mag es nicht nur durch gesamtgesellschaftliche Veränderungen geben. Aufstiege in höhere Statusgruppen – natürlich entsprechend auch Abstiege – sind auch gesellschaftsimmanent in einem sich in seinem Gefüge grundlegend nicht verändernden gesellschaftlichen System möglich. Man nennt den Prozess solcher statusbezogenen Auf- oder Abstiege Mobilität. Vollziehen sich die Auf- bzw. Abstiege innerhalb ein- und derselben Generation, d. h. ein Individuum gelangt beispielsweise durch eigene Weiterbildung zu einem höheren beruflichen Status, spricht man von *Intragenerationen-Mobilität*. Kommt es zu Auf- oder Abstiegen zwischen den Generationen, z. B. vom Vater zum Sohn, von der Mutter zur Tochter oder wie auch immer, hat man es mit *Intergenerationen-Mobilität* zu tun. Für die Aufstiegsmobilität setzt man am ehesten auf das Bildungssystem (Erziehung und Schule). Denn Schulabschlüsse weisen den Berufsstatus wesentlich zu, mit anderen Worten: Die Schule übt die soziale Allokationsfunktion aus. Ausweitungen im Bildungswesen seit den 60er Jahren ließen hier große Hoffnung aufkommen. So stieg der Anteil der Studenten an den mit ihnen gleichaltrigen Altersjahrgängen von 8,3% im Jahre 1960 auf 30% im Jahre 1989. Der Anteil studierender Arbeiterkinder hatte 1966 noch 10,3% von allen Studenten betragen; 1979 lag er bei 17,7%. Die Intergenerationen- Aufstiegsmobilität war jedoch gemessen an diesen Zahlen eher bescheiden. Trotz der Bildungsexpansion auch für sogenannte unterprivilegierte Schichten ist nach wie vor daran festzuhalten, dass die stärkeren Bildungseinschränkungen immer noch von der sozialen Herkunft verursacht werden (*Bolte/Hradil* 1984, 168): Der Erwartungshaltung, der finanziellen Opferbereitschaft sowie dem Sprachstil. Sie sind bei den unteren Sozialschichten der Bildungsbemühung eher abträglich. So ist festzustellen, dass für die Zugänge zu höheren beruflichen Positionen die Bildungsabschlüsse zwar nach wie vor eine Bedeutung haben. Zusätzlich reaktivieren sich einerseits wieder stärker die traditionellen Kanäle der sozialen Aufstiegsmobilität wie Familienbeziehungen, Auftreten und Vermögen (*Beck*, 1986, 139). Andererseits verlagern sich die Entscheidungen über die soziale Platzierung zunehmend in die Betriebe und Verwaltungen hinein, wo die zunächst vom Bildungssystem gleichermaßen .Qualifizierten um die besten Plätze ringen. Bildungsabschlüsse sind somit für die Startplätze nach wie vor von Bedeutung, aber noch längst keine Garantie für den Aufstieg in höchste Ränge (*Geißler* 1996, 258 f.).

2.4 Gegenwärtige Schichtungsaussagen: Zweidrittelgesellschaft, Verschärfungs- und Angleichungstheorien, Fahrstuhleffekt, Lebensstil-Analyse

Bei der Vorlage der traditionellen Schichtungsuntersuchungen gab es um 1980 einen Stillstand. Er ist sicher nicht unbedingt mit Forschungsmüdigkeit zu erklären. Das traditionelle Schichtungsmodell fußte im wesentlichen auf den seitherigen Erwerbstätigengruppen: Der Oberschicht war die Funktionselite in Wirtschaft, Politik und Verwaltung sowie ein Teil der Selbständigen zuzuordnen, der Mittelschicht die gehobene Angestellten- und Beamtenschaft und der Unterschicht die Arbeiterschaft sowie die einfachen Angestellten und Beamten. Durch die Tertiärisierung der Volkswirtschaft haben sich hier wesentliche Umschichtungsprozesse ergeben: Aus der Arbeiterschaft rekrutierte sich eine Gruppe technisch kompetenter Werktätiger. Im Dienstleistungsbereich wurden an viele Angestellte und Beamte zunehmend kreative Anforderungen gestellt. Einfache, repetitive und wenig Überlegung erfordernde Tätigkeiten konnten sowohl in der Verarbeitung wie auch in der Verwaltung durch informatisch gesteuerte Maschinerien wegrationalisiert werden. Ähnliche Umschichtungen machen derzeit die östlichen Bundesländer mit ihrem noch bestehenden Tertiärisierungsrückstand durch (*Geißler* 1996, 136).
Das alles hat die traditionelle Schichtstruktur mit etwa der Hälfte der Erwerbstätigen in einfachen, der Unterschicht zuzuordnenden Tätigkeiten nachhaltig tangiert. Die Soziologie tut sich zum gegenwärtigen Zeitpunkt, zu dem die geschilderten Entwicklungen namentlich im Gebiet der ehemaligen DDR in vollem Gange sind, mit globalen Tableaus einer Bevölkerungs-Sozialstruktur naturgemäß schwer. In den späten 80er Jahren wurden jedoch verschiedene Ansätze deutlich, die den neueren Entwicklungen Rechnung tragen wollten. Dabei fällt die Beantwortung der Frage, ob denn die neuen, qualitativ höheren Anforderungen in der Arbeitswelt zu einer einheitlicheren oder einer differenzierteren Erwerbstätigenstruktur führen, natürlich noch nicht einheitlich aus (Soziologie 2000, 220 f; *Schäfers* 1995, 243). Im Wesentlichen stehen sich daher zwei grundlegende Lager gegenüber:

- Jene, die eine Verschärfung der Gegensätze zwischen Bevölkerungsgruppen zu erkennen glauben;

- sodann die Entwürfe jener, die eine ausgewogenere Sozialstruktur mit mehr Angleichung heraufziehen sehen.

2.4.1 Verschärfungstheorien und Zweidrittelgesellschaft

Zu einem Schlagwort wurde die These von der Zweidrittelgesellschaft (*Leibfried/ Tennstedt* 1985, 13 ff.): Die Gesellschaft spaltet sich verschärfungstheoretisch gesehen nach dem Bild von der Zweidrittelgesellschaft in einen *produktivistischen Kern* mit einer schrumpfenden, am Erhalt ihres Status orientierten Arbeitsbevölkerung (die sogenannten Arbeitsbesitzer – etwa zwei Drittel der Bevölkerung) und einen von immer *spärlicheren Transfereinkommen* oder aber von informeller Aktion (bis hin zu Schwarzarbeit, Betrug) *lebenden Bevölkerungsteil* (Arbeits-Nichtbesitzer, etwa ein Drittel der Bevölkerung).

»In einer solchen Spaltung koexistieren ›Reichtum‹ von etwa Dreiviertel der Gesellschaft mit der Verarmung eines Viertels. Anders als in der Weltwirtschaftskrise geht gesellschaftliche Verarmung nicht mehr Hand in Hand damit, daß insgesamt auch der gesellschaftliche Reichtum erheblich schrumpft. Dem entspricht auch, daß wir ›heute ... mit der paradoxen Lage einer Krise des Beschäftigungssystems ohne wirkliche Krise der Produktion konfrontiert sind‹. Damit tritt heute politisch die Verteilungsunfähigkeit des Systems in den Vordergrund, ohne daß es noch in erheblichem Umfang handlungshemmende Erfahrungen mit der lebensbedrohenden Situation eines breiten Massenelends gäbe« (*Leibfried/Tennstedt* 1985, 15 f.).

Die These von der Zweidrittelgesellschaft wird in vielem bestritten. Hingewiesen wird auf die sogenannte Facharbeiterlücke und auf viele, trotz relativ hoher Arbeitslosigkeit von etwa 4 Millionen Arbeitslosen nicht besetzbare offene Stellen. Auch wird unter Hinweis auf die zwischen 6% (West) und 15% (Ost) liegenden Arbeitslosenquoten darauf verwiesen, dass die Rede von der Zweidrittelgesellschaft oder umgekehrt von einem zu einem Drittel in Armut lebenden Bevölkerungsteil übertrieben sei; besser rede man von der »80- bis 90%-Gesellschaft« (*Geißler* 1996, 201 ff.).
Allerdings kann nicht übersehen werden, dass die Ungleichheit der Mitglieder der Gesellschaft in der Chance, ihren Lebensunterhalt zu sichern, seit einer Reihe von Jahren eine regelrechte Armutsforschung auf den Plan gerufen hat. Je nach zugrundegelegtem Armutsstandard:

- absolute Armut,
- relativ-strenge oder
- relativ-milde Armut

schwanken die Zahlen der ermittelten Armen zwischen etwa einer und mehreren Millionen Menschen (*Hauser* 1984, 219 ff.). Dabei ist absolut arm, wer Einkünfte bis höchstens/bzw. unterhalb der Sozialhilfe-Lebensunterhaltsgrenze bezieht. Die relative Armutsgrenze orientiert sich am Durchschnittseinkommen aller:

- bei weniger als 60%, aber noch mehr als 40% davon ist man relativ-mild arm; diese »milde« Armutsbevölkerung liegt in Deutschland bei rund einem Fünftel der Gesamtbevölkerung oder etwa 16 Millionen Personen,
- bei weniger als 40% des Durchschnitts ist man relativ-streng arm; zu diesem in strenger Armut lebenden Teil der deutschen Population zählen rund 5% der Bevölkerung oder gegen 4 Millionen Menschen *(Hradil* 1999, 245 f.).

Geht man für die 1990er Jahre in Deutschland von etwa 3 Millionen Sozialhilfeempfängern (bekämpfte Armut) aus und legt man eine Dunkelziffer für die Nicht-Inanspruchnahme von Sozialhilfe von 30% zugrunde (verdeckte Armut), lässt das auf 4 Millionen Bedürftige oder doch immerhin auf einen Anteil von 5% der Bevölkerung schließen (*Geißler* 1996, 184; *Hradil* 1999, 244). Insoweit ist es wohl leicht übertrieben, wenn von 20% Armen unter der Bevölkerung die Rede ist (*Chassé* 1988, 17). Jedoch ist der Armutsanteil gewiss keine zu vernachlässigende Größe mehr. In den östlichen Ländern hat er sich nach westlichem Muster mit mehr armen Arbeitslosen und Alleinerziehenden, Kinderreichen und Jugendlichen, aber weit weniger unter den Rentnern (die Alten gelten als die »Gewinner der Einheit«), entwickelt (*Geißler* 1996, 208).

Arme finden sich mithin nunmehr nicht nur unter den gesellschaftlichen Randgruppen, sondern zu den Armen zählen teils auch Normalarbeitnehmer, insbesondere bei Arbeitslosigkeit, aber auch Personen nach Haushaltstrennung in der Folge von Scheidungen, Kinderreiche, selbständige Jugendliche in Existenzkrisen, Alleinerziehende und Alte (hier besonders wieder alte Frauen). Durch Arbeitslosigkeit, Umstrukturierungen und Umschichtungen ergibt sich gerade in den östlichen Bundesländern ein wachsendes Armutspotential gerade auch durch Ausgrenzungen von Problemgruppen aus dem Arbeitsmarkt (Armut in Deutschland 1994, 34 ff.).

Die Verschärfungstheorie, die zunehmende ökonomische Ungleichheiten behauptet, ist also nicht von der Hand zu weisen, wenn sie auch nicht mit so hohen Quoten belegbar ist, dass von einer Zweidrittelgesellschaft die Rede sein könnte. Laut DGB- und DPWV-Armutsbericht leben 10,1% der deutschen Bevölkerung in Einkommensarmut: West 7,5%, Ost 14,8% (Armut in Deutschland 1994, 35).

Ob die Armutsbevölkerung insgesamt gesehen eine eigene Schicht darstellt, ist eher zu verneinen. Die Ursachen für die Armut sind zu unterschiedlich, als dass es zu für eine Schicht konstitutiven gemeinsamen Verhaltensmerkmalen kommen könnte. So wird ein Jugendlicher in einer Existenzkrise sich von einer alten Witwe stark unterscheiden, genauso, wie ein Ehepartner nach Scheidung andere Optionen an den Tag legt als ein arbeitslos gewordener Familienvater, dessen Ehe noch intakt ist. Einem von der Arbeitsgesellschaft der ehemaligen DDR geprägten, jetzt langfristig arbeitslosen Bürger wird anders zumute sein als einem jungen Stellenwechsler mit kurzer Arbeitslosigkeit im Westen (*Geißler* 1996, 208 ff.).

Fall Nufer

Ewald Nufer ist durchaus von Arbeitslosigkeit bedroht. Dies gewiss nicht nur dadurch, dass die Trägergesellschaft seines Werkes sich zurückziehen könnte. Vielmehr ist die einfache Arbeit, die Herr Nufer verrichtet, auch bei Weiterbestehen seines Betriebes vom Wegfall bedroht, da sie unter Umständen von Maschinen übernommen werden könnte. Bei dem für einen Hilfsarbeiter wie Herrn Nufer ohnehin geringen Lohn würden die Ausgleichszahlungen bei Arbeitslosigkeit gering ausfallen, da sie in einem prozentualen Abschlag an sein Arbeitsentgelt gekoppelt werden. Herr Nufer ist also durchaus als »arm« bereits mit seinem Arbeitseinkommen, erst recht aber bei einer evtl. Arbeitslosigkeit, zu bezeichnen.

2.4.2 Die Theorie der zunehmenden Angleichung

Für die Industriegesellschaften wird aber auch von einer Tendenz zur zunehmenden Angleichung gesprochen. Für die nachindustriellen Erwerbsgesellschaften wird durchweg von einem Status-Zuwachs der Erwerbstätigen ausgegangen. Der Erwerbspersonen-Anteil an autonomen, hochqualifizierten Kräften steige im Übergang zur postindustriellen, dienstleistungsdominanten Gesellschaft von 30 auf 50 Prozent (*Singelmann* in: Die Analyse sozialer Ungleichheit 1985, 135). Die freilich sehr langfristig zu sehenden Tendenzen zu immer mehr Angleichung unter den Mitgliedern der Gesellschaft hätten zu einer Einebnung in den Lebenslagen-Unterschieden geführt. Als Kräfte, die diese Angleichungsprozesse begünstigen, werden benannt (vgl. *Haferkamp* in: Soziologie der sozialen Ungleichheit 1987, 157 ff.; *Schade* 1987, 51 ff.):

- Die immer höhere und in dieser Qualität unverzichtbare *Bedeutung der Mitarbeiter* in den Betrieben lässt ihren Status insgesamt stark ansteigen. Sie gewinnen nicht nur an Entgelthöhe, sondern kraft ihrer Sach-Autorität auch an Macht und Prestige.
- Die *Verhandlungen* der Akteure haben auch zu einer Lagebesserung breiter Gruppen geführt, da in den Verhandlungen die eigene Leistung immer sehr hoch definiert wird, womit Forderungen durchsetzbar sind.
- Der allgemeine *Appell zu mehr Gleichheit* der Macht-, Ressourcen- und Belohnungsverhältnisse führt auch zu einer wachsenden Angleichung in den Lebenssituationen der Mitglieder der Gesellschaft.
- Schließlich haben verstärkte *Mitbestimmungs- und Partizipationsrechte* vor allem in der Arbeitswelt die Erwerbstätigen an Autonomie, Macht und Einfluss zunehmen lassen.

Dieses Theorem von der zunehmenden Gleichheit lässt sich bei allen gewaltigen Unterschieden in der Vermögensverteilung sonderbarerweise gerade damit stützen. Denn insbesondere in Westdeutschland hat die lange Zeit der

Prosperitätsjahre in Frieden einen beträchtlichen Teil der Bevölkerung Grundeigentum und Ersparnisse bilden lassen. Zwar beläuft sich im Westen das durchschnittliche Vermögen der 10% Personen, die 42% des westdeutschen Privatvermögens halten, auf 600.000 € (1,1 Mio DM), und das Durchschnittsvermögen jener 50%, die insgesamt über nur 4,5% des Gesamtvermögens besitzen, auf immerhin noch 11.000 € (22.000 DM). Der Erste Armuts- und Reichtumsbericht (Lebenslagen in Deutschland 2001, XVIII) folgert aber:

»Die Verteilung des Privatvermögens in den alten Ländern ist trotz der gestiegenen Ungleichheit der Einkommen im langfristigen Trend tendenziell gleichmäßiger geworden«.

Langfristig hätte diese Entwicklung ja darauf hinauslaufen können, dass es mit der Zeit ein gesellschaftliches Unten gar nicht mehr gibt. Zwischenzeitlich konnte die Frage gestellt werden, ob nicht andere Bevölkerungsgruppen als die an den zunehmenden Gleichheitsrechten und Aufstiegsprozessen Partizipierenden die notwendigerweise doch noch verbleibenden unteren Statusränge einnehmen würden. Hier wurde nun auf die *Ausländer* verwiesen, sei es als per »Unterschichtung« in die Industriegesellschaft strömenden Migranten (*Geißler* 1996, 224; *Schäfers* 1995, 194), sei es, dass aufgrund der weltweiten, wirtschaftlichen-Ungleichheit die wenig entwickelten Gebiete mit ihren niedrigen Löhnen zu neuen Produktionsstandorten der Firmen der Industriegesellschaften werden (*Kreckel* in: Soziologie der sozialen Ungleichheit 1987, 86):

»In den peripheren Bereichen des weltweiten Ungleichheitssystems finden sich ›externe Hinterlandgebiete‹ für die Arbeitsmärkte der Reichen, vor allem der kapitalistischen Welt. Einerseits dienen sie als Rekrutierungsgebiete für transkulturelle Arbeitsmigranten, andererseits liegen dort auch die Niedriglohnländer, die sich für Produktionsverlagerungen im Zuge der sogenannten Neuen internationalen Arbeitsteilung eignen.«

2.4.3 Der Fahrstuhleffekt

Eine Mittelstellung zwischen Verschärfungs- und Angleichungs-Theorien nimmt *Ulrich Beck* mit der von ihm als »Fahrstuhleffekt« bezeichneten Schilderung sozialstruktureller Veränderung ein (*Beck* 1986, 121 f. und 140 ff.). *Beck* sieht hier durch die allgemeine Besserung der Lebenslage ein Aufbrechen von Klassen und Schichten. Der sogenannte Fahrstuhl-Effekt fahre die Klassengesellschaft insgesamt »eine Etage höher«: Es gebe ein Mehr für alle an Einkommen, Bildung, Mobilität, Recht, Wissenschaft, Massenkonsum. Klassenlagen und Sozialmilieus lösten sich auf, stützen mithin den Einzelnen in Problemlagen auch nicht mehr. Er werde dadurch zunehmend isoliert, nur noch Konsumstile und eigen-inszenierte Lebensstile unterschieden die Menschen. Für beispielsweise durch Arbeitslosigkeit aus dem prosperierenden System Herausfallende fehle es an einer »Kultur der Armut«, so dass sich für Menschen auf der Schattenseite ein Fahrstuhleffekt nach unten einstellen könne.

»Dies ist meine These: Auf der einen Seite sind die Relationen sozialer Ungleichheit in der Nachkriegsentwicklung der Bundesrepublik weitgehend konstant geblieben. Auf der anderen Seite haben sich die Lebensbedingungen der Bevölkerung radikal verändert. Die Besonderheit der sozialstrukturellen Entwicklung in der Bundesrepublik ist der ›Fahrstuhleffekt‹: Die ›Klassengesellschaft‹ wird insgesamt eine Etage höher gefahren. Es gibt bei allen sich neu einpendelnden oder durchgehaltenen Ungleichheiten ein kollektives Mehr an Einkommen, Bildung, Mobilität, Recht, Wissenschaft, Massenkonsum. In der Konsequenz werden subkulturelle Klassenidentitäten und -bindungen ausgedünnt oder aufgelöst. Gleichzeitig wird ein Prozess der Individualisierung und Diversifizierung von Lebenslagen und Lebensstilen in Gang gesetzt, der das Hierarchie-Modell sozialer Klassen und Schichten unterläuft und in seinem Wirklichkeitsgehalt in Frage stellt.« (*Beck* 1986, 122).

Dem kollektiven Mehr an Gütern, Diensten und Sicherheiten auf der einen Seite wird also eine anfällige Gefährdungssituation für einige Mitglieder der Gesellschaft gegenübergehalten. Diese Gefährdungen resultieren nicht nur aus dem Zerfallen traditionell sichernder Sozialmilieus, sondern auch daraus, dass der Raum zu eigenwirtschaftlicher Versorgung in den Industriegesellschaften mit ihren großdimensionierten betrieblichen und administrativen Bürokratien immer geringer wird (*Chassé* 1988, 137). Freilich wird nun auch gerade wieder darauf verwiesen, dass der alternative Lebensstil, die alternative Ökonomie und die verstärkte Eigenproduktion in Initiativen und wiederbelebten kleinräumlichen Strukturen auch Arbeitslosen die Möglichkeit gäben, »ein Leben zu führen, das sich im Versorgungsniveau und hinsichtlich der Vielfalt der Tätigkeiten von dem der Beschäftigten nicht unterscheidet« (*Haferkamp* in Soziologie der sozialen Ungleichheit 1987, 151). Wie auch immer die Situation der Herausgefallenen gesehen wird: Im Sinne einer verschärften oder kompensierbaren Situation – man wird sich hier davor hüten müssen, Einzelerscheinungen zu verallgemeinern. Auch hier mag gelten, dass die Situation noch verfrüht ist, allgemeinere sozialstrukturelle Schlüsse wie die zu ziehen, die Arbeitslosigkeit bringe nur Defizite mit sich oder jenen, die Arbeitslosigkeit sei durchaus der Anfang für einen besseren Lebensstil.

Im Zuge weltweiter ökonomischer und betrieblicher Verflechtungen sieht *Beck* (1999, 163) die Beschäftigungsverhältnisse immer prekärer werden. Da die staatlichen Sozialleistungssysteme Beschäftigungsrisiken immer schlechter auffangen, ergeben sich zunehmende Probleme der Existenzsicherung und der Identitätsentwürfe der Bürger in den herkömmlichen Wohlfahrtsstaaten. Es komme somit auch zu einem neuen *Fahrstuhleffekt nach unten.* Freiwillige Bürger- und Selbsthilfearbeit müsste derart belebt werden, dass die Probleme der von den Fahrstuhleffekten nach unten betroffenen Menschen wenigstens teilweise über Aktivierungsinitiativen und Partizipationsmöglichkeiten gelöst werden könnten (siehe auch Teil 1.7).

Dass aber in Zukunft der ökonomische Standard allein für die Sozialstruktur nicht mehr derart im Vordergrund stehen wird, wie bisher noch immer angenommen, zeigt die Entwicklung von der sich vor allem reproduktiv verstehenden ständischen Gesellschaft über die vor allem sich der Produktion verschreibende Industriegesellschaft zur *postindustriellen Gesellschaft* mit ihrem Streben nach allseitiger Kommunikation und *Information* (*Touraine* in: Die Analyse der sozialen Ungleichheit 1985, 326). In der postindustriellen Gesellschaft mit ihren neuen sozialen Bewegungen (Studenten-, Ökologie-, Frauenbewegung und autonome Strebungen) entwickle sich folgende Rangordnung.

- Oben stehen die, die die neuen Informationen und symbolischen Güter schaffen; hier könnte man denken an Alice Schwarzer mit ihren frauenemanzipatorischen Aktivitäten, an André Hellers Freiluftspektakel oder an den Verpackungskünstler Christo;
- darunter kommen die Nachahmer, die (die »weiter oben« entwickelten) Symbole und Güter kaufen, also »Emma«-Leser oder Teilnehmer an André-Heller-Spektakeln;
- in der Mitte stehen passiv-permissive Individualisten;
- am Fuße der Gesellschaft finden sich die Isolierten;
- ganz unten rangieren die Ausgeschlossen.

»Diese Gruppierungen bilden ein sozialkulturelles Schichtungssystem, das nicht mehr auf Eigentum beruht (wie in der vorindustriellen Gesellschaft) oder auf Fähigkeit und Einkommen (wie in einer industriellen Gesellschaft), sondern auf der Distanz zu kulturelleren Modellvorstellungen und Informationen: An der Spitze die Produzenten oder Quasiproduzenten von Informationen, die auf Originalität und Authentizität achten; darunter diejenigen, die symbolische Güter, Enzyklopädien, Museen, geschichtliche Bücher und Kulturferien kaufen und der Allgemeinbildung eine große Bedeutung beimessen; in der Mitte der Skala die permissiven und egozentrischen Individuen und am Fuße die Isolierten und ganz am Boden die Ausgeschlossenen« (Touraine in: Die Analyse der sozialen Ungleichheit 1985, 336).

Eine Verbindung zwischen einerseits eher ökonomisch-objektivierbaren, klassen-nahen und andererseits stärker psychologisch-subjektiven, an Konsum und Lebenseinstellung orientierten Kriterien nimmt der Franzose *Pierre Bourdieu* vor. Nach ihm verorten sich die Individuen in ihren Gesellschaften über ihren *Habitus*. Dieser Habitus entwickelt sich als Verbindung zwischen Bewegungen und Platzierungen

- in sozialen Positionsräumen (die bestimmt sind nicht nur von ökonomischen, sondern auch von sozialen und kulturellen Möglichkeiten) und
- in Lebensstil-Räumen (Kennerschaft und Geschmack für Alltagsvollzüge – *Bourdieu* 1982, 212).

Der Habitus ist – ohne kurzschlüssige, mechanistische Prägung – eine soziale Disposition für die Bewegung der Individuen in ihrer Gesellschaft, für ihre Selbst- wie auch Fremd-Einordnung. Dafür greifen allein ökonomische Kategorien zu kurz. Hinzutreten muss vielmehr ihr subjektiver Umgang damit. Diese Erkenntnis vermag der Sozialen Arbeit den empathischen Zugang zu Klientinnen und Klienten in ihrer je eigenen Verhaltensleitung und Alltagsgestaltung zu verschaffen und erleichtern (Soziologie 2000, 242).

2.4.4 Die Lebensstil-Analyse

Auf unterschiedliche lebensweltliche und kulturelle Orientierungen der Bundesbürger hebt auch das Sinus-Institut bei seiner vor allem der Jugend-, Wahl- und Marktforschung dienenden Lebensstil-Analyse (LifeStyle-Analysis) ab (*Nowak/Becker* 1985, 13 ff.). Diese Lebensstil-Analyse fand in der Bundesrepublik hinsichtlich der Wertorientierungen und Lebensweisen neun verschiedene »soziale Milieus« heraus, wobei *Nowak/Becker* (1985, 14) unter sozialen Milieus folgendes verstehen:

> »Soziale Milieus fassen, um es sehr vereinfacht auszudrücken, Menschen zusammen, die sich in Lebensauffassung und Lebensweise ähneln, die also subkulturelle Einheiten innerhalb der Gesellschaft bilden«.

Den Lebensauffassungen gingen die Forscher anhand einiger aus der Wertwandel-Diskussion von materiellen zu postmateriellen Auffassungen gängig gewordener Raster nach: Unterschiedliche Einstellungen zu Arbeit, Freizeit, Familie, Konsum und Zukunft wurden ermittelt und bildeten die eine (in Abb. 9 waagerechte) Skala der Einordnung. Diese unterschiedlichen Einordnungen wurden (auf der Senkrechten) in Beziehung gesetzt zu den vorhandenen Lebensmöglichkeiten der Betroffenen, die mit den eher traditionellen Größen Bildung, Beruf und Einkommen umrissen wurden. Die Kombination von Einstellungen und Möglichkeiten ergab im Koordinatenfeld (Abb. 9) die folgenden neun (sich teils überlappenden) Milieu- bzw. Lebensstil-Flächen, wobei in den 47% der Bevölkerung aufnehmenden, eher »konservativen«, linken Flächenhälften angeordnet sind (*Becker* u.a. 1992, 90 ff.):

- das konservativ-gehobene Milieu (8%) mit Wunsch nach beruflicher und familialer Erfüllung und hohem Qualitätsanspruch an sich selbst und andere;
- das kleinbürgerliche Milieu (22%) mit Sicherheitswünschen und dem Glauben an Autoritäten; man führt einen gediegenen, unauffälligen Lebensstil;
- das traditionelle Arbeitermilieu (5%) mit Solidarität für andere, aber auch Realismus für die Begrenztheit der eigenen Situation;
- das traditionslose Arbeitermilieu (12%) mit Entwurzelung und Normverlust; man pflegt einen spontanen Konsumstil, lebt sozusagen von der Hand in den Mund.

In den eher progressiv-zukunftsorientierten, rechten Flächenhälften, die 53% der Bevölkerung erfassen, finden sich die folgenden Milieus:

- das technokratisch-liberale Milieu (9%) mit positiven Zukunftserwartungen sowie Streben nach Toleranz und Leistung, aber auch Selbstdarstellungswünschen;
- das alternativ-linke Milieu (2%) mit Zivilisationskritik, Kreativität und sozialem Engagement; man lebt in idyllischen Zirkeln, strebt Authentizität an;
- das neue Arbeitnehmermilieu (5%) umfasst jüngere Fachkräfte in Innovationsbranchen mit moderner, aber nicht exzessiver Konsumorientierung, aber auch stets lernbereitem Realismus;
- das aufstiegsorientierte Milieu (24%) mit Wünschen nach Prestige, Selbstverwirklichung und neuer Menschlichkeit und der Bereitschaft, sich hochzuarbeiten;
- das hedonistische Milieu (13%) mit Selbstverwirklichung eher in Konsum, Genuss, aber auch Kreativität; die Zukunftsplanung ist gering, auch lehnt man Sicherheit, Geborgenheit wie überhaupt alles »Spießige« ab.

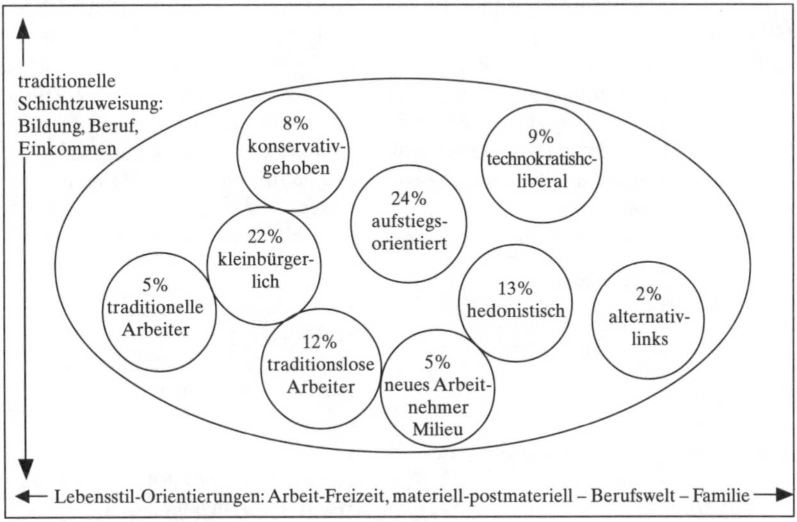

Abb. 9: Schichtungs- und Lebensstil-Gruppierungen in Deutschland

2.4.5 Ein differenziertes Soziallagen-Schema

Ein Schema von immerhin 13 verschiedenen Soziallagen führt uns *Stefan Hradil* (1987,139 ff., sowie in Soziologie der sozialen Ungleichheit 1987, 134 f.) vor. In seinen sehr differenzierten sozialstrukturellen Stufungen nimmt er nicht Stellung zum Disput zwischen Verschärfung und Angleichung, sondern ist sehr vieldimensional orientiert. *Hradil* geht davon aus, dass in der bundesrepublikanischen Gesellschaft der 80er Jahre andere Ziele verfolgt werden als in den davor liegenden Jahrzehnten: Bis in die 60er Jahre hätten ökonomische Standards vorgeherrscht mit dem Streben nach Geld, formaler Bildung, Berufsprestige und formaler Macht. In den 70er Jahren sei die wohlfahrtsstaatliche Zielsetzung mit Standards für Arbeit, Freizeit, Wohnen und sozialer Absicherung verstärkt worden. Die 80er Jahre brächten vor allem neue soziale und zwischenmenschliche Zielsetzungen: Integration, Selbstverwirklichung und Kommunikation kämen als Ziele zu den seitherigen ökonomischen und wohlfahrtsstaatlichen Wünschen hinzu. Soziale Beziehungen und Rollen, Privilegien und das Vermeiden von Diskriminierung würden als neue Dimension von Ungleichheit stärker empfunden als je zuvor.

In diesem Zielgemisch nehmen verschiedene Gruppen unterschiedliche Ränge ein. Ausgehend von der Verwirklichung eines dominierenden Ziels (Geld – Macht – Bildung – Sicherheit – Abwehr von Diskriminierung) kommt *Hradil* über die Kombination mit weiteren Lagebedingungen für 13 verschiedene Bevölkerungskategorien zu einem abgestuften Lageschema mit den folgenden Gruppen auf den untersten vier Rängen: Auf Platz 10 Rentner, Platz 11 Arbeitslose, Platz 12 Arme und auf Platz 13 Randgruppen. Davor (Plätze 1 bis 9) finden sich: Machtelite, Reiche, Bildungselite, Manager, Experten, Studenten, Normalverdiener mit geringen, mittleren oder hohen Risiken. Für die jeweilige Lebensbedingungs-Dimension verteilt *Hradil* Punkte von 1 (sehr gut) bis 6 (schlecht). Die Situation seiner vier untersten für Sozialarbeit/Sozialpädagogik besonders interessanten Bevölkerungsgruppen ist durch folgende Dimensionswerte gekennzeichnet:

Rentner	Geld 2-4 Soziale Rollen 4-5	Prestige 4 Soziale Absicherung 3-5 Freizeitbedingungen 3-4 Wohnbedingungen 2-5 Demokratische Institutionen 4-5 Soziale Beziehungen 3-5
Arbeitslose (langfristig)	Geld 4-5 Risiken 5-6	Formale Bildung 4-5 Prestige 4-5 Soziale Absicherung 4 Wohnbedingungen 2-5 Demokratische Institutionen 4-5 Soziale Beziehungen 3-5 Soziale Rollen 4-5
Arme (keine Erwerbspersonen)	Geld 6	Prestige 5 Soziale Absicherung 4-5 Freizeitbedingungen 3-5 Wohnbedingungen 4-5 Demokratische Institutionen 4-5 Soziale Beziehungen 3-5
Randgruppen	Diskriminierungen 5-6	Geld 3-5

Formale Bildung 4-5
Soziale Absicherung 3-5
Wohnbedingungen 3-6
Demokratische Institutionen 4-6
Soziale Rolle 4-6

Dieses sehr stark ausdifferenzierte Schema zeigt, dass zunehmend von einer geschlossenen Unterschicht, wie sie die Schichtungsuntersuchungen in den ersten Jahrzehnten des Bestehens der Bundesrepublik erwiesen haben, kaum mehr die Rede sein kann (vgl. auch Abb. 10 »Neue sozialstrukturelle Entwicklungen«).Das bedeutet natürlich beileibe nicht, dass die Soziale Arbeit ihre Klientel verloren hätte. Es muss aber dazu führen, dass die sozialarbeiterische Klientel wesentlich differenzierter gesehen und auch behandelt wird. Die Klientel von Sozialarbeit/Sozialpädagogik reicht nach dem Schema Hradils von Normalverdienern mit mittleren und hohen Risiken über Rentner (Alte), Arme, Arbeitslose bis zu der traditionellen Klientel der Randgruppen. Wegen dieser vielfältigen sozialstrukturellen Gesichtspunkte wird sich die Soziale Arbeit ihrer Klientel sehr differenziert zuwenden müssen.

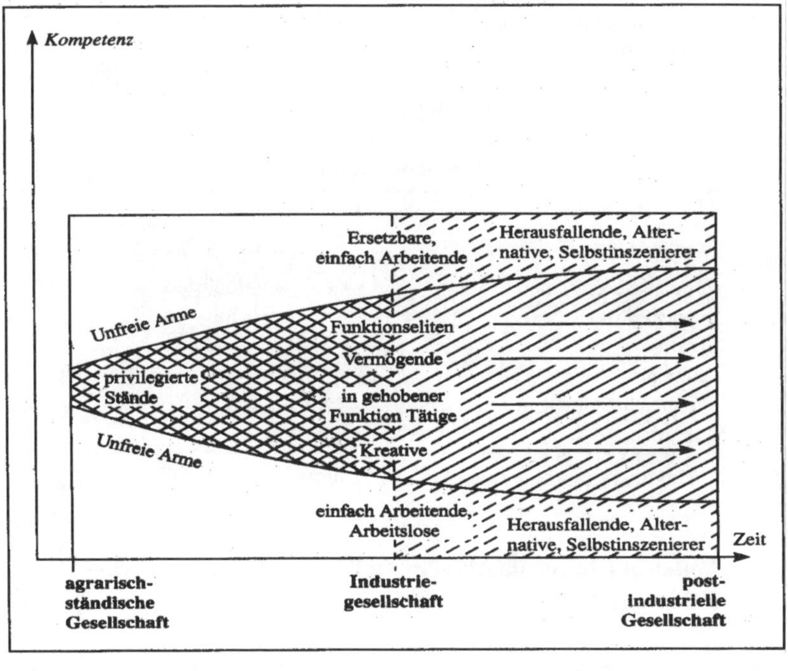

Abb. 10: Neue sozialstrukturelle Entwicklungen

Es handelt sich dabei um Klientengruppen, deren Bedarfssituationen einmal von den schrumpfenden Arbeitsmärkten verursacht sind:

- Langzeitarbeitslose, ältere Arbeitslose, Arbeitslose in Ostdeutschland, arbeitslos gewordene Ausländer.

Sodann sind aber durch Individualisierungsschübe (vgl. Teil 1.7) und verändertes familiales Verhalten (siehe unter Teile 3.4 bis 3.6) neue Gefährdungslagen entstanden (*Riedmüller* in Riskante Freiheiten 1994, 80 ff.), und zwar für

- Alleinerziehende, geschiedene und getrennt lebende Frauen, Kinderreiche, anomisierte und/oder passive, zu ihrer Rechte-Wahrnehmung nicht fähige Klientenpersönlichkeiten.

Somit ist die Gesellschaft gespalten in (vgl. auch Abb. 11 »Begünstigte und benachteiligte Milieus«) begünstigte (Status-Quo-Fixier-)Milieus und in neu entstandene und entstehende Milieus Benachteiligter und Herausfallender:

- *Begünstigte*: Zu ihnen gehören die Vermögenseigentümer, die Arbeitsbesitzer, die initiativen und autonomen Persönlichkeiten, auch jene, die im Kampf um die Aufrechterhaltung ihrer Besitzstände bislang noch dank einer mehrheitsfähig bleiben wollenden Sozialpolitik die Oberhand behalten konnten. Dagegen stehen die
- *Benachteiligte*: Hierzu zählen Langzeitarbeitslose, allein lebende Frauen, Arme, Kinderreiche, Anomisierte, Hilflose, von Neuer Armut Betroffene.

Individualisierte Gesellschaft	
+	-
Begünstigte Milieus:	*Benachteiligte Milieus:*
• Vermögenseigentümer	• Langzeitarbeitslose
• Arbeitsbesitzer	• Kinderreiche
• Initiative	• Alleinlebende Frauen
• Autonome	• Arme
• ErfolgreicheStatus-Quo-Verteidiger	• Anomisierte
	• Hilflose

Abb. 11: Begünstigte und benachteiligte Milieus

2.5 Unterschicht-Sozialarbeit und/oder situationsspezifische-Klientenhilfe

Soweit man in der Klientel noch die typischen Unterschichts-Verhaltensweisen feststellt, wird man die Vorschläge zur Beratungsarbeit mit Angehörigen der Unterschicht, wie sie etwa *Martin Koschorke* aufgestellt hat, beherzigen. Herr-

schen also bei der Klientel familistische Einengung, eine rigide Sicht der Familienrollen, ist die Erziehung machtorientiert-sanktionierend, das Arbeitsverhalten fremdbestimmt und ist die Fähigkeit zum Bedürfnisaufschub gering (vgl. Teil 2.3.1.3), liegen noch die von der traditionellen Unterschichtsbeschreibung als typisch erachteten Unterschichtsmerkmale vor. Das beraterische Angebot wird demzufolge auf die Klientel zuzugehen haben – sogenannte Bring-Struktur der Beratung (*Koschorke* 1985, 34). Die Beratungsarbeit sollte transparent und durchsichtig sein, d. h. der Klient sollte erfahren, inwieweit der Berater helfen kann und inwieweit nicht. Unrealistische Erwartungen des Klienten sollten auf das Mögliche reduziert werden. Materielle Probleme der Klienten sind ernst zu nehmen. Der Berater kann sich über die Lösung materieller Schwierigkeiten beim Klienten legitimieren (*Koschorke* 1975, 328 f.).
Erst nach der Lösung materieller Fragen werden psychosoziale Probleme angegangen werden können. Die sprachliche Kommunikation mit dem Klienten sollte einfach und klar sein, der Klient sollte auch auf der nonverbalen Ebene angenommen werden. Für die vom Klienten gezeigten Lebensstil-Präferenzen sollte Verständnis entwickelt werden, zumindest sollten sie nicht diametral abgelehnt werden (beispielsweise kompensierender, demonstrativer Konsum). Moralisieren ist fehl am Platze.

Fall Nufer

Im Fall Nufer wird die soziale Beratungsarbeit wegen materieller Probleme auf den Plan gerufen. Sicher kann sich der Berater hier über die Vermittlung von einmaligen Leistungen im Rahmen der Hilfe zum Lebensunterhalt der Sozialhilfe einerseits zumindest vor Frau Nufer legitimieren, andererseits auch vertrauensbildend in die Familie einfügen. Von diesen Möglichkeiten ausgehend wäre es dann längerfristig gesehen denkbar, die Verhaltensprobleme, die vor allem in der Beziehung zwischen Vater Nufer und seinen Kindern bestehen, anzugehen.

In letzter Zeit gewinnt in der Arbeit mit sozial schwachen Klienten die *Schuldnerberatung* eine zunehmende Bedeutung. Zwar kann nicht gesagt werden, dass die traditionelle Unterschicht durchweg überschuldet ist. Jedoch besteht ein Zusammenhang zwischen materiell beengter Situation und Überschuldung. Auf der anderen Seite gilt hier wiederum das von den neueren Schichtungsuntersuchungen Festgestellte: Überschuldung trifft nicht eine Statusgruppe insgesamt – also etwa alle Hilfsarbeiter oder alle Einkommensbezieher der unteren Ränge, sie ist vielmehr eine Folge persönlicher Schicksalsschläge. Überschuldungen entstehen oftmals bei Arbeitslosigkeit oder Kurzarbeit, durch Unfälle und Schadensersatzforderungen, nach Scheidungen oder infolge längerer Krankheit. Nicht eine geschlossen zu beschreibende soziale Gruppe verfällt in Überschuldung, sondern Einzelne, die aus ihrem bisherigen Lebenszuschnitt herausfallen und keine sichernde soziale Stützung durch ihr Umfeld (Familie, Nachbarschaft, Arbeitskollegen) erfahren. Die Schuldnerberatung wird daher zunehmend ein Feld von Sozialarbeit/Sozialpädagogik. Grundsätze für die Arbeit der Schuldnerberatung wurden entwickelt(*Groth* 1993, 25 ff.):

- Mitarbeit des Klienten (sogar durch Vertrag zusichern lassen),
- alle Schulden offenbaren,
- keine neuen Verpflichtungen eingehen,
- an den Berater Vollmacht erteilen zum Agieren mit den Gläubigern,
- Verwaltung des Einkommens durch den Berater, dem Klienten sukzessive seine Einkommensverfügung wieder zurückerteilen,
- genaues Errechnen freier Verfügungsbeträge zum Leben für den Klienten und seine Familie – keine darüber hinausgehenden Ausgaben zulassen.

Die Schuldnerberatung ist auf genaue rechtliche Prüfungen der Beziehungen, die der Klient eingegangen ist, angewiesen. Rechtsbehelfe sind anzuwenden. In der Hauptsache kommen dann Einzelregulierungen (bei entsprechendem Entgegenkommen der Gläubiger) und/oder Umschuldungen (Ablösen der Schulden mit günstigeren Krediten, teilweise aus Hilfsfonds) in Frage (*Suter/Wagner* 1986, 118 ff. und 136 ff.).
Seit 1999 ist das rechtsförmliche Verfahren der sogenannten *Restschuldbefreiung* auf dem Wege eines *Insolvenzverfahrens* nach der Insolvenzordnung InsO möglich. Hierbei kann der Insolvenzrichter beim Insolvenzgericht (Amtsgericht) den Schuldner unter der Voraussetzung von seinen restlichen Schuldverpflichtungen befreien, dass dieser sein pfändungsfreies Einkommen während sieben Jahren an den gerichtlich bestellten Treuhänder zur Verteilung an die Gläubiger abtritt. Voraussetzung für diese gerichtliche Schuldenbefreiung ist aber ein vorheriger, von der Schuldnerberatungsstelle bescheinigter Bereinigungsversuch zur Schuldenregulierung. Damit sind beim Insolvenzgericht für die Restschuldbefreiung einzureichen:

- die Bescheinigung über den erfolglosen außergerichtlichen Bereinigungsversuch,
- Verzeichnisse der Gläubiger, der Schulden sowie der Einkommens- und Vermögensverhältnisse des Schuldners,
- ein abermaliger Bereinigungsplan für das vereinfachte Verfahren des Insolvenzrichters (Vorverfahren) zur Bereinigung, der durchaus auf dem Plan der Schuldnerberatungsstelle für deren (erfolglosen) Versuch basieren kann,
- die vorherige Zahlung der Gerichtskosten, die für Einkommensschwache demnächst im Rahmen der Prozesskostenhilfe getragen werden sollen (was bislang noch Schwierigkeiten machte).

Setzen die traditionelle Unterschichtsberatung sowie die Schuldnerberatung individuell an, so wird die ungünstige sozialstrukturelle Situation benachteiligter Klientengruppen natürlich auch sozialpolitisch anzugehen sein. Sozialarbeit/Sozialpädagogik hat sich hierbei für *sozialpolitische Forderungen* wie Mindest-

sicherungen oder Schaffung neuer Hilfe-Anreizsysteme stark zu machen. Sie sollte sich hierbei jedoch nicht lediglich an von Wissenschaft und Politik erhobene Forderungen anhängen, sondern vielmehr von sich aus erhellendes Material zur Unterstützung solcher sozialpolitischer Reformschritte beisteuern. Die Forderungen nach Mindestsicherungsbeträgen werden vor allem damit begründet, dass die Institute Arbeitsmarkt und Familie in der jüngsten Vergangenheit keine hinreichenden sozialen Absicherungsmöglichkeiten mehr darstellten, das Sozialleistungssystem aber andererseits an ihnen orientiert sei und folglich in vielen Fällen zu völlig unzureichenden Leistungen führe. Einfacher und für den Klienten weniger diskriminierend sei es daher, für alle Bürger von vornherein eine finanzielle Teilhabe sicherzustellen. Dabei wird je nach politischer Position globalen Leistungen für alle (sogenannte negative Einkommenssteuer oder Grundeinkommen – auch Sozialdividende genannt), die nicht bedürftigkeitsorientiert wären, oder aber der Aufstockung der Sozialleistungen auf eine bestimmte Höhe (Plafondierung) der Vorzug gegeben (*Heinze/Olk/Hilbert* 1988, 71 ff.; *Hauser* 1984, 256 ff.). Mit Sicherheit wird die letzte Variante – also die Anhebung von Versicherungsleistungen der Renten- und Arbeitslosen-Versicherung, aber auch des Kindergeldes und des Erziehungsgeldes mit Steuermitteln auf bestimmte, bedarfsadäquate Sätze, mit der Zeit realisierbar sein. Möglicherweise ist ein solches, die Sozialversicherungsleistungen ergänzendes Versorgungssystem unumgänglich, will man starke Ausschläge in Richtung auf Armutssituationen (vgl. Teil 2.4.1 und 2.4.5) vermeiden. Außerdem hat dieser Vorschlag den Vorteil, dass er die durch Hilfe-zum-Lebensunterhalt-Leistungen der Sozialhilfe stark strapazierten kommunalen Haushalte entlasten könnte.
In Zukunft wird es nicht nur auf der Geld-, sondern auch auf der Dienste-Seite Mangel geben (demographische Veränderungen). Sozialarbeit/ Sozialpädagogik wird sich künftig auch mit einem Konzept auseinandersetzen müssen, das Anreize geben will zu freiwilligen Hilfeleistungen (über Versicherungsschutz, Gutscheinsysteme, Aufwandsentschädigungen). Zur Arbeits- und Freizeit müsste auch die Sozial-Zeit mit sozialen Diensten, die nicht unbedingt professionell erbracht werden müssen, kommen (*Fink* 1988, 18 ff.). In diesem Sinne verdient auch der Vorschlag eines »Sozialen Pflichtjahres für alle« (auch junge Frauen) in Analogie zu Wehr-/Zivildienst Erwähnung (»Die Zeit« vom 21.1. 1994).
Wenn die neueren Schichtungsuntersuchungen gezeigt haben, dass im Wandel zur postindustriellen Gesellschaft neben finanziellen Statusunterschieden auch Differenzierungen im kommunikativen und Bildungsbereich eine Rolle spielen.(vgl. *Becks* Individualisierungskonzept, die »Selbstverwirklicher« der Lebensstil-Analyse und Touraines Informations-Geber und -Nehmer, Teil 2.4.3 und 2.4.4), dann müssten *Medienpädagogik und Kulturarbeit* durch Sozialarbeit/Sozialpädagogik eine aussöhnende und befriedende sozialstrukturelle Wirkung haben. Untere Sozialschichtgruppen sind auch derzeit noch im Bildungsverhalten zurückhaltender, bleiben eher häuslich orientiert und massenmedialen Einflüssen unterworfen, während die mittleren Gruppen bildungsoffensiver sind,

initiativreicher agieren und sich außerhäuslich aktivieren (*Bolte/Hradil* 1984, 325).
Die Zusammenhänge zwischen Gewaltkonsum von Kindern und Jugendlichen in Medien wie Fernsehen, Video und Computerspielen und daraus stimuliertem aggressivem bis gewaltförmigem Verhalten schildert sehr eindringlich *Glogauer* (1995, 154 ff.). Er geht bei medieninduzierter Gewalt und Strafbaren Handlungen – wie Kleinkriminalität, Aggressionen gegen Lehrende und Mitschüler, Rowdytum, Unterrichtsverweigerung, Vandalismus bis zu Einbruchsdelikten – von einem Kumulationsmodell aus: Dem Zusammenwirken von

- ungünstigen psychischen, erzieherisch-sozialisatorischen und sozialen Bedingungen und
- Medienwirkungen aus Aufnahme von medialen Gewaltmodellen ins eigene Verhaltensrepertoire der Rezipienten. Er folgert hieraus:

»Erziehungsberechtigten muss daher dringend geraten werden, den Konsum von Mediengewalt durch ihre Kinder einzuschränken, am besten völlig zu verhindern.«

Eltern sprechen jedoch nach *Glogauers* Erhebungen (1995, 90) mit ihren 8- bis 11jährigen Kindern nur zu 7,2% stets übers Fernsehen, aber 57,6% nur manchmal und 34,0% nie.
Gerade in der Medienpädagogik wird es darum gehen, die dem Medienterror hilflos Ausgesetzten zu einem aktiveren, selbsttätigeren Umgang mit medialer Gestaltung zu befähigen. Aktive Medienarbeit ist am Platze, d. h., dass z. B, Jugendliche und Arbeitslose (Video-)Produktionen aus ihrer Lebenswelt (Schwierigkeiten bei der Stellensuche, Wohnsituation, zwischenmenschliche Konflikte) herstellen sollten. Medienpädagogik sollte Kompetenzdefizite im Bezug auf die Medien ausgleichen (*Neumann* 1989, 37):

»Gemeindeseminare zu Medienthemen geben Gelegenheit, Unwissende, Betroffene, zukünftige Nutzer von neuen Medien und Experten miteinander ins Gespräch zu bringen. Die Organisation von Gesprächsangeboten und Seminaren kann einen alternativen Medienverbund von unten (sprich: von der Gemeinde) her entstehen lassen.«

Wenn Individualisierung und Eigen-Inszenierung des Lebens jenseits von Klassen und Sozialmilieus zunehmen, dann wird Sozialarbeit/Sozialpädagogik am ehesten noch mit kreativer Kulturarbeit mit ihren Klienten Lebensverhältnisse um- und neugestalten können. Sozialarbeit/Sozialpädagogik mag mittels der neu entstandenen Kulturarbeit hier helfen, die Wirklichkeit zu verstehen und zu verändern (*Opdenhoff*, in: Politik 1992, 214). Ansatzpunkte können hierbei sein: Stadtteilfeste, Alternativzeitungen, Kulturcafés, Geschichts- und Schreibwerkstätten, audiovisuelle Dokumentationen, Theaterprojekte, Bürgerinitiativen u. ä. (*Opdenhoff* 1988, 4):

»Soziale Kulturarbeit greift konkret erfahrene Widersprüche, eigenwillige Bedürfnisse, lokale Ereignisse und gesellschaftliche Entwicklungen auf und sucht mit den Betroffenen nach geeigneten ästhetisch-kulturellen Mitteln, um damit Widerstand und Interessen Ausdruck zu verschaffen, neue Mitarbeiterinnen und Mitarbeiter zu gewinnen und Öffentlichkeit herzustellen. Dazu ist auf Seiten der professionellen Kultur-›Animateure‹ nötig, dass sie den sozial-kulturellen Lebenszusammenhang der Beteiligten ebenso kennen und respektieren, wie sie deren, für sie typischen, Verhaltensmuster und Kommunikationsstile bzw. die dahinter stehenden unausgesprochenen Anklagen und Fähigkeiten begreifen und aufgreifen als konstituierende Elemente der gemeinsamen Arbeit. Dabei geht es sowohl um die Veränderung der Bedingungen ihrer Lebenswelt als auch um anregende Prozesse der Selbstfindung und Sinnstiftung.«

2.6 Kampf gegen Benachteiligung von Frauen

Lange galt der sozialstrukturelle Status der Frau unausgesprochen als vom Mann abgeleitet, als eine Art »ständisches Geschlechtsschicksal« (*Beck* 1986, 178). Nicht nur die zunehmende Zahl alleinlebender Frauen (Singles, Alleinerziehende, Geschiedene, Verwitwete – und hier viele ältere Frauen), auch die Verselbständigung von Individuen in zunehmend partnerschaftlich orientierten Verbindungen (vgl. Teil 3.6.3 und 3.6.5) haben den Blick auf sozialstrukturelle Benachteiligungen von Frauen ganz allgemein gerichtet (*Beck* 1986, 161 ff.; *Schäfers* 1995, 244 ff., *Geißler* 1996, 275 ff.). Die Benachteiligungen von Frauen in einer patricharchalen Welt wurden in der alten Bundesrepublik vor allem von 1970 an durch Frauengruppen und die Frauenbewegung thematisiert. Die Frauengleichstellung in der DDR war dort von Anfang an offizielles Programm als von oben und von Männern gesteuerte Maßnahmen aus ideologischen, politischen und ökonomischen Gründen. Die Benachteiligung von Frauen können in folgenden Bereichen festgestellt werden:

- Bei der Bildung und in der Berufswelt (und damit für den sozioökonomischen Status schlechthin),
- in der sozialen Absicherung,
- in der politischen Repräsentanz sowie
- in der Familie und den sie ergänzenden sozialen Diensten.

Am ehesten haben Frauen im *Bildungsbereich* frühere Nachteile wettgemacht. Bildungsdefizite von Mädchen haben sich sogar in einen leichten Bildungsvorsprung verwandelt (*Geißler* 1996, 277). Man sprach von der Feminisierung der Bildung. Der Anteil weiblicher Studierender an allen Studenten stieg von 27% 1960 auf 43% 1994. Jüngst sinkt jedoch der Anteil studierender Abiturientinnen wieder leicht, und studierende Mütter erfreuen sich keiner besonderen Hilfen.

Dennoch hat die weibliche Bildungsexpansion zu keinen vergleichbaren Erfolgen der Frauen in der *Arbeitswelt* geführt. Bildungsabschlüsse sind inzwischen keine Garanten mehr für berufliche Aufstiege (vgl Teil 2.3.3). Es schlagen aber auch traditionelle Benachteiligungen der Frauen wegen befürchteter familialer Belastungen zu ihren Lasten durch. Zwar ist die Erwerbsbeteiligung der Frauen auch in den alten Bundesländern gestiegen: Die Frauenerwerbsquote stieg hier von 49% 1960 auf 55% in 1996. In der ehemaligen DDR lag sie 1960 noch bei 92% und sank dann 1996 auf 58%. Frauen sind aber nach wie vor in Lohnhöhe und Karriere schlechter gestellt als Männer. Das Gleichstellungsgesetz für Männer und Frauen am Arbeitsplatz von 1980 (§§611a, 612a BGB) brachte nicht allzu viel. Die Lohnungleichheit zu Lasten der Frauen wird erklärt mit kürzerer Arbeitszeit (oft Teilzeitstellen), weniger Überstunden und weniger Berufs-/Betriebsjahren (familienbedingte Zäsuren). So ist die vollzeitige Erwerbsbeteiligung von Müttern nach wie vor unterdurchschnittlich; sie lag 1996 gegenüber derjenigen aller Mütter (41,8%) bei zwei Kindern bei 35,7%, bei drei Kindern bei 23,6%. Die Löhne von Arbeiterinnen lagen 1995 29,5% unter denen der Arbeiter, die weiblicher Angestellter 33% unter denen männlicher Angestellter (*Hradil* 1999, 227). Das zweite Gleichberechtigungsgesetz von 1994 brachte eine verstärkte Frauenförderung im öffentlichen Dienst, sexuelle Belästigungsverbote am Arbeitsplatz und Schadensersatz bei Diskriminierungen in der Arbeitswelt. Die künftige Arbeitswelt kommt mit einem Rückgang an körperbezogenen Produktionsaufgaben und einer Zunahme an beratenden, pflegenden und organisierenden Dienstleistungen den Frauen entgegen. Jedoch werden mit einer Zunahme von teilzeitigen und von sich ins mittlere (Familien-) Lebensalter verdichtenden Tätigkeiten auch die Risiken zunehmen (*Wenner/ Tischer* 2000, 2299).

Die immer noch vorhandene schlechtere Stellung von Frauen in der Arbeitswelt verstärkt ihr Arbeitsplatzrisiko, verringert den Umfang *sozialer Absicherungen* und erhöht somit auch das Armutsrisiko für Frauen. Der Anteil der Frauen-Arbeitslosen ist – gemessen am Anteil der Frauen an allen Erwerbstätigen, der bei 42,3% (West) bzw. 46,7% (Ost) liegt – überdurchschnittlich: 1999 im Westen zwar mit 44,3% nurmehr leicht über dem Erwerbsanteil, im Osten mit 53,5% aber doch um 7 Prozentpunkte darüber. Verzicht an Präsenz in der Arbeitswelt mindert Anwartschaften in der Renten- und Arbeitslosenversicherung. Das Armutsrisiko von Frauen ist daher hoch (vgl. Teile 2.4.1 und 2.4.5). Für Familienphasen (Kindererziehung, Pflegeleistung, ehrenamtliche Tätigkeiten) sollte Frauen daher eine volle sozialrechtliche Absicherung gewährt werden (*Witterstätter* 2000, 138). Ihre nicht marktgemäßen, sozialen (erzieherischen, pflegerischen, hauswirtschaftlichen) Tätigkeiten sollten als naturale Beiträge zu den sozialen Sicherungssystemen begriffen werden, die durch staatliche Beitrags- und Leistungszuschüsse einzulösen sind. In diese Richtung votierte bereits ein Urteil des Bundesverfassungsgerichts vom 7.7.1992 (FamRZ 9/1992, 1058). Hier ist inzwischen mit der vollen Durchschnittslohn-Anerkennung der drei Erziehungsjahre in der Rentenversicherung und mit der Renten- und Unfallversicherung pflegender Frauen eine Verbesserung erzielt worden, die in die richtige Richtung geht.

Zwar hat die zunehmende Gegenwart der Frauen in der Öffentlichkeit hier das Monopol der Männer für die außerfamiliale Repräsentanz der Angehörigen gebrochen. Dennoch wird gerade im *politischen Raum* eine mangelnde Bereitschaft der Frauen zur politischen Betätigung festgestellt (*Geißler* 1996, 292). Die Diskussion um Frauenquoten zeigt eine gewisse Wirkung. Der Frauenanteil beträgt 1996 in den Bundesparteien-Vorständen zwischen 11 und 55%, in den Landesregierungen (Ministerinnen-Anteil) 27% (nach 18% im Jahre 1989). Die *innerfamiliale Arbeitsteilung* geht bei aller zunehmenden Mitarbeit der Männer noch immer stark zulasten der Frauen (*Beck* 1986, 169 ff.; *Kaufmann* 1990, 51). Der Frau obliegen, auch wenn sie berufstätig ist, überwiegend die erzieherischen, hauswirtschaftlichen und pflegerischen familialen Tätigkeiten. Das galt auch in der ehemaligen DDR insbesondere in den Familien der unteren Schichten (*Meier* 1989, 336). Der gesellschaftliche Ausgleich für die innerfamiliale Überlastung der Frauen war in der DDR hoch: Mit hohen Unterbringungsquoten für Kleinkinder in Betreuungseinrichtungen (70% in Krippen, 90% in Kindergärten –Vergleichszahlen alte Bundesrepublik 4,5% bzw. 68%) und mit großzügiger Elternfreistellung bei Krankheit der Kinder (bis 13 Wochen jährlich). Hier wird die Gesamt-Bundesrepublik einiges aufgreifen mit dem seit 1992 erweitert geltenden Elternkrankengeld von § 45 Sozialgesetzbuch V (10 bis 50 Tage jährlich) und Rechtsansprüchen auf Kindergartenplätze in vielen Landes-Kindergartengesetzen im Gefolge des Schwangeren- und Familienhilfe-Änderungsgesetzes und des § 24 KJHG. Die Unterbringungsquoten für 3- bis 6jährige Kinder in Kindergärten liegen 1996 bei 73%(West) und 96,2%(Ost).

Sozialarbeit und Sozialpädagogik kann sich in einer ganzen Reihe von Arbeitsfeldern für den Abbau sozialstruktureller Benachteiligungen von Frauen einsetzen. Sozialarbeiterinnen und Sozialpädagoginnen können in der Sozialpädagogischen Familienhilfe nach § 31 KJHG dazu beitragen, dass innerfamiliale Überlastungen von Frauen ausgeglichen werden durch veränderte familiale Interaktionsmuster und Hinzunahme von außerfamilialen Diensten. Gesprächsgruppen für pflegende Angehörige können Überlastungen bei familialer Altenpflege ausgleichen helfen. Als Frauenbeauftragte, in Frauenförder- und Gleichstellungsstellen können Sozialarbeiterinnen und Sozialpädagoginnen im beruflichen und/oder kommunalen Zuständigkeitsbereich Möglichkeiten zur Verwirklichung der Gleichberechtigung von Frauen und Männern in Beruf, Familie und öffentlichem Leben aufzeigen und Lösungen dazu vorschlagen. Behutsame Quotenregelungen in Parteien und Organisationen können bei aller Würdigung von Bewerber/-innen-Qualifikationen gerade in freiwilliger Selbstverpflichtung der Optierenden die seitherigen geschlechtsspezifischen Benachteiligungen ein gutes Stück ausmerzen. Schließlich kann die Soziale Arbeit von den Ergebnissen der seit den 1980er-Jahren etablierten Frauenforschung profitieren (*Schäfers* 1995, 247).

2.7 Literaturverzeichnis

Arbeitsgruppe Soziologie: Denkweisen und Grundbegriffe der Soziologie. Eine Einführung. Frankfurt-New York 1982

Armut in Deutschland. Hg. DGB/PWV/Hans-Böckler-Stiftung. Reinbek 1994

Bahrdt, Hans-Paul: Schlüsselbegriffe der Soziologie. Eine Einführung mit Lehrbeispielen, München1984

Beck, Ulrich: Risikogesellschaft. Auf dem Weg in eine andere Moderne, Frankfurt 1986

Beck, Ulrich: Schöne neue Arbeitswelt. Vision Weltbürgergesellschaft, Frankfurt 1999

Becker, Ulrich/Becker, Horst/Ruhland, Walter: Zwischen Angst und Aufbruch – das Lebensgefühl der Deutschen in Ost und West nach der Wiedervereinigung, Düsseldorf 1992

Berger, Peter L./Berger, Brigitte: Wir und die Gesellschaft. Eine Einführung in die Soziologie, entwickelt an der Alltagserfahrung, Reinbek 1982

Bolte, Karl Martin/Hradil, Stefan: Soziale Ungleichheit in der Bundesrepublik Deutschland, Opladen 1984

Bourdieu, Pierre: Die feinen Unterschiede. Kritik der gesellschaftlichen Urteilskraft, Frankfurt 1982

Chassé, Karl August: Armut nach dem Wirtschaftswunder – Lebensweise und Sozialpolitik, Frankfurt 1988

Dahrendorf Ralf: Soziale Klassen und Klassenkonflikte in der industriellen Gesellschaft, Stuttgart 1957

Dahrendorf, Ralf: Homo Sociologicus, Köln-Opladen 1971

Dahrendorf, Ralf: Gesellschaft und Demokratie in Deutschland, München 1965

Dechmann, Birgit/Ryffel, Christiane: Soziologie im Alltag, Weinheim-Basel 1981

Die Analyse sozialer Ungleichheit. Hg. *Hermann Strasser/Goldthorpe, John H.*, Opladen 1985

Fink, Ulf: Der neue Generationenvertrag: Ich für Dich. Die Zukunft der sozialen Dienste, München 1988

Funkkolleg Sozialer Wandel. Studienbegleitbrief 7, Weinheim-Basel 1975

Gehrmann, Gerd/Müller, Klaus D.: Quo Vadis Sozialarbeit? Eine kritische Auseinandersetzung mit Entwicklungen in Praxis und Ausbildung, Weinheim-Basel 1981

Geißler, Rainer: Die Sozialstruktur Deutschlands. Zur gesellschaftlichen Entwicklung mit einer Zwischenbilanz zur Vereinigung, 2. Aufl. Opladen 1996

Glogauer, Werner: Die neuen Medien verändern die Kindheit, 3. Aufl. Weinheim 1995

Groth, Ulf: Schuldnerberatung – praktischer Leitfaden für die Sozialarbeit, 9. Aufl. Frankfurt 1993

Hauser Richard: Armut im Wohlfahrtsstaat – empirischer Befund und Lösungsansätze, in: Das Sozialsystem der Bundesrepublik Deutschland – Bilanz und Perspektiven. Hg. *Heinz Lampert/Kühlewind, Gerhard*, Nürnberg 1984, 214 ff.

Heinze, Rolf/Olk, Thomas/Hilbert, Josef: Der neue Sozialstaat – Analyse und Reformperspektiven, Freiburg 1988

Holm, Kurt: Der Intra-Rollenkonflikt des Werkmeisters, in: Rolle und Macht. Hg. Dieter Claessens, München 1974, 80 ff.

Hradil, Stefan: Sozialstrukturanalyse in einer fortgeschrittenen Gesellschaft, Opladen 1987

Hradil, Stefan: Soziale Ungleichheit in Deutschland, 7. Aufl. Opladen 1999

Hurrelmann, Klaus: Einführung in die Sozialisationstheorie, Weinheim-Basel 1986

Jaeggi, Urs: Kapital und Arbeit in der Bundesrepublik, Frankfurt 1973

Kaufmann, Franz-Xaver: Zukunft der Familie. Stabilität, Stabilitätsrisiken und Wandel der familialen Lebensformen sowie ihre gesellschaftlichen und politischen Bedingungen, München 1990

Koschorke Martin: Die Arbeit mit Unterschichtfamilien, in: Wege zum Menschen 8 – 9/ 1975, 315 ff.

Koschorke, Martin; Unterschichten und Beratung, Berlin 1985

Lebenslagen in Deutschland: Der erste Armuts- und Reichtumsbericht der Bundesregierung, Berlin 2001

Leibfried, Stephan/Tennstedt, Florian: Die Spaltung des Sozialstaats und die Politik der Armut, in: Politik der Armut und die Spaltung des Sozialstaats. Hg. Stephan Leibfried/ Tennstedt, Florian, Frankfurt 1985, 13 ff.

Maas, Udo: Grundlinien eines konflikttheoretischen Ansatzes sozialer Arbeit, in: Sozialarbeit und Sozialverwaltung. Hg. *Udo Maas*, Weinheim-Basel 1985, 118 ff.

Meier, Uta: Differenzierungskriterien innerfamilialer Arbeitsteilung in der DDR, in: Blickpunkt Jugend und Familie, München 1989, 303 ff.

Neumann, Klaus: »Ohne Fernseher kriegen wir uns in die Haare«. Medienkonsum als Herausforderung für medienpädagogische Handlungskonzepte, in: Hochschulbrief der Evangelischen Fachhochschulen Darmstadt, Feiburg, Ludwigshafen und Reutlingen 15/1989, 31 ff.

Nowak, Horst/Becker, Ulrich: Es kommt der neue Konsument. Werte im Wandel, in: »form« – Zeitschrift für Gestaltung 111/1985, 13 ff.

Offe, Claus: Politische Herrschaft und Klassenstrukturen – zur Analyse spätkapitalistischer Gesellschaftssysteme, in: Politikwissenschaft. Hg. *Gisela Kress/Senghaas, Dieter,* Frankfurt 1972, 135 ff.

Opdenhoff, Hanns.Eckart: Ästhetische Öffentlichkeitsarbeit – eine Herausforderung für Fachhochschulen des Sozialwesens, in: Hochschulbrief der Evangelischen Fachhochschulen Darmstadt, Freiburg, Ludwigshafen und Reutlingen 14/1988, 3 ff.
Opdenhoff, Hanns-Eckart: Der soziale Geschmack der Kultur. Plädoyer für eine identitätsorientierte Kulturarbeit, in: Politik. Politische Beteiligung im Sozialstaat. Hg. *Dietrich Lange/Weth, Hans-Ulrich*, Neuwied-Berlin-Kriftel 1992, 201 ff.

Parsons, Talcott: Beiträge zur soziologischen Theorie, Neuwied 1964
Parsons, Talcott: Das System moderner Gesellschaften, München 1972

Riskante Freiheiten. Individualisierung in modernen Gesellschaften. Hg. *Ulrich Beck/ Beck-Gernsheim, Elisabeth*, Frankfurt 1994
Rüegg, Walter: Soziologie, Frankfurt 1996

Schade, Angelika: Der Weg zur Gleichheit, Frankfurt-Bern-New York 1987
Schäfers, Bernhard: Gesellschaftlicher Wandel in Deutschland. Ein Studienbuch zur Sozialstruktur und Sozialgeschichte, 6. Aufl. Stuttgart 1995
Schelsky, Helmut: Wandlungen der deutschen Familie in der Gegenwart, Stuttgart 1954
Scheuch, Erwin K.: Sozialprestige und soziale Schichtung, in: Kölner Zeitschrift für Soziologie und Sozialpsychologie, Sonderheft 5/1961, 65 ff.
Soziologie. Gesellschaftliche Probleme und sozialberufliches Handeln, von *Benno Biermann/Bock-Rosenthal, Erika/Doehlemann, Martin/Grohall, Karl-Heinz/Kühn, Dietrich,* 3. Aufl. Neuwied-Kriftel 2000
Soziologie der sozialen Ungleichheit. Hg. *Bernhard Giesen/Haferkamp, Hans,* Opladen 1987
Suter, Jürgen/Wagner, Herbert: Schuldnerberatung und Schuldenregulierung in der sozialen Arbeit, Heidelberg 1986

Wenner, Ulrike/Tischer, Ute: Zukunftsorientierte Arbeitsmarktpolitik zur Förderung der gleichberechtigten Teilhabe von Frauen am Arbeitsmarkt, in: ibv (Informationen für die Beratungs- und Vermittlungsdienste) der Bundesanstalt für Arbeit 22/2000, 2299 ff.
Witterstätter, Kurt: Soziale Sicherung. Eine Einführung für Sozialarbeiter/Sozialpädagogen mit Fallbeispielen, 5. Aufl. Neuwied-Kriftel 2000

3 Die Familie in ihren Schwierigkeiten und Wandlungen

Kurt Witterstätter

Sozialarbeit/Sozialpädagogik hat es in sehr vielen Fällen mit Familien zu tun. Der Klient ist kein Einzelwesen. Auch seine wesentlichste, primäre Bezugsgruppe ist die wie auch immer existierende Familie. So haben Sozialarbeiter/Sozialpädagogen häufig mit Familien zu arbeiten: Im Allgemeinen Sozialdienst (der bezeichnenderweise traditionell Familienfürsorge hieß), bei der Bedarfs- oder Haushalts-Gemeinschaft der Sozialhilfe, in Erziehungs-/Ehe-/Familienberatung, in der Behinderten-, Suchtkranken- und Straffälligenarbeit, oft auch im Krankenhaussozialdienst und der Psychiatrie, auch in der Ausländerarbeit sowie der Schulsozialarbeit. Es kommt sicher nicht von ungefähr, dass der Deutsche Verein für öffentliche und private Fürsorge seinen 71. Fürsorgetag 1986 unter das Thema »Familie und soziale Arbeit. Familienideal, Familienalltag – neue Aufgaben für die soziale Arbeit« gestellt hat.

Fall Christine

Die 8jährige Christine wird an einem Freitag abend gegen 21.30 Uhr von einer Polizeistreife allein im Halbschlaf auf der Bank in einem Überland-Omnibus-Haltestellen-Unterstand der Gemeinde Möhrstett angetroffen. Christine lebt mit ihrer Mutter Marion Kraushaar zusammen, die als Bedienung in der »Florida«-Restaurantbar im vier Kilometer entfernten Lohnshausen tätig ist. An diesem Tag hatte ihr die Mutter vor ihrer von 16 – 24 Uhr währenden Bedienungsschicht noch die Besorgung einiger Kosmetika aufgetragen. Christine hatte dabei zu Hause den Schlüssel vergessen mitzunehmen und kam so nicht mehr in die Zweizimmerwohnung des Zweifamilienhauses, dessen Eigentümer unglücklicherweise über dieses Wochenende verreist ist. Sie wollte daher den einzigen, um 22.15 Uhr nach Nächstweiler gehenden Bus zu einer Freundin der Mutter nehmen. Dies hat ihr die Mutter für unvorhergesehene Fälle wie diesen eingeschärft, da sie von Christine nicht gern an ihrem Arbeitsplatz angerufen sein möchte. Die Polizeibeamten fahren Christine denn auch zur Freundin ihrer Mutter nach Nächstweiler, wo Christine für diese Nacht bleiben kann, geben aber dem Jugendamt von Kreisberg Bescheid.
Dessen Allgemeiner Sozialdienst bringt folgendes in Erfahrung: Marion Kraushaar, die nach Christines Geburt ihre Friseurlehre abbrach, lebt von ihrem Mann und dem Vater Christines, dem Bundeswehrfeldwebel Bernd Kraushaar, getrennt, seit dieser nach einer Versetzung nach Jüterburg dort eine enge Beziehung zu einer anderen Frau aufnahm und diese nicht beenden will. We-

gen gemeinsamer Hausrats- und Autokauf-Schulden in Höhe von etwa 10 000 € bekommt Marion von Bernd weder für sich noch für Christine Unterhalt. Auch von ihren in der fernen Niederrheinstadt Wesselsburg lebenden Eltern, die von Anfang an gegen Bernd waren, hat Marion weder Geld noch praktische Hilfe zu erwarten, zumal die auch mit ihrer gegenwärtigen Stelle nicht einverstanden sind. Ihren Job, bei dem Marion teils auch von 11 – 19 Uhr arbeitet, hat sie durch eine Bekanntschaft mit dem »Florida«-Rausschmeißer Artur Eisenhut bekommen. Der maßt sich Marion gegenüber eine Art Beschützerrolle an. Als Gegenleistung sagt er sich hin und wieder bei Marion an, wobei es Marion nicht beim bloßen Bewirten Arturs belassen kann. Seinen sexuellen Wünschen folgt sie – so viel ist herauszuhören – einerseits aus Angst, dann nicht mehr im »Florida« arbeiten zu können, aber auch, weil er ihr mit seiner Entschiedenheit und Stärke imponiert und sie ihn nicht »kampflos« ganz in die Gunst der anderen »Florida«-Mädchen abgeben möchte. Christine habe von der Sache mit Artur, den das Kind nur als »Chef« der Mutter kenne, noch nichts bemerkt, zumal sie dann auch meistens nach Nächstweiler »dürfe«; die Freundin sorge dabei dafür, dass Christine morgens mit ihrem eigenen Kind zur gemeinsamen Schule beider Kinder komme.

3.1 Der Wunsch nach der alten Großfamilie

Hört man von Vorkommnissen wie den vorstehend geschilderten um die kleine Christine Kraushaar, wird nicht selten Klage darüber geführt, dass die alte Drei-Generationen-Großfamilie nicht mehr existiert. Wäre dieser Verbund zwischen Großeltern, Eltern und (Enkel-)Kindern noch intakt, könnte es zu solchen Situationen teilweiser Unversorgtheit kleiner Kinder nicht kommen, so ist häufig zu hören. In der Tat ist der Wandel von der (verwandtschaftlichen) Großfamilie zur Klein- oder Kern-Familie eines der grundlegenden Paradigmen der Familiensoziologie. Die »heile« Großfamilie mit ihren offenbar nie versiegenden Hilfs- und Betreuungsmöglichkeiten wird hier gern der anfälligen Kernfamilie gegenübergestellt. Dies lässt sich auch auf die Versorgung von Kranken und Alten im familialen Verbund gut übertragen: Auch hier, so wird gesagt, würde die heutige Kernfamilie Bedürftige an seelenlose Institutionen abschieben, die ehedem doch in mitmenschlicher Nähe und gewiss sehr individuell versorgt worden wären.

Dieses wohlfeile Bild des Wandels von der verwandtschaftlichen Großfamilie zur nur noch die Generationen Eltern und unmündige Kinder umfassenden Kernfamilie ist bis hin in die Lesebücher der Schulen weit verbreitet. Es ist indes eine Idylle aus Halbwahrheit, die bei näherer Betrachtung viel von ihrem nostalgischen Reiz verliert. Ihre Plausibilität mag für gewisse Zeit noch dadurch verstärkt worden sein, dass der Soziologe *Emile Durkheim* um die Wende vom 18. zum 19. Jahrhundert sein sogenanntes *Kontraktionsgesetz* aufstellte. Dieses

Gesetz spricht von einer fortlaufenden Einengung der Familie von weiteren – verwandtschaftlichen – Kreisen auf immer engere personale Kreise, bis am Ende nur noch die sogenannte Gattenfamilie übrig bleibe. *Durkheim* glaubte an die unumkehrbare Gültigkeit dieses Gesetzes. Das personelle Inventar habe sich historisch von den großen Gesellungsformen der Clans und Sippen sukzessive und unilinear reduziert bis zur Kleinfamilie der Industriegesellschaft (wobei hier der Unterschied zwischen Klein- und Kernfamilie darin besteht, dass zur Kernfamilie lediglich minderjährige Kinder gehören, während in der Kleinfamilie auch Eltern mit volljährigen Kindern anzutreffen wären, was selten vorkommt).

Durkheims Kontraktionsgesetz konnte nicht unwidersprochen bleiben. Zum einen wird darauf verwiesen, dass etwa auch im Mittelalter bei weitem nicht alle Menschen in zugegeben damals größeren Familien lebten. Die seinerzeitigen Produktions- und Wohn-Familien-»Häuser« in Landwirtschaft und Handwerk setzten eben die Existenz eines Betriebes voraus. Eine Familie konnte, dies belegen zahlreiche Heiratserlaubnisse bzw. -verbote, nur der gründen, der über die notwendige »betriebliche« Substanz verfügte. Ohne landwirtschaftlichen oder handwerklichen Betrieb konnte es folglich unter der freien Bevölkerung (außerhalb des Adels) keinen Familienvater geben. Die Kaufmannsfamilien kamen später in ähnlicher Weise hinzu. Das bedeutete, dass eine große Zahl von Personen familienlos lebte – allerdings nicht unbedingt familial unversorgt. Teils lebte die Bevölkerung außerhalb der rechtsgültigen Ehen in sogenannten »natürlichen Familien«, teils befand sie sich in abhängiger Stellung in einer städtischen oder ländlichen Produktions-Familie (Dienstboten, Lehrlinge, Gesellen, Gesinde, Knechte, Mägde).

Insoweit waren natürlich familiale Versorgungsmöglichkeiten gegeben – sei es in der eigenen, kleinen »natürlichen« Familie oder in der produktionsorientierten Großfamilie, der die Fürsorgepflicht über ihre Bediensteten oblag. Es blieb aber ein großer Rest innerhalb der mittelalterlichen Bevölkerung, die familial unversorgt war. Für sie kannte auch die damalige Zeit bereits Einrichtungen der Kranken-, Armen- und Altenhilfe. Kirchliche und städtische Fürsorge sahen sich dieser familial unversorgten Personen wegen veranlasst, Stiftungen und Hospitäler zu gründen, wenn man so will, die Vorläufer der heutigen Krankenhäuser und Altenheime. Die familiale Versorgung der Alten und Gebrechlichen dürfte in den früheren Familien ohnehin keinen zeitlich allzu großen Raum wegen der wesentlich früheren Sterblichkeit in Anspruch genommen haben. Außerdem waren die Generationsfolgen in früheren Familien wegen der höheren Kinderzahl und der Wiederverheiratungen bei Verwitwung nicht so eindeutig abgrenzbar wie heute. So dürfte die Vorstellung von der intergenerativen Versorgung Alter und Gebrechlicher innerhalb der Großfamilie in früheren Zeiten eher idyllische Wunschvorstellung als belegbare Wirklichkeit sein (*Rosenmayr* 1986, 52 f.; Textor 1991, 13 ff.).

Auf der anderen Seite ist dem gängigen Bild von der Versorgung der Alten und Kranken innerhalb der früheren Familie und ihrer »Abschiebung« an Institutionen durch die heutige Familie entgegenzuhalten, dass diese heutige Familie durchaus noch intergenerative Aushilfssysteme kennt (*Rosenmayr/Rosenmayr*

1978, 182 ff.). Die offizielle Politik der Bundesregierung will sich diese innerfamilialen Hilfssysteme sogar auch für die Zukunft in ihrer Altenhilfepolitik nutzbar machen (Vierter Familienbericht 1986, IV), was sicherlich schwierig genug sein wird angesichts der hier noch zu schildernden künftigen Umbrüche in der personellen Zusammensetzung der Familien (Geburtenrückgang, Einpersonenhaushalte), und was auch die Frage der Qualität der Hilfen durch Unausgebildete aufwerfen muss. Das Vorhaben zeigt aber doch zumindest eines: Dass familiale intergenerative Hilfsmöglichkeiten bestehen, auf denen – auch wenn dies trügerisch sein mag – aufgebaut werden soll.

Somit ist festzustellen, dass der viel zitierte Wandel von der Groß- zur Kernfamilie in zweierlei Weise einzuschränken ist: Einmal war in früheren Zeiten die *Großfamilie* bei weitem *nicht das tragende* und sichernde Gesellungsmodell, zum andern bezieht die *heutige Kernfamilie* durchaus noch die *Großeltern-Generation* in ihre Wünsche und Erwartungen mit ein.

3.2 Die Vorstellung von den Funktionsverlusten der Kernfamilie

Ebenso verbreitet wie die Vorstellung von der Verkleinerung der Familie und ihrer damit einhergehenden Unterversorgung der Kranken und Alten ist die These vom Funktionsverlust der Familie. Während die alte Großfamilie noch sehr viele heute außerhäuslich wahrgenommene Funktionen wie Produktion, soziale Sicherung, Ausbildung, kulturelle Sozialisation sowie Kranken- und Altenpflege übernommen habe, seien diese Funktionen von der modernen Kernfamilie weitgehend an eigene gesellschaftliche Institutionen abgegeben worden. Dieser Prozess, der auch mit *Desintegration* der Familie bezeichnet wird (*König* 1972, 215), ist bis zu einem gewissen Grade zutreffend, soweit man die für die gesamte Bevölkerung bei weitem nicht repräsentative Großfamilie früherer Zeiten im Auge hat. Vor allem die gebietsherrschaftlichen Großfamilien früherer Zeiten, die von adeligen Patronen oder Gutsherren dominiert wurden, übten neben umfassenden ökonomischen und hauswirtschaftlichen gar noch politische und religiöse Funktionen für und über ihre verwandten oder auch nichtverwandten Mitglieder aus. Gegenüber einem solchen, umfassenden familialen Herrschaftsverband hat natürlich die heutige Kernfamilie viele *Funktionen* an andere gesellschaftliche Institutionen *abgegeben*: Erzieherische Funktionen an Kindergarten und Schule, kulturelle Sozialisation u. a. an die Massenmedien (gewiss aber auch an Gleichaltrigen-Gruppen), die Produktion von Gütern und Diensten an die Volkswirtschaft, die soziale Sicherung und Sozialpflege an Gesundheitswesen und sozialpolitische Institutionen.

Der Wandel zur Kernfamilie hin darf aber nicht nur als ein Verlust begriffen werden. Umgekehrt hat die Kernfamilie viele Aufgaben und *Funktionen hinzugewonnen*, die die frühere Familie nicht wahrnehmen konnte. Insofern ist es zutreffender, wenn man an Stelle von Funktionsverlusten besser von Funktionsverlagerungen spricht (*Schäfers* 1995, 113 ff.; *Textor* 1991, 47 ff.).

So hat die heutige Familie viel stärker emotional sichernde Funktionen als die stärker formalisierte frühere Großfamilie. Die Intimisierung der heutigen Familie bietet die Möglichkeit zu emotionalem Spannungsausgleich angesichts der Belastungen ihrer Mitglieder durch die Außenwelt. Sie vermittelt Geborgenheit, Sicherheit im Gefühlsleben und so etwas wie »Heimat« für ihre Mitglieder. Außerdem ist zu sehen, dass die hauswirtschaftlichen Funktionen trotz Kantinenessen, Konservenindustrie, Fertiggerichten und Wäschereien zum Teil noch immer innerhalb der Familie erfüllt werden. Auch verbleibt der Familie trotz Ausbaues des Bildungswesens im erzieherischen Bereich noch immer ein wesentliches Maß an Aufgaben. Das heutige Schulsystem setzt geradezu die Stützung des Schülers bei den Hausaufgaben durch Familienpersonen voraus (Fünfter Familienbericht 1995, 78). Auch ist der Anspruch der allgemeinen Erziehungstheorie an das erzieherische Verhalten der Eltern zunehmend groß und differenziert. So übt die Familie eine wesentliche Funktion für die soziale Status-Platzierung ihrer Kinder aus. Verfeinert haben sich auch die Ansprüche der Ehegatten an ein befriedigendes Intim- und Sexualleben.

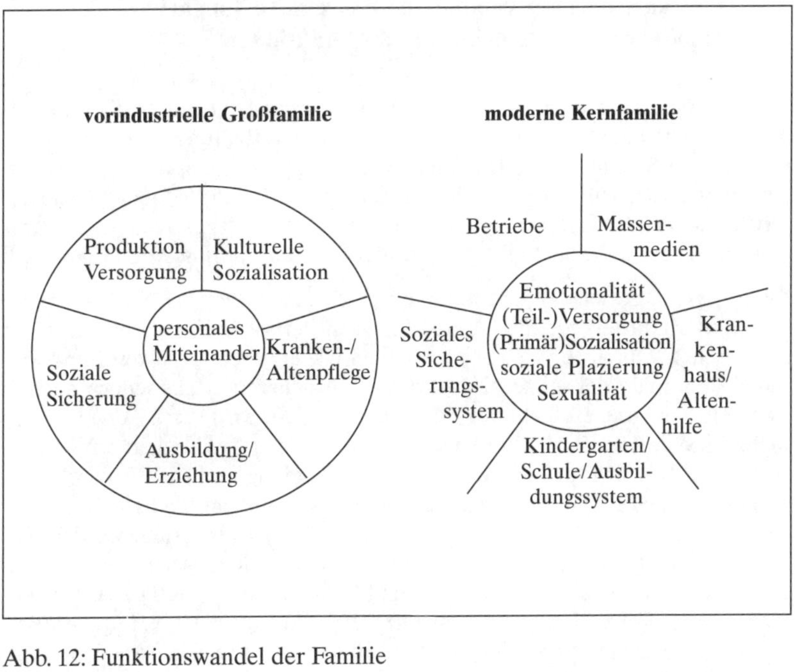

Abb. 12: Funktionswandel der Familie

Es ist im Ergebnis zu sehen, dass die Familie zwar im Laufe der Jahrhunderte wesentliche Funktionen an andere gesellschaftliche Institutionen abgegeben hat. Umgekehrt sind ihr aber durch die Differenzierung des modernen Lebens und die gestiegenen Erwartungen an eine befriedigende Lebensqualität im kommunikativen Bereich zusätzliche Aufgaben zugewachsen, die die frühere Familie infolge Zeitmangels nicht erfüllen konnte, und die ihr auch wegen wesentlich rigiderer, formalisierterer Abläufe der Lebensvollzüge nicht abverlangt wurden. Dazu stellte *R. M. McIver* schon 1921 fest: »Indes die Familie Aufgabe um Aufgabe verlor, fand sie ihre eigene (oder besser: eigentliche) Funktion.« (*Wallner/Pohler-Funke* 1977, 38). Dieser Vorgang beinhaltet freilich auch Gefährdungen für die Familie, was das Auseinanderdriften ihrer Mitglieder betrifft, da die Aufgaben der heutigen Familie wesentlich disponibler sind, mithin die Erwartungen der Familienmitglieder aneinander wesentlich schwieriger zu erfüllen und zu befriedigen sind. Der historische Funktionswandel der Familie ist vorstehend in Abb. 12 »Funktionswandel der Familie« skizziert.

3.3 Die Aufgaben der Familie und die relative Tauglichkeit der Familie zur Erfüllung ihrer sechs Funktionen

Relativ übereinstimmend werden als Aufgaben der heutigen Familie die folgenden sechs Funktionsbereiche umschrieben: Arterhaltung, Selbsterhaltung, emotionaler Spannungsausgleich und Freizeitgestaltung, Sozialisation und soziale Platzierung (für viele seien hier angeführt *Neidhardt* 1975, 69 ff. sowie der Dritte Familienbericht der Bundesregierung 1979, 16 ff.: ähnlich auch *Textor* 1991, 89 ff., der noch die Freizeitfunktion nennt, und *Kaufmann* 1990, 34 – 55).

Die *Arterhaltung* oder Reproduktion durch die Familie soll den Nachwuchs der Gesellschaft sicherstellen; Geburten sichern den personalen Bestand einer Gesellschaft. Durch den Geburtenrückgang, wie er besonders in der Bundesrepublik innerhalb der letzten 20 Jahre, in schwächerem Maße jedoch auch in anderen Industriegesellschaften zu verzeichnen ist, wird diese Aufgabe nicht mehr im Sinn einer Bestandserhaltung der jeweiligen Gesellschaft erfüllt. Probleme ergeben sich für die künftige Altenversorgung und auch dadurch, dass zu einer Aufgabenerfüllung und Kapazitätsauslastung ausländische Bevölkerungen in die schrumpfenden Gesellschaften drängen oder gerufen werden. Zur Bestandserhaltung einer Bevölkerung müssten auf 200 Erwachsene (100 Paare) 210 Kinder unter 18 Jahren kommen. Für Deutschland beträgt das Verhältnis Ende der 1990er-Jahre jedoch nur 200 : 162 (*Wingen* 1997, 89; *Engstler* 1999, 99). Die Gründe für diesen Bevölkerungsrückgang bzw. die geringe Geburtenfreudigkeit werden allgemein der leichter zu handhabenden Schwangerschaftsregelung zugeschrieben (sogenannter Pillenknick). Es ist jedoch wichtiger, die hinter diesen praktizierten Geburtenkontrollmaßnahmen liegenden Motive zu betrachten. Hier werden verschiedene Erwägungen zu Motivbündeln zusammenwirken, die empirisch schwierig zu erfassen sind. Allgemein werden die Verzichte ins Feld geführt, die Kinder für die Realisierung der Lebenspläne Erwachsener bedeuten können (Einkommen, Karriere, Freizeit). Sicher ist auch hier wesentlich der seit Ende der 60er Jahre zu beobachtende Selbstverwirklichungsanspruch vor allem junger Frauen in Bildung, Beruf und Sexualität anzuführen (*Kaufmann* in: Die »postmoderne« Familie 1988, 401). Diese Beobachtung darf indes nicht verallgemeinert werden. Neben dem modernen Typus der Berufs- und Karriereorientierung ist nach wie vor genauso der Eltern-Typus mit Familien- und Kindorientierung auszumachen, nach welchem »Kinder mit einer ausgesprochen pädagogischen Motivation und als Moment der Selbstverwirklichung gewünscht werden« (*Kaufmann* a.a.O., 398). Letztere Personen würden sich sogar »überdurchschnittlich viele Kinder« wünschen. Es ist deshalb auch müßig, darüber zu spekulieren, ob die Bevölkerung der Bundesrepublik in großem Umfang zahlenmäßig abnehmen wird. Möglicherweise kommt es zu einer stärkeren Spaltung von Bevölkerungsteilen mit traditioneller Geburtenfreudigkeit und einem Teil, der auf Kinder verzichtet. Das wäre in einer hoch differenzierten Gesellschaft mit weitgehender Arbeits- und Funktionsteilung gar nicht unnatürlich. Nicht jeder mag sich angesichts der heutigen Erziehungsansprüche für fähig erachten, Kinder in die Gesellschaft einzuführen und einzuüben. Andererseits ist festzustellen, dass gerade Frauen aus dem höheren, akademisch-großstädtischen Sozialmilieu erhöht – bis zu 40% – kinderlos bleiben, während dies bei dem eher grundständigen Milieu (Hauptschulabsolventinnen mit Ausbildungsberufen und Verankerung in ihrem traditionalen Wohnumfeld) nur zu rund 20% der Fall ist (*Engstler* 1999, 94). Es ist hier die Rede vom »kindorientierten Privatheitstyp« gegenüber dem »partnerorientierten und individualistischen Privatheitstyp« bei den jungen Menschen mit niedriger Fertilität (*Wingen* 1997, 107). Möglicherweise kann der drohende Bevölkerungsrückgang bis zu einem gewissen Grade durch Zuwanderung (Ausländer, Aussiedler, Asylbewerber) ausgeglichen werden. Allerdings besteht wegen der Alltagslasten, die Kinder mit sich bringen, eine gewisse Tendenz der Angleichung des reproduktiven Verhaltens der Zuwanderer an das Gebärverhalten der Einheimischen (vgl. auch Teil 3.5.4). Ein allmählicher, nicht zu abrupter Bevölkerungsrückgang in Deutschland ist bei der hohen Siedlungsdichte der Bundesrepublik (mit 230 Einwohnern je Quadratkilometer qkm) nicht unbedingt von Nachteil (Frankreich und Polen sind mit 108 bzw. 124 Einwohnern/qkm nur halb so dicht besiedelt).

Die Familie hat zum zweiten eine *selbsterhaltend-reproduktive* Funktion: Sie befriedigt die Überlebens-Bedürfnisse ihrer Mitglieder nach Nahrung, Kleidung und Wohnung, erfüllt also eine wesentliche hauswirtschaftliche Funktion. Diese Aufgaben sind in bestimmten Fällen durch Mangel an finanziellen Einkünften schlecht oder nur sehr unzureichend erfüllbar. Hier hat der Sozialstaat die Aufgabe der Daseinssicherung (Sozialleistungen wie vor allem Hilfe zum Lebensunterhalt durch die Sozialhilfe). Natürlich zeigen sich hier auch große Status-Unterschiede zwischen den Bevölkerungskategorien und Schichten, denen die einzelnen Familien zuzuordnen sind.

Die Familie erfüllt drittens in heutiger Zeit mehr denn je (vgl. Teil 3.2) die Aufgabe des *emotionalen Spannungsausgleichs*, der intimen Geborgenheit ihrer Mitglieder sowie der Kanalisierung von Sexualität der Erwachsenen. Hierbei besteht die Gefahr der Überlastung von einzelnen Familienmitgliedern, auf die sich hier besonders hohe Erwartungen richten. Natürlich ist auch zu sehen, dass die Familienehe nicht mehr der einzig legitime Ort für das Praktizieren von Sexualität ist. Nach wie vor ist aber ein normatives Ungleichgewicht für die Familienmitglieder festzustellen: Während die Sexualität unter den erwachsenen Mitgliedern der Familie zumindest eine Soll-Norm ist, bleibt die Sexualität für die heranwachsenden Kinder innerhalb der Familie mehr oder weniger eine Verbotszone, zumindest aber ein ungeregeltes Betätigungsfeld, das von der Tolerierung heterosexueller Kontakte der Familien-Jugendlichen mit ihren außerfamilialen Partnern in der familialen Wohnung bis zur Erwartung der vorehelichen sexuellen Enthaltsamkeit der Jugendlichen gehen kann.

Die Familie hat viertens nach wie vor wesentliche Aufgaben auch in der *Freizeitgestaltung*. Gemeinsame Unternehmungen in der Freizeit (vom Fernsehen über Sport, Ausflüge und Spiel bis zum Urlaub) binden die Mitglieder aneinander und sind eine Möglichkeit gegenseitiger emotionaler Stützung. Hier hat die Familie ein Feld gegenüber früheren Familien hinzugewonnen, für das seinerzeit wegen wesentlich höherer Belastungen in produktiver und hauswirtschaftlicher Hinsicht kaum Raum vorhanden war.

Fünftens *sozialisiert* die Familie die nachwachsende Generation in die Gesellschaft. Sie übt somit eine erzieherische oder edukative Funktion aus. Der Familie kommt somit eine umfassende Persönlichkeitsbildung neben anderen Sozialisationsinstanzen (Kindergarten, Schule, Gleichaltrigen-Gruppen, Ausbildungsbereiche) zu. Gefährdet ist diese Sozialisationsfunktion vor allem bei Ausfällen im personellen Inventar der Familie – Getrennt-Leben, Scheidung, Verwitwung –, aber auch bei unzureichender Werte-Fundierung seitens der erziehenden Eltern. Die moderne Kernfamilie verfügt über weniger familiale Sozialisationsfiguren (im Grunde sind es ja nur noch Vater und Mutter) als die frühere Mehrgenerationen-Großfamilie bzw. die seinerzeitige Produktionsfamilie mit ihren Mitarbeitern, für die Wohnen und Arbeiten ja noch identisch war. Insofern wird auch von der Desorganisation gesprochen, die die Familie in ihrem Wandlungsprozess zur modernen Familie hin durchgemacht habe (*König* 1972, 215).

Schließlich und sechstens erfüllt die Familie auch die Aufgabe der *sozialen Platzierung* ihres Nachwuchses in dem Sinn, dass sie die Ausgangsposition für die Schichtungspositionen ihrer Kinder absteckt. Natürlich ist von dieser durch die Herkunftsfamilie gegebenen Ausgangsposition aus eine Aufstiegs- oder

Abstiegs-Mobilität möglich. Der Status eines Gesellschaftsmitgliedes wird eben nicht nur durch die Herkunftsfamilie zugeschrieben, sondern durch eigene Leistungen des Gesellschaftsmitglieds im Bildungs-, Berufs- und Kultur-Leben erworben. Bei allen späteren Korrekturmöglichkeiten des von der Familie gegebenen Zugangs zu Lebenschancen darf doch die anfängliche Weichenstellung, die das Familien-Elternhaus hier vornimmt, nicht übersehen werden (Dritter Familienbericht 1979, 16):

»Die Verantwortung der Eltern für die Plazierung der Kinder ist groß; denn trotz der vom Staat geschaffenen Korrekturmöglichkeiten einer falsch getroffenen Schulwahl über den Zweiten Bildungsweg werden die Berufslaufbahn und die weitere Lebensentwicklung durch die Entscheidung der Eltern weitgehend vorbestimmt.«

Die Aufgabenstellung für die moderne Familie ist also umfassend und groß. Sie ist auch sehr vielfältig, reicht sie doch von lebensentscheidenden Aufgaben (Nachwuchs in die Welt setzen oder nicht) über eher technische Fragen (Hauswirtschaft) bis zu nur mit hoher sensibler Kompetenz zu erfüllenden Aufgabenstellungen (befriedigende Emotionalität, Sozialisation). Es ist von daher nicht verwunderlich, dass die Familie hier in vielen Fällen Erwartungen nicht erfüllt und auch defizitär agiert. Dabei ist in vielen Fällen eine eindeutige Entscheidung darüber, was nun an familialen Maßnahmen richtig oder falsch war, gar nicht so ohne weiteres zu treffen. Viele Entscheidungen, die in einer Familie getroffen werden, sind so oder so disponibel. Nicht selten mag sich auch erst nach Jahren erweisen, ob eine innerhalb einer Familie getroffene Entscheidung vorteilhaft oder weniger vorteilhaft gewesen ist. Insofern ist das familiale Miteinander durchaus auch scheiterns-geneigt. Dies muss sich nicht nur im Auseinanderdriften der Mitglieder einer Familie zeigen (Getrenntleben oder Scheidung der Eltern, abrupte Abkehr der heranwachsenden Kinder von ihren Eltern), sondern es wird schon belastend genug sein, wenn Erwartungen von Familien-Mitgliedern aneinander nicht erfüllt werden. Die Familie wurde und wird daher immer dem Vorwurf ausgesetzt sein, bezüglich der ihr zugedachten Aufgabenerfüllungen eine unzureichende, inadäquate Gesellungsform zu sein. Familiales Miteinander gleicht so einem magischen Vieleck, dessen Punkte zwar einzeln einigermaßen erreichbar erscheinen, die jedoch kaum einmal alle zugleich befriedigend besetzbar erscheinen. Dennoch stimmen die meisten, führenden familiensoziologischen Beobachter darin überein, dass die moderne Kernfamilie in Industriegesellschaften eine adäquate Lebensform zur Erfüllung der ihr zugedachten Aufgaben ist. *Neidhardt* (1975, 16) kommt zu folgendem Schluss:

»Es läßt sich nun zeigen, daß die Kernfamilie als Träger dieser gesellschaftlich relevanten Grundprozesse der Reproduktion, der Aufzucht und der Sozialisation der Kinder im Vergleich zu alternativen Organisationsformen relativ funktional sein kann, und zwar deshalb, weil sie auf Grund ihrer besonderen Struktur eine gleichzeitige Lösung bestimmter individueller und gesellschaftlicher Probleme zu gewährleisten vermag.«

Die Frage, ob alternative familiale Gesellungsformen der Kernfamilie mit Vater, Mutter und minderjährigen Kindern überlegen seien, wird von *Kaufmann* (in: »Die postmoderne Familie« 1988, 405 f.) verneint:

»Wenn heute Gewicht und Dauer einer Familienkarriere eine Angelegenheit freier Wahl für beide Geschlechter geworden ist, so entspricht dies grundsätzlich durchaus dem Gesetz der Gleichheit, unter dem die Moderne angetreten ist. Ob und inwieweit dies zur Entstehung alternativer Familientypen, d. h. zur Abkehr vom kernfamilialen Modell der Pflege und Erziehung von Kindern führt, läßt sich daraus jedoch nicht ableiten. Zumindest bisher sind alternative Lebensarrangements für den Nachwuchs, die sich durch ähnliche Zweckmäßigkeit und Plausibilität auszeichnen, nicht in Sicht.«

3.4 Die Anfälligkeiten der modernen Familie

Trotz der relativen Funktionalität der modernen Familie sind die Anfälligkeiten und Zerbrechlichkeiten der Familie nicht zu übersehen. Äußere Anzeichen dafür gibt es genügend, wie bereits gezeigt wurde: Die Geburtenzahl geht zurück, die Scheidungszahlen steigen, bewusst wird der Schritt zur Familiengründung in vielen Fällen sehr lange überlegt und hinausgezögert, mitunter trotz der Möglichkeit dazu nicht vollzogen (nichteheliche Lebensgemeinschaft, Ein-Eltern-Familien). Einige sehen in diesen Phänomenen das mögliche Ende der Familie heraufdämmern, andere wiederum verweisen auf die noch immer statistisch geringe Relevanz dieser die Familie modifizierenden oder sogar verneinenden Strömungen (*Schäfers* 1995, 133 f.). Wie man die Schwierigkeiten, denen die moderne Familie ausgesetzt ist, auch im Hinblick auf ihren Fortbestand beurteilen mag: Zumindest sind sie Anzeichen dafür, dass bestimmte Erwartungen an die Familie nicht erfüllbar sind, sei es, dass diese Erwartungen sich von vornherein gegenseitig ausschließen (antinomische Vielschichtigkeit), sei es, dass die familialen Aufgaben insgesamt nicht erfüllbar sind (magisches Vieleck), sei es, dass der Wertewandel mit herkömmlichen familialen Zielsetzungen nicht mehr in Einklang zu bringen ist, oder sei es auch nur, dass sozialstrukturelle Benachteiligungen von Familienmitgliedern diese an den familialen Zielsetzungen scheitern lassen.

3.4.1 Die Vielschichtigkeit des Systems Familie

Ordnet man die Familie als gesellschaftliches Subsystem strukturfunktionalistisch ein (vgl. Teil 1.3), wird man die gesellschaftliche Verschränkung der Familie ins Auge zu fassen haben, wie diese mit den Aufgaben der Arterhaltung und der Sozialisation ja in besonderer Weise gegeben ist. Das System Familie lässt sich seinerseits wieder in drei sich überlappende Sub-Systeme gliedern (*Claessens* 1979, 62): Das *sachorientierte System* der Familie unterwirft seine Mitglieder gesellschaftlichen Regeln und lehrt sie so, sich in der organisierten

Gesellschaft zurechtzufinden. Neben dem sachorientierten System kennt die Familie jedoch auch ein *Spontansystem*, in dem Sympathie und emotionale Bindungen wirksam sind, sowie ein *Dominanzsystem*, in dem Autorität und Dominanz von Mitgliedern über andere strukturiert und motiviert. Nun schließen sich Emotionalität einerseits und Autorität und Sachorientierung auf der anderen Seite bis zu einem gewissen Grade, wenn auch nicht immer, aus. Die Familie hat also die Aufgabe, sich im Grunde Ausschließendes vereinbar zu machen. Die Sachorientierung bedeutet auch, dass Gesichtspunkte wie rationales, durchdachtes Handeln, ferner das Prinzip von Leistung und Gegenleistung – die Entgelthaftigkeit mithin – sowie die allgemeinen Freiheits- und Gleichheitsrechte von der Familie aufgegriffen werden müssen (*Rerrich* 1988, 19). Zur Rationalität, Entgelthaftigkeit und Rechts-Durchdrungenheit im außerfamilialen Bereich stehen aber innerfamiliale Prinzipien im Widerspruch, ohne die eine Familie nicht auskommen kann: Leistungen ohne Berechnung, Handlungen, die nicht im vorhinein geplant, sondern spontan sind und auch das Anerkennen von Dominanzen und familialen Autoritäten zumindest auf Teilgebieten, ohne dass sogleich nach formalen Berechtigungen gefragt würde. So fordern Vielschichtigkeit und Unterschiede zum Makro-System zu einem innerfamilialen Denken und Agieren, was oftmals nicht leicht durchzuhalten ist (siehe zu den Verhaltensleitungen in familialer Mikrowelt und gesellschaftlicher Makrowelt Abb. 13 »Verhaltenleitungen in Familie und Gesellschaft«).

Verhaltensleitende Prinzipien im			
Makrosystem Gesellschaft		**Mikrosystem Familie**	
Entgelthaftigkeit:	Leistung-Gegenleistung	Solidarität:	Etwas dem anderen zuliebe tun
Rationalität:	Vorgeplantes Verhalten	Spontaneität:	Aus Impuls etwas unternehmen
Normativer Bezug:	Rechtliche Überprüfung von Maßnahmen anderer	Akzeptanz:	Freiwillige Anerkennnung von Dominanzen

Abb. 13: Verhaltensleitungen in Familie und Gesellschaft

3.4.2 Zunehmende Werte-Unverbindlichkeit

Die Antinomie zwischen innerfamilialem Altruismus und makrosozialer Zurechenbarkeit kommt in einem Postulat im Dritten Familienbericht der Bundesregierung folgendermaßen zum Ausdruck (Dritter Familienbericht 1979, 16):

»Die Bereitschaft der Eltern zur selbstlosen Hingabe kann ein Gegengewicht zu den im Alltagsleben vorherrschenden zweiseitigen Beziehungen bilden, die auf einen möglichst großen Vorteil für die eigene Person abgestellt sind. Dadurch kann einer einseitigen Ausrichtung des Lebens auf das Erlangen ausschließlich materieller Vorteile vorgebeugt werden.«

Die Frage ist nun, inwieweit diese Bereitschaft zu Verzicht noch vorhanden ist. Sicher ist sie noch in sehr vielen Fällen gerade auch familial gegeben. Aber es ist nicht zu übersehen, dass Eigenentwürfe wie Selbständigkeit, Selbstverwirklichung und Unabhängigkeit hier zumindest partiell einen Wertewandel herbeigeführt haben, der dem familialen Miteinander in seiner überkommenen Form abträglich ist.
Auch der Wert einer lebenslangen Ehe mag zunehmend in Frage gestellt werden. Hier mag ebenfalls der geschilderte Wertewandel von Bedeutung sein. Soweit ein jeder Partner auch in der Ehe und der Familie primär sich selbst zu verwirklichen sucht, wird er, sofern ihm seine Familienangehörigen dabei im Wege stehen, das familiale Miteinander aufkündigen. In traditioneller Sicht bestand der Sinn einer Ehe für die Partner darin, dass sie ihre Identität primär in dieser Partnerschaft suchten und fanden (*Rosenmayr* 1986, 66)

»Identität bildet sich in der vorwegnehmenden Zusage und Bindung an einen signifikant gewählten anderen (den Partner, die Partnerin) heraus. Selbstverwirklichung hingegen wird mit der Bereitschaft gesucht, alte Bindungen auch wieder aufzulösen, um sich selbst näherzukommen. Daher wird Ehe, die ehedem viel fragloser Anlaß und gesuchte Chance für die Kristallisation personaler Identität war, zu Partnerschaft umstilisiert, worin jeder seine eigene Erfüllung finden will. Die Abfolge von Beziehungen soll eine Vollendungsspirale bieten. Die Ratio eines Lebens werde nicht in einer, sondern prinzipiell in mehreren in diesem Leben meist konsekutiv, jedoch zum Teil auch gleichzeitig realisierten Intimbeziehungen gesucht.«

Auch die ehedem als zusammengehörend erachtete Abfolge von Liebe-Ehe-Familie hat ihre Verklammerung verloren. Jedes Element ist auch für sich alleine möglich: Liebe ohne Ehe und Familie, Ehe ohne Kinder, aber auch Kinder ohne eine Ehe (*Rerrich* 1988, 95; *Kaufmann* 1990, 80). Auch dies macht natürlich das Modell Familie viel abhängiger von den individuellen Entscheidungen der Partner, da diese nun nicht mehr wie früher an normative Standards gebunden sind, denen zufolge Liebe zur Ehe und diese wiederum notwendigerweise zu Kindern führen müssten. *Beck* drückt diesen ambivalent gewordenen Zustand folgendermaßen aus (1986, 163 f.):

»Es ist nicht mehr klar, ob man heiratet, wann man heiratet, ob man zusammenlebt und nicht heiratet, heiratet und nicht zusammenlebt, ob man das Kind innerhalb oder außerhalb der Familie empfängt oder aufzieht, mit dem, mit dem man zusammenlebt, oder mit dem, den man liebt, der aber mit einer anderen zusammenlebt, vor oder nach der Karriere oder mitten drin.«

3.4.3 Vielfachbelastungen durch Erwerbstätigen-, Gatten-, Erzieher- und Hauswirtschafts-Aufgaben

Als fundamentaler Wandel für die Familie wurde der Selbstverwirklichungs-Anspruch der Frau, wie er seit den 70er Jahren erhoben und zu realisieren versucht wird, bezeichnet (*Kaufmann* in: Die »postmoderne« Familie 1988, 401).

Der unter dem Gesichtspunkt der Gleichberechtigung logische Zugang der Frauen zu den Bildungs- und Berufssystemen hat die familiale Aufgabenerfüllung mit Sicherheit kompliziert. Denn der Eingang der Frauen in die Bildungs- und Berufswelt trifft dort auf Strukturen, die auf Akteurinnen mit familialen Verpflichtungen nicht vorbereitet sind. Die familiale Aufgabenerfüllung wird dadurch noch zusätzlich kompliziert. Zum magischen Viereck von Partnerschaft, Sozialisation, Emotionalität und Haushaltsführung kommt noch die Karriereplanung als fünftes Ziel hinzu, das von der Familie aus erreicht werden soll. So stieg die Erwerbsquote der Frauen mit Kindern bis 14 Jahren von 1972 mit 44% auf 62% im Jahre 1996, wobei die Teilzeitform aber überdurchschnittlich vertreten ist (*Engstler* 1999, 110). Die Familie hat sich also in einem magischen Fünfeck zu bewegen, dessen Ziele kaum miteinander in Einklang zu bringen sind. Wird an einer Ecke zu stark gezogen, gerät das ganze Gebilde wie ein Spinnennetz in einen zumindest schiefen, wenn nicht sogar desolaten Zusammenhang (vgl. Abb. 14 »Magisches Familien-Fünfeck«).

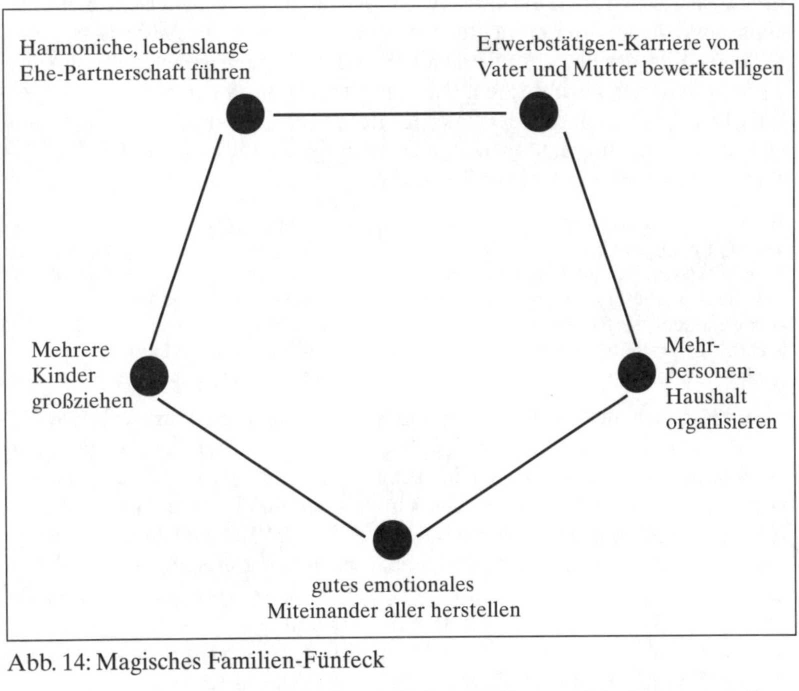

Abb. 14: Magisches Familien-Fünfeck

So hält *Beck* Veränderungen in der ehelichen Rollen- und Aufgabenverteilung wie auch in der Struktur des Erwerbslebens für erforderlich (1986, 184):

»Arbeitsmarkt, Bildung, Mobilität, Karriereplanung, alles jetzt in der Familie doppelt und dreifach. Familie wird zu einem dauernden Jonglieren mit auseinanderstrebenden Mehrfachambitionen zwischen Berufen und ihren Mobilitätserfordernissen, Bildungszwängen, querliegenden Kinderverpflichtungen und dem hausarbeitlichen Einerlei.«

Becks Änderungsvorschläge zielen einmal ab auf ein stärkeres *Miteinander von Familien* untereinander – Lebens- und Unterstützungszusammenhänge mehrerer Familien –, dann aber auch auf Änderungen im Arbeits- und Wirtschaftsleben: Betriebe sollten *beiden Partnern* von Ehen zugleich Arbeitsverhältnisse anbieten. Soweit dies nicht möglich ist und der eine Partner dem anderen zuliebe mit der Erwerbsarbeit aussetze, sollte der die Arbeit Aufgebende mit *Mindesteinkommen* abgesichert werden (1986, 202 f.).
Mit diesen Vorschlägen kommt *Beck* in die Nähe der sozialistischen Familientheorie. Diese will ja die materiellen Zwänge, die Ehepartner aneinander binden könnten, ebenfalls lockern (*Haensch*, in: Familiensoziologie 1980, 375). Hiernach müssten Elemente einer sozialistischen Strategie die existenzsichernde Erwerbstätigkeit der Frau sein, was wiederum familienunabhängige Kindererziehungs- und Versorgungseinrichtungen voraussetze. Erst dann wäre es dem Partner einer Ehe, der hierin keine dauerhafte Befriedigung mehr erlebe, möglich, diese Verbindung abzubrechen. Die Autorität, die nach der marxistisch-sozialistischen Familientheorie der Vater als Relikt aus der vorindustriellen Familie über seine Angehörigen ausübe, ließe sich damit aufbrechen (*Horkheimer/ Adorno*, in: Familiensoziologie 1980, 65):

»Die bürgerliche Gesellschaft konnte sich perpetuieren nur, indem sie den Zwang des Tauschprinzips durch unmittelbare Formen der Abhängigkeit verstärkte, und die Familie war ihre Agentur auch in dem Sinne, daß der selbstherrliche Vater dies Geschäft um so gründlicher besorgte, je mehr er selbst unter ökonomischem Druck stand. Dieser Antagonismus, der die Familie vom Fundament her durchdringt, findet sich in jedem ihrer wichtigeren Aspekte wieder. In der Achtung des Kindes vor der väterlichen und dann vor jeder Autorität verschränken sich unauflöslich rationale und irrationale Elemente.«

Sicher lässt sich diese Sicht der Familie als Einübung von Unterwürfigkeit heute nicht mehr aufrecht erhalten. Die Beziehungen zwischen den Ehegatten untereinander, aber auch zwischen den Eltern und den Kindern sind partnerschaftlicher geworden. Die marxistische Sicht von der Familie verengt den Blick zu sehr auf die ökonomischen Implikationen. Danach habe die Familie als produzierende Einheit in der Feudalgesellschaft noch eine Berechtigung gehabt, die ihr in der bürgerlichen Tauschgesellschaft abhanden gekommen sei. Diese Verengung des Blicks auf das Ökonomische verkennt jedoch die starke Zunahme der emotionalen Dimensionen von Verinnerlichung und psychischer Bindung, die die Familie im gleichen Zuge erfahren hat (vgl. Teil 3.2).

3.4.4 Familie ist nie fertig – Familienphasen und -zyklen

Jede Familie muss nacheinander bestimmte Aufgabenstellungen bewerkstelligen: Die Gründung, das Gebären von Kindern und ihr Aufziehen, die Hilfe zur Verselbständigung der Kinder und das Loslassen der Kinder. Man hat diese Aufgabenabfolge auch als den familialen Zyklus oder die Familienphasen bezeichnet. Das ist nicht so zu sehen, dass bei allen Familien diese Aufgabenabfolge gleichsam wie nach einem Fahrplan zu absolvieren wäre. Es wird hier starke Unterschiede von Familie zu Familie geben. Auch kommt es dann zu Überlagerungen, wenn relativ spät nochmals ein Nachkömmling geboren wird, wobei die Familie gleichzeitig die Phase der Kleinkind-Aufzucht und jene einer Familie mit heranwachsenden Kindern durchmacht. Zu solchen Phasenüberlagerungen kommt es aber jüngst vor allem auch durch Wiederverheiratungen Geschiedener, wenn verschieden alte Kinder aus der ersten mit in die zweite Ehe gebracht werden und/oder in der zweiten Ehe auch noch Kinder geboren werden (vgl. hierzu auch Teil 3.7.3 – zusammengesetzte Stieffamilien mit/ohne gemeinsamem Kind).
Einzelne Familienphasen wie die Geburt, das Aufziehen, aber auch die Ablösung von Kindern gelten als besonders belastende Familienphasen. Hier handelt es sich sozusagen um Normalkrisen. Wenn nun eine Familie durch ihre sozio-ökonomische Beengung oder durch bereits bestehende Beziehungsprobleme ohnehin belastet ist, können sich diese Normalkrisen zu einer akuten familialen Gefährdung bis hin zur Gefahr für den Zusammenhalt der Familie auswachsen (*Oswald/Müllensiefen 1985*, 33).
Es gibt unterschiedliche Modelle familialer Phasen: Auf der einen Seite existiert ein achtphasiges Modell (*König* 1976, 118):

1. Partnerwahl
2. Eheschließung
3. Geburt des/der Kindes/r
4. Entwicklung des/der Kindes/r
5. Austritt des/der Kindes/r
6. Alleinleben des älteren Paares
7. Alter der Partner
8. Tod eines der Partner.

Besonders belastende Situationen sind in diesem Modell die Phasen 3,4 und 5. Einfacher zu überschauen und auch geeigneter wegen der Konzentration der belastenden Phasen ist das Vier-Phasen-Modell (*Neidhardt* 1975, 61 f.). Es fasst die folgenden Phasen:

1. Vorbereitungs- und Aufbauphase
2. Aufzucht- und Erziehungsphase
3. Auflösungsphase
4. Altenphase.

Zu diesen vier Phasen sollen im folgenden einige nähere Konkretisierungen vorgenommen werden.

Die *Vorbereitungs- und Aufbauphase* ist eine relativ konfliktlose Zeit. Sie ist infolge der Möglichkeit zur Geburtenplanung länger als in früheren Zeiten. Man spricht von einer Dauer von zwei bis vier Jahren. Sie dient vor allem dem Aufbau des Hausstandes. Anschaffungen werden getätigt. In aller Regel sind beide Partner erwerbstätig. Die innereheliche Arbeitsteilung ist folglich gering. Auch Autoritätsunterschiede fallen noch wenig ins Gewicht. Notwendigkeiten zur gegenseitigen Anpassung ergeben sich. Vom Allein-Leben mit seinen Freiheiten ist Abschied zu nehmen.

In der *Aufzucht- und Erziehungsphase* wird die Arbeitsteilung stärker. Teilweise setzt die Mutter mit der Erwerbstätigkeit nach der Geburt des/der Kindes/r aus. Das Familienbudget verengt sich infolgedessen. Trotz der sich immer mehr durchsetzenden Gleichheitsvorstellungen wird in dieser Phase noch am ehesten das traditionale Familienmodell mit dem außerhäuslich (erwerbs)tätigen Vater und der innerfamilial tätigen Mutter praktiziert. Es ist auch normativ abgesichert, weil die Erziehungstheorien die Bedeutung der engen Bindung zum Kind in den ersten Lebensjahren für jedermann ersichtlich erwiesen haben (*Rerrich* 1988, 128). Im Innenbereich tendiert diese Phase wegen der vom Vater beigesteuerten externen Ressourcen zu einer gewissen Männerdominanz. Durch die Beschränkung auf den familialen Innenraum und die vorläufige Beendigung der Erwerbstätigkeit ergeben sich für die Frau Unzufriedenheiten. Insofern ist diese Phase durchaus sehr belastend und erfordert ein Umgewöhnen. Ansätze zur Besserung ergeben sich bei einer Mitwirkung des Mannes an den innerhäuslichen Aufgaben und bei einem (teilweisen) Verbleiben der Mutter in der Erwerbstätigkeit. Hierzu müssten jedoch die Anforderungen der Arbeitswelt mit den familialen Erfordernissen stärker harmonisiert (Teilzeitarbeitsplätze für Frauen oder für beide Partner) und vermehrte Möglichkeiten zur zeitweisen Betreuung von Kleinkindern geschaffen werden (Krippen, Tagespflegestellen – Siebter Jugendbericht 1986, 36; *Kaufmann* 1990, 164 f.). Nachteilig macht sich auch eine oft geringe Zahl gleichaltriger Kinder in der Wohnumgebung junger Eltern bemerkbar. Den Eltern fallen dann besondere Aufgaben der Pädagogisierung zu, da es auch wegen Intensivbebauung und Verkehrs keine »naturwüchsigen« Spielmöglichkeiten für ihr Kind im Wohnquartier mehr gibt (Fünfter Familienbericht 1995, 75 ff.).

In der *Auflösungsphase* bereiten sich die heranwachsenden Kinder auf die Ablösung von der Familie vor. Ihre Selbständigkeit nimmt mehr und mehr zu, was einen relativen Statusverlust der Eltern bedeutet. Es kommt zu asymmetrischen Beziehungen. Die Eltern verlieren, die Kinder gewinnen an Status und Autorität. Nicht immer wird diese umgekehrte Richtung von Kompetenz-Wechsel gut verkraftet. Konflikte sind unausweichlich. Wo sie nicht bereinigt werden, kann es zu abrupten Beendigungen des Eltern-Kind-Verhältnisses kommen. Oftmals sind die jugendlichen Kinder die Leid tragenden. Sie verlassen das Elternhaus ohne eigene, gefestigte Existenz.

Sozialarbeit/Sozialpädagogik muss hier Auffangbecken mit Übernachtungs- und Ernährungsmöglichkeiten schaffen wie das Frankfurter »Sleep-in«. Diese organisatorisch stadtnahe Auffangeinrichtung des »Vereins Arbeits- und Erziehungshilfe« VAE hält laufend 14 Plätze mit Schlafstelle und Beratung durch Streetwork-Sozialarbeit bereit. Das Klientel besteht aus überwiegend männlichen Jugendlichen zwischen 15 und 21 Jahren mit unvermittelten Brüchen zur Herkunfts- Familie.

Auf der anderen Seite dieses Adoleszenzkonflikts stehen die Eltern. Sie sollten angesichts des bevorstehenden Austritts der Kinder aus der Familie einen Ersatz für das drohende »leere Nest« finden. Für die nach der traditionalen Familienstruktur mit der Erziehung und Versorgung der Kinder in besonderer Weise betraute Frau und Mutter bietet sich spätestens jetzt die Berufsrückkehr an, evtl. aber auch die Übernahme von Ehrenämtern oder die durchaus auch zweckfreie Weiterbildung.

Der Deutsche Frauenring Freiburg hat hierzu einen Orientierungs- und Motivierungskurs für Frauen in dieser Auflösungsphase unter dem Titel »Neuer Start ab 35« konzipiert, der vor Ort in vielen Städten und Gemeinden angeboten wird. Er soll für die sich anbahnende neue postparentale (nachelterliche) Lebensphase Orientierungs- und Entscheidungshilfen anbieten. Berufsrückkehr, Aus- und Weiterbildung, ehrenamtliches Engagement, aber auch das Verbleiben in der Familie werden grundsätzlich als gleichwertige Ziele vor Augen geführt. Der Lehrplan gibt Informationen, Anregungen und Orientierung. Intellektuelle, emotionale und soziale Fähigkeiten der Teilnehmerinnen sollen angesprochen und geweckt werden. Das Kursprogramm bringt Angebote zu folgenden Bereichen: Psychologie und Pädagogik, Sprache und Kommunikationsformen, Gesundheitslehre, Rhythmik und bildnerisches Gestalten, Recht und Institutionskunde sowie Arbeitsmarktlehre und Politik. Ein 14tägiges Praktikum soll eine Begegnung mit der Arbeits- und Berufswelt ermöglichen, damit die Teilnehmerinnen ihre Vorstellungen konkret überprüfen können.

In der *Altenphase* kommt es nach dem Austritt der Kinder aus der Familie auch zum Berufsaustritt des Mannes oder beider Ehepartner. Die neuen Beziehungen zu den erwachsenen Kindern in der postparentalen Phase sind zu klären: Förderlich sind die filiale Reife der Kinder (Interesse am Leben der Eltern, Hilfestellung den Eltern gegenüber) und elterliches Gewährenlassen (Anerkennen der Selbständigkeit der Kinder und interessiertes Anteilnehmen an deren Leben, parentale Kompetenz – *Rosenmayr/Rosenmayr* 1978, 213).
Auch die Arbeitsteilung unter den älteren Partnern ist in dieser postparentalen Phase neu zu überdenken und zu realisieren: Nach dem Berufsaustritt des Mannes ist es durchaus denkbar, dass dieser sich stärker innerhäuslich engagiert. Die Außenbeziehungen der Partner können und sollten – durchaus auch getrennt – intensiviert werden. Denn die Qualität der innerehelichen Beziehung hängt nicht von ihrer Quantität ab, sondern davon, wie viel Anregungen sie von außen in ihre Partnerschaft einbringen (*Lehr* 1983, 21).

3.4.5 Sozialstrukturelle Benachteiligungen

Bei der Darstellung der Familienphasen wurde bereits gezeigt, dass belastbare Abschnitte im Familienzyklus bei sozioökonomischen Benachteiligungen zu Familienkrisen führen können. Nun gibt es, wie die Schichtstruktur der Bevölkerung zeigt, zweifelsohne sozial benachteiligte Familien wie arme Familien und Randgruppenfamilien. Über den Umfang dieser Familien gehen je nach Position im Streit zwischen Verschärfungs- und Angleichungstheoretikern – (vgl. Teil 2.4.1 und 2.4.2) die Meinungen auseinander. Sicher sind die sozial benachteiligten Familien in besonderer Weise auf die Tätigkeit von Sozialarbeitern/Sozialpädagogen angewiesen, zählen besonders zum Klientel von Sozialarbeit/Sozialpädagogik. Das in Teil 2.5 zur Beratungsarbeit mit Angehörigen der Unterschicht Ausgeführte kann insoweit auch hier gelten.
Durch staatliche Sozialleistungen wie Hilfe zum Lebensunterhalt der Sozialhilfe, Wohngeld, Kindergeld, Erziehungsgeld und Ausbildungsbeihilfen sind hier sicher materielle Notlagen anzugehen. Darauf, dass solche materiellen Fragen für das sozial benachteiligte Klientel stärker im Vordergrund stehen, als psychosoziale Fragen, für die nun eher der Berater wieder ein Faible hat, wird auch in der Beratungsarbeit mit Unterschichtfamilien immer wieder verwiesen (*Koschorke* 1975, 328; *Heimlich/Schürholz* 1980, 63).
Hier ist auch etwas gegen die oftmals sehr unzureichende Wohnungsversorgung von Unterschichtfamilien zu unternehmen: So wird davon berichtet, dass 49% von Vier-Personen-Familien nicht den für ihre Personenzahl erforderlichen Mindeststandard von 80 qm Wohnfläche erreichen. Beengte Wohnverhältnisse jedoch erschweren das familiale Zusammenleben. Konflikte und Aggressionen steigen bei räumlicher Enge, auch ist verschiedentlich schon mitgeteilt worden, dass bei räumlicher Enge die Entwicklung von Intelligenz sowie von Kontaktfähigkeit von Kindern leidet. So verschlechtern unzureichende Wohnverhältnisse nicht nur die Innenbeziehungen, sondern auch die familialen Beziehungen zur Außenwelt der beengt wohnenden Familien (*Oswald/Müllensiefen* 1985, 72).
Da gerade auch die Außenbeziehungen von sozial benachteiligten Familien infolge von Scham oder festungsartiger Einigelung gestört sind, hat die Beratung von Unterschichtfamilien auf diese zuzugehen (*Koschorke* 1985, 34). Modelleinrichtungen wie »Treffpunkt und Beratung« in Berlin oder das »Café Familie« in Ludwigshafen, in denen die Beratung in informellen Treffs von Unterschichtsklienten geschieht, haben sich bewährt (*Heimlich/Schürholz* 1980, 62).
Eine Gratwanderung muss die Beratung von Unterschichtfamilien zwischen Lenkung und Verselbständigung des Klientels vollbringen. Einerseits sind die Unterschichtsklienten durch ihre oftmals entfremdende, weisungsunterworfene Situation in der Arbeitswelt an die Vorgabe von Befehlen durch andere gewohnt und wenig zu eigener Selbständigkeit in der Lage. Daran ist zunächst anzuknüpfen. Wobei der Berater allerdings sein unterbewusstes, ihn bestäti-

gendes Helfen-Wollen in Rechnung zu stellen hat (Helfersyndrom), das ihn an der zunehmenden Verselbständigung des Klienten hindern könnte. Soweit der Klient zu eigenverantwortlicher Selbständigkeit in der Lage ist, ist diese zu fördern (*Heimlich/Schürholz* 1980, 59).
Wieweit Unterschichtfamilien nun gerade an materiellen Unzulänglichkeiten zerbrechen, ist eine eher hypothetische Frage. Sicher kommen im Falle des Scheiterns des familialen Miteinander in Unterschichtfamilien noch andere störende Momente wie belastende Phasen und Verhaltensauffälligkeiten, mangelnde Toleranzen und/oder unzureichendes Wertebewusstsein mit hinzu. Auf jeden Fall ist für den Ausgleich materieller Benachteiligungen Sorge zu tragen, da materielle Bedürftigkeiten im Verein mit anderen Ursachen Sprengstoff für das Zerbrechen von Familien darstellen.

3.5 Chancen und Scheitern der Familie

In der derzeitigen, industriegesellschaftlich-modernen Familie müssen die Kompliziertheit ihrer Aufgaben und die Anfälligkeiten ihrer Strukturen nicht notwendig zum Scheitern des familialen Miteinander der verwandten Menschen führen. Die Aufgaben der Familien können durchaus sachgerecht wahrgenommen werden, die Dominanzen innerhalb der Familie können funktionsgerecht ausgeübt werden und vor einem Überziehen zu innerfamilialem Gewaltgebrauch abgebremst werden. Andererseits sind auch Fälle denkbar, in denen familiale Aufgaben ins Verkehrte erfüllt werden: Es gibt eben die Vernachlässigung der Kinder durch ihre Eltern, es gibt fehllaufende Sozialisation und auch Gewaltgebrauch und Misshandlungen von Familienangehörigen.

3.5.1 Positive und fehllaufende Sozialisation

Die Sozialisation ist, wie gezeigt, eine der wichtigen Aufgaben der Familie. Sie zerfällt in drei grundlegende Prozesse, die sie insgesamt ausmachen (*Claessens* 1979, 28 f.):

- *Soziabilisierung*: Damit ist die emotionale Fundierung des Kleinkindes für das dadurch mögliche, eigentliche Sozialisationslernen gemeint. Kontaktbedürfnis durch die Bezugsperson ist immer dann zu befriedigen, wenn das Kind Verlangen danach hat, damit seine Abfolgeerwartung nicht enttäuscht wird. Nur hierdurch bewältigt das Kleinkind den Übergang von der totalen vorgeburtlichen Versorgungssituation im Mutterleib zu seiner werdenden und notwendigen Selbständigkeit.
- *Enkulturation*: Alle dem Kind antwortenden Handlungen seiner Bezugspersonen sind von deren umgebender Kultur getränkt. Somit erlernt das Klein-

kind mittels der Enkulturation etwas von den Werten, Normen und Leitbildern seiner Kultur. Es bedeutet dies eine Konfrontation des Kleinkindes mit gesellschaftlichen Regeln der Großgruppe, in die es hineinwächst.
- *Sekundäre soziale Fixierung*: Erwartungen der Eltern lassen das Kind seine eigene Rolle als Sohn oder Tochter seiner jeweiligen Eltern begreifen. Es übernimmt somit erstmals eine gesellschaftliche Rolle, nämlich die des Kindes. Es folgt generellen Erwartungen und wird seine Rolle als Kind doch wiederum unterscheidbar von denen anderer Kinder ausüben. Dies ist zugleich ein Vorgriff auf das Erlernen anderer Rollen im späteren Leben.

Für den erfolgreichen Ablauf dieses Sozialisationsprozesses wurden bestimmte Voraussetzungen benannt (*Neidhardt* 1975, 79 ff.): Es sind dies widerspruchsfreie, stabile Muster, positive Emotionalität, ein weites Anregungspotential und Fehler-Toleranz.

Widerspruchsfreie, stabile Muster muss die Familie dem Kind zu erfolgreichem Lernen offerieren. Dem Kleinkind sollten eine oder wenige Dauerpflegepersonen kontinuierlich zur Verfügung stehen. Lernen muss widerspruchsfrei erfolgen können. Dies setzt Konsequenz seitens des Erziehenden voraus. Bei Verunsicherungen des Sozialisanden durch Inkonsequenz des Erziehers ist mit Apathie beim Sozialisanden zu rechnen. Durch die Kompliziertheit der heutigen Gesellschaft muss die Erziehung eine Komplexreduktion bewerkstelligen, wie sie nur ein Erwachsener leisten kann: Die Dinge müssen dem Kind zunächst vereinfacht und veranschaulicht werden. Nur so kann es Vertrauen in seine komplizierte Umwelt gewinnen.

Positive Emotionalität: Die Kontakte der Erwachsenen mit dem Kind müssen häufig, stetig und freundlich sein. Denn zum Sozialisations-Lernen ist eine große Zahl von Anregungen notwendig. Bei positiv getönter Sozialisation kann das Kind sich selbst annehmen: Sein Es wird bekräftigt. Ohne solche positiven Zuwendungen seitens der Erzieher sind Deprivationen und Verhaltensunsicherheiten zu erwarten, die bis zu Kontaktstörungen und späterer Lieblosigkeit gehen können. Gefahren (seitens der Mutter) für eine positive Emotionalität ergeben sich bei deren Unzufriedenheit mit der eigenen Situation, sei es, dass sie ihre Erwerbsarbeit nicht zufrieden stellt, sei es, dass sie sich unausgefüllt fühlt.

Ein weites Anregungspotential ist wichtig, damit die kognitiven Muster, die das Kind vorfindet, nicht zu eng sind. Hier sind sowohl die Zahl der Sozialisationsfiguren als auch die Außenkontakte der Erziehenden von Bedeutung. Engt sich die Familie zu sehr auf sich selbst ein (familistisches Milieu), kann sogar die Intelligenzentwicklung beeinträchtigt werden.

Fehlertoleranz: Sozialisationslernen sollte spontan-intrinsisch erfolgen, d. h. um seiner selbst willen. Beim Lernen muss folglich eine Bereitschaft bei den Erziehern bestehen, Fehler zu tolerieren. Zu strenge Standards und zu unnachgiebiges Strafen bei fehlerhaftem Lernen durch das Kind wirken sich nachteilig auf den Sozialisationserfolg aus.

Zu *fehllaufender oder misslungener Sozialisation* kann, muss es aber nicht kommen bei defizitären familialen Situationen. Entscheidend ist hier immer die Betrachtung der sich überlagernden, sogenannten *Mehrebenen-Modelle* der Sozialisationseinflüsse, in welchen auf unterschiedlichen zeitlichen und strukturellen Ebenen – primärer und sekundärer Instanzen – fördernde oder hemmende Sozialisationsfaktoren zusammenwirken (*Frey* 1996, 35). Die Sozialisationsprobleme äußern sich in starken Verhaltensstörungen der Kinder und können später abweichendes Verhalten zeitigen. Erste Anzeichen sind Verstörtheit in der Aufmerksamkeit (Tagträumen), Kontaktstörungen, Lernschwierigkeiten und Lieblosigkeit der Kinder. Die Auffälligkeiten können sich später bis zu abweichendem, strafbarem Verhalten oder Suchtabhängigkeit verstärken. Defizitäre familiale Gegebenheiten können sein:

- *Ausfälle im personalen Inventar* der Familie durch Tod, Desertion, Scheidung, innere Abkehr (sog. Desorganisation). Sie können ausgeglichen werden durch eine positiv erlebte Ein-Eltern-Situation, durch Bildung von Stieffamilien, durch Adoption, Pflegevermittlung oder Heimerziehung. Viel wird davon abhängen, wie die neue familiale oder familienersetzende Situation erlebt wird. Wichtig ist die Intensivierung einer vorhandenen oder der Aufbau einer neuen *Bindung*. Diese Verhaltenssicherheit über eine solche neue Bindung wird erreicht über die Stadien der Anpassung (das Kind orientiert sich neu) und der Prüfung (das Kind stellt die – evtl. neue – Elternfigur auf die Probe der Ernsthaftigkeit ihrer Beziehung zu ihm – *Schreiner* 1993, 13). Wesentlich ist, wie die beteiligten Sozialarbeiter/Sozialpädagogen die Situation interpretieren. Sie sollten sie möglichst als Chance zu einem Neu-Erleben ausgeben ohne Schuldvorwürfe und Schuldzulassungen an die beteiligten Akteure. Die Schließung der Ausfall-Lücke kann aber auch instabil sein und damit wieder von neuem familiale Positionsdefizite aufreißen. Bei misslungener (Neu-) Bindung an Bezugspersonen ist mit Verunsicherungen zu rechnen, die bis zu krankhaftem Verhalten und Devianzen gehen können.
- Das Herkunfts-*Familienklima* kann durch Interesselosigkeit, Lieblosigkeit oder zu große Strenge gestört sein. Es fehlt an emotionaler Wärme; Spannungsausgleiche und positive, konstruktive Konfliktlösungen finden nicht statt. Bei entsprechendem Leidensdruck werden sich die Beteiligten in Beratung bzw. Therapie (Erziehungsberatung, Psychotherapie) begeben (vgl. Teil 3.7.7) bzw. Hilfe zur Erziehung des Jugendamtes in Anspruch nehmen (*Fieseler/Herborth* 2001, 219 ff. und 240). Werden diese familialen Interaktionsdefizite und Defizite nicht aufgefangen, ist mit Unzulänglichkeiten bei der Erfüllung der sozialisatorischen Aufgaben zu rechnen.

- *Armut* und fehlende familiale Ressourcen führen angesichts der Ausweitung benachteiligter Milieus (vgl. Teil 2.4.5) um das Jahr 2000 verstärkt zu sozialisatorischen Defiziten. Die Entwicklungschancen der Kinder aus Armutsfamilien verschlechtern sich (*Beisenherz* in Kinderarmut in Deutschland 2000, 90). Betroffen sind die kognitive Entwicklung, die Gewinnung langfristiger Lebensperspektiven, die Gesundheit und die Integration in Lebenszusammenhänge. Kinder und Jugendliche aus Armutsfamilien werden vielfach von sozialen Kontakten zu Gleichaltrigen, von Bildungs- und Kulturbemühungen und einem normalen Wohlstand abgeschnitten. Durch *Ausgrenzung* entstehen negative Stimmungen und feindselige Gefühle gegenüber den Nicht-Ausgegrenzten wie Unzufriedenheit, Scham, Neid, Auffälligkeit und Aggression. Die relativierende Aufarbeitung solcher negativen Impulse durch Eltern oder die Jugendpflege findet aus Mangel an psychischen und/oder materiellen Ressourcen nicht mehr statt. Ein Werte- und Normenbewusstsein ist in diesen Milieus – ob entschuldbar oder nicht entschuldbar – nicht mehr existent und wird auch nicht mehr übertragen. Trends zur »sozialen Verrohung« stellen sich ein (*Claußen* in Kinder und Jugendliche in Armut 1998, 352 ff.):

»Die Kombination aus primitivierender Befangenheit in nur noch elementarsten (Über-) Lebensbedingungen, Vorenthaltung zivilisierender produktiver Betätigung und Beschneidung von Möglichkeiten der Perspektivenentwicklung begünstigt einen Trend der sozialen Verrohung im privaten wie öffentlichen Leben.«

Die durch die Moderne/Postmoderne eröffneten Individualisierungs-Spielräume verengen sich zweckrational auf die eigene Verantwortlichkeit fürs Überleben. Alternative Entwürfe sind nicht in Sicht. Selbstbestimmung kann gar nicht mehr erst erprobt werden, auch weil die Ökonomisierung die dafür – beispielsweise für Jugendpflege – erforderlichen Räume infolge öffentlicher Sparzwänge geschlossen hat. Die Orientierung der Jugendlichen stellt sich nurmehr dar als Reflex auf Zeitgeist-Muster und als passive Unterwerfung unter fremdbestimmte, medial vorgefertigte Trieb-Bedürfnisse in Pop, Kommerz und gesponsortem Schaugeschäft. Autoritäre Sozialcharaktere feiern ihre Wiederauferstehung mit

- Fremdenfeindlichkeit (mit Ausschluss aller Nicht-Inländer, da Inländer zu sein einziger verbliebener Status ist),
- Vorliebe für gewaltsame Konfliktregelungen,
- Lethargie,
- Zynismus und
- eigener Schuldzuweisung.

Hier sind dann die Ursachen dafür gegeben, dass es zusammen mit anderen Momenten im Rahmen des Mehrebenen-Sozialisationsmodells zu straffälligem und suchtabhängigem Verhalten kommt.

Bei *straffälligen Jugendlichen* ist neben anderen Verursachungen auch von krimogener Sozialisation als Ursache für das straffällige Verhalten die Rede

(*Lazarus* 1976, 40): Krimogene Sozialisation ergibt sich vor allem in Familien, in denen ein feindseliges Klima herrscht und es an Zusammenhalt fehlt. Auch dann, wenn das Verhalten in der Familie in der Freizeit weniger familienorientiert ist, kann späteres kriminelles Verhalten der Kinder die Folge sein. Hingegen immunisieren positive Familienerfahrungen gegen späteres delinquentes Verhalten. Auch bei einem Wertedefizit im Erziehungsverhalten kann es später zu Konflikten mit strafrechtlicher Relevanz kommen. Deliktisch hervorgetretene jugendliche stammen weit stärker aus unvollständigen Familien als nicht straffällig werdende Jugendliche.

Die Frage hierbei ist natürlich auch, wieweit die geschilderten Zusammenhänge von einem entsprechenden Ausleseprozeß bei der Strafverfolgung begleitet werden. Es spricht einiges dafür, dass die geschilderte krimogene Sozialisation eher unter der sozial benachteiligten Bevölkerung festzustellen ist. Bei kriminellem Verhalten werden nämlich gerade Angehörige solch unterer Statusgruppen am ehesten geahndet und verurteilt. So verstärken sich familiale Bedingungen für Delinquenz und Ausleseprozesse des Sanktionsapparats (vgl. auch 5.7.2).

Ähnliche Zusammenhänge gelten für *drogenabhängige Jugendliche* (*Kreuzer/Wille* 1988, 63 f.): Auch Fixer in der Drogenszene stammen zu 50% aus unvollständigen Familien (alle Jugendlichen dagegen zu etwa 10%). Dagegen wurde nur etwa ein Sechstel Drogenabhängige aus Familien erkannt, die keine Störungen aufwiesen. Besondere Zusammenhänge gibt es zwischen Gleichgültigkeit der Eltern, Scheidungen, disharmonischen und gestörten familialen Vergangenheiten sowie Suchtabhängigkeit der Eltern einerseits und Drogenabhängigkeit der Kinder aus solchen Familien andererseits. Zu Drogenabhängigkeit neigen Jugendliche, deren Erziehung folgendermaßen gekennzeichnet ist: Durch Zweifel an Werten, durch Unsicherheiten (keine stabilen Sozialisationsmuster), durch Unvollständigkeit der Herkunftsfamilie, durch Suchtmittelgebrauch der Eltern und durch eine bereits zerbrochene, nur noch äußerlich intakte Familie (Familienfassade).

Welche *Auswege* gibt es neben Erziehungsberatung und Hilfe zur Erziehung durch die Jugendhilfe nun, vor allem die Selbstheilung der Familie in ihren defizitären Zuständen zu bewirken? Zunächst geht es um die Stützung familialer und außerfamilialer Netzwerke sowie um die Integration der von Ausschluss bedrohten Jugendlichen in Sportvereinen und Jugendverbänden (Kinder und Jugendliche in Armut 1998, 16). Wichtig ist, dass die von Armut Betroffenen aus Passivität, Angst und Isolation wieder herausfinden und die Kontrolle über ihre Lebenssituation wieder zurückgewinnen. Hier soll auf einen gemeinwesenarbeitsbezogenen Ansatz von *Hoffmann* (in Kindheit und Armut in Deutschland 2000, 137 ff.) verwiesen werden. Mit im Wohnquartier ansetzenden Angeboten wurde erreicht, dass die Deklassierten ihr Umfeld wieder aktiv zu nutzen verstanden und wieder am sozialen Leben untereinander teilnahmen. über Gruppen- und Gemeinwesenarbeit wurden Aktivitäten initiiert, deren Beteiligung niemanden diskriminierte und bei denen auch Schlechtergestellte mitmachen konnten:

- eine Frauengymnastikgruppe,
- ein Nähkurs,
- das Mutter-Kind-Turnen und
- ein Spielsonntag für junge Familien.

»Für Gemeinwesenarbeit in Armutsquartieren wird Handlungsfähigkeit zur zentralen Kategorie. Um ihre Herausbildung, Sicherung und Erweiterung geht es in allen Dimensionen Sozialer Arbeit mit armen Menschen«.

3.5.2 Machtbalance und Gewalt

Genauso wie Sozialisation positiv oder erfolglos ablaufen kann, kann auch die innerfamiliale Autorität sinnvoll oder zerstörerisch gebraucht werden. Die familiale Autorität der Eltern gegenüber den Kindern ist für das Lernen unerlässlich. Soweit Ehegatten ihre Aufgaben arbeitsteilig ausführen, was ebenfalls bis zu einem gewissen Grade unerlässlich sein wird, wird jeder Gatte für seinen Aufgabenbereich ebenfalls Autorität beanspruchen dürfen und müssen. Die eheliche Autorität hat sich zweifellos in unserem Jahrhundert von einer Dominanz des Mannes zur Partnerschaft hin entwickelt. Das bedeutet jedoch nicht, dass alte Leitbilder von Männerdominanz ganz aufgegeben sind. Aber insgesamt ist doch festzustellen, dass sich Ehe und Familie zu einer partnerschaftlichen Intimgruppe entwickelt haben (*Schäfers* 1995, 118 ff.). Dennoch sind Überschreitungen der elterlichen bzw. partnerschaftlichen Autorität zur parentalen bzw. konjugalen Gewalt hin leider an der Tagesordnung. Zahlenmaterial vermag das gesamte Ausmaß innerfamilialer Gewalt kaum zu belegen, da die Dunkelziffer mit rund 90% der Vorkommnisse bedauerlich hoch ist. Für Deutschland ist die Rede von jährlich

- vier Millionen *Gewalttaten von Männern* an ihren Frauen; umgekehrt werden auch Frauen ihren Männern gegenüber gewalttätig, was in Höhe von 3% der Fälle männlicher Gewalt vorkommen dürfte (150.000 Taten jährlich). *Sexuelle Übergriffe* in Ehen durch Männer geschehen jährlich in einem Umfang von etwa 200.000 Taten, die nunmehr seit 1997 nach § 177 StGB strafbar sind; etwa 30.000 misshandelte/missbrauchte Frauen suchen jährlich Frauenhäuser auf;
- rund 500.000 *Kindesmisshandlungen* sind jährlich in Deutschland zu beklagen; etwa 30.000 davon werden jährlich als Körperverletzung nach §§ 223, 223b StGB erfasst. 1995 kam es allein zu 2.094 ärztlich erwiesenen Todesfällen infolge körperlicher Misshandlung bei Kindern. 60% aller Kinder werden geohrfeigt, 30% zur Erziehung geprügelt, wobei § 1631 BGB entwürdigende Erziehungsmaßnahmen verbietet (einsperren, anbinden, fesseln, demütigen, beleidigen, herabsetzen). 1,3 Mio Kinder erleiden regelmäßig körper-

bezogene Sanktionierungen. *Sexuelle Übergriffe* Mädchen gegenüber dürften sich jährlich auf eine Zahl von 250.000, Jungen gegenüber auf eine solche von 50.000 belaufen, wobei die Täter überwiegend dem Verwandten- und/oder Bekanntenkreis der Kinder entstammen (*Lewkowicz* 1982, 233; *Trube-Becker* 1992, 20; Fünfter Familienbericht 1995, 85 f.; Gesundheitsbericht für Deutschland, Wiesbaden 1998, 17; »Die Rheinpfalz« vom 20.9.2000).

Leider ist die *parentale Gewalt* sehr schwer anzugehen. Eltern brauchen für ihre erzieherische Tätigkeit ohnehin keine Befähigungsnachweise wie professionelle Erzieherinnen und Erzieher. Anzeichen für parentale Gewalt sind Verletzungen, die sich Kinder schwerlich bei Stürzen zugefügt haben können. Winzige Blutergüsse im Gesicht deuten auf Würgen. Verräterisch sind auch Kopfverletzungen oberhalb einer gedachten Hutkrempe. Stockschläge rufen eine Doppellinie von Blutergüssen hervor. Als Folge eines Schütteltraumas kann es zu nicht selten tödlich verlaufenden Hirnblutungen kommen. Verletzungen im Genital- und Analbereich deuten auf sexuellen Missbrauch hin. Formen und Merkmale parentaler Gewalt sind neben körperlicher auch psychologischer Natur (*Engfer* 1986, 11 f.):

- übertriebene und ständige Kritik am Kind,
- Terrorisierung und Einschüchterung des Kindes,
- körperliche Züchtigung und
- Isolation des Kindes durch Wegsperren von Gleichaltrigen.

Die *Ursachen* für die Misshandlungen liegen zum einen in der elterlichen Ablehnung des Kindes: Es wird als störend und belastend empfunden. Sodann ist an zu frühe Rollenumkehrungen zu denken: Es wird vom Kind Hilfe erwartet, die es verlässlich so noch gar nicht leisten kann; bleibt die erwartete Hilfe aus, wird das Kind zur Strafe misshandelt. Familienexogene Bedingungen liegen in angespannter materieller Lage, Verlust der Arbeit, Stress am Arbeitsplatz, Überforderung der Eltern durch fehlende Ressourcen und Entlastungen (Fünfter Familienbericht 1995, 86). Überlastung und Zeitdruck führen gerade bei Kleinkindern oft zu Misshandlungen, wenn Erziehungsprobleme nicht schnell lösbar sind (Bettnässen, Nahrungsverweigerung). Beispiele für Misshandlungen sind neben körperlicher Züchtigung das Einsperren, allein lassen, Beschimpfen, das Töten des Tieres des Kindes, Zerstören des Spielzeugs, Anbinden an Möbel. Die Aufdeckung ist in den ersten Lebensjahren der Kinder besonders schwierig. Säuglinge und Kleinkinder haben hier oft schwerstes Leid zu ertragen. Ärzte und Sozialarbeiter stehen angesichts ihnen anvertrauter Geheimnisse einerseits unter der Verschwiegenheitspflicht des § 203 StGB, haben aber andererseits kraft ihrer besonderen Garantenstellung für Leben und Gesundheit ihrer Patienten und Klienten nach § 13 StGB Verpflichtungen zur Gefahrenabwehr. Hilfemöglichkeiten für die Kinder mit den oder gegen die Eltern werden sorgfältig gegeneinander abgewogen werden müssen (*Fieseler/Herborth* 2001, 50 ff.).

Folgen von Kindesmisshandlungen können sein (*Langfeldt-Nagel* in *Langfeldt* 1993, 324 f.) Vertrauensstörungen anderen Menschen gegenüber, Angstgefühle, Rückfall auf frühere Entwicklungsstufen (Regression), Erziehungsschwierigkeiten, Passivität, aber auch Aggressionen. Für Spätfolgen gilt der Satz: Aus misshandelten Kindern werden dereinst misshandelnde Eltern. *Hilfen* sind zum einen psychotherapeutische Angebote, aber auch das Sicherstellen von alternativen Wohn- und Hilfeangeboten, das Einschalten des Kinderschutzbundes, Mädchenhäuser, gerichtliche Umgangsverbote mit dem Belästiger und die Zuweisung der elterlichen Wohnung nur an die Mutter gemäss § 1361 b BGB (*Fieseler/Herborth* 2001, 45 ff.).

Eheliche Gewalt kommt im Fall von körperlichen Misshandlungen als physische Gewalt zum Ausbruch. Davon zu unterscheiden ist die strukturelle eheliche Macht, die dem Partner mit dem stärkeren Ressourcen-Übergewicht die vorrangige Durchsetzung seiner Vorstellungen erlaubt (*Held* 1978, 62 ff.). Physische Gewalt von Eheleuten – meist des Mannes an der Frau, aber durchaus auch von der Frau am Mann – ist in mehreren Typen denkbar.

Es gibt die sogenannte *rationale Gewalt*, die mit körperlichen Machtmitteln dem Partner keine Verhaltensalternative mehr belässt: Seine Alternative wird gleich Null.

Bei der *Gewalt aus Hilflosigkeit* lädt die Widerstandslosigkeit des der Gewalt unterworfenen Partners zur Gewaltausübung ein. Der Frau – ist sie, wie in den meisten Fällen, die Misshandelte – ist es unmöglich, aus ihrer Situation auszubrechen. Sie glaubt den reuigen Versprechungen des Mannes nach dessen Gewaltausbruch und hofft, dass er künftig keine Gewalt mehr anwenden werde. Nicht selten wiegeln auch ihre Verwandten und Bekannten die Gewalttat ab und geben sich der gleichen, trügerischen Hoffnung hin, die Gewaltkette werde demnächst ihr Ende finden.

Subkulturelle eheliche Gewalt entsteht durch Gewalt-Standards in der Unterschicht: Der »richtige Kerl« lasse sich nichts gefallen, schon gar nicht von einer Frau, sondern er wisse sein Recht schon durchzusetzen. Wenn keine anderen Einflussmöglichkeiten verblieben, sei Gewalt seine letzte Möglichkeit. Solche Standards werden in unteren Randschichten durchaus auch über die Sozialisation und das Umfeld übertragen. Man spricht hier vom Typus der subkulturellen oder marginalen Gewalt.

Ein vierter konjugaler Gewalt-Typ ist die *Gewalt aus Statusinkonsistenz*. Wenn die Frau die stärkeren Ressourcen in die Familie einbringt – etwa dadurch, dass sie durch ihre Erwerbstätigkeit den überwiegenden Einkommensanteil beisteuert und auch noch hauswirtschaftlich tätig ist, während der Mann kaum in der Lage ist, Einkommen zu erwerben – kann dies für den Mann zu starken Verunsicherungen führen. Er versucht, seinen Defizit nach dem traditionalen Familienmodell mit dem Mann als überwiegendem Familienernährer durch Überbetonung von männlichen und nationalen Zügen auszugleichen: Typ des Machismo. Bei diesem sogenannten Männlichkeitskult – der Vorstellung von der natürlichen männlichen Überlegenheit – interagieren die Gatten weniger miteinander als in normal-arbeitsteiligen Ehen. Hier hat die Frau überwiegend Kontakte mit anderen Frauen, der/den Tochter/Töchtern sowie anderen weiblichen Anverwandten und Freundinnen. Der Mann unterhält seine Kontakte in Kumpel-Peergroups. Seine Sexualität hat etwas Aggressives (*Lewkowicz* 1982, 236 f.; *Held* 1978, 166):

»Bekanntlich neigen vor allem Männer aus der Unterschicht angesichts ihres tiefen sozietalen Status (hohe Rangspannung) dazu, zugeschriebene Merkmale wie etwa die Nationalität oder das eigene Geschlecht zu betonen. Der daraus entstehende Männlichkeitskult (Machismo) beinhaltet sowohl die Vorstellung einer prinzipiellen und großen Verschiedenheit des sozialen Geschlechts als auch jene einer natürlichen männlichen Überlegenheit. Zahlreiche Untersuchungen zeigen nun, daß die Ehegatten in der Unterschicht weniger miteinander interagieren und weniger »Gemeinschaftlichkeit« aufweisen als in der Mittelschicht, insbesondere auch was den sexuellen Bereich betrifft. Die sozialen Kontakte der segregierten Ehegatten spielen sich in geschlechtshomogenen Gruppen und Cliquen ab, wobei für die Frau die Interaktion mit Mutter und Tochter im Vordergrund steht ... Gesellschaftlich unterprivilegierte Männer betonen aber bekanntlich oft auch ihre Männlichkeit als subkulturellen Wert. Dazu gehören Charakteristika wie »toughness« und »coolness«, aber auch stark zugeschriebene physische Qualitäten, von denen in der Unterschicht der »erotische Rang« des Mannes wesentlich stärker bestimmt wird als in mittleren und oberen Schichtlagen. Nun steht aber einer dauernden und von der Frau akzeptierten Substituierung sozietaler Ressourcen durch den erotischen Rang und physische Qualitäten des Mannes das Muster ehelicher Sexualität in der Unterschicht entgegen. Zwar sind sexuelle Kontakte – mindestens in den frühen Ehephasen – in der Unterschicht häufiger, gleichzeitig scheint aber die Einstellung der Frau gegenüber der Sexualität stärker negativ gefärbt zu sein als in der Mittel- und Oberschicht. Dies ist wiederum eine Folge des Männlichkeits-Syndroms: Im Extremfall werden der Frau – im Gegensatz zum Mann – legitime sexuelle Bedürfnisse abgesprochen und entsprechend die aggressiv-egoistischen Komponenten der männlichen Sexualität betont. Die Frau fühlt sich deshalb häufig vom Mann als Objekt zur Befriedigung seiner Bedürfnisse missbraucht und versucht konsequenterweise, die Frequenz des ehelichen Verkehrs herabzusetzen. Auf Grund dieser negativen Bewertung des sexuellen und erotischen Bereichs durch die Frau muß angenommen werden, daß der Ehemann nur während einer äußerst begrenzten Zeit zu Beginn der Ehe erfolgreich (d. h. im Sinn der Aufrechterhaltung des männlichen Statusvorsprungs der traditionellen Familie) die geringe gesellschaftliche Rollenperformanz als Ernährer durch physische Attraktivität und Männlichkeit substituieren kann.« (Vgl. zu den Hilfen in diesen Fällen von konjugaler Gewalt durch Frauenhäuser Teil 3.7.10).

Die Männergewalt gegen Frauen läuft nach *Lempert/Oelemann* (1995, 45) in einer Spirale von fünf Schritten ab, die das oben geschilderte Modell der Gewalt aus Hilflosigkeit erweitern:

- in Phase 1 vollzieht sich ein Kontrollverlust des Mannes mit einer Gewalthandlung an seiner Frau/seiner Partnerin;

- in Phase 2 erkennt der Mann mit großem Entsetzen seine Tat und seine Täterschaft;
- in Phase 3 zeigt er darüber Reue und vollführt Wiedergutmachungshandlungen, bringt Blumen, verübt Zärtlichkeiten und verspricht, nie mehr gewalttätig zu werden; die Tröstungen seiner Frau/seiner Partnerin beginnen ihn aber zu irritieren,
- in Phase 4 wird die Ursachensuche des Mannes für seine Gewalttat projektiv in der Frau/Partnerin fündig; ihr schiebt er letztlich die (Mit-)Verantwortung an seiner Violenz zu;
- in Phase 5 kommt es nach einer »stillen, sprachlosen« Ambivalenz im Mann zu einer neuen Gewalthandlung des Mannes an seiner Frau/seiner Partnerin.

Es entsteht ein Gewaltkreislauf, der nur durch konsequente Beantwortung seitens der Frau/der Partnerin zu durchbrechen ist.

> ***Fall Christine***
> *Im Fall Kraushaar ist die Beziehung zwischen Marion Kraushaar und Artur Eisenhut deutlich durch das Machismo-Verhalten Arturs gekennzeichnet: Er kehrt seine Männlichkeitsrolle sehr stark heraus, um damit seinen geringen Status als Hilfs-Bediensteter im Restaurant »Florida« auszugleichen. Marion hegt zwar eine gewisse Bewunderung für ihn, weiß jedoch andererseits, dass sie zur Selbständigkeit fähig ist und bleibt, insofern sie für ihren Lebensunterhalt nicht auf Artur angewiesen sein wird. Zudringlichkeiten und forderndes Verhalten Arturs Marion gegenüber sind wiederum die Folge.*

Die strukturellen ehelichen Machtverhältnisse sind, wie bereits mitgeteilt, vom Einsatz von wichtigen Gütern und Diensten der Gatten in der Ehe abhängig: Wer hier mehr beisteuert, hat einen Machtvorsprung und hat im Zweifel die stärkere Autorität gegenüber dem anderen, wobei Ausgleiche durch Balancierungen möglich sind; die Akteure verändern ihr Beziehungs-Gefälle durch Koalitionen oder dadurch, dass sie das Ressourcen-Übergewicht des Partners geringer anerkennen, ihre Beiträge aber aufwerten (*Held* 1978, 68). Zunächst sei etwas zu den unveränderten Machtquellen der Partner ausgesagt, die die Ausgangslage der innerehelichen Machtverteilung bilden:

- *Ökonomische Ressourcen*: Einkommen, Güter; bei Familien mit traditionaler Arbeitsteilung besteht hier beim Mann ein Übergewicht, seine Quellen sind diejenigen mit der höheren »Machtgeladenheit«. In Untersuchungen fiel der Autoritätsindex für den Ehemann von Selbständigen mit den höchsten Werten über Beamte und Angestellte bis zu den Arbeitern, wurde lediglich bei ungelernten Arbeitern und Hilfsarbeitern wieder etwas höher (Machismo-Effekt – *Lupri* 1970, 339);
- *nichtökonomische Ressourcen*: Fähigkeiten und Dienste, wie sie vor allem innerhalb des Haushalts und der Familie zu erbringen sind;

- *personale Ressourcen*: Gute Beziehungen zu Kindern und Freunden, die der Partner sozusagen als Verbündete auf seiner Seite hat;
- *affektive Ressourcen*: Gemeinsame Werte, Liebe, Sexualität und Zuneigung (*Held* 1978, 66 und 117; *Oswald/Müllensiefen* 1985, 43).

Die Frau kann das in vielen Fällen vorhandene Ausgangs-Machtübergewicht des Mannes verringern. Denn es gilt folgendes (*Held* 1978, 111): Beim Mann korrelieren zwar ökonomischer und gesellschaftlicher Status und innereheliche Macht positiv. Erwerbstätige Frauen gelangen jedoch zu mehr innerfamilialer Macht als nichterwerbstätige Frauen, und die Macht des Mannes sinkt, soweit die Frau extern (in Beruf, Organisationen, Vereinigungen) agiert.

3.5.3 Vernachlässigung und Stabilisierung der Elternschaft

Auch angesichts der vielen Kindesvernachlässigungen durch Eltern, die Sozialarbeiter und Sozialpädagogen immer wieder zum Handeln zwingen (bis hin zum Antrag auf Aberkennung der elterlichen Sorge, § 1666 BGB), lässt sich wieder für die »Normalfamilie« das Gegenteil ausführen. Die Aufgabe der Selbsterhaltung, also der hauswirtschaftlichen Versorgung der Mitglieder, wird von der Familie durchweg erfüllt. Es ist sogar die Rede davon, dass Kindesvernachlässigungen im Vergleich zu früheren Jahrhunderten so selten geworden seien, dass man von einer Stärkung der Elternschaft sprechen könne. Hierzu tragen sicherlich die besseren äußeren Bedingungen in der Wohlstandsgesellschaft bei, aber auch ein gewandeltes Rollenverständnis vor allem junger Väter, die sich stärker als Bezugspersonen auch für ihre kleinen Kinder bereits verstehen als Väter früherer Zeiten (*Kaufmann* 1990, 102).
Die Vernachlässigung von Kindern wird aber in Einzelfällen immer wieder vorkommen. Sie nur als marginal anzusehen (*Kaufmann* 1990, 101), wäre doch zu leichtfertig. Ein Fall sei in der Folge mit einem Auszug aus dem Bericht einer Schulleitung exemplarisch angeführt:

»Die Kinder fallen kaum negativ auf, es sei denn durch Müdigkeit, weil Vater und Mutter sich wieder die ganze Nacht gestritten und geprügelt haben. Den Lehrern sind sie für jedes Wort der Güte und Ermunterung dankbar. Wenn eines von ihnen nachsitzen muß, fragt der andere gleich, ob er bleiben dürfe: ›Dann brauchen wir eine Stunde weniger zu Hause zu sein.‹ Schulbücher und Hefte sind verschmutzt und verrissen. Oft kommen die Kinder ohne Aufgaben. Wenn die Mutter nicht zu Hause ist, bleibt eines bei den jüngeren Geschwistern. Sonst kommen sie regelmäßig, aber oft zu spät zur Schule, bis zu einer Stunde. Die Kinder erzählen, daß die Mutter nicht zu Hause sei, daß sie den anderen erst etwas zu essen hätten geben müssen oder daß Anton gar nicht zu Hause hätte schlafen dürfen, weil der Vater ihn aus dem Hause gejagt habe mit dem Bemerken, er sei ja nicht von ihm. Wie wir beobachten, gehen die Kinder besonders in den letzten Wochen oft mittags gar nicht nach Hause, sondern treiben sich bis zum Abend im Ort oder in der

Umgebung herum. Einige Male kamen die Kinder auch mit Spuren von Schlägen zur Schule« (*Siegismund/Tiesler* 1979,117).

Besondere Fälle von Sorglosigkeit und Vernachlässigung den eigenen Kindern gegenüber wurden im Zusammenhang mit dem Ende der DDR im Jahre 1989 und danach bekannt. Es wurde von einer ganzen Reihe von Fällen berichtet, in denen sich DDR-Eltern(teile) in die westlichen Länder der Bundesrepublik absetzten, teilweise, ohne ihren minderjährigen Kindern ein Lebenszeichen zu hinterlassen. In der ARD-Sendung »Rabeneltern« vom 4.3.1993 wurde die Zahl vom DRK-Suchdienst München auf 25 000 bis 30 000 Kinder geschätzt. Die familialen Bindungen waren hier zumeist bereits sehr lose, die Eltern führten zerrüttete Ehen oder hatten sich bereits getrennt. Die Gewöhnung an die durchgängige Reglementierung des DDR-Staates ließ hier die elterliche Sorge nur allzu bereitwillig auf staatliche Stellen übergehen. Die familiale Verantwortlichkeit war durch die Allgegenwart staatlicher Fürsorge offensichtlich unterentwickelt.

3.5.4 Interaktionsprobleme in ausländischen Familien

Die partnerschaftliche Familie ist ein Ergebnis langer industriegesellschaftlicher Entwicklungen vor allem in Mittel-, Nord- und Westeuropa. Am Ende steht hier eine relative Autonomie ihrer Mitglieder, die sowohl parentale wie konjugale Machtausübungen weitgehend überwunden hat (*Kaufmann* 1990, 33).
Anders stellt sich das Familienbild in südeuropäischen und namentlich in islamischen Staaten dar. Aus ihnen aber kommt ganz überwiegend der ausländische Teil der Wohnbevölkerung in Deutschland, der mit rund 7,3 Millionen Menschen bei etwa 9% liegt. Geschlechtsspezifische Rollenunterschiede sind hier stärker ausgeprägt, das Erziehungsverhalten ist autoritativer (*Textor* 1991, 245 f.).
Das für den zahlenmäßig nennenswertesten, türkischen Wohnbevölkerungsteil (2,1 Millionen Personen) maßgebende Familienbild des Islam ist stark patriarchalisch geprägt. Die Frau ist nach dem Koran im Jenseits dem Mann zwar gleichgestellt (Sure 4,124), und im Paradies ist die Gleichheit von Männern und Frauen gegeben. Doch im Diesseits dürfen die Männer die Frauen im ehelichen Verkehr »genießen« (Sure 4, 24; Sure 2, 223):

»Eure Frauen sind euch ein Saatfeld. Geht zu diesem euren Saatfeld, wo immer ihr wollt!«

Die Männer stehen über den Frauen (*Moll* 1994, 123; Funkkolleg Humanökologie 1991 SBB 2,121; Sure 2,228 und Sure 4,34 – übersetzt von *Rudi Paret*, Stuttgart 1989):

»Die Männer stehen über den Frauen, weil Gott sie von Natur vor diesen ausgezeichnet hat..... Und wenn ihr fürchtet, dass irgendwelche Frauen sich auflehnen, dann vermahnt sie, meidet sie im Ehebett und schlagt sie! Wenn sie euch daraufhin wieder gehorchen, dann unternehmt weiter nichts gegen sie!«

Es ist generell nicht einschätzbar, ob der Aufenthalt islamgläubiger Türken im deutschen Ausland die patriarchale Familienstruktur abschwächt oder verstärkt. Das hängt unter anderem auch von der Zuwanderungssituation ab (Sechster Familienbericht 2000, 91 ff.). Ist der Mann der Ersteinwanderer, was in drei Vierteln der Fälle türkischer Zuwanderung zutrifft, bleibt die hohe männliche Dominanz mit einer starken Involviertheit des Mannes in familiale Angelegenheiten erhalten. So sind Behördenangelegenheiten bei Türken zu 65,9% Sache des Mannes (auch bei Italienern zu 58%), während sich in deutschen Ehen der Mann nur zu 31,5% mit Ämtern herumschlägt (die Frau dafür zu 34,3% – die restlichen 34,2% Fälle erledigt das deutsche Paar gemeinsam). Dafür hilft der türkische Mann in der Fremde auch innerhäuslich stark mit, und die Geschlechtsrollendifferenzierung ist dann so hoch auch wieder nicht. In den rund 10% Fällen mit der Frau als Erst-Wanderungsperson von Türken liegen die Dinge mit einem höheren weiblichen Autoritätsgrad anders. Aber auch bei der zunächst männerdominanten türkischen Familie kommt es durch eine häufig im Aufnahmeland erstmalige außerhäusliche Erwerbstätigkeit der Frau zu Verschiebungen. So gibt es zwei familienstrukturelle Modelle der Autoritätsverteilung bei türkischen Migranten:

- Zur *Distanzierung* von der deutschen Majorität werden die ethnischen Eigenheiten betont und damit der Autoritätsgrad des Mannes gesteigert (Funkkolleg Humanökologie 1991 SBB 3, 40). Es handelt sich um das Modell der *Segregation*. Die Frauen, die in der traditionellen islamischen Familie einen hohen Binnenstatus innehaben, geraten in dieser Situation in eine enge psychische und soziale Abhängigkeit von ihrem Mann; allgemein obliegt dem türkisch-islamischen Mann die Verteidigung der Familienehre (*Moll* 1994, 122):

  »Moral und Ehre sind die höchsten Werte. Die Ehre fordert vom Mann Stärke, Selbstbewusstsein, Männlichkeit und die Fähigkeit, die Frauen seiner Familie zu schützen und zu verteidigen. Von den Frauen verlangt die Erhaltung der Ehre in erster Linie Keuschheit. Frauen, die in der Öffentlichkeit von Männern angesprochen werden, beflecken dadurch die Ehre. Unschuld, Treue und hohe Sittsamkeit sind die zentralen Werte, nach denen die Frau eingestuft wird. Eine Verletzung ihrer eigenen Ehre bedeutet gleichzeitig eine Verletzung der Ehre ihres Mannes oder des männlichen Mitglieds ihrer Familie, das für die Aufrechterhaltung ihrer Ehre verantwortlich ist. Verhält sich ein junges Mädchen nach traditionell türkischer Einschätzung unehrenhaft, so verliert nicht nur sie, sondern mit ihr der Vater seine Ehre .... Die Reinhaltung der Ehre verlangt Unerbittlichkeit und Unversöhnlichkeit«.

- Gerade bei Erwerbsbeteiligung der türkischen Frau schwächt sich die männliche Autorität als *Anpassung* an das Aufnahmeland ab, auch deswegen, weil die Frau als Mitverdienerin an Status gewinnt (*Textor* 1991, 246). Hier liegt dann eher das Zuwanderungsmodell der *Integration* und Anpassung vor.

Vermutlich ist mit diesen beiden Typen von Gattenbeziehungen unter türkischen Migranten zu rechnen: Starker Gewalt-Unterworfenheit ausländischer Frauen (wofür auch immer wieder in die Schlagzeilen kommende Beziehungstaten sprechen) wie auch Modelle mit sich lockernder männlicher Autorität. Durch diese Ambiguität kommen türkische Familien nicht selten in Migrationskonflikte (*Moll* 1994 124 f.):

»In der Bundesrepublik Deutschland lebende türkische Familien geraten in Kulturkonflikte, von denen besonders die zweite Generation betroffen ist. Veränderungen im Lebensrhythmus, Berufstätigkeit beider Ehepartner, soziale Isolation, Umgang mit Behörden und Institutionen, eine westeuropäische Kultur moderner Industriestaaten – dies alles zusammen genommen führt über Konflikte zu Wandlungen innerhalb der Strukturen und Wertorientierungen oder aber zur Manifestation von traditionellen Wertsystemen.«

Im *generativen Verhalten* ist bei Ausländern generell mit abnehmender Fertilität eine Anpassung an das reproduktive Verhalten des Aufnahmelandes festzustellen. In einem Industrieland schlagen Kosten und Belastungen von Kindern stärker durch als im agrarischen Herkunftsland, wo die hohe Zahl von Kindern von ökonomischem Vorteil ist. Bei allen Zuwanderernationen ist die Geburtenrate in Deutschland niedriger als bei den ausländischen Frauen, die in ihrem Herkunftsland bleiben (Sechster Familienbericht 2000, 102), wobei Südeuropäerinnen derzeit sowohl in Deutschland als auch in ihren Heimatländern sehr niedrige Geburtenraten haben (teils unter der deutschen Rate von 1,3 je Paar). Lediglich Türkinnen erreichten 1993 in Deutschland mit 2,5 einen reproduktiven Positivsaldo (gegenüber 1975 mit noch 4,3). Bei höherer Kinderzahl der Migranten kommt es aus ökonomischen Gründen mitunter zu Familienteilungen: Ein Teil der Kinder bleibt bei oder übersiedelt zu Verwandten im/ins Herkunftsland, wobei am ehesten ältere Töchter zur Mithilfe im Haushalt in Deutschland verbleiben.

Denn der *Erziehungsstil* der Zuwanderer kennt noch stärkere geschlechtliche Rollendifferenzierungen als im partnerschaftlich gewordenen Deutschland. Mädchen von Zuwanderern werden stärker behütet. Sie werden entsprechend traditionalen familialen Rollenvorstellungen eher mit innerfamilial-expressiven Aufgaben (Hausarbeit, Betreuung jüngerer Geschwister) betraut, ihre außerfamilialen Kontakte werden stark reglementiert (*Nauck* 1989, 295 f). Vom türkischen Mädchen wird eher Gehorsam besonders gegenüber dem Mann verlangt (*Moll* 1994, 126). Inzwischen werden aber auch an türkische Töchter hohe Bildungsanforderungen gestellt (Sechster Familienbericht 2000, 107). Die Leistungserwartungen an türkische Söhne sind besonders hoch. Diese Forderung vollzieht sich auf der Vater-Sohn-Schiene. Hier erfolgen in islamgläubigen Familien auch rigide Durchsetzungen zur Befolgung religiöser Gebote und Vorschriften. Durch überhöhte Leistungs- und Berufserfolgs-Anforderungen leben Söhne türkischer Migranten in hohen Belastungsspannungen. Sie lösen sie durch Überbetonung ihrer Geschlechts- und ihrer ethnischen Herkunfts-Rolle (Sechster Familienbericht 2000, 110). An allgemeinen Erziehungsidealen gelten bei türkischen Zuwanderern Gehorsam, Ordnung und Befolgung religiöser Gebote (*Moll* 1994, 126):

»Als Mittel der Erziehung setzen türkische Eltern körperliche Züchtigungen, Ermahnungen, Schimpfen, Angsteinflößen und Beschämen ein. Körperliche Strafen werden überwiegend vom Vater vorgenommen. Türkische Eltern strafen im wesentlichen durch affektive Strenge oder indem sie auf die Fehler des Kindes gefühlsbetont reagieren (sie zeigen dem Kind, dass sie traurig sind). Diese stark affektiven Maßnahmen verdeutlichen den emotionalen Bezug zum Kind.«

Die familialen Eigenheiten der ausländischen Wohnbevölkerung treten umso stärker hervor, als die Ausländer stark zu räumlicher Segregation mit subkultureller Koloniebildung neigen (Funkkolleg Humanökologie 1991 SBB 3, 37 ff.). Eine vordergründig aufgesetzte Integration im Sinn von Angleichung wird diese Koloniebildung nicht aufbrechen können. Sie sollte es auch gar nicht, da sich in den ethnischen Kolonien auch wichtige eigen-ethnische Hilfspotenziale entwickeln. Auch ein multikulturelles Miteinander ist weniger erfolgversprechend als das Arbeiten an situativen, gemeinsamen Fragen und Problemen der deutschen und ausländischen Teilbevölkerung (auf den Stadtteil bezogene Kinderbetreuung, Schulprobleme, Gesundheitspflege, Verkehrsfragen).

Weniger eine solche subkulturelle als tatsächlich eine familiale Zentrierung ist bei *Aussiedlerfamilien* zu beobachten (*Kossolapow* 1987, 153). Diese Familien sahen sich in ihren zumeist osteuropäischen Herkunftsstaaten vielfach einer feindlichen, sie benachteiligenden Umgebung gegenüber. Man zog sich daher weitgehend von seiner seitherigen Umwelt zurück und hielt auch die Kinder von ihr fern. Die Außenbeziehungen wurden beschränkt, die Umweltoffenheit war denkbar gering, die Orientierung war vorwiegend familistisch. Diese Haltungen überdauern zunächst auch in der neuen, wiederum fremden Umwelt. Sie gilt es jetzt zu verändern. Sonst laufen die Aussiedler Gefahr, Bildungs- und Orientierungs-Chancen nicht wahrzunehmen und ergebnislos verstreichen zu lassen. Diese Abkapselung kann zu starken psychischen Schwierigkeiten führen (*Masumbuku* 1995, 123). Eher zieht man sich in seine oft räumlich knappste Unterkunft (oftmals nur ein Raum für eine Familie mit Heranwachsenden) zurück und hilft sich untereinander aus, als dass man zu Kursen und Lehrgängen geht oder außerhäusliche Hilfe und Begegnungen wahrnimmt. In der hochmotivierten Pionier-Aussiedlergeneration bis um das Jahr 1990 überwog der starke Wunsch, wieder als »Deutsche unter Deutschen« leben zu können. Durch Eingliederungshilfen und Sprachkurse seitens der Arbeitsverwaltung wurden hier vorbildliche Integrationsergebnisse erzielt (Sechster Familienbericht 2000, 59 ff.). Als die Aussiedlungen in den 1990er-Jahren durch Anschlusshandeln vieler Bewohner osteuropäischer Staaten zu einer Massenbewegung wurde, wurde die Integrationskraft sowohl seitens Deutschlands als auch von Seiten der Übersiedler überschätzt. Es kam zu Desillusionierung, Perspektivlosigkeit und Desorientierung. Durch Schwierigkeiten bei der Integration in den deutschen Arbeitsmarkt stellten sich Dequalifizierungen ein. Russischsprachige Kolonien bildeten sich, zumal diese zweite Phase der Aussiedlung Zuwanderer erbrachte, deren deutsche Sprachkenntnisse sehr mäßig waren. Sie gelten im Volksmund vielfach als »Russen«. Dieser Teil der Übersiedler kam ebenso wie die Arbeitsmigranten in die Spannung zwischen Integration und Segregation. Unter Jugendlichen bilden sich Spannungen zwischen Deutsch-Türken und jugendlichen »Russen«.

Insofern sind die sozialen Hilfen der Arbeitsverwaltung zur Integration der Aussiedler, die nach Art 116 Grundgesetz GG als Deutsche gelten, von hoher Wichtigkeit. Grundsätzlich haben Aussiedler für sechs Monate einen Anspruch auf *Eingliederungshilfe* in Höhe der Arbeitslosenhilfe nach § 418 SGB III. Voraussetzung dafür ist der Nachweis einer vorherigen, mindestens fünfmonatigen Beschäftigung in den Herkunftsgebieten. Auch die Kosten für einen ebenfalls sechsmonatigen deutschen Sprachkurs werden erstattet nach § 419 SGB III.

3.6 Das »Nein« zur Familie ist die Ausnahme

Die Familie hat durchaus die Chance der Dauer und darauf, ihre Aufgaben zu erfüllen. Das Scheitern in einer Vielzahl von Einzelfällen (fehllaufende Sozialisation, innerfamiliale Gewalt und Vernachlässigung der Kinder) ändert nichts daran, dass in vielen anderen Fällen das familiale Miteinander gelingt. Bevor nun mögliche Stützungen des familialen Miteinanders durch Sozialarbeit und Sozialpädagogik in Teil 3.7 dargestellt werden, soll zunächst noch untersucht werden, ob und ggf. in welcher Stärke am tatsächlichen »familialen« Verhalten von Teilen der Bevölkerung ein prinzipielles »Nein« zur Familie ablesbar ist. Gefragt werden soll auch, ob solche, Familie negierenden Gesellungsformen ein tragfähiges Alternativmodell sind bzw. sein können. *Kaufmann* (1990, 118 f.), der die Familie für weniger stabil (Scheidungszunahmen), weniger attraktiv (weniger Heiraten) und weniger produktiv (Geburtenrückgang) hält, kommt gleichwohl zum Ergebnis, dass das familiale Leitbild ungebrochen sei.

3.6.1 Die Zunahme der Ehescheidungen

Vielfach wird als Indikator für familiale Schwierigkeiten die Zunahme der Ehescheidungen angeführt. Die Scheidungsziffern steigen in der Tat in allen Industriegesellschaften sehr stark. Auch die Bundesrepublik macht hier keine Ausnahme. Die in Teil 3.4 angeführten Schwierigkeiten der Vielfachbelastungen der Ehepartner sowie auch der Wertewandel in bezug auf Lebenslänglichkeit einer Ehe mögen hier die Ursachen sein.
Der Anstieg der Scheidungen erfolgte in der Bundesrepublik nach einem ersten Hoch in der Nachkriegszeit, wobei bis 1950 viele durch Kriegsereignisse

oft vorschnell geschlossene Ehen wieder geschieden wurden, von 1960 an kontinuierlich und stark. Lediglich vor Einführung des neuen Scheidungsrechts vor 1977 und auch in den 1980er-Jahren gab es kleinere Einbrüche. Erstere waren mit der Rechtsunsicherheit in Zusammenhang zu bringen. In den 1980er-Jahren könnte sich eine längere Probezeit vor der Eheschließung in Form steigender nichtehelicher Lebensgemeinschaft auf die Frühscheidungen senkend bemerkbar gemacht haben. Inzwischen und auch für Gesamtdeutschland liegen die Scheidungsziffern wieder auf einem hohen Stand (vgl. Abb. 15 »Scheidungsentwicklung in Deutschland«).
Sie tendieren gegen 200.000 im Jahr. Bestehen die rund 20 Millionen in Deutschland existierenden Ehen (knapp 12 Millionen Ehepaare leben mit einem oder mehreren Kind/ern und 9 Millionen Ehepaare kinderlos – postparental oder überhaupt) durchschnittlich 30 Jahre, sind über diese Distanz fast 6 Millionen Ehen von Scheidung betroffen. Das heißt, dass auf Dauer ein Drittel der Ehen durch Scheidung endet (*Engstler* 1999, 88).

	Westdeutschland		DDR	
	absolut	auf 10.000 Ehen	absolut	auf 10.000 Ehen
1950	84.740	67,5	49.860	118,0
1960	48.878	35,7	24.540	48,0
1970	76.520	50,9	27.407	65,0
1980	96.222	61,3	44.794	107,0
1989	126.628	84,6	50.063	123,7
1991	127.341	82,8	8.976	22,6
1993	138.000	83,0	18.361	47,6

	Deutschland	
	absolut	auf 10.000 Ehen
1991	136.317	70,5
1994	166.052	85,0
1996	175.550	90,0

Abb. 15: Scheidungsentwicklung in Deutschland

Für die DDR/Ostdeutschland ergaben sich nach dem ersten, das der Bundesrepublik noch übertreffenden Nachkriegs-Scheidungshoch zwischenzeitlich noch wesentlich höhere Scheidungsraten. Dies wurde auf das einfachere Scheidungsverfahren in der DDR sowie darauf zurückgeführt, dass das Werteverständnis im sozialistischen Staat bereits früher der christlich motivierten lebenslangen Eheverpflichtung abhold war. Auch erleichterte die hohe Erwerbsbeteiligung der DDR-Frauen diesen den Absprung in die familiale Ungebundenheit. Im Zuge der Wiedervereinigung sank das Scheidungsverhalten der ostdeutschen Bevölkerung rapide ab, was auf die allgemeine Verunsicherung der Transformation des DDR-Systems in eine Industriegesellschaft nach westlichem Muster zurückgeführt wird. Hierin könnten auch Erfahrungen mit krisenhaften Entwicklungen liegen, die »der ehelichen Gemeinschaft wieder einen größeren Stellenwert für die soziale Absicherung und die Alltagsbewältigung zugewiesen haben« (*Engstler* 1999, 89).

Die insgesamt hohen Scheidungsraten in Deutschland, die ähnlich auch in anderen Industriegesellschaften zu beobachten sind – in England, Dänemark und Skandinavien sogar noch höher liegen (*Hradil* in *Schäfers* 1995, 297), können nicht als Infragestellung und Negierung von Ehe und Familie interpretiert werden. Denn die Wiederverheiratungsquoten Geschiedener sind nach wie vor hoch. Sie liegen für Deutschland bei rund 60% (für das Jahr 1994 je nach Konstellation zwischen 53% und 65%, *Engstler* 1999, 87). Somit ist die hohe Scheidungsrate kein Plädoyer gegen die Ehe, sondern nur gegen den Partner/die Partnerin, mit der man sie geführt hat (*Schäfers* 1995, 128).

3.6.2 Nichteheliche Lebensgemeinschaften

Die Zahl der nichtehelichen Lebensgemeinschaften ist im Zeitraum seit 1970 stark angestiegen. *Beck* (1986, 163) spricht von 1 bis 2,5 Millionen in solchen Dauerpartnerschaften lebenden Personen. Geht man von 1,5 Millionen nichtehelicher Lebensgemeinschaften aus, machen diese unter den rund 20 Millionen verheirateten Paaren etwas über 7% aus (und von den 37 Millionen deutschen Haushalten 4,5%). Bei 2 Millionen nicht verheirateten Paaren beträgt der Anteil 10% der Verheirateten. In den skandinavischen Ländern sind nichteheliche Lebensgemeinschaften mit bis zu 20% aller Paare wesentlich verbreiteter. Am stärksten verbreitet ist die nichtehelich Lebensgemeinschaft (je nach Zungenschlag auch »wilde Ehe«, »Ehe ohne Trauschein«, »Onkelehe«, »Konkubinat« oder »Kohabitation« genannt)

- in höheren Bildungsschichten,
- bei beiderseitiger Erwerbstätigkeit der Partner und im
- großstädtischen Milieu (*Peuckert* 1996, 76 f.).

Es werden fünf unterschiedliche Anlässe für die Bildung nichtehelicher Lebensgemeinschaften und damit Typologien benannt (*Ehmann* 1988, 17 f.; *Peuckert* 1996, 76):

- das *Moratorium*: Die Lebensgemeinschaft wird als Probezeit für eine erst später einzugehende Eheschließung aufgefasst, also als Durchgangsstadium. Dieses Moratoriumsanliegen charakterisiert über 50% der nichtehelichen Lebensgemeinschaften, von denen die Hälfte nach vier Jahren Dauer in eine Ehe mündet;
- die *Schokoladenseite*: Die Partnerschaft soll nur so lange aufrecht erhalten werden, wie sie von beiden Seiten als angenehm und befriedigend erlebt wird. Hier liegen hedonistische Lebensvorstellungen zugrunde. Man möchte

an einer personalen Beziehung auf Dauer nicht arbeiten, lehnt partnerschaftliche Beziehungsarbeit ab. Solche »Schokoladen«-Gemeinschaften münden oft in neue Gemeinschaften (Fortsetzungs-Partnerschaft);
- die *Frust-Absicherung:* Vor einer Eheschließung wird zurückgeschreckt, da das Scheitern einer Ehe befürchtet wird; man hat möglicherweise im eigenen Umfeld Scheidungen erlebt und möchte sich selbst solche Enttäuschungen ersparen;
- der *Utilitarismus*: Die nichteheliche Lebensgemeinschaft wird aus wirtschaftlichen Erwägungen geschlossen. Man kann beim Zusammenleben in einem gemeinsamen Haushalt fixe Kosten sparen. Ein ähnliches pekuniäres Motiv liegt jenen Gemeinschaften zugrunde, die sich Sozialleistungen aufrecht erhalten wollen, die bei einer Eheschließung verloren gingen oder gekürzt würden;
- die *echte Alternative*: Hier wird eine Ehe grundsätzlich als unerwünschte Fesselung abgelehnt, weil sie mit ihrem Bestandsschutz und ihrer Verrechtlichung die Partner nicht mehr so sehr zu einem partnerschaftlichen, aufeinander bezogenen Verhalten motiviere, wie die freie Lebensgemeinschaft, aus der bei auf Dauer unbefriedigender Situation der leichte Ausstieg möglich ist. Die Alternativ-Sicht liegt bei weitem in der Minderheit.

Die mit ihrer Lebensgemeinschaft und dem Nichteingehen einer Ehe die Institution der Ehe grundsätzlich Ablehnenden dürften wiederum nur unter 10% (laut *Kaufmann* 1990, 93, sogar nur 6,4%) derer betragen, die eine nichteheliche Lebensgemeinschaft eingehen – mithin also nur etwa 1% aller in ehelichen oder nichtehelichen Partnerschaften Lebenden. Vielfach fordern Anhänger von nichtehelichen Lebensgemeinschaften für ihre Partnerschaft gleiche oder ähnliche (steuer-, sozial-)rechtliche Vergünstigungen, wie sie der Gesetzgeber Ehe und Familie hat zuteil werden lassen. Zumindest für diejenigen, die die Ehe prinzipiell negieren, ist diese Position nicht ganz schlüssig: Man würde mit rechtlich sich positiv auswirkenden Anerkennungen der freien Gemeinschaft ja dann doch in ein Regelsystem hineinschlittern, das man nicht haben will. Die rechtlich verfasste nichteheliche Lebensgemeinschaft ist dann keine Alternative mehr zur Ehe (allenfalls eine graduelle Variante mit vielleicht anderen Zahlengrößen und Prozentsätzen).
In ihrem oft mehrjährigen Verlauf ist die nichteheliche Lebensgemeinschaft von folgenden Momenten gekennzeichnet (*Peuckert* 1996, 80 ff.):

- Es gilt in der nichtehelichen Lebensgemeinschaft für die Partner, ein Gleichgewicht zu finden zwischen Freiheit voneinander und Bindung aneinander;
- man wünscht und realisiert zumeist auch einen privaten Rückzugsraum für jeden der beiden Partner;
- man baut sich ein Netz aus gemeinsamen Freunden und Bekannten auf, die einem in Not- und Bedarfsfällen auch mit Rat und Tat hilfreich sein können,

wobei bei schweren gesundheitlichen Bedarfen aber eher auf die jeweilige Herkunftsfamilie zurückgegriffen wird;
- Konflikte versucht man im Bemühen umeinander kommunikativ zu lösen (weniger beim Schokoladenseiten-Typ);
- mündet die nichteheliche Lebensgemeinschaft in eine Ehe, unterliegt diese einem höheren Scheidungsrisiko. Die Begründung für dieses vielfach beobachtete Phänomen liegt in der Tatsache, dass Lebensgemeinschafts-Persönlichkeiten der Ehe grundsätzlich eine geringere Bedeutung beimessen als Personen, die von Anfang an eine Ehe befürworten und schließen. Ziehen nun Wolken auf, neigen diese der Ehe labiler gegenüber stehenden Gemeinschafts-Persönlichkeiten zur schnellen Aufkündigung, arbeiten weniger beharrlich an und zu ihrem Bestand.

3.6.3 Singularisierung mit und ohne Kind

Die Vielschichtigkeit der familialen Aufgaben, die sich oft einander nahezu ausschließen (man denke nur an Unvereinbarkeiten von Außen- und Binnenbereich), legen nach Ansicht einiger Beobachter die Vereinzelung ihrer Mitglieder nahe. Wenn man familialen, beruflichen und freizeitorientierten Rollen schon nicht miteinander Rechnung tragen kann, alleine mag dies gelingen. So sprach bereits die marxistische Familiensoziologie von der Atomisierung der Mitglieder der Familie. Die Auswechselbarkeit der »sozialen Atome«, zu welchen die Familienmitglieder würden, liege nach der Entfunktionalisierung der produktionsorientierten Familie in der rein zweckhaften bürgerlichen Tauschgesellschaft nahe. Absehbar werde »der Rückfall in die Barbarei durch Atomisierung und Dissoziation« (*Adorno/Horkheimer* in Familiensoziologie 1980, 67 ff.).

In der Tat wird eine Zunahme von Ein-Personen-Haushalten festgestellt. Lag ihr Anteil an allen Haushalten im Jahre 1961 noch bei rund 21%, so betrug er 20 Jahre später 1981 bereits 3%, 1987 dann 33,4% und liegt 1996 bei 35% Single-Haushalten. Nun bilden nicht nur Alleinlebende im eigentlichen Familien-Phasen-Alter Single-Haushalte. Geschätzt wird zum einen, dass ein Viertel der Singles im eigentlichen Familienalter zwischen 18 und 55 Jahren de facto in Partnerschaften mit jeweiligem eigenem Wohnsitz leben (sogenanntes *living-apart-together – Geißler* 1996, 325; vgl. auch Teil 3.6.5). Dies ist jedoch statistisch nicht erfassbar und erhöht den Anteil der Singles gegenüber den Partnerschaften. Sodann werden als Singles genauso unverheiratete, geschiedene und verwitwete Menschen jenseits des eigentlichen Familienphasen-Alters in der postparentalen und in der Alten-Phase gezählt. Bei alleinlebenden Alten ist das *living-apart-together* wegen lebenslang internalisierter, individueller Gewohnheiten und wegen zu mutmaßender zeitlicher Instabilitäten sogar empfehlenswert Die starke Zunahme von Ein-Personen-Haushalten lässt darauf schließen, dass der Single zu einem eigenständigen Lebens- und Verhaltenstyp geworden ist: Singularisierung als zumindest zeitweise bindungsloser Lebensentwurf, der freilich vorübergehende kurzfristige Bindungen, ja sogar das Gebären und/oder Aufziehen eines Kindes durch den Ein-Eltern-Single nicht ausschließt (*Beck* 1986, 199). Immerhin macht der Anteil der von Anfang an allein lebenden Ein-Eltern an den Alleinerziehendenfamilien 30% aus (vgl. Teil 3.7.4). Besonders verbreitet ist die Singularisierung im oberen, großstädtisch-urbanen Lebensmilieu und unter dem individualistischen Privatheitstyp (gegenüber der traditional-familialen Familienorientierung – vgl. Teil 3.3). Die Grundfigur der »durchgesetzten Moderne« mit ihren die Familie nicht berücksichtigenden Berufs-Rollenzwängen sei geradezu der oder die Alleinstehende (*Beck* 1986, 199):

»Dieser Widerspruch zwischen Arbeitsmarkt und Familie (oder Partnerschaft ganz allgemein) konnte so lange verdeckt bleiben, wie Ehe für Frauen gleichbedeutend war mit Familienzuständigkeit, Berufs- und Mobilitätsverzicht. Er bricht heute in dem Maße auf, in dem die Teilung von Berufs- und Familienarbeit in die Entscheidung der (Ehe)Partner gelegt wird. Mit dieser marktkonformen Interpretation der Gleichheitsforderung erfaßt die Individualisierungsspirale immer stärker die Beziehungen zwischen Männern und Frauen. Daß dies nicht nur ein Gedankenexperiment ist, zeigen die sprunghaft ansteigenden Zahlen für Ein-Personen-Haushalte und alleinerziehende Mütter und Väter im internationalen Vergleich.«

Fall Christine

Marion Kraushaar ist nicht durch die Konzipierung des Entwurfs einer Alleinlebenden durch sich selbst, sondern durch äußere Umstände zur Single-Mutter geworden. Geringes Zusammenpassen der Berufsrolle (Versetzung) von Herrn Kraushaar mit seinen ehelichen und familialen Verpflichtungen trafen die Familie Kraushaar in der belastenden Phase des Aufziehens von Christine. Andere Familien bewältigen ein solches Zusammentreffen von Schwierigkeiten zwar. Insofern ist von weiteren Konfliktherden der Kraushaar-Ehe auszugehen: Von einer möglicherweise anders gearteten Partnerinnen-Vorstellung bei Herrn Kraushaar Auch mögen die Abneigungen der Eltern von Marion gegen Herrn Kraushaar hineingespielt haben. Die Ein-Eltern-Restfamilie Kraushaar wird Hilfe durch Sozialarbeit/Sozialpädagogik gebrauchen können nach §§ 17, 18 KJHG.

Wie im Fall Christine liegen die Ursachen für Singularisierung und Ein-Elternschaft aber auch in Vorkommnissen im Lebenslauf (Scheidung, Trennung, Verwitwung, nicht zustande gekommene Eheschließung), als dass es sich nur um einen von vornherein geplanten Lebensentwurf handelte. Oder, wie kürzlich ausgedrückt (*Kaufmann* in: Die »postmoderne« Familie 1988, 400):

»So neige ich eher zur Vermutung, dass die zunehmende Häufigkeit von Erziehungsverhältnissen mit alleinerziehenden Eltern sowie von ›Onkel Ehen‹ oder Stiefelternverhältnissen eher ein Verlegenheits- oder Notphänomen darstellt, ein Symptom für die Schwierigkeit, das Ideal einer ›normalen‹ Familienkarriere mit konkurrierenden Karriereansprüchen zu verbinden.«

Auf der anderen Seite nimmt der Lebenszeit-Anteil von Partnern jenseits der Kinderaufzucht-Phase stark zu, also die vorgeburtlichen, postparentalen und Alten-Phasen. Hier nun sind Partner derart stark in familien-fremde (Beruf, Freizeitsektor, Bekannte) Rollen eingebunden, dass ein Wegdriften aus der Partnerschaft ins Single-Dasein nicht auszuschließen ist (zu Problemen und Hilfen von/für Ein-Eltern-Familien vgl. Teil 3.7.9).

3.6.4 Ein Kind oder mehrere Kinder?

Der viel beschriebene Geburtenrückgang hat in der Familie auch dazu geführt, dass der Anteil der Familien, in denen lediglich ein Kind aufwächst, erheblich zunimmt. Während um die Jahrhundertwende die Familien durchschnittlich noch vier Kinder hatten, von denen rund drei das Kindesalter überlebten, liegt heute die durchschnittliche Kinderzahl bei 1,6 Kindern je Familie. Um die Jahrhundertwende kam rund die Hälfte der Familien noch auf vier bzw. über vier Kinder. Von den Familienkindern unter 18 Jahren lebten 1996 bereits 51% als Einzelkinder und wuchsen nur noch 49% in einer Geschwisterreihe von mindestens zwei Geschwistern auf (zehn Jahre zuvor hatte das Verhältnis noch 35% Einzel- gegenüber 65% Geschwister-Kinder betragen). Ein noch stärkeres Missverhältnis zwischen Einzelkindern und Geschwister-Kindern besteht in den Ein-Eltern-Familien. Hier lag im Jahre 1996 das Übergewicht der Einzelkinder gegenüber Geschwister-Kindern bei 68% gegenüber 32% (*Engstler* 1999, 52). Langfristig dünnen sich somit die Seitenlinien von Familien aus. Es ist die Rede von der »Bohnenstangenfamilie«. Heiraten Einzelkind und Einzelkind und zeugen wiederum nur ein Einzelkind, gibt es keine Onkels, Tanten, Vettern und Cousinen mehr.
Wenn über ein Drittel aller Kinder in Familien der Bundesrepublik ohne Geschwister aufwachsen (müssen), so ist dies gewiss nachdenkenswert. Natürlich haben die Eltern bzw. hat der Elternteil für das Einzelkind mehr Zeit, mehr Geld und mehr Zuwendungsmöglichkeiten, die im Falle von Geschwistern auf mehrere Kinder aufgeteilt werden müssen. Die intellektuelle Entwicklung des Kindes ist im Falle des Einzelkindes unter Umständen positiver beeinflussbar, die äußeren Bedingungen für die Entwicklung des Kindes (Wohnraum, finanzielle Möglichkeiten) sind günstiger. Das einzelne Kind dürfte auch als Person deutlicher wahrgenommen werden (*Peuckert* 1996, 108).
Dem stehen jedoch nachteilige Entwicklungen für das Einzelkind gegenüber, die im Falle von Geschwister-Kindern weniger ins Gewicht fallen. Das Einzelkind entbehrt die geschwisterlichen Miterzieher und findet auch kein geschwisterliches Aktionsfeld (Kinder-System), welches dem elterlichen Erziehungsanspruch (Eltern-System) entgegenzusetzen ist. Es besteht auch die Gefahr der Überbehütung (overprotection) des Einzelkindes. Das Einzelkind läuft Gefahr, übermäßig in Erwachsenen-Gesellungen eingebunden zu werden. Auch die Übernahme von Verantwortung in einer größeren Familie, das Erfahren eige-

ner Begrenzungen und das Erlernen von Rücksichtnahme auf andere erfolgt beim Einzelkind nicht so unabweislich wie bei unter Geschwistern aufwachsenden Kindern.
Die angesichts des generativen Verhaltens, das – wie gezeigt – bei über einem Drittel der Familien mit Kindern eben zur Ein-Kind-Familie führt, relativ hohe Zahl von Einzelkindern fordert einen sozialisatorischen Ausgleich durch außerfamiliale Kind-Systeme. Hier sind natürlich in erster Linie Erziehung und Kontakte im Kindergarten, in der Schule sowie in Jugendgruppen zu nennen. Viele Eltern haben aus dem erkannten Defizit die Folgerung gezogen, eigenständig Mutter-Kind-Gruppen oder Mini-Clubs für Kleinkinder zu gründen. Die Bedeutung gleichaltriger Kinder für die Entwicklung bereits im Kleinkind-Alter hat im Bewusstsein der Eltern zugenommen. Je älter die Kinder werden, desto weniger Hilfestellungen werden von den Eltern selbst zur Kontaktfindung ihrer Kinder mit gleichaltrigen Kindern erforderlich. Dennoch wird auch im späteren Kindesalter gerade auch bei Einzelkindern beobachtet werden müssen, ob sie sich an gleichaltrige Kinder und Jugendliche anschließen oder isoliert bleiben. Der Isolation ist ggfs. unter Einschaltung von Erziehungsberatung entgegenzuwirken (Siebter Jugendbericht 1986, 20).

3.6.5 Kombination familialer und familienloser Zeiten

Woran auch immer man das zunehmende Außerkrafttreten familialer normativer Standards misst (an der Zunahme von Scheidungen, an der wachsenden Zahl nichtehelicher Lebensgemeinschaften, an der Vereinzelung und der sinkenden Kinderzahl), immer bleibt festzustellen, dass alte familiale Gewohnheiten im unumkehrbaren Ablauf von Liebe-Ehe-Familie nicht mehr so verbindlich sind wie einst. Die Vielzahl der Anforderungen, aber auch der individuelle Wunsch, sein Leben im Geflecht von Rolleinerwartungen und Rollenverpflichtungen möglichst individuell zu gestalten, führen zu Zufälligkeiten und auch Widersprüchlichkeiten im Gesamt-Lebensablauf des Einzelnen. Einzelne Lebensabläufe werden – vermutlich sogar für das eigene Individuum selbst – immer weniger vorhersehbar, mithin immer zufälliger und immer abhängiger vom beruflichen und partnerschaftlichen Umfeld. Konsequenzen wie Eheschließung, Nicht-Eheschließung, Kinderzeugung, Scheidung, Allein-Leben oder Allein-Erziehen werden gezogen, wie man eine Gleichung mit mehreren Unbekannten löst. Es ist die Rede von der »wachsenden Aleatorik von Lebensläufen« (*Kaufmann* in: Die »postmoderne« Familie 1988, 410). Dabei scheint die traditionale Familie nicht einmal auf der Strecke zu bleiben. Sie wird nur eine von mehreren Möglichkeiten der individuellen Lebensgesellung. Und das aber nicht nur interindividuell, sondern auch innerhalb des Lebenslaufs ein- und desselben Individuums (*Beck* 1986, 188 f.):

»Das Verhältnis von Familie und individueller Biographie lockert sich. Die lebenslange Einheitsfamilie, die die in ihr zusammengefaßten Elternbiographien von Männern und

Frauen in sich aufhebt, wird zum Grenzfall, und die Regel wird ein lebensphasenspezifisches Hin und Her zwischen verschiedenen Familien auf Zeit bzw. nicht-familialen Formen des Zusammenlebens. Die Familienbindung der Biographie wird in der Zeitachse im Wechsel zwischen Lebensabschnitten durchlöchert und so aufgehoben. Unter den austauschbar werdenden Familienbeziehungen schält sich innerhalb und außerhalb der Familie die Eigenständigkeit der männlichen und weiblichen Einzelbiographie heraus. Jede(r) durchlebt jeweils phasengebunden mehrere Teilfamilienleben und auch familienfreie Lebensformen und gerade deswegen mehr und mehr sein eigenes Leben. Also erst im Längsschnitt der Biographie – nicht im jeweiligen Augenblick oder in der Familienstatistik – zeigt sich die Individualisierung der Familie, d. h . die Umkehrung der Priorität von Familie und Individualbiographie (diesseits und jenseits der Familie). Empirisch ergibt sich der Grad der Freisetzung aus der Familie infolgedessen in der lebensgeschichtlichen Zusammenschau der Daten über Scheidung und Wiederverheiratung, vor-, zwischen- und nebenehelichen Formen des Zusammenlebens, die – für sich genommen und auf das Pro und Contra der Familie bezogen – widersprüchlich bleiben. Zwischen die Extreme Familie oder Nicht-Familie gestellt, beginnt sich eine wachsende Zahl von Menschen für einen dritten Weg: einen widerspruchsvollen, pluralistischen Gesamtlebenslauf im Umbruch, zu entscheiden.«

Die Familie ist also nicht vom Aussterben bedroht, sie wird nur in unterschiedlichen Formen und Gestalten praktiziert. Man könnte sagen: Die Familie ist nicht tot, aber sie ist komplizierter.

Dies ist der Fall einmal in zeitlicher Hinsicht, wo es zu einer Abfolge von Familien- und familienloser Zeit sowie von Fortsetzungsehen kommt, und auch in räumlich geographischer Hinsicht mit Partnerschaften nach dem living-apart-together und zur sogenannten Commuter-Familie. Vgl. zur Verteilung der Haushaltsformen auch Abb. 16 »Verteilung familialen und familienlosen Zusammenlebens in deutschen Haushalten 1996« (nach *Engstler* 1996, 48).

<table>
<tr><th colspan="2">Traditional-familiennahe Haushalte in %</th><th colspan="2">Transfamiliale Haushaltsformen in%</th></tr>
<tr><td>Ein-Personen-Haushalte</td><td>35%</td><td>Ein-Eltern-Familien</td><td>6%</td></tr>
<tr><td>Ehepaare mit Kindern</td><td>28%</td><td>Nichteheliche Lebensgemeinschaften ohne Kind</td><td>3%</td></tr>
<tr><td>Ehepaare ohne Kinder</td><td>25%</td><td rowspan="2">Nichteheliche Lebensgemeinschaften mit Kind</td><td rowspan="2">1%</td></tr>
<tr><td>Dreigenerationenfamilien</td><td>1 %</td></tr>
<tr><td>Sonstige (Verwandtschaftshaushalte)</td><td>1 %</td><td></td><td></td></tr>
<tr><td colspan="2">insgesamt 90%</td><td colspan="2">insgesamt 10%</td></tr>
</table>

Abb. 16: Verteilung familialen und familienlosen Zusammenlebens in deutschen Haushalten 1996

Die *Fortsetzungsehe* bedeutet eine erneute Eheschließung nach Scheidung oder Verwitwung, wobei die abermalige Ehe nach Scheidung mit 85% die Wiederverheiratung nach Verwitwung mit 15% erheblich übersteigt. Zu den Wiederverheiratungsquoten Geschiedener vgl. Teil 3.6. 1. Per Wiederverheiratung führen eine Fortsetzungsehe insbesondere

- Frauen mit Kindern, sogar gerade bei mehr als zwei Kindern; hier macht sich bei Partnerverlust besonders eine kompensatorische Strategie zur Wieder-Komplettierung der Teilfamilie bemerkbar;
- Männer mit höherem Bildungs- und Sozialstatus; sie haben hohe Chancen, nochmals eine Ehepartnerin zu finden;
- Frauen und Männer, je jünger sie sind; die Wiederverheiratungschancen sinken mit zunehmendem Alter;
- entgegen der Annahme höherer Wiederheiratschancen von Männern haben Männer und Frauen nahezu gleich gute Chancen zu einer weiteren Ehe.

Das »getrennte Zusammenleben« oder das *living-apart-together* bedeutet räumlich getrenntes Wohnen eines sich als zusammengehörend fühlenden Paares (*Peuckert* 1996, 93). Dies ist natürlich eine subjektiv getönte Feststellung und hängt von der Definition darüber ab, ab wann man sich bereits als Paar und nicht mehr als Single fühlt. Ein gewisse Verbindlichkeit des Miteinander muss gewollt sein. Vielfach wird das getrennte Zusammenleben als Vorstufe einer nichtehelichen Lebensgemeinschaft aufgefasst (und diese wiederum als Vorstufe zu einer Ehe). So wird die Abfolge Getrenntes Zusammenleben-Nichteheliche Lebensgemeinschaft-Ehe zu einem nicht mehr unüblichen Lebensentwurf. Das getrennte Zusammenleben ist daher eine verbreitete Lebensform während der ja weit in die Postadoleszenz hineinreichenden Ausbildung. Zum anderen wird das getrennte Zusammenleben auch zu einem Modell für ambitionierte, karriereorientierte Frauen. Charakteristika für das getrennte Zusammenleben sind:

- eine als fest definierte Bindung des Paares aneinander, das sich aber auch hohe gegenseitige Freiheiten einräumt;
- eine hohe Autonomie der Partner für ihre jeweilige Lebensführung;
- keine Belastung der Partner mit Fragen gemeinsamer Alltagsorganisation;
- man ist frei von arbeitsteiligen Absprachen.

3.6.6 Commuter-Familien

Als Vereinbarung von Karriere- und Familienwunsch ergibt sich bei nicht zu vereinbarenden Arbeitsorten der Ehepartner jüngst die Form der sog. *Commuter-Familie* (vom englischen Begriff für Pendler – *Peuckert* 1996, 217 ff.). Vor allem bei für einen der Ehepartner unergiebigem regionalem Arbeitsmarkt leben die Partner an ihren unterschiedlichen Arbeitsorten – meist die Frau mit dem/den Kind/ern, der Mann ohne das/die Kind/er. Und das in der Absicht, Ehe- und Familienbeziehungen aufrecht zu erhalten. Vorteile sind leichtere Karriereplanung und eine individuellere und freiheitlichere Möglichkeit der Lebensführung. Nachteile sind Desorientierungen in der Paarbeziehung und Isolation der Commuter-Partner in ihrem sozialen Umfeld, in dem sie nur sporadisch gemeinsam auftreten können. Die Paare berichten von ihrer anfänglichen Entfremdung zu Beginn ihrer jeweiligen Wiedertreffen, besonders bei Mehrwochen-Abstand. Dabei stellt sich gern ein Gastgeber-/Besucher-Syndrom ein: In der Gastgeberrolle fühlt sich der Partner mit dem Hauptwohnsitz, in der Besucherrolle der vom Zweitwohnsitz Anreisende. Als kritische Distanz für die Paarbeziehung wird eine Trennung ohne Zusammentreffen von einem Monat und länger angesehen. Am belastendsten ist die Commuter-Situation in der Aufzuchtphase, am leichtesten in der postparentalen Phase. In der Aufbauphase ist die Commuter-Lage nur verkraftbar, wenn bereits beiderseits eine gemeinsame, sinnerfüllende Lebenswelt aufgebaut wurde.

3.6.7 Lebenspartnerschaften Gleichgeschlechtlicher

Zum 1. August 2001 ist es möglich, dass zwei volljährige Personen gleichen Geschlechts offiziell eine Lebenspartnerschaft mit rechtlichen Konsequenzen führen. Dies regelt das Lebenspartnerschaftsgesetz LPartG vom 16.2.2001 (BGBl. 266). Dies ist möglich, wenn die gleichgeschlechtlichen Partner vor der kommunalen Verwaltungsbehörde (Standesamt) erklären, miteinander eine Partnerschaft auf Lebenszeit führen zu wollen. Dies hat dann Konsequenzen für die gegenseitige Unterhaltspflicht, für gegenseitige Erbrechte sowie im Steuerrecht und in ableitbaren Sozialversicherungsansprüchen, aber auch Pflichten im Fürsorgerecht. Bei der die Partnerschaft begründenden Erklärung haben die Partner ihre Vermögensverhältnisse anzugeben. Eine anderweitige Partnerschaft sowie Verwandtschaft in gerader Linie und Geburtsgeschwisterschaft hindern die Partnerschaft. Die Wahl eines gemeinsamen Namens ist möglich. Zur Aufgabe der Partnerschaft ist ein Gerichtsurteil erforderlich. Hier hat der Gesetzgeber den Lebensverhältnissen einer zahlenmäßig mit 40.000 Fällen oder 0,2% zwar nicht bedeutsamen Gruppe von Menschen Rechnung getragen, um ihnen Dauerbindungen zu erleichtern und um sie im Vergleich zu verschiedengeschlechtlichen Personen in Dauerbindung nicht über Gebühr zu diskriminieren. Ob gleichgeschlechtliche Lebenspartnerschaften im Hinblick auf das Ehe- und Familien-Privileg von Artikel 6 Grundgesetz GG analog der Ehe und Familie auszustatten sind, ist eine Frage, über die noch diskutiert werden wird.

3.7 Die Hilfsansätze der Sozialarbeit/Sozialpädagogik für die Familie

Der wachsenden Komplexität, Aleatorik und interindividuellen Differenzierung von familialen Lebensformen haben die Sozialarbeit und die Sozialpädagogik Rechnung, zu tragen. Insofern musste sich die Zahl familialer Hilfsansätze vermehren und differenzieren. Man könnte die Familienhilfen von Sozialarbeit und Sozialpädagogik differenzieren in solche für Voll- und solche für Teil-Familien. Eine solche Differenzierung würde jedoch der Situation auch wieder nicht gerecht. Ganz abgesehen davon, dass viele Hilfen wie die Jugendgerichtshilfe, die Familien-Verbindungen (Familien-Assoziationen) oder das Frauenhaus für Voll- wie für Teil-Familien infrage kommen, sind individuelle Lebensabläufe in ihrem familialen Bezug oftmals so schwer zu orten, dass ein Unterschied der Hilfen in solche für Voll- und Teilfamilien nicht angebracht wäre (teilweises Verlassen der Familie, nebeneheliche Beziehungen, ein sich aus einer Ein-Eltern-Familie anbahnende Stieffamilie, gemeinsame elterliche Sorge bei Getrenntleben oder nach Scheidung usw.). Die familialen Hilfen sind daher nach der jeweiligen familialen Gesellungssituation auszuwählen und auch daraufhin zu variieren. So können Hilfen für Ein-Eltern-Familien durchaus auch infrage kommen für vollständige Familien, in denen sich ein Partner absentiert. Umgekehrt können Hilfsansätze für vollständige Familien entsprechend modifiziert auch der Ein-Eltern-Familie dienen. Deshalb werden die familialen Hilfsansätze in der Folge katalogartig angesprochen.

3.7.1 Die zwanglose Kohäsion der Familie

Es wurde gezeigt, dass die Gemeinschaft Familie in vielen Fällen aufgekündigt wird: Scheidungen, Trennungen und Auseinanderdriften der Mitglieder von Familien sind zu beobachten. Andererseits wird in einer ebenfalls nicht zu vernachlässigenden Zahl von Fällen eine Familie erst gar nicht im vollen Mitgliederbestand gegründet: Es gibt Alleinlebende, nichteheliche Lebensgemeinschaften sowie Ein-Eltern-Familien. Der Zusammenhalt oder die Kohäsion der Mitglieder ist nicht durchweg so stark, als dass eine Familie über den gesamten Lebenslauf ihrer Mitglieder Bestand haben würde. Die Vermutung geringen Zusammenhalts mag vor der Bildung einer Familie zurückschrecken.

Aber auch da, wo Familien bestehen, mag der Zusammenhalt eher äußeren Zwängen zuzuschreiben sein als der inneren, bejahenden Einstellung ihrer Mitglieder zum Miteinander entspringen. Äußere Zwänge zum Aufrechterhalten der familialen Gemeinsamkeit können in finanziellen Momenten liegen oder aber im rigiden Festhalten an familialen Werten (Scheidungstabu oder aber Nicht-Finanzierbarkeit von Haushaltstrennungen und/oder Scheidungskosten bzw. Scheidungsfolgekosten). In diesen Fällen ist von *zwanghafter Kohäsion* der Familie die Rede. Geschätzt wird, dass etwa 20% der Familien nach dem Muster solch zwanghaften Zusammenhaltes existieren (*Neidhardt* in: Frühkindliche Sozialisation 1979, 183). Solcher ihre Mitglieder vor allem psychisch sehr stark belastenden zwanghaften Kohäsion wird die *zwanglose Kohäsion*, der freiwillige Zusammenhalt der Familienmitglieder, als wünschbar gegenübergestellt. Etwa vier Fünftel der Familien besitzen einen solchen freiwilligen, das Miteinander bejahenden Zusammenhalt. Unter zwangloser Kohäsion werden verständlicherweise die Aufgaben der Familie, vor allem Sozialisation und emotionaler Spannungsausgleich, am besten bewältigt. Damit eine Familie jedoch zwanglos zusammen hält, müssen Voraussetzungen erfüllt sein (vgl. Abb. 17 »Die zwanglose Kohäsion der Familie«): Die Familie muss

- strukturflexibel sein,
- in ihr muss Systemtransparenz herrschen,
- sie muss umweltoffen sein und
- ihre Mitglieder müssen ständig zu Balanceakten fähig sein (vgl. Abb. 17 »Die zwanglose Kohäsion der Familie«).

Strukturflexibilität bedeutet, dass ihre Mitglieder im Innern den ständigen Veränderungen gegenseitig Rechnung tragen: Kinder werden älter, selbständiger, erwerben mehr Rechte, haben aber auch mehr Pflichten zu erfüllen, § 1626 BGB. Auch die Erwartungen der Eltern aneinander wandeln sich – etwa deswegen, weil sie mit dem Größerwerden der Kinder wieder mehr Zeit füreinander haben. Diesen Veränderungen hat die Familie wie wenig andere Institutionen durch ständiges Um- und Neu-Definieren der Erwartungen und Pflichten ihrer Mitglieder Rechnung zu tragen (*Neidhardt* in: Frühkindliche Sozialisation 1979, 180 ff.). Für die Eltern bedeutet Strukturflexibilität, dass sie ihren Kindern gegenüber das Ausmaß affektiver Zuwendung zunehmend dosieren, die Zumutungen an die Leistungen der Kinder verstärken, gleichzeitig aber den elterlichen Führungsanspruch zurücknehmen (sozusagen die Grenzpfähle verrücken). Ohne eine solche strukturflexible elterliche Haltung würden die Kinder im Gewinn ihrer Selbständigkeit behindert und in der Übernahme von Erwachsenenrollen gefährdet. Auch das Loslassen-Können der Kinder gehört zur Strukturflexibilität. So fordert es auch § 9 Ziff. 2 KJHG für Jugendhilfe-Maßnahmen.
Alten, zunehmend hilfsbedürftigen Eltern gegenüber bedeutet Strukturflexibilität, dass die erwachsenen Kinder aus dem Status, nach dem sie von den Eltern Hilfe annehmen, herausfinden und nun umgekehrt ihren Eltern Hilfe zuteil werden lassen können. Alte Eltern sollten die Fähigkeit erwerben, diese Hilfe auch annehmen zu können.

Unter *Systemtransparenz* versteht man die Fähigkeit der Mitglieder der Familie, sich wechselseitig ihre Bedürfnisse mitzuteilen und auch wahrzunehmen, inwiefern man seine Bedürfnisse gegenseitig befriedigt bzw. inwieweit hier Defizite im Familiensystem bestehen. Dies setzt einen Austausch über die in der Familie stattfindenden Beziehungen voraus, eine Metakommunikation: Also eine Kommunikation über die in der Familie ablaufenden bzw. unterdrückten Kommunikations- und Beziehungs-Prozesse. Die Offenheit der Aussprache der Familienmitglieder über ihre innerfamilialen Beziehungen darf nicht eingeschränkt werden. Kein Thema (z. B. Sexualität, Zärtlichkeiten) darf ausgeschlossen oder tabuisiert sein. Meinungsverschiedenheiten bei solchen Metakommunikations-Prozessen müssen toleriert werden. Die Mitglieder dürfen sich hierbei nicht unter Meinungsdruck setzen. Auch darf dieser Gesprächsprozess nicht durch ein einseitiges Autoritätsgefälle schieflastig beeinflusst werden (*Neidhardt* a. a. O., 177 ff.). Gespäche zwischen Gatten sollten regelmäßig – am besten wöchentlich zu einem festen Termin – stattfinden. Jeder Partner sollte sich gleich lang äußern dürfen, hilfsweise jeweils eine bestimmte Zeitlang. Ausgehen sollte jeder in seinem darbietenden »Selbstporträt« von der Frage »Was bewegt mich derzeit am stärksten?« bzw. »Wie fühle ich mich?«. Nicht zulassen sollten Partner Vorwürfe, Bedrohungen, bohrende Fragen, Bedrängen seitens des anderen sowie das Verdrängen der mitgeteilten Einlassungen. Zu geringe innerfamiliale Systemtransparenz kann bei den Kindern dazu führen, dass ihre Ansätze zum Identitätsgewinn gestört werden und sie sich außerfamilial in ihrer Fähigkeit zur Meinungsäußerung behindert fühlen. Im Verhältnis zu den alten Eltern dürfte es unter anderem darauf ankommen, Meinungsverschiedenheiten bezüglich der Enkelerziehung zur Sprache zu bringen. Nicht selten haben erwachsene Kinder und alte Eltern durch intergenerationelle Mobilität einen unterschiedlichen Bildungsstatus, der die Beziehungen belasten kann. Über ein solches Bildungsgefälle ist zu reden, eine reife filiale Haltung der »aufgestiegenen« Kinder müsste es ausgleichen können.

Umweltoffenheit benötigt jede Familie, um sich mit Institutionen, die für ihre Aufgabenerfüllung wichtig sind, verständigen zu können und deren Hilfen auch abrufen zu können. Das geht – im familialen Phasenzyklus gesehen – von Kinderkrippen und Kindergärten über Schulen, Jugendgruppen, Nachbarschaftsvereine, Krankenhäuser bis zu Sozialstationen und Altenheimen, mit welch letzteren kommuniziert werden muss, wenn Angehörige der Großeltern-Generation von der Familie aus zu versorgen sind. Die Umweltoffenheit der Familien ist entsprechend der Schichten-Lage der jeweiligen Familie unterschiedlich hoch. So wird für Familien der Unterschicht von eingeschränkten Umweltkontakten gesprochen; Familien höherer Schichtenlagen besitzen dagegen eine größere Umweltoffenheit (*Neidhardt* a.a.O., 173 ff.). Kinder erleiden bei geringerer Umweltoffenheit Erfahrungsdefizite, da sie weniger Gelegenheit haben, mit Fremden in Kontakte zu treten. Randgruppeneltern, die negative Erfahrungen mit öffentlichen Einrichtungen gemacht haben, geben diese sogar an die Kinder weiter, so dass sich umwelt-verschlossene Einstellungen weiter tradieren (*Oswald/Müllensiefen* 1985, 72). Gerade auch für Hilfen an im erweiterten Kernfamilienverband verbleibende ältere Menschen ist Umweltoffenheit sehr wichtig. Bei zu geringen Außenkontakten in Richtung auf Altenhilfsdienste würden nämlich die alte Menschen innerfamilial pflegenden Familienpersonen überlastet, was bis zur Zerrüttung des Familiengefüges gehen kann.

Vor allem in familialen Belastungssituationen wie der Phase der Kinderaufzucht ist es erforderlich, dass die Familienpersonen immer wieder ihre Arbeitsteilung und ihre Erwartungen aneinander neu aushandeln und entsprechend einander anpassen (*Kaufmann* 1990, 98). Sie müssen in der Lage sein, regelrecht *Balanceakte* zu vollbringen. Aufgabenverteilungen, wie sie auch vorgenommen werden, werden zunehmend begründungsbedürftig (*Rerrich* 1988, 128 f.); dies vor allem dann, wenn die Ehefrau für eine gewisse Zeit in der traditionalen Rolle der nichterwerbstätigen Familienmutter verbleibt:

»Die ehemals selbstverständliche Lebensform, das traditionell strukturierte Familienleben, wird dann zu einer Wahl- und Entscheidungsmöglichkeit für einen begrenzten Lebensabschnitt. Die beabsichtigte zeitliche Befristung verschärft noch die Konflikthaftigkeit. Denn nunmehr ist von Frauen und Männern nicht nur verlangt, eine einmal begonnene Aufgabenteilung ein Eheleben lang durchzuhalten. Verlangt ist nun das erheblich Schwierigere: Ein situationsspezifisches Aushandeln der Erwartungen aneinander, die Fähigkeit, Alltagsgepflogenheiten immer wieder neu zu definieren, psychische Orientierungen immer wieder neu aufeinander abzustimmen. Wenn es den Subjekten nicht gelingt, ihre Pläne zu realisieren, beispielsweise die Rückkehr der Frau ins Erwerbsleben, kommen zusätzliche Belastungen hinzu. Es ist nämlich keineswegs selbstverständlich, daß die emotionalen Fähigkeiten der Familienmitglieder immer mit den Veränderungen Schritt halten können: Die gewachsene Möglichkeit und Notwendigkeit, immer wieder auszuhandeln, was aktuell die »gemeinsame Sache« der Familie sein soll ... Anders gesagt: Das Leben in der traditionellen Familie heute verlangt von Frauen und Männern neue und komplizierte psychische Balanceakte. Je stärker andere Lebensformen als gesellschaftlich ebenso legitim akzeptiert werden, desto stärker wird die traditionelle Form begründungsbedürftig, desto wahrscheinlicher ist es, daß seitens der Subjekte in traditionellen Strukturen Bedürfnisse geweckt werden, die von der Traditionalität wegführen, etwa im Hinblick auf Konsummöglichkeiten, Freizeitgestaltung und innereheliche Aufgabenteilung.«

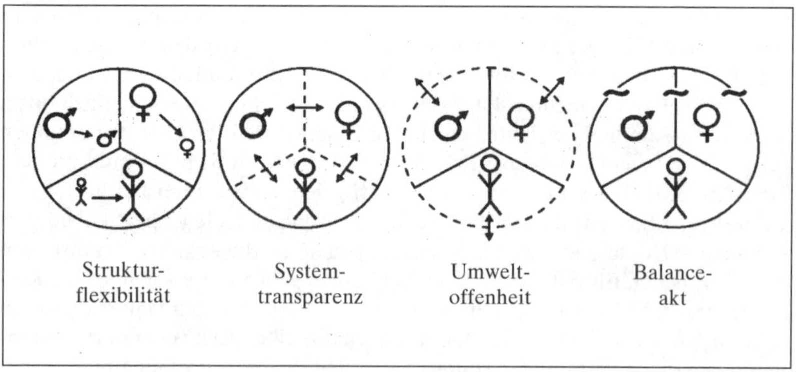

Abb. 17: Die zwanglose Kohäsion der Familie

3.7.2 Familien-Assoziationen

Angesichts der Nachteile der Kernfamilie wurde und wird immer wieder vorgeschlagen, mehrere Familien sollten ihre Belastungen teilen und ihre Kräfte zusammenwerfen und mithin effektiver füreinander werden lassen. Dies ist sowohl angesichts der Vielfach-Belastungen der Familie vorgeschlagen worden (Teil 3.4.3), als auch im Hinblick auf das Fehlen geschwisterlicher Miterzieher in der Ein-Kind-Familie (Teil 3.6.4) propagiert worden. Durch arbeitsteiliges Wirtschaften und gemeinsames Erziehen mehrerer Kernfamilien könne, so lauten die Vorschläge, die Überlastung berufstätiger Mütter reduziert werden bzw. die frustrierenden Enttäuschungen nichtberufstätiger Mütter über die Fixierung in einem Klein-Personenverbund ausgeglichen werden. Die Beziehungen würden angereichert, für die Kinder eines solchen Mehrfamilien-Großhaushaltes stünden mehr Sozialisationsfiguren als in der traditionalen Kernfamilie zur Verfügung. Die Sozialisation werde lebenswirklicher als in künstlichen, sekundären Institutionen mit ihrer Ferne zur Lebenswelt, in die die Kinder berufstätiger Mütter während der Erwerbsarbeit der Mütter gebracht würden. Außerdem sei die quantitative außerhäusliche Versorgung für Kleinkinder bis zum Alter von drei Jahren, also vor dem Kindergartenalter, völlig unzureichend, da nur für 4% der Kinder dieser Altersstufe ein Krippenplatz, nur für 5% Pflegestellen bereitstünden. Die Lösung seien eben neben Mütter-Kind-Gruppen auch Mehrfamilien-Großhaushalte (*Beck* 1986, 203; *Liegle* in: Die »postmoderne« Familie 1988, 111 ff.). Die familialen Aufgaben sollten sozusagen familienübergreifend wahrgenommen werden. Hierzu gehören neben der hauswirtschaftlichen Güter- und Dienste-Produktion auch Sozialisation und Erziehung, aber auch die Altenbetreuung. Staatliche Subventionshilfen sollten ein Interesse an dieser unmittelbaren Aufgabenübernahme im groß-familialen Raum dokumentieren und einen Ausgleich für die Entlastung der Institutionen im öffentlichen Sektor darstellen. Die Familie könne so bereichert und wiederbelebt werden (*Liegle* in: Die »postmoderne« Familie 1988, 114):

»Freie Assoziationen von Familien stellen einen – durch unterschiedliche Motive, Zielsetzungen und Organisationsformen bestimmten – Typus einer familialen Lebensform dar, der Elemente der alten Körperschaft (Personenbezogenheit, Lebensweltlichkeit) mit Elementen moderner korporativer Akteure (Zweckrationalität) verbindet; der organisierte, aber freiwillige Zusammenschluß einzelner Körperschaften der alten Form zum Zweck z. B. gemeinsamer Haushaltsführung und/oder Kindererziehung begründet eine neue, (post-)moderne Qualität von ›Familie‹, für welche die typischen Trennungslinien zwischen Personen und Positionen, Sozialintegration und Systemintegration, Privatheit und Öffentlichkeit nicht mehr gelten. Eine grundsätzliche gesellschaftliche Legitimation dieser familialen Lebensform – jenseits der Freiheit der Selbstbestimmung im Rahmen pluralisierter Lebensentwürfe – steht und fällt mit der Gültigkeit der Prämisse, daß ›assoziative Akteure‹ dieser Art die Struktureinheiten bilden, auf welchen die Gesellschaft der Zukunft beruht.«

Nicht selten sind solche Vorschläge großfamilialer Zusammenschlüsse mehrerer nichtverwandter Personen und Haushalte bzw. solcher Familien-Assoziationen als sozialromantisch bezeichnet worden. Gewiss setzen sie ein hohes Maß an Toleranz gegenüber Andersartigkeiten im intimen familialen Leben voraus und auch eine Bereitschaft zu Absprachen und Arbeitsteilung. Die psychischen Belastungen angesichts von aufeinanderprallenden, unterschiedlichen Normen- und Wertevorstellungen sowie bei immer wieder erforderlichen Aussprachen und Diskussionen sind hoch. Auch die vom Erwerbsleben geforderte geographische Mobilität lässt sich nicht immer in Einklang mit der Führung eines Großhaushalts bringen, der ja eben auch einen fixen geographischen Standpunkt voraussetzt. Auch scheitern Pläne großfamilialer Haushalte daran, dass für sie oftmals nicht der geeignete Wohnraum zur Verfügung steht. Gleichwohl mag die Zukunft ein Ansteigen von teilweise nicht verwandten Großfamilien-Haushalten bringen, nicht zuletzt dadurch, dass viele jüngere Personen durch nichteheliche Lebensgemeinschaften oder Wohngemeinschaften viel stärker auf ein intimeres Miteinander hinsozialisiert sind, als dies in früheren Zeiten der Fall war. Gleichwohl werden Freiheitserwartungen, Mobilitätszwänge sowie ungeeignete wohnliche Voraussetzungen auf kürzere Zeit betrachtet nicht allzu viele Familien-Assoziationen entstehen lassen.

3.7.3 Stieffamilien

Durch Trennungen, Scheidungen und Verwitwungen und anschließendes Wiedereingehen einer Partnerschaft bzw. einer Ehe entstehen neue Familienkonstellationen. Sie sind zahlreich: In der Bundesrepublik leben heute etwa 2,6 Millionen Familien, in denen einer der Ehepartner bereits einmal verheiratet war. Zwischen 40 und 50% der Kinder, die gegenwärtig geboren werden, werden nach Schätzungen nicht in der Familie aufwachsen, in die sie hinein geboren wurden. Das Familienrecht trägt dieser Entwicklung Rechnung und gibt dem in dieser Funktion für längere Zeit vorhandenen Stiefelter in § 1685 Abs. 2 BGB ein Umgangsrecht. Diese neuen Familien mit teilweise »familialer Vergangenheit« wurden typisiert (*Krähenbühl* u.a. 1986, 26 ff.). In der Typologie werden vier Stieffamilientypen unterschieden: Die Stiefmutterfamilie, die Stiefvaterfamilie, die zusammengesetzte Familie und die Stieffamilie mit gemeinsamem Kind bzw. gemeinsamen Kindern.

Dabei zieht in der *Stiefmutterfamilie* zum geschiedenen Vater mit Kind oder zum verwitweten Vater die neue (Stief-)Mutter. Im Fall der Scheidung ist die Stiefmutterfamilie bislang noch nicht so häufig, weil allgemein nach Scheidungen eher den Müttern das Sorgerecht zugesprochen wurde. Das Kind/die Kinder ist/sind Bindeglied zwischen dem alten und dem neuen familialen Verband. Die Stiefmutter darf hier nicht einfach die leibliche Mutter ersetzen wollen, was oft fälschlich erwartet wird. Emotional muss Vertrauen nämlich erst wachsen. Im Falle einer Scheidung mit väterlichem Sorgerecht sollte die leibliche Mutter ihre Rolle vor dem Hintergrund eines veränderten familialen Organismus neu definieren. Viel hängt in diesem Fall auch davon ab, ob der Vater sich mit seiner früheren, jetzt von ihm geschiedenen Frau über die Erziehung verständigen kann.

Bei der *Stiefvaterfamilie* tritt ein Mann zu einer Frau mit einem Kind/mit Kindern hinzu, was relativ oft vorkommt, weil im Falle von Scheidungen die Mütter häufiger das Sorgerecht zugesprochen erhalten. Hier muss der Vater seine Vater-Rolle vor dem Hintergrund einer neuen Familie definieren. Auch der Stiefvater darf nicht einfach Vater sein wollen. Das Kind akzeptiert den Stiefvater allgemein eher als eine Stiefmutter. Schwierig ist es für ihn, mit dem ihm schnell anhaftenden Bild des »strengeren« Erziehenden fertig zu werden. Auch findet er weniger Anerkennung in seinem personalen Umfeld für die von ihm übernommenen Vater-Funktionen als dies eine Stiefmutter für ihre eingegangenen Mutter-Verpflichtungen findet.

Bei *zusammengesetzten Stieffamilien* kommen die neuen Vater- und Mutter-Figuren mit ihren jeweiligen (alten) Kindern zusammen. Hierbei werden zwei bisherige familiale Teilsysteme aufeinandertreffen. Beide (neuen) Partner sind bereits leiblicher Elter gewesen, müssen aber beide die für sie neue Stiefelternschaft erlernen: Sie sind Experten und Anfänger zugleich. Dennoch ist hier relativ viel an Konfliktstoff vorhanden, da »zwei ehemals voll funktionsfähige Teilsysteme mit ihren unterschiedlichen Lebensstilen, Normen und Regeln aufeinandertreffen« (*Krähenbühl* u. a. 1986, 30). Hier ist viel an Toleranz, an Kreativität und an Konfliktfähigkeit gefordert. Wichtig ist eine gute Kooperation der neuen Partner.

Bei der *Stieffamilie mit gemeinsamem Kind/gemeinsamen Kindern* können alle drei vorgenannten Typen Ausgangssituation der neugebildeten Familie sein. Durch das Vorhandensein eines weiteren, eigenen Kindes der neuen Partner wird die Stieffamilieneinheit zur vollständigen Familie, was jedoch seine Gefahren hat: Einmal für die »mitgebrachten« Kinder, die Gefahr laufen, hinter dem leiblichen Geschwister der neuen Eltern zurückzustehen. Unter Umständen suchen die Eltern gerade diese Gefahr der Vernachlässigung ihrer mitgebrachten Kinder dadurch auszugleichen, dass sie ihr Kind aus ihrer früheren Verbindung allzu sehr verwöhnen. Auch besteht die Gefahr, dass sie sich gegenseitig den Vorwurf machen, das jeweilige leibliche Kind des anderen Partners zu sehr zu vernachlässigen. Diese Gefahren sollten den Partnern bewusst sein, damit sie sich ihnen stellen können (*Krähenbühl* u. a. 1986, 33):

»Die Erfahrung zeigt, daß das gemeinsame Kind oft die Funktion bekommt, die beiden Familienteile auf eine Einheit zu verbinden. Damit erhält das gemeinsame Kind eine Schlüsseltolle mit allen damit verbundenen Problemen. Für die Mitglieder dieser Stieffamilien kann die Geburt eines gemeinsamen Kindes mit Schwierigkeiten und Spannungen unter den Familienmitgliedern verbunden sein. In einer Stiefmutterfamilie kann sich z. B. das leibliche Kind des Vaters durch das gemeinsame Kind bedroht und an den Rand gedrängt fühlen. Der Vater kann auf die neue Situation mit Schuldgefühlen reagieren, wenn er den Eindruck gewinnt, daß er seinem Kind etwas wegnimmt. Vielleicht versucht er das auszugleichen, indem er sein Kind aus der früheren Ehe verwöhnt. Dies kann wiederum dazu führen, daß seine Frau verstimmt ist und ihm vorhält, daß er sich zu wenig um das gemeinsame Kind kümmert.«

3.7.4 Sozialpädagogische Familienhilfe

Sozialpädagogische Familienhilfe wird seit etwa 1970 insbesondere in Problemfamilien sowie Familien der Unterschicht praktiziert. Der/die Familienhelfer/in verbringt in der Woche etwa 12 bis 19 Stunden in einer Familie, die an der Bewältigung ihrer Aufgaben zu scheitern droht. Ziel ist u. a., die Fremdplatzierung von Familienkindern (Pflegestelle, Heimerziehung) zu vermeiden. Der Familienhelfer rät und hilft der Familie in hauswirtschaftlichen Aufgaben (Hygiene, Ernährung), bei der Erziehung, bei der Anfertigung der Hausaufgaben der Kinder, in Partnerschaftsfragen und bei der Anbahnung und Unterhaltung von Kontakten zu Institutionen wie Kindergarten, Schule, Ärzten und Behörden. Die Familienhelfer haben sich in der bisherigen Praxis – rund 60% der Jugendämter haben inzwischen diesen Dienst eingeführt – aus unterschiedlichen Berufsträgern rekrutiert: Von ehrenamtlichen Helfern über Kinderpflegerinnen, Familienpflegerinnen über Erzieher bis zu Sozialarbeitern/ Sozialpädagogen und Diplom-Pädagogen.
Im neuen KJHG ist die sozialpädagogische Familienhilfe in § 31 aufgenommen; hierbei sind vorgesehen Hilfen bei

- Alltagsproblemen,
- Konfliktlösungen,
- Erziehung und
- Organisations-Kontakten.

Die Chance der sozialpädagogischen Familienhilfe besteht darin, dass der Helfer den Alltag der Familie teilt. Er lernt die Alltagsprobleme unmittelbar kennen und hat dadurch einen Ansatz, Lernprozesse mit dem Ziel der Veränderung der Beziehungen im alltäglichen Zusammenleben in Gang zu setzen. Er kann die Isolation der von ihm betreuten Familie (vgl. die geringe Umweltoffenheit von Unterschichtfamilien, Teil 3.7.1) aufbrechen. Auf der anderen Seite sind die Erlebnisnähe und die emotionale Dichte zur Problemfamilie auch belastend. Ohne freiwillige Mitarbeit der Familie ist die Hilfeform der sozialpädagogischen Familienhilfe nicht möglich. Rechtsgrundlagen können sein § 31 KJHG sowie (etwa bei Krankheit der Mutter) §§ 38 SGB V und 70 BSHG. Die Arbeit des Familienhelfers ist auf zwei bis drei Jahre Dauer angelegt (*Oswald* 1986, 228). Im Siebten Jugendbericht (1986, 55) wird zur sozialpädagogischen Familienhilfe resümiert:

»Nachdem sich die Wirksamkeit dieser Hilfe erwiesen hat, sollte sie allerdings nicht länger durch Mitarbeiter/innen geleistet werden, die nur vorübergehend aufgabenbezogen angestellt sind, vielmehr als ein Dienst (sozialpädagogischer Familiendienst) mit hauptamtlichen Mitarbeiter(n)/innen institutionalisiert werden.«

3.7.5 Jugendgerichtshilfe

Im Strafverfahren Jugendlicher und Heranwachsender hat das Jugendamt nach § 38 Jugendgerichtsgesetz/§ 52 KJHG dem Richter die *sozialen Gesichtspunkte* im Zusammenhang mit der erhobenen Anschuldigung dem Jugendlichen gegenüber zu erläutern und dem Gericht ein Bild auch über die *Umwelt des Angeschuldigten* zu geben. Es geht also um die Erhellung der sozialen Beziehungen des Jugendlichen bzw. des Heranwachsenden. Hier werden Aussagen über Freunde, Beruf, wirtschaftliche Verhältnisse, Wohnsituation, besonders aber über die familialen Beziehungen, evtl. Ehe und Partnerschaft des Klienten/der Klientin darzustellen sein (*Oberloskamp/Balloff/Fabian* 2001, 75 ff.). Hinsichtlich der Familiensituation der Klienten der Jugendgerichtshilfe ist folgendes erwähnenswert:

- Sozialisation und Einstellung der Eltern des Klienten, insbesondere Auffassung der erzieherischen Aufgabe bei den Eltern;
- Sozialisationsmuster für den Klienten: Wertvorstellungen und Normensystem der Familie, familiale Traditionen in der Herkunftsfamilie des Klienten;
- Verhältnis der Mitglieder in der Herkunftsfamilie untereinander;
- äußere Bedingungen in der Herkunftsfamilie des Klienten: Wirtschaftliche Verhältnisse, Ausgabenplanung, Wohnsituation;
- Außenbeziehungen der Herkunftsfamilie: Nachbarschaften, Beziehungen zu öffentlichen Institutionen, Frage der Isolation.

Neben dieser mehr referierenden Aufgabe wird die Jugendgerichtshilfe auch zu den vom Gericht erwogenen *Maßnahmen Stellung* zu *nehmen* haben. Hier wird sich der Jugendgerichtshelfer damit auseinandersetzen müssen, inwieweit die Familie seines Klienten ihn bei einer Änderung seiner Lebensführung, einer künftigen Abkehr von seitherigem strafbarem Verhalten, unterstützen wird. Auch hier werden Normen- und Werte-Hintergrund der Familie eine Rolle spielen. Dies gilt vor allem für die im Jugendgerichtsgesetz in den §§ 9 bis 12 vorgesehenen Erziehungsmaßregeln wie Weisungen und Erziehungsbeistandschaft. Unter den Weisungen setzen sich Soziale Trainingskurse zunehmend durch. Sie stellen ein offenes pädagogisches Hilfeangebot dar. Ziel ist die kurzzeitige, intensive erzieherische Hilfe zur Konfliktverarbeitung. Die Trainingskurse, bei denen Konflikte des Jugendlichen aufgearbeitet werden sollen und konstruktive Problemlösungsmuster entwickelt werden sollen, setzen die Mitarbeit des Jugendlichen, aber auch das Einverständnis der Personensorgeberechtigten (also in der Regel der Eltern) voraus. Die in der Regel dreiwöchigen Kurse sollen dem Jugendlichen dazu verhelfen, adäquate soziale Verhaltensweisen zu erlernen, insbesondere geregelter Ausbildung/Arbeit nachzugehen, konstruktive Konfliktlösungen zu erproben, gemeinsame Interessen zu entwickeln und unüberlegte, impulsartige Bedürfnisbefriedigungen gerade durch strafbare Handlungen aufzugeben (*Fieseler/Herborth* 2001, 312).

3.7.6 Intergenerationelle Hilfssysteme zwischen Jung und Alt

Bereits bei der Darstellung der Entwicklung zur (erweiterten) Kernfamilie hin (Teil 3.1) wurde darauf hingewiesen, dass zwischen erwachsenen Kindern und alten Eltern durchaus auch bei getrennten Haushalten noch intensive Beziehungen bestehen, die die gegenseitige Hilfe einschließen (*Rosenmayr/Rosenmayr* 1978, 187). Hierbei ist von regelrechten intergenerationellen Hilfssystemen die Rede. Dabei werden in gehobenen Schichten eher finanzielle Leistungen sowie Hilfen beim Anknüpfen von Beziehungen gegeben, in unteren Schichten eher praktische Hilfen mit Arbeits- und Dienstleistungen.
Die Richtung der Hilfeleistung erfolgt bei noch jüngerem Alter der älteren Generation mehr in der Richtung von Alt zu Jung, später hingegen bei Hilfsbedürftigkeit der Eltern von Jung zu Alt. Wertemäßig ist die Hilfe von Alt zu Jung stärker begründet und auch durch lange elterliche Rollenverinnerlichung stärker ansozialisiert als die umgekehrte Hilferichtung von Jung zu Alt.
Hierin liegt auch ein *Konfliktmoment* dieser intergenerationellen Hilfssysteme: Dass sich nämlich die alten Eltern – und sei es nur unbewusst – gegen Hilfen von ihren Kindern sperren, weil dies nicht in ihr Lebenskonzept passt. Auch mag es Kindern Schwierigkeiten bereiten, die Eltern, die sie ein Leben lang dominant erlebten, jetzt hilfebedürftig zu erleben. Weitere Konflikte im intergenerationellen familialen Beziehungsfeld können Bildungsunterschiede sein. (hervorgerufen durch Bildungs-Aufstiegsmobilität der Kinder), Missbilligung der Schwiegerkinder, unterschiedliche Vorstellungen über die Erziehung der Enkel und überhaupt unterschiedliche, auch zeitwandelsbedingt zu erklärende Lebenskonzepte von Jung und Alt.
Die Hilfssysteme zwischen den Generationen der erweiterten Familie sind ungeheuer wichtig. Ohne sie wäre ein Großteil der alten Menschen auch in Industriegesellschaften praktisch unversorgt. Deshalb sind diese Hilfssysteme von Konflikten zu entlasten. Je mehr die Familienpolitik bei der Altenpflege auf Pflegepersonen aus der Nachkommenfamilie setzt, wie dies auch wieder im Vierten Familienbericht (1986) getan wird, ist für »innerfamiliale Altenhelfer« *Beratungshilfe* erforderlich. Kurzzeitpflegeheime, die Familienpfleger in ihre Arbeit einführen, müssten auch diese beraterischen Hilfen zur intergenerationellen Konfliktbearbeitung geben. Auch sind die innerfamilial Pflegenden durch ambulante Altenhilfe und durch Gesprächskreise mit anderen Pflegenden zu entlasten. Überlastet kann nämlich eine innerfamiliale Dauerpflegebelastung zur Zerrüttung der an die erweiterte Familie angebundenen Kernfamilie führen.

3.7.7 *Familienberatung – Familientherapie*

Nachhaltige Störungen im familialen Beziehungsgefüge, die sich zu Erkrankungen und/oder schweren Verhaltensstörungen einzelner Familienmitglieder auswachsen, werden familientherapeutisch behandelt.
Die *Familientherapie* begreift eine solche Erkrankung durchweg als einen Konflikt im gesamten Familienverbund des Erkrankten, sog. systemische Familientherapie, vgl. Teil 1.4. Die Familientherapie setzt eine länger andauernde Beziehungs-Aufarbeitung durch einen ausgebildeten Therapeuten voraus. In aller Regel arbeitet dieser Therapeut mit allen Mitgliedern einer Familie. Die Familie nimmt freiwillig an dieser Behandlung teil. Je nach familientherapeutischen Ansätzen ist die familientherapeutische Arbeit generell auf alle Mitglieder der Familie bezogen (strukturelle Ansätze, bei der Mehrgenerationen-Familientherapie sogar Mitglieder der Großeltern-Generation), oder aber die Familientherapie setzt nur zeitweise die Mitarbeit aller Familienmitglieder gemeinsam voraus, arbeitet zeitweilig aber auch mit einzelnen Familienmitgliedern (psychodynamische Ansätze, verhaltenstherapeutische Methoden). Ein Beispiel psychoanalytischer familientherapeutischer Fragestellung schildert *Horst Eberhard Richter* (1970, 126 f.):

»Der entscheidende Schritt der Umorientierung besteht darin, daß man eine Angst, eine depressive Verstimmung oder ein sonstiges Symptom nicht mehr nur als Eigenschaft eines individuellen Trägers, sondern als Eigentümlichkeit einer Familiengruppe versteht und bearbeitet. Wozu braucht diese Familie diese Störung? Was ist in der Gruppe ursächlich passiert, und wie geht sie jetzt mit dem Problem um? Will die Familie den Konflikt durch innere Spaltung loswerden? Will sie ihn durch solidarische Verleugnung unterdrücken und eventuell nach außen projizieren? Macht sie Anstalten zu einem Selbstheilungsversuche? Strukturiert sie sich in der Weise um, daß ein Symptomträger entlastet wird? Organisiert sich diese Familie spontan aus dem Gefühl der Hilflosigkeit einen äußeren Beistand? Erwartet die Familie von dem eventuell beigezogenen Therapeuten, daß dieser als Vater Ordnung schafft, als Mutter frustrierte passive Wünsche nacherfüllt oder daß er als Schiedsrichter versagt, damit man ihn schnell wieder als Prügelknaben ausstoßen kann?«

Demgegenüber ist *Familienberatung* auf kürzere Dauer angelegt. Sie erfolgt nach § 28 KJHG. Die Interventionen der Familienberatung, die keine therapeutische Spezial- oder Zusatzausbildung voraussetzen, umfassen nicht, wie die Therapie, unbewusste Tiefenschichten. Die Beratung bezieht viel stärker als die Therapie auch äußere Ressourcen in ihren Interventionsablauf ein. Sie vermittelt zu anderen Hilfsinstitutionen weiter. Die Familienberatung umfasst die Schritte Orientierung, Strukturierung, Modifikation und Ablösung (*Oswald/ Müllensiefen* 1985, 130 ff.)

- In der *Orientierungsphase* wird danach gefragt, welche Schwierigkeiten die Familie hat, wie sich ihre augenblickliche Problematik darstellt. Jedes Familienmitglied wird nach seiner Einschätzung der Problemsituation befragt.
- Die *Strukturierungsphase* gilt der Frage, wie die Familienmitglieder mit der problematischen Situation umgehen. Inwieweit sehen sie die Probleme ähnlich oder aber unterschiedlich? Wie können ihre Divergenzen gegebenenfalls zu gemeinsamen Schritten gebracht werden?
- Die *Modifikationsphase* soll konkrete Veränderungen im Verhalten von Familienmitgliedern erbringen. Andererseits sollen Wünsche von Familienmitgliedern so umgestaltet werden, dass sie realisierbar werden.
- In der *Ablösung* soll der Berater einen Rückblick über die gemeinsame Beratungsarbeit geben. Erfahrungen sollen aus der gemeinsamen zurückliegenden Arbeit gewonnen und auf zukünftige familiale Konfliktsituationen vorausschauend übertragen werden.

3.7.8 Sorgerechtsverteilung in der Familiengerichtshilfe

Ein noch immer bedeutsames Aufgabenfeld von Sozialer Arbeit ist die Mitwirkung bei der Entscheidung über die elterliche Sorge für das Kind/die Kinder bei Trennung und Scheidung der Eltern nach §§ 1671 BGB, 50 KJHG. Grundsätzlich ist davon auszugehen, dass der Verlust der Partnerfähigkeit bei den Eltern nicht zu einem Verlust ihrer Erziehungsfähigkeit führt. Aus dem Misserfolg in der Partnerbeziehung, etwa als Ehegatte, sollte nicht auf die Unfähigkeit in einer anderen Rolle, als Elter, als Erziehender, geschlossen werden. Das Elternrecht ist zudem nicht von den Eltern aus als deren Besitzrecht zu betrachten, sondern als ein fremdnütziges Recht zugunsten der Kinder.
Dem trägt das mit der Kindschaftsrechtsreform von 1998 veränderte Scheidungsfolgenrecht Rechnung. Es folgert nach § 1687 BGB grundsätzlich die *Gemeinsame Elterliche Sorge GES* beider Eltern als Regelfolge für die Zeit nach der Scheidung. Der Familienrichter hört die Eltern dazu vorher an. Bei der GES hat der Aufenthalts-Elter, bei dem das Kind seinen gewöhnlichen Aufenthalt hat, in den Geschehnissen des *täglichen Lebens* zu entscheiden (u.a. Tagesablauf, Gruppenbesuche, Entschuldigungen bei Fernbleiben, Verwandtenbesuche, Treffen mit Freunden). Für Angelegenheiten von *erheblicher Bedeutung* ist der andere Elternteil zu beteiligen; dies betrifft Erziehungsstil, Ernährungsrichtung, Schulart, Berufsausbildung, Einwilligung in Operationen, Religion, Vermögensverwaltung, Grundsätzliches zu Umgang, Sportarten und Fernsehkonsum. Hier ist dann gegenseitiges Einvernehmen der Eltern erforderlich. Wer Aufenthalts-Elter wird, bestimmen die Eltern gemeinsam; sie können es durch einfache Vereinbarung sogar verändern. Vor dem Vollzug der Scheidung informiert das Familiengericht das zuständige Jugendamt, damit dieses seinem Beratungsauftrag nach § 17 KJHG nachkommen kann. Hierzu kann das Jugendamt den

Eltern im Wege der Mediation dazu behilflich sein, eine *Sorgevereinbarung* abzuschließen. In dieser können folgende Fragen geklärt werden:

- wer von den Eltern Aufenthalts-Elter wird,
- wie sich der Umgang mit dem anderen Elter gestaltet,
- wer welche Verpflichtungen übernimmt bei der tatsächlichen Versorgung der Kinder und hinsichtlich des finanziellen Unterhalts und
- in welchen grundsätzlichen Fragen welche Vorabsprachen getroffen werden.

Im Scheidungsverfahren kann von der Regelfolge der GES nur auf Antrag eines Elternteils auf *Alleinsorge* zu dessen Gunsten abgewichen werden, wenn der andere Elternteil dem nicht widerspricht und sich auch das betroffene Kind ab 14 Jahren nicht dagegen äußert, oder aber wenn die Alleinsorge dem Wohl des Kindes entspricht § 1671 Abs 2 BGB.

Bei *Getrenntleben* der Eltern bleibt es bei der GES, bis einer der Eltern einen Antrag auf Alleinsorge stellt. Dies ist auch bei einer Mutter so, die nichtehelich entbunden hat, wenn sie mit dem Vater des Kindes die GES nach § 1626 a BGB erklärt hatte und die Eltern sich wieder trennen. Dem Antrag auf Allein-Sorge ist vom Familiengericht nach § 1672 BGB stattzugeben, wenn es dem Wohl des Kindes entspricht.

In strittigen Sorgerechtsverfahren haben die Familiengerichte nach § 50 des Gesetzes über die Freiwillige Gerichtsbarkeit FGG einen Verfahrenspfleger/eine Verfahrenspflegerin hinzuzuziehen, der/die die Kindesinteressen zu vertreten hat. Bei *Gefährdung des Kindeswohls* (vgl. Teil 3.5.2) ist nach Anhörung des Jugendamtes durch das Familiengericht der Entzug der elterlichen Sorge nach §§ 1666, 1667 BGB möglich. Wichtig ist hier die Erörterung der psychosozialen Familiensituation. Angebote der Jugendhilfe nach §§ 27 ff. KJHG haben hier Vorrang vor Eingriffen in die Elternrechte.

Für die gutachterliche Äußerung der Jugendämter bzw. der Verfahrenspfleger in Fragen der Sorgerechtsverteilung gibt es Gliederungsvorschläge (*Langfeldt* 1993, 201 ff.; *Oberloskamp/Balloff/Fabian* 2001, 77 ff.): Die jugendamtliche Stellungnahme soll von der

- Fragestellung (mögliche Zielrichtung der Sorgerechtsverteilung) über die
- Auswertung von Vorgeschichte und Aktenlage und die
- Befunde (psychologische Untersuchung der Beteiligten: Vater, Mutter, Kinder; Abklärung des Umfeldes; Wohnsituation, Kontakte, soziale Situation) zum
- Vorschlag (Vorschlag der Sorgerechtsverteilung)

kommen.

Ein wichtiges Kriterium für die Zuteilung der elterlichen Sorge ist nach der Rechtsprechung die »Stärke der inneren Beziehungen«. Messbar sind »innere Beziehungen« zwischen Vater oder Mutter einerseits und den Kindern andererseits durch Verhaltensbeobachtung (wie reagieren die Kinder auf Vater bzw. Mutter: Unbeschwert?, ängstlich?, meidend?), ferner durch Tests (die bei Kindern bis zu zehn Jahren eher indirekt über Puppen-Figuren u. ä. angelegt sein sollten) und durch Befragungen (am ehesten bei Kindern von zehn Jahren an). Vorschläge zur Sorgerechts-Verteilung haben somit vielerlei Gegebenheiten zu berücksichtigen: In erster Linie den Willen des Kindes, sodann die Erziehungsfähigkeit der Eltern und die inneren Beziehungen zwischen dem jeweiligen Elternteil und dem Kind/den Kindern. Schließlich spielen auch Fähigkeiten der Eltern zur emotionalen und geistigen Förderung ihrer Kinder eine Rolle, während die wirtschaftlichen und die Wohn-Verhältnisse nicht unbedingt überbewertet werden sollen, es sei denn, das Kind würde wirklich Not leiden. Am Rande ist auch die Frage erwägenswert, ob das Kind/die Kinder durch die jeweilige Sorgerechtsregelung bisherige, wichtige Kontakte und Beziehungen (Großeltern, Freunde) aufrechterhalten kann/können.

3.7.9 Die Ein-Eltern-Familie

Durch Unverheiratet-Sein, Getrenntleben, Scheidung und Verwitwung ergibt sich ein nennenswerter Teil von Ein-Eltern-Familien bzw. von Alleinerziehenden. Den früher gebräuchlichen Ausdruck »unvollständige Familie« für alleinerziehende Elternteile mit ihren Kindern hat man zu Recht wegen seiner Negativwirkung aufgegeben. Es gab in der Bundesrepublik 1996 insgesamt 1,6 Millionen alleinerziehende Elternteile mit einem oder mehreren Kindern unter 27 Jahren, die damit 15% von allen Familien mit Kindern betragen. In diesen Ein-Eltern-Familien lebten 2,8 Millionen Kinder, das sind 13% aller Familienkinder. 85% der Alleinerziehenden sind Frauen (1,36 Millionen), 15% oder 240.000 sind Männer (*Engstler* 1999, 57).
Die Probleme der Alleinerziehenden lassen sich kurz gefasst auf die Formel bringen (*Behr/Häsing* 1984, 88 ff.):

- kein Geld – materielle Probleme,
- keine Zeit – organisatorische Probleme,
- keinen Mut – psychische und interaktive Probleme.

Die Ein-Elternschaft resultiert jüngst stärker aus Scheidungen/Trennungen (West zu 60%, Ost zu 49%) als aus dem Ledigen-Status von Anfang an (30% West, 44% Ost) oder, was früher infolge der Kriegsfolgen stärker der Fall war, aus Verwitwung (West 10%, Ost 7%; *Peuckert* 1996, 161). Hauptsächliche Einkommensquellen der Alleinerziehenden sind zu 54% eigene Erwerbstätigkeit, zu 15% Unterhaltszahlungen, zu 12% Hinterbliebenenleistungen, zu 11% Sozialhilfe und zu 6% Leistungen der Arbeitsverwaltung. Alleinerziehende sind

zu höheren Graden arbeitslos als Vollfamilien-Mütter: Alleinerziehende zu 12% (West) bzw. zu 28% (Ost), Vollfamilienmütter hingegen nur zu 5% (West) bzw. zu 18% (Ost).
Somit haben Alleinerziehende vor allem als Frauen *materiell* erheblich weniger Einkünfte zur Verfügung als Vollfamilien. Dabei müssen von Anfang an Unverheiratete mit noch weniger Geld auskommen als Geschiedene und diese wieder mit weniger als Verwitwete. Die geringsten materiellen Probleme haben alleinerziehende Väter. Mit ihren Ersteinkommen lagen von den Ledigen 50%, von den Geschiedenen/getrennt Lebenden 30% und von den Verwitweten auch noch 20% unter dem Hilfe-zum-Lebensunterhalt-Bedarfssatz der Sozialhilfe nach dem Bundessozialhilfegesetz BSHG. Materielle Hilfen sind möglich über die Hilfe zum Lebensunterhalt der Sozialhilfe einschließlich der Mehrbedarfe des § 23 BSHG (im Normalfall 40% zum Regelsatz der Mutter) sowie über erhöhte Einkommensfreibeträge bei der Wohngeldberechnung. Das Erziehungsgeld nach § 4 Bundeserziehungsgeldgesetz BErzGG in Höhe von 600 DM (307 €) monatlich wird bis zwei Jahre nach der Geburt ohne Anrechnung auf die Sozialhilfe gewährt. Ledige haben einen Unterhaltsanspruch gegen den Vater des Kindes nach § 1615 l BGB bis zur Vollendung des dritten Lebensjahres ihres Kindes. Die väterliche Unterhaltspflichtleistung nach §§ 1615 a ff. BGB ist geltend zu machen. Bei Ausbleiben treten die Leistungen des Unterhaltsvorschussgesetzes UVG für bis 12jährige Kinder für bis zu 72 Monate in die Lücke. Die bislang übliche hälftige Aufteilung des Kindergeldes an den/die Sorgeberechtigte/n und den Unterhalt Leistenden wurde mit dem Jahre 2001 zugunsten der Alleinerziehenden modifiziert: Der Barunterhaltspflichtige muss sein halbes Kindergeld solange für den Kindesunterhalt verwenden, bis das Existenzminimum des Kindes gedeckt ist (welches bei 135 % des Regelunterhalts liegt – vgl. auch: Allein erziehend 2001, 35 ff.).

Organisatorisch ist die Doppel- bzw. Dreifach-Belastung des Ein-Elters zu sehen: Beruf, Haushalt, Kind. Sie ist so allerdings auch von vielen erwerbstätigen Müttern aus Vollfamilien zu bewältigen. Die Mehrfachbelastung steigt aber besonders bei Krankheiten der Kinder und auch deswegen, weil die Zeiten der Kinderbetreuungseinrichtungen und auch die Schulzeit mit den Arbeitszeiten der Ein-Eltern zumeist nicht harmonieren. Hier helfen nur Umweltoffenheit zur Gewinnung von außerfamilialen Hilfen durch die Ein-Eltern-Familie sowie viel eigene Phantasie und Flexibilität.

Die *psychologisch-pädagogischen Probleme* sind ebenfalls nicht leicht zu bewältigen. Seitens der Umgebung erschweren Mitleid, Kontrolle, Ablehnung und Vorwurfshaltungen das Agieren der Ein-Eltern-Familie. Der Alleinerziehende/ die Alleinerziehende selbst mag unter Minderwertigkeitsgefühl, Einsamkeit (besonders an Wochenenden) sowie Schuldgefühlen besonders dem Kind gegenüber leiden. Angesichts der Überlastungen wird die eigene Lebensbilanz oft negativ. Unangemessene, oft auch unrealistische Vergleiche mit Vollfamilien bilanzieren die Situation noch zusätzlich negativ. Die Verunsicherung schlägt sich auch in verstörten Beziehungen zwischen Alleinerzieher/-in und Kind nieder. Hierfür wurde folgende Verhaltstypologie auf Seiten der Kinder Alleinerziehender festgestellt (*von Balluseck/Trippner* in Kinder und Jugendliche in Armut 1998, 315 ff.):

- die Kinder Alleinerziehender *ziehen sich* aus ihren Kontaktkreisen *zurück*, weil sie ihre/n Alleinerzieher-Vater/-Mutter als Versager/in erleben und sich entsprechend selbst negativ bewerten;
- sie erleben beim Einelter eine emotionale und solidarische Kompetenz sowie an personaler Nähe und *honorieren* dies durch eigene Verzichtshaltung;
- nach traumatisch durchlebten Konflikten in der alten, disharmonischen (Noch-)Vollfamilie empfinden die Kinder die jetzige Situation als *Erlösung* und Befreiung aus der vormals konflikt- und gewaltgeladenen Zeit;
- die *Rebellen* verachten insbesondere ihre Einelter-Mutter als Versagerin; sie grenzen sich von ihr ab und sagen sich von ihr los; dies geschieht sehr manifest, indem diese Rebellen sich in Schule, Ausbildung und Freizeitwelt demonstrativ leistungsverweigernd, auffällig und aggressiv verhalten.

Inwieweit in solchen belastenden Situationen die Anlehnung an den alten oder einen neuen Partner oder aber auch an Personen aus der Verwandtschaft mehr Hilfe als Belastung und Konflikt erbringt, kann jeweils nur im Einzelfall festgesellt werden.
Es wurde unter diesem Gesichtspunkt der Erweiterung eine Modell-Typologie der Ein-Eltern-Familien entwickelt, die zwei mehr dyadische Typen von zwei triadischen Modelltypen unterscheidet (vgl. Abb. 18 »Modelle Alleinerziehender«; vgl. auch *Krappmann* in: Die »postmoderne« Familie 1988, 139 ff.).

Bei den *dyadischen Typen* läuft *Typ 1*, der sich lediglich auf den Ein-Elter mit Kind beschränkt, Gefahr, dass sich der Elter zu sehr an das Kind bindet. Es kann zu Überorganisation kommen, das Kind kann emotional überlastet werden und als Kompensation für die Partnerenttäuschung missbraucht werden. Dem ist durch beraterische Hilfe entgegenzuwirken.

Beim *Typ 2* mit der zeitweiligen Hilfe durch den alten (früheren) Partner liegt der Versuch vor, so gut es noch geht die alte Voll-Familie fortzusetzen. Dieser Versuch kann gelingen, wenn ein gutes Verhältnis zwischen dem Alleinerziehenden und seinem ehemaligen Partner besteht. Hat diese Beziehung nach wie vor Konflikte, wird dieser Versuch fehlschlagen.

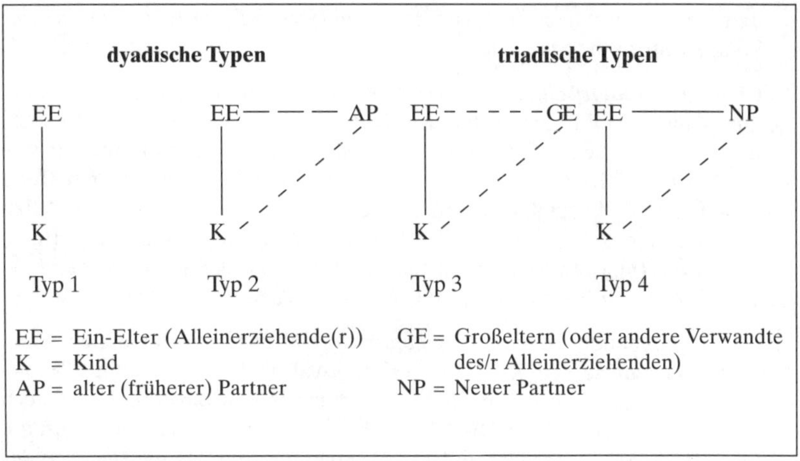

Abb. 18: Modelle Alleinerziehender

Bei den *triadischen Typen* ruft bei *Typ 3* der Alleinerziehende Verwandte (in vielen Fällen Großeltern des Kindes) zur Hilfe auf, da er sich überfordert fühlt. Das kann sogar dazu führen, dass er seine Verantwortung zu stark an die Verwandten delegiert und sich dem Kind verweigert. Dies wäre eine Fehlhaltung, die beraterisch zu verdeutlichen und anzugehen wäre.

Beim *Typ 4* tritt zum Alleinerziehenden dessen neuer Partner hinzu. Dieser Typus nähert sich den Typen Stiefvaterfamilie/Stiefmutterfamilie an (vgl. Teil 3.7.3). Es wird hier nicht nur darauf ankommen, dass zwischen dem neuen Partner und dem Kind eine befriedigende Beziehung entsteht, sondern auch darauf, dass der Alleinerziehende sein Kind nicht mit der zu Ende gegangenen, alten Beziehung belastend in Verbindung bringt.

Insgesamt deuten sich Lösungen der Problematik der Einzel-Elternschaft auf zwei Wegen an: Der kompensatorischen oder der emanzipatorischen Strategie. Diese Selbsthilfe-Haltungen klingen auch in den drei Orientierungen an, die sich als mehr oder weniger erfolgreich darbieten (*Schöningh* u.a. 1991, 101 ff.):

- bei der *gelungenen Neuorientierung* hat der Ein-Elter Freude am selbstbestimmten neuen Leben, ist gern unabhängig und eigenständig, meist berufstätig und hat die Trennung vom alten Partner verarbeitet; diese Umorientierung entspricht am ehesten der emanzipatorischen Strategie,
- in der Situation der *Umorientierung* befindet sich der Ein-Elter gerade in der Neuorientierung; man weiß noch nicht, wie diese enden wird;
- in der *nicht gelungenen Neuorientierung* werden nur die organisatorischen Alltagsaufgaben bewältigt; emotional empfindet der Ein-Elter noch Defizite, trauert dem alten Partner nach, ist passiv, durchlebt Gefühle des Versagens

und sucht forciert nach einem neuen Partner; hier zeigt sich ansatzweise eine kompensatorische Strategie.

Bei der *kompensatorischen Strategie* strebt der Alleinerziehende eine Komplettierung seines von ihm unvollständig erlebten familialen Systems an. Er sucht eine neue Partnerschaft oder zumindest eine weitere Bezugsperson für sein Kind. Dieser Versuch kann, wenn er zu krampfhaft erfolgt, fehlschlagen. Beraterische Hilfen und Sozialpädagogische Familienhilfe können in solchen defizitär erlebten und teils passivierenden Situationen Hilfen geben, indem Basiskompetenzen (neu) entwickelt werden und Netzwerke geknüpft werden (*von Balluseck/Trippner* in Kinder und Jugendliche in Armut 1998, 325 f.).

Erfolgversprechender ist die *emanzipatorische* Haltung der Alleinerziehenden: Man fühlt sich mit seinem Kind/seinen Kindern als vollwertige Familie. Probleme, die es gibt, kann man (wenn teilweise auch in abgeschwächterer Form) auch bei Vollfamilien beobachten: Die Mehrfachbelastungen durch Beruf, Haushalt, Kinder, Partnerschaft, ferner den Rückzug eines Elternteiles, die Isolation der rest-familialen Einheit sowie unter Umständen auch die Inanspruchnahme von familienergänzenden Leistungen bis zu teilweisen Fremdplatzierungen der Kinder. Soweit die emanzipatorische Haltung noch nicht gewonnen ist, sind Ermutigungen zu geben. Ein offenes Familienklima und Solidarität in der Familie sind zu befördern. Soziale Beziehungen zu Personen und Institutionen sind zu aktivieren, weil sich dadurch Kompetenzen entwickeln lassen und neue entstehen. Zu Qualifizierungen für die Arbeitswelt ist zu ermutigen, Hilfestellungen bei der Arbeitssuche sind zu geben. Die Jugendämter haben diese Hilfen nach § 18 KJHG zu leisten. Hierzu gehören nicht nur Unterstützungen in Unterhaltsfragen und in der Personensorge, sondern auch organisatorische, qualifizierende und sozial-kommunikative Hilfen. In Notsituationen ist die persönliche, gesundheitliche und pädagogisch-erzieherische Sorge für die Kinder nach § 20 KJHG zu leisten. Anregungen vermittelt der Verband Alleinerziehender Väter und Mütter-VAMV-Bundesverband (Beethovenallee 7, 53173 Bonn) mit seinen Landesverbänden und Ortsvereinigungen.

Fall Christine

Marion Kraushaar ist durch die Verhältnisse zur Alleinerziehenden geworden. Sie meistert ihre Situation, so ist dem Fall zu entnehmen, einigermaßen. Zumindest hat sie sich von ihrer Zweierbeziehung mit Christine aus eine gewisse Umweltoffenheit zur Freundin in Nächstweiler erschlossen. So besteht hier für Notfälle ein gewisser Rettungsanker.

Dennoch sollte beraterisch Marion Kraushaar nach §§ 17, 18 KJHG einiges angeboten werden. Bei der wechselnden Arbeitszeit von Marion Kraushaar wäre zu überlegen, ob ihr für Christine eine Tagespflege- oder aber eine Wochenpflegestelle offeriert werden soll (§ 23 KJHG). Marion Kraushaar arbeitet überwiegend in den Nachmittags- und Abendstunden. In dieser Zeit ist Christine

als 8jährige doch zu lange auf sich selbst gestellt. Die Pflegestelle müsste in der Lage sein, Christine bei den Hausaufgaben behilflich zu sein, was ihre Mutter vor allem in den Wochen nicht kann, in denen sie zwischen 11 und 19 Uhr arbeitet.
Außerdem ist das Problem der Überschuldung in der praktisch zu Ende gegangenen Ehe der Kraushaars anzugehen. Marion Kraushaar müsste ein Kontakt zu einer Schuldnerberatungsstelle vermittelt werden. Auch stellt sich die Frage einer Sorgerechtsregelung, da der getrennt lebende Vater von Christine ihr gegenüber keine Entscheidungen mehr fällen bzw. mittragen kann. So wie die Dinge liegen, dürfte eine Sorgerechtsregelung zugunsten Marions zu empfehlen sein. Christine könnte man in verständiger Weise zu ihrem Verhältnis zu Marion bzw. zu Bernd Kraushaar befragen. Bernd Kraushaar wäre zur Unterhaltszahlung heranzuziehen. Diese Hilfen hat das Jugendamt nach §§ 17Abs. 2, 18 Abs. 1 KJGH zu gewähren.

3.7.10 Frauenhäuser

Angesichts der konjugalen Gewalt in der Familie (vgl. Teil 3.5.2) hat sich in der Bundesrepublik seit über zwanzig Jahren eine Frauenhaus-Bewegung ergeben. In vielen Städten und Gemeinden existieren von den örtlichen Sozialhilfeträgern unterstützte Frauenhäuser, sei es in Selbstverwaltung (sog. autonome Frauenhäuser), sei es in verbandlicher oder kommunaler Trägerschaft. Ihre Zahl liegt 1992 für ganz Deutschland bereits bei über 200. Misshandelte Frauen suchen und finden hier – zumeist mit ihren Kindern – Zuflucht.
Wichtig ist, dass durch die Betreuung im Frauenhaus Ansätze zur Änderung der gewalt-unterworfenen Situation der Frauen erfolgen. Beim Typ der Gewalt aus Hilflosigkeit bewährt sich die Aktivierung der Frau. Sie soll einen Wechsel vom Opfer zum Akteur durchmachen. Dies bedeutet, dass sie ihre Probleme im Frauenhaus selbständig gemeinsam mit anderen Frauen regelt.
Beim Typus der subkulturellen Gewalt sehen sich die Frauenhäuser oft einer Gemengelage von Problemen bei den aufgenommenen Frauen gegenüber (Schulden, Alkoholismus, Kriminalität, Prostitution). Oftmals sind die Probleme in dieser Konzentration vom Frauenhaus aus kaum lösbar. Langwierige Lernprozesse wären einzuleiten, für die der Aufenthalt im Frauenhaus zu kurz ist. Oftmals ergeben sich zwischen den im Frauenhaus notwendigen Regelungen (Alkoholverbot, Sauberkeit, gemeinsame Ordnungen) und den bisherigen Verhaltensnormen der Frauen starke Konflikte.
Beim Gewalttypus aus Statusinkonsistenz kann das Frauenhaus ein Ansatz für die bisher dieser Gewaltart unterworfene Frau sein, sich endgültig von ihrem Mann zu trennen und ihr Leben eigenbestimmt in die Hand zu nehmen (*Lewkowicz* 1982, 233 ff.).

3.8 Familienpolitik

Verschiedentlich wird die Familienpolitik als Instrument betrachtet, mit dem den tiefgreifenden, die Familie berührenden demographischen Wandlungen gegenzusteuern wäre. Die Familienpolitik kann fast ausnahmslos nur mit finanziellen Zuwendungen oder Belastungen reagieren. Appelle an ein verändertes familiales bzw. allgemeines Werte-Bewusstsein sind zwar möglich, werden aber weitgehend wirkungslos bleiben. Die Frage stellt sich, ob mit finanziellen Vergünstigungen etwa die Geburtenhäufigkeit erhöht werden kann. Hier wird überwiegend die Auffassung vertreten, dass eine demographisch wirksame Bevölkerungspolitik mittels materieller Vorteile eine Illusion sei (*Roussel* in: Die »postmoderne« Familie 1988, 54), vielleicht werde mit höheren finanziellen Zuwendungen die Fruchtbarkeit um 0,2 Punkte angehoben – mehr sei nicht drin. Die Selbstverwirklichung der Frau werde als dominantes Ziel in absehbarer Zeit nicht aufgegeben.
Auch eine sehr weitgehende familien- und rentenpolitische Forderung würde vermutlich daran und an der daraus resultierenden, relativ niedrigen Geburtenrate nichts ändern: Die Rentner, die keinen »natürlichen« Beitrag zur Alterssicherung der Bevölkerung mit zwei Kindern je Paar geleistet haben, mit höheren finanziellen Beiträgen an ihren Renten zu belasten oder umgekehrt jene, die Kinder großgezogen haben, mit Rentenzahlungen zu begünstigen (*Oeter* 1989, 62):

> »Personen mit zwei und mehr Kindern sollen nach wie vor ihre vollen Renten im Umlageverfahren (›Generationenvertrag‹) erhalten, während die Renten der Kinderlosen und zur Hälfte auch die der Ein-Kind-Eltern nach dem bis 1957 geltenden Verfahren durch zusätzliche Beiträge ›angespart‹ werden sollten. Dazu bedürfte es nicht einmal eines besonderen ›Kapitalstocks‹. Vielmehr könnten die Renten der Kinderlosen und die der Ein-Kind-Eltern ebenso wie die der Rentner mit zwei und mehr Kindern weiter problemlos aus dem gleichen Topf bezahlt werden, nachdem nunmehr alle die gleiche Vorleistung in den Topf eingebracht haben: Die einen in Form der ›Aufzuchtkosten der Kinder‹, die anderen in Form gleichwertiger Zahlung von Geldbeiträgen.«

Sicher bestehen hier völlig ungleiche Belastungen zwischen Personen, die Kinder großgezogen haben, und jenen, die es nicht taten: Das gegenwärtige Rentenversicherungsrecht »bestraft« sogar die Kinder-Erziehenden: Einmal das Ehepaar, wenn nur ein Partner Rente bekommt (Kinder-Kosten bleiben privatisiert – der Nachwuchs-Nutzen wird sozialisiert, weil gerade auch kinderlosen Rentnern dadurch ihre spätere Rente gesichert wird), dann sind auch erziehende Frauen benachteiligt, wenn sie infolge zeitweisen Aussetzens mit der Erwerbsarbeit später geringere Renten bekommen als kinderlose Frauen, die durchgängig arbeiteten und ihre Rente später durch jene Beitragszahler erhalten, die von anderen erzogen wurden (Vierter Familienbericht 1986, 169). Die höhere Beteiligung Kinderloser an ihren Rentenkosten soll nicht missverstanden werden als Politik zur Geburtensteigerung. Sie wird ohnehin gar nicht oder in ver-

schwindender Wirksamkeit effektiv sein können. Aber es wäre zumindest ein Akt der Gerechtigkeit, wie er in der Einführung der Kindererziehungszeiten in der Rentenversicherung (sogenanntes Babyjahr – es wurde sukzessive von einem auf drei Jahre erweitert, § 56 SGB VI) in nur äußerst geringem Maße zum Ausdruck kommt. Schließlich erfahren Eltern, die zwei Kinder großziehen, Wohlstandseinbußen von etwa 700.000 Mark (*Kaufmann* 1990, 153; *Wingen* 1997, 192 ff.). Für die Beitragsgestaltung der Pflegeversicherung will das Bundesverfassungsgericht (Urteil vom 3.4.2001 – ND-RD 3/2001, 43 ff.) die Kindererziehungs-Leistung berücksichtigt haben.
Ähnlich wie sich Kindererziehungszeiten somit rentensteigernd auswirken, sollte dies künftig auch für Fälle pflegerischer Versorgung alter Menschen gelten. Auch derjenige/diejenige, der/die alte Menschen umfänglich pflegerisch betreut, sollte für diese Zeit so behandelt werden, als hätte er Erwerbsarbeit mit Abführung von Rentenversicherungsbeiträgen geleistet (§ 57 SGB VI bringt hierfür die Pflege-Berücksichtigungszeit, § 44 SGB XI eine Renten-Beitragsleistung).

Familienpolitik wird sich jedoch nicht nur darauf beschränken dürfen, für erzieherische und pflegerische Arbeit mehr Gerechtigkeit zu üben. Sie wird auch dafür Sorge zu tragen haben, dass die Mehrfachbelastungen der Elterngeneration in den Aufzucht-Familien verringert werden. Dies kann einmal dadurch geschehen, dass zur Betreuung gerade von Kleinkindern mehr Krippenplätze und mehr Tagespflegeplätze vorgehalten werden (Siebter Jugendbericht 1986, 55). Hier legt § 80 Abs. 2 Ziff. 4 KJHG den Jugendämtern eine neue Planungsverantwortung auf. § 24 KJHG fordert eine ausreichende Zahl von Plätzen in Kindertagesstätten.
Für die Vereinbarkeit von mütterlicher (und väterlicher) Erziehungsleistung und Erwerbstätigkeit der Eltern (das Vereinbarkeits- dominiert das lange praktizierte Ausschließlichkeitsprinzip) gibt es bereits eine Fülle von Möglichkeiten, die jedoch noch weiter ausgeschöpft werden können (vgl. Abb. 19 »Mutterschaft und Erwerbstätigkeit«). Dabei spricht man bei den mehrere Jahre lang währenden Unterbrechungen der Erwerbstätigkeit vom sukzessiven Modell, bei der Unterbrechung mit Wiedereinstellungsgarantie (Mutterschutz- und Erziehungs/Elternurlaubs-Modelle) vom simultanen Konzept der Kombination von Erwerbs- und Elternarbeit. Neben der bis 1989 einjährigen, danach auf drei Jahre erweiterten Erziehungsurlaubs-/Elternzeit sind bereits mehrjährige Unterbrechungen der Erwerbstätigkeit möglich.
Großbetriebe, besonders in der Automobil- und in der chemischen Industrie, haben besondere Modelle entwickelt, nach denen ihre Arbeitnehmer/innen nach mehrjährigen (bis zu sechs, ja sogar zehn Jahren) Familienpausen eine Wiedereinstellungsgarantie haben, soweit sie sich zwischenzeitlich fortbilden.
Modelle tragen Namen wie »Eltern und Kind« (BASF) oder »Familie und Beruf« (Bayer). Solche Wiedereinstellungsgarantien können zunächst natürlich nur von größeren Betrieben mit einem genügenden Arbeitsplatzreservoir gegeben werden. Dennoch wäre die Familienpolitik hier aufzurufen, Modelle über-

betrieblicher Ausgleiche für Wiedereinstellungsgarantien von Familienerziehern zu entwickeln. Berücksichtigt man noch, dass für die unterschiedlich langen Geburts-, Kleinkind- und/oder Erziehungs-Pausen die anschließende Erwerbsarbeit in Teilzeit-, aber auch in Vollzeitform möglich ist, ergibt sich eine ganze Palette von Möglichkeiten der Vereinbarkeit von Mutterschaft und Erwerbstätigkeit.

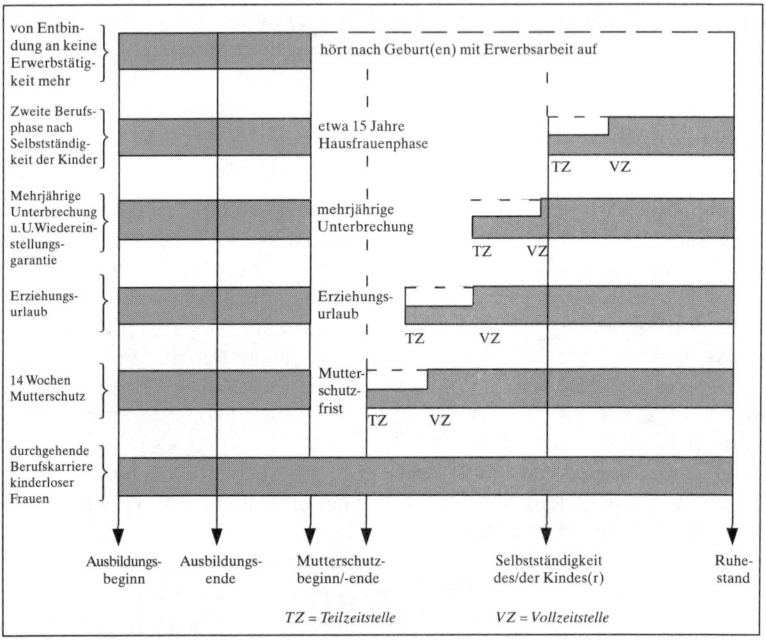

Abb. 19: Mutterschaft und Erwerbstätigkeit

Skeptiker meinen zwar, dass eine familiengerechte Umstrukturierung der Arbeitswelt spätestens dann erst spürbare Fortschritte machen würde, wenn Männer selbst betroffen wären. Jedoch gibt es in der jungen Generation zunehmend mehr Männer, die sich bewusst und gezielt in die Kleinkinderziehung einschalten (*Rerrich* 1988, 160). Insoweit ergibt sich hier möglicherweise ein starkes Moment mit auch familienpolitischer Dynamik in Richtung auf Anpassung der Arbeitswelt an familiale Wünsche.

Erste Erfolge sind für die bessere Vereinbarkeit von betrieblicher Erwerbs- und familialer Erziehungsarbeit zu vermelden (»Der Spiegel« 15/2001, 114).

Nicht wenige Betriebe ermöglichen ihren Arbeitnehmern/-innen, in Betreuungs-Notfällen (ausfallende Kinderbetreuung) ihre unbetreuten Kinder mitzubringen (in die betriebliche Notfallkinderbetreuung oder den Bedarfskindergarten). Die Arbeitsmotivation und die Firmenidentifikation der Arbeitnehmer-Väter bzw. -Mütter sei dadurch merklich gestiegen.

3.9 Alternative Familienbildung

Die relative Funktionalität der blutsverwandten Familie hat Sozialarbeit und Sozialpädagogik in den letzten 20 Jahren dazu veranlasst, für familienlose Klienten bzw. Klienten aus zerbrochenen Familien Arten von Ersatzfamilien zu entwickeln. Zu Hilfe kamen Sozialarbeit und Sozialpädagogik die Alternativfamilien neuen Stils, die im Anschluss an die 1968er-Revolte vor allem im studentischen und Jungakademiker-Milieu entstanden (Wohngemeinschaften, Wohngruppen). Die gezielte Wohngruppenarbeit hat zur Entwicklung von Wohngemeinschaften in vielen Arbeitsfeldern der Sozialarbeit und Sozialpädagogik geführt: Zu Jugendwohngemeinschaften, Wohngemeinschaften ehemaliger Suchtabhängiger, zu Wohngemeinschaften Strafentlassener, zu Behinderten-Wohngemeinschaften, zu Wohngemeinschaften mit psychisch Kranken sowie zu Alten-Wohngemeinschaften (*Witterstätter* 1980, 153 ff.).
Ziel solcher familienähnlicher Wohngemeinschaften ist es generell, den in sie aufgenommenen Klienten Integrationsmöglichkeiten untereinander sowie in das sie umgebende Umfeld zu bieten. Gemeinsamkeiten, aber auch Grenzen mit der/zur Familie werden deutlich: Es können sozialisatorische und hauswirtschaftliche Aufgaben von solchen Klienten-Wohngruppen durchaus erfüllt werden, vielleicht sogar besser als in deren seitherigen Familien, sicher aber besser als im Falle des Alleinlebens des Klienten. Bis zu einem gewissen Grade sind auch Emotionalität und Spannungsausgleich möglich. Hingegen können solche Wohngemeinschaften kaum ein Feld für auszulebende Sexualität sein (es sei denn in Wohngruppen, die mit Volljährigen und überwiegend gemischtgeschlechtlich zusammengesetzten Mitgliedern gebildet sind). Auch die arterhaltende Funktion der Familie kann von Klienten-Wohngemeinschaften nur ausnahmsweise erfüllt werden.
Die Funktion des Sozialarbeiters/Sozialpädagogen in Wohngemeinschaften darf natürlich nicht mit der von Eltern verwechselt werden. Durchaus aber haben Sozialarbeiter und Sozialpädagogen in solchen Klienten-Wohngemeinschaften eine verhaltens-leitende Funktion. Ihre Aufgabe besteht in einem Rollenset aus Wirtschafter, Geschäftsführer und Verhaltens-Leiter. Hier ergeben sich naturgemäß auch die stärksten Konflikte. Die Anforderungen an die betreuenden Sozialarbeiter und Sozialpädagogen sind hoch. Nähe und Distanz zu den Klienten sind stets zu dosieren, was schwierig ist. In der Familie Blutsverwandter sind gewiss nähere, emotionale Begegnungen möglich als zwischen Sozialarbeiter/Sozialpädagoge und Klient in einer Klienten-Wohngemeinschaft. Außerdem

werden in der Wohngemeinschaft mit Klienten die Norm-Vorstellungen zwischen betreuenden Sozialarbeitern/Sozialpädagogen einerseits und den Klienten andererseits stärker auseinanderdriften als die zwischen Familienmitgliedern, wobei es hier – besonders zwischen den Generationen – auch widerstreitende Normvorstellungen gibt. Die Sozialarbeit/Sozialpädagogik in Klienten-Wohngemeinschaften ist belastend, wegen ihrer umfassenden Nähe zum Klienten aber auch chancenreich. Sie ist in den letzten Jahren zunehmend an die Stelle formalisierterer Institutionen-Arbeit in Heimen und Anstalten getreten. Wenn nicht alles täuscht, werden wegen der größeren Chancen zur Verhaltensänderung bei Klienten und wegen der humaneren Art des Miteinander in Zukunft noch mehr sozialarbeiterische und sozialpädagogische Arbeitsvollzüge in kleinen, familienähnlichen Gemeinschafts-Einheiten vollzogen werden als in größeren organisatorischen Einheiten.

3.10 Literaturverzeichnis

Allein erziehend. Tips und Informationen, 13. Aufl. Bonn 2001 (Bundesverband Alleinerziehender Mütter und Väter VAMV)

Beck, Ulrich: Risikogesellschaft, Frankfurt 1986

Behr, Sophie/Häsing, Helga: Ich erziehe allein, 2. Aufl. Reinbek 1984

Claessens, Dieter: Familie und Wertsystem, 4. Aufl., Berlin 1979

Der Koran, Übersetzung von Rudi Paret, 5. Aufl. Stuttgart-Berlin-Köln 1989

Die »postmoderne« Familie. Hg. *Kurt Lüscher/Schultheis, Franz/Wehrspaun, Michael*, Konstanz 1988

Dritter Familienbericht der Bundesregierung: Die Lage der Familien in der Bundesrepublik Deutschland, Bonn 1979

Ehmann, Klaus: Die nichteheliche Lebensgemeinschaft. Heidelberg 1988

Engfer, Anette: Kindesmisshandlung. Ursachen, Auswirkungen, Hilfen. Stuttgart 1986

Engstler, Heribert: Die Familie im Spiegel der amtlichen Statistik: Lebensformen, Familienstrukturen, wirtschaftliche Situation der Familien und familiendemographische Entwicklung in Deutschland, 5. Aufl. Bonn 1999

Familiensoziologie – ein Reader. Hg. *Dieter Claessens/Milhofer, Petra*, Königstein 1980

Fieseler, Gerhard/Herborth, Reinhard: Recht der Familie und Jugendhilfe/Arbeitsplatz Jugendamt/Sozialer Dienst, 5. Aufl. Neuwied-Kriftel 2001

Frey, Hans-Peter: Sozialisation und soziale Systeme, in: Soziologie für Erziehungs- und Sozialberufe. Hg. *Gudrun Cyprian/Frey, Hans-Peter/Heckmann, Friedrich*, 10. Aufl. München 1996, 22 ff.

Frühkindliche Sozialisation. Hg. *Friedhelm Neidhardt*, 2. Aufl. Stuttgart 1979

Fünfter Familienbericht: Familien und Familienpolitik im geeinten Deutschland – Zukunft des Humanvermögens. Bonn 1995
Funkkolleg Humanökologie. Studienbegleitbriefe 2 und 3. Weinheim-Basel 1991

Geißler, Rainer: Die Sozialstruktur Deutschlands. Zur gesellschaftlichen Entwicklung mit einer Zwischenbilanz zur Vereinigung, 2. Aufl. Opladen 1996

Heimlich, Hildegard/Schürholz, Karin: Die Beraterpersönlichkeit in der Beratung von Angehörigen der sozialen Unterschicht bei psychosozialen Konflikten. Dortmund 1980
Held, Thomas:. Soziologie der ehelichen Machtverhältnisse. Darmstadt-Neuwied 1978

Kaufmann, Franz-Xaver: Zukunft der Familie. Stabilität, Stabilitätsrisiken und Wandel der familialen Lebensformen sowie ihre gesellschaftlichen und politischen Bedingungen. München 1990
Kinderarmut in Deutschland. Ursachen, Erscheinungsformen und Gegenmaßnahmen. Hg. *Christoph Butterwegge*. Frankfurt 2000
Kinder und Jugendliche in Armut. Hg. *Andreas Klocke/Hurrelmann, Klaus*, Opladen 1998
Kindheit und Armut in Deutschland. Beiträge zur Analyse, Prävention und Intervention. Hg. *Jutta Kamensky/Heusohn, Lothar/Klemm, Ulrich*, Ulm 2000
König, René: Familie und Familiensoziologie, in: Wörterbuch der Soziologie. Hg. Wilhelm Bernsdorf. Frankfurt 1972, 207 ff.
König, René: Soziologie der Familie, in: Handbuch der empirischen Sozialforschung. Hg. *René König*. Band 7. Stuttgart 1976
Koschorke, Martin: Die Arbeit mit Unterschichtfamilien, in: Wege zum Menschen 8 – 9/ 1975, 315 ff.
Koschorke, Martin: Unterschichten und Beratung, 3. Aufl. Berlin 1985
Kossolapow, Line: Jugendliche Aussiedler. Weinheim 1987
Krähenbühl, Verena/Jellouschek, Hans/Kohaus-Jellouschek, Margret/Weber, Roland: Stieffamilien. Struktur – Entwicklung – Therapie. Freiburg 1986
Kreuzer, Arthur/Wille, Rolf: Drogen – Kriminologie und Therapie. Heidelberg 1988

Langfeldt, Hans-Peter: Psychologie. Grundlagen und Perspektiven. Neuwied-Kriftel-Berlin 1993
Lazarus, Horst: Subjektive Familienstruktur und Jugendkriminalität. Rheinstetten 1976
Lehr, Ursula: Der ältere Mensch und die Familie. Die Bedeutung innerfamiliärer und außerfamiliärer Kontakte, in: Archiv für die Wissenschaft und Praxis der sozialen Arbeit 1/1983, 15 ff.
Lempert Joachim/Oelemann, Burkhard: »Dann habe ich zugeschlagen«. Männergewalt gegen Frauen. Hamburg 1995
Lewkowicz, Marina: Gewalt gegen Frauen als soziales Problem. Frauenhäuser als gesellschaftliche Reaktion, in: Archiv für die Wissenschaft und Praxis der sozialen Arbeit 4/ 1982, 233 ff.
Lupri, Eugen: Gesellschaftliche Differenzierung und familiale Autorität, in: Soziologie der Familie, Sonderheft 14 der Kölner Zeitschrift für Soziologie und Sozialpsychologie, Opladen 1970, 323 ff.

Masumbuku, Jean Mahind: Psychologische Schwierigkeiten von Zuwanderern aus ehemaligen Ostblockländern. Weinheim 1995

Moll, Ursula: Gesundsein – Kranksein: Kulturelle Besonderheiten, in: Lernen in der Pflege. Hg. *Uta Oelke/Flohr, Hans-Jürgen/Ruwe, Gisela/Reuter, Jörg*, Baunatal 1994, 112 ff.

Nauck, Bernhard: Die normative Struktur intergenerativer Beziehungen im interkulturellen Vergleich. Erziehungseinstellungen in deutschen, türkischen und Migrantenfamilien, in: Blickpunkt Jugend und Familie. München 1989, 276 ff.

Neidhardt, Friedhelm: Die Familie in Deutschland. Gesellschaftliche Stellung, Struktur und Funktion, 4. Aufl. Opladen 1975

Oberloskamp, Helga/Balloff, Rainer/Fabian, Thomas: Gutachtliche Stellungnahmen in der sozialen Arbeit, 6. Aufl. Neuwied-Kriftel 2001

Oeter, Ferdinand: Der unsoziale Sozialstaat. München 1989

Oswald, Gerhard: Neuere Ansätze der Familienarbeit in der sozialen Arbeit, in: Archiv für die Wissenschaft und Praxis der sozialen Arbeit 2 – 4/1986, 221 ff.

Oswald, Gerhard/Müllensiefen, Dietmar: Psychosoziale Familienberatung. Freiburg 1985

Peuckert, Rüdiger: Familienformen im sozialen Wandel, 2. Aufl. Opladen 1996

Rerrich, Maria S.: Balanceakt Familie – zwischen alten Leitbildern und neuen Lebensformen. Freiburg 1988

Richter, Horst Eberhard: Patient Familie. Entstehung, Struktur und Therapie von Konflikten in Ehe und Familie. Reinbek 1970

Rosenmayr, Leopold/Rosenmayr, Hilde: Der alte Mensch und die Gesellschaft. Reinbek 1978

Rosenmayr, Leopold: Über Familie in den Strukturumbrüchen heute, in: Archiv für die Wissenschaft und Praxis der sozialen Arbeit 2 –/1986, 48 ff.

Schäfers, Bernhard: Gesellschaftlicher Wandel in Deutschland. Ein Studienbuch zur Sozialstruktur und Sozialgeschichte, 6. Aufl. Stuttgart 1995

Schreiner, Haro: Pflegekinder suchen Geborgenheit. Herkunftsfamilie – Pflegefamilie: Ein Spannungsfeld, in: Kindeswohl 1/1993, 12 ff.

Sechster Familienbericht: Familien ausländischer Herkunft in Deutschland. Leistungen, Belastungen, Herausforderungen. Berlin 2000

Siebter Jugendbericht. Bonn 1986

Siegismund, Harald/Tiesler, Eberhard: Fallstudien aus der sozialen Arbeit. Heidelberg-Karlsruhe 1979

Schöningh, Ina/Aslanidis, Monika/Faubel-Diekmann, Silke: Alleinerziehende Frauen zwischen Lebenskrise und neuem Selbstverständnis. Opladen 1991

Textor, Martin R.: Familien. Soziologie, Psychologie – eine Einführung für soziale Berufe. Freiburg 1991

Trube-Becker, Elisabeth: Missbrauchte Kinder. Sexuelle Gewalt und wirtschaftliche Ausbeutung. Heidelberg 1992

Vierter Familienbericht: Die Situation der älteren Menschen in der Familie. Bonn 1986

Wallner, Ernst/Pohler-Funke, Margret: Soziologie der Familie. Heidelberg 1977
Wingen, Max: Familienpolitik. Grundlagen und aktuelle Probleme. Stuttgart 1997
Witterstätter, Kurt: Das Familienprinzip in der Sozialarbeit, in: Der Sozialarbeiter 6/1980, 153 ff.

4 Jugend im Umbruch

Kurt Witterstätter

4.1 Fallbeispiel und Einführung

Statt mit einem Fall sei das Kapitel »Jugend« mit einem Text-Auszug aus dem Video-Film von *Gabriele Mauch* und *Karin Redlich* »Von Gewalt halte ich nicht viel – nur mit Gewalt erreichst du 'neMenge« vom Dezember 1991 über eine sich rechtsradikal einstufende Jugendclique um einen gewissen Klaus aus Berlin-Marzahn angeführt, entnommen aus *Schröder* 1992, 185 ff.:

Fall Klaus & Co

In der Clique gibt es keine Regeln. Du musst nur rechts sein und rechts denken. Sofern du links bist, kriegst du von unseren Leuten ein Ding in die Fresse. Die Rechten kämpfen für Arbeit. Bei den Linken ist es so, die quatschen nur dämlich. Die wollen immer das und das verbessern. Es passiert nichts. Ein Rechter darf nicht drogensüchtig sein, muss clean sein, muss für seine Sache kämpfen, darf keinen Rückzieher machen.

Vor zwei Jahren fing das mit uns an. Alles, was hier wohnt, ist mit Fahrrädern unterwegs gewesen. Wir kennen uns elf Jahre, waren zusammen im Buddelkasten. Haben dann die Turnhalle so ein bisschen beschmiert. Wir wollten eigentlich eine Clique von Gleichaltrigen machen.

Was wir hier zusammen machen: Wir ziehen an irgendeinem Tag los, erst einmal anständig saufen, und dann gehen wir klatschen. Irgendeinen Typen, der hier vorbeikommt. Zusammenschlagen, auseinandernehmen ...

Von Gewalt halte ich nicht viel, nur erreichst du damit eine ganze Menge. Du kannst Leute unterdrücken, die früher 'ne große Schnauze hatten. Ich bin in der 8. Klasse abgegangen und hab 'ne Lehre als Koch gemacht.

*Ich konnte das ganze Gequatsche nicht mehr hören, wie sie immer gebrüllt haben: »Freundschaft« und »Erich Honecker«. Der war ja sowieso an der Macht. Da habe ich im Kulturpark einen Kumpel getroffen, der ist mir mit dem Autoscooter immer hinten reingefahren. Da habe ich ein kleines black-out gehabt und ihn angemacht. Dann habe ich erst mitgekriegt, dass er 'ne Glatze war. Hinten standen auch 'ne Menge von denen herum. Am nächsten Tag traf ich ihn in der Berufsschule, da sagt er: »Haben wir uns nicht mal schon gesehen?« Dann sind wir zusammen mal nach Lichtenberg gefahren. Das hat mir gefallen. Da gab es die große NA und die FAP.**

---

* NA bedeutet Nationale Alternative, FAP Freiheitliche Deutsche Arbeiterpartei.

In Lichtenberg haben wir uns immer im Foyer vom Bahnhof getroffen. Da saßen die Skins. Du bist einfach hingekommen, sie haben mit »Sieg Heil« gegrüßt. Du darfst nicht normal hinkommen. Ich hatte mir schon Turnhose geholt, Glatze schneiden lassen, Springerstiefel habe ich angehabt, Nazi-T-Shirt, Baseballkeule oder Messer. Bist du dahingekommen, haben alle schon die rechte Hand gehoben. Jetzt sind die alle verschwunden, sind zum größten Teil in Dresden, alle bekannten Gesichter...
Den Kalle haben wir durch ein Mädchen kennen gelernt, die bei uns in der Clique war. Die hat sich an den rangeschmissen. Ich hab zu ihm gesagt: »Kommst du zu uns? Wir brauchen noch 'ne Glatze.« Mussten wir ein bisschen angeben. Dann kam er auch. Zuerst hat er gesagt, er würde sich das überlegen. Wir hatten erst auch Schiss, weil der und noch einer aus dem Knast kamen. Kalle kümmert sich jetzt um 'nen Job, ist nicht mehr so auf Schläger aus. Vielleicht fühlt er sich dafür zu alt. Ich hab das auch schon mitgekriegt. Ich habe die Bomberjacke von einem ehemaligen Neonazi gekauft, der hat auch gesagt, seine Zeit wäre vorbei. Der ist verheiratet. Die Zeit ist irgendwann auch bei mir vorbei. Dann laufe ich auch nicht rum wie ein Neonazi oder Hooligan. Dann beginnt das normale Leben, vernünftiger, ruhiger.

4.1.1 Erste Folgerungen

Erste Folgerungen dieses Falles der Clique von Klaus lassen die Jugend zunehmend als rechtsradikal erscheinen. Auf der anderen Seite wird am Fallbeispiel Klaus & Co klar, dass es sich bei Ausschreitungen Jugendlicher um vorübergehende Taten handeln kann. Jugendlich-Sein hat also seine eigene Qualität. Sie kann sich verändern, wenn der Mensch dem Status des Jugendlichen entwachsen ist. Im Fall um Klaus & Co wird mitgeteilt, dass die Zeit als rechtsradikaler Sympathisant »irgendwann vorbei ist«.
Die Einstellung Jugendlicher zu rechtsradikalen Gewalttaten ist eher diffus. Gleichwohl stellt sich das Verhalten Jugendlicher und junger Menschen auf der Skala Gewaltbereitschaft – Friedfertigkeit anders und eben auch unsicherer dar als das von Erwachsenen. Sei es nun auf politischem Feld mit rechten Faschos und Skinheads gegenüber linken Autonomen, sei dies im Verhältnis zur landsmannschaftlichen Zusammensetzung der Bevölkerung mit Inländern oder mit einer Mischung aus Inländern oder Ausländern oder sei dies nur in so einfachen Konstellationen wie der Anhängerschaft bzw. Gegnerschaft zu Fußballclubs mit relativ gewaltlosen Kapuzengruppen gegenüber gewalttätigen Hooligans (vgl. auch Abb. 20 »Skalen öffentlich wirksamen Verhaltens Jugendlicher«).
Die Erklärungsmöglichkeiten für solche ins Auge springenden Verhaltensweisen Jugendlicher sind mannigfach. Einfache, monokausale Verursachungsmuster für jugendliche Ausschreitungen kann man von der Jugendsoziologie schwerlich erwarten. Das hängt schon einmal damit zusammen, dass es »die« Jugend-

soziologie schlechthin nicht gibt. Genauso wie die soziologische Erkenntnistheorie in viele Richtungen und Schulen zerfällt (siehe auch Teil 1), hat auch die Jugendsoziologie in den verschiedenen soziologischen Schulen ihre Vertreter und ihre Aussagen.

Umfeldbereich	gezeigtes Verhalten	
Politikspektrum	Rechtsradikales Gewaltspektrum	links-autonomer Kampf
Verhältnis zu Ausländern	rassistisch-feindliche Ablehnung; Aggressionen gegen Ausländer	multikultureller Aktionismus; Integrationshilfe (Pro-Asyl, amnesty international)
Szenenumfeld von Sportvereinen	gewaltbereite Hooligans	eher friedlich agierende Kapuzengruppen

Abb. 20: Skalen öffentlich wirksamen Verhaltens Jugendlicher

Deshalb sollen weiter unten den verschiedenen soziologischen Schulen entsprechende jugendsoziologische Positionen zugeordnet werden:

- der phänomenologisch-lebensweltlichen Soziologie die historischen und lebensweltlichen Ansätze *Helmut Schelskys* und *Dieter Baackes*,
- dem Interaktionismus die sozialwissenschaftlichen Ansätze von *Friedrich Tenbruck* und *Erik Erikson,*
- der Konflikttheorie die konfliktorische Jugendsoziologie *Leopold Rosenmayrs* und die neomarxistische Jugendsoziologie *Manfred Liebels*,
- dem Strukturfunktionalismus die Peergroup-Soziologie *Shmuel Eisenstadts* und
- der Systemtheorie das Eigenleben bzw. die Wandlung von Jugendsubkulturen im Anschluss an *Bernhard Schäfers* und *Ralf Bohnsack*.

4.1.2 Die Entstehung von »Jugend«

Jenseits der Unterschiede jugendsoziologischer Positionen besteht Einigkeit darüber, dass es »Jugend« nicht nur mit biologisch-reifenden Entwicklungen von Wachstumsabschluss und sexueller Reife zu tun hat, sondern auch ein sozio-historisches Phänomen darstellt (*E. Weber* 1987, 20 f.; *Griese* 1977, 22). Jugend steht zwischen Kindheit und Erwachsenenstatus. In primitiven Gesellschaften erfolgte der Übergang verhältnismäßig abrupt. Die sogenannten Initiationsriten in primitiven Kulturen zeigen dies an. Sie lagen mit ihren Ausprägungen in veränderter Kleidung, Tätowierung, Einführung in den Waffen-

gebrauch und Ermöglichung von Elternschaft mehr oder weniger dicht beim Einsetzen der Geschlechtsreife, die um das 12. bis 14. Lebensjahr herum festzustellen ist. Solche Riten bestehen in den derzeitigen entwickelten Kulturen noch rudimentär in Konfirmation, Tanzstundenabschlussball, Abitur- und Freisprechungsfeier u. ä.
In der traditionellen Jugendsoziologie umfasste der Status des Jugendlichen schon eine wesentlich breitere Spanne von Lebensjahren: Die Pubertät, die Früh- und die Spät-Adoleszenz. Soziologisch wurde Jugend in die Zeit zwischen dem 15. und 25. Lebensjahr gelagert. Die Spanne Jugend war damit weiter als der rechtliche Begriff des Jugendlichen. Er setzte mit dem Beginn der strafrechtlichen Verantwortlichkeit (Strafmündigkeit) mit dem 14. Lebensjahr ein und endete entweder mit dem Erreichen der Volljährigkeit mit dem 18. Lebensjahr bzw. mit dem Abschluss der Möglichkeit, jugendliche Straftäter als Heranwachsende noch nach dem Jugendstrafrecht bis zum 21. Lebensjahr abzuurteilen; junge Volljährige können nach § 7 Abs 1 Ziff 3, 4 KJHG jugendhilferechtliche Leistungen noch bis zum 27. Lebensjahr erhalten (»junge Volljährige«, »junge Menschen« – siehe auch § 41 KJHG).
Inzwischen sind die Grenzen für die Spanne des Jugendlich-Seins sowohl vorverlagert (*Böhnisch* 1989, 9 ff.) als auch bis über das 30. Lebensjahr im Sinne der Postadoleszenz hinausgeschoben (*E. Weber* 1987,26 f.).
Drei Voraussetzungen müssen in einer Gesellschaft gegeben sein, damit »Jugend« als eigenständige Lebensspanne und als spezifischer Status vorkommen können:

Die zu tradierende Kultur der Gesellschaft muss komplex und *differenziert* sein. Die Einführung in die entsprechend komplexen Kulturtechniken erfordert dann einen erheblichen Zeitaufwand. Der Lebensablauf vollzieht sich sukzessive nach den traditionellen Mustern des Dreiphasenmodells: Primärsozialisation (Kindheit) – Bildung (Jugend) – Beruf (Erwachsener).
Für die differenzierte Heranbildung des Jugendlichen wird ihm ein Pflichtenaufschub gewährt (Moratorium). Er wird eben gerade noch nicht wie ein Erwachsener in die beruflichen und familialen Pflichten genommen. Man spricht vom sogenannten Bildungsmoratorium.

Zum zweiten kann es »Jugend« nur in einer verhältnismäßig *reichen* Gesellschaft geben, die sich diese Entlastungen der Jugendlichen im Moratorium leisten kann. Für Jugend ist also der Wohlstand einer Gesellschaft Voraussetzung. Primitive Mangel-Gesellschaften kennen folglich keine Jugend. Jede Hand wird hier zum Überleben gebraucht: Auch die Hände der Kinder sind bereits erforderlich, um die lebensnotwendigen Güter bereitzustellen.

Zum dritten kann es die »unbeschwerte« Jugend auch nur in *friedlichen* Gesellschaften geben. Gesellschaften, die in kriegerischen Auseinandersetzungen mit rivalisierenden anderen Gesellschaften stehen, benötigen bereits die Jugendlichen als Krieger. Man denke hierbei auch an die Militarisierung der Jugendlichen im Zweiten Weltkrieg des Dritten Reiches: Bereits 14jährige wurden direkt aus der Hitler-Jugend in die Wehrmacht überstellt im Sinne von sogenannten Einsatzstaffeln, im Volkssturm, als Melder und als Panzerknacker.

Das Phänomen Jugend ist insofern historisch erst neueren Datums. Im Grunde wurden erst die bürgerliche Gesellschaft, die Industrialisierung sowie die pädagogischen Ideen der Aufklärung der Neuzeit zu Voraussetzungen für das Entstehen von Jugend. Die Verfrühung und die Verlängerung der Jugendphase hat folgende Ursachen (*Böhnisch* 1989, 9 ff.):
Die partielle Ablösung vom Elternhaus setzt schon relativ früh, nämlich um das 10. Lebensjahr herum, ein. Zeitweise bestimmen Kinder/Jugendliche um das 10. und 11. Lebensjahr schon autonom über ihre Freizeitaktivitäten und ihr soziales Feld. Sie wählen Freunde/Freundinnen schon recht selbständig aus. Konflikte über den Umfang und die Art von Freizeitaktivitäten, die ehedem erst nach dem 14. Lebensjahr einsetzen, stellen sich im Verhältnis zwischen Kindern und Eltern bereits um das 11. und 12. Lebensjahr der Kinder ein. Der Ablösungsprozess von der Familie beginnt in diesem Zeitraum. Ebenso erfolgt die Suche nach eigenen Räumen und Feldern außerhalb von Elternhaus und Familie.
Es ist die Rede vom *Verlust der Kindheit*. Hierzu gehören schon einmal die Zunahme der Ein-Kind-Familien (vgl. Teil 3.6.4) mit dem Rückgang von familialen Kindsystemen (Bohnenstangenfamilie) und die verringernde Einengung der kindlichen Aktionsfelder. Früh werden Kinder so fast ausschließlich mit Erwachsenenwelten konfrontiert und auch mit Erwachsenenproblemen belastet. Der hohe kindliche Medienkonsum (Fernseh-Hauptzielgruppe: junge, zahlungskräftige Erwachsene) tut ein übriges: Die Massenmedien dringen nachhaltig in die Erfahrungswelt der Kinder ein. Diese verlieren dadurch ihren spezifischen Schonraum einer kindgemäßen Erfahrungswelt (*Neil Postman* 1987; *Glogauer* 1995, 28). Kinder sehen oft ungebremst Action-, Familienkrisen-, Horror- und sogar Sex-Filme. Sie haben so nahezu uneingeschränkten Anteil an Strebungen und Ereignissen des Erwachsenenlebens. Die Taburäume des Kindesalters sind aufgehoben. Ein altersunspezifischer Verhaltens- und Erlebnisstil ohne kindliche Naivität stellt sich ein. Nicht selten reden Kinder in Erwachsenengespräche altklug hinein.
Gleichzeitig verlängert sich die Phase der Jugendzeit in die Postadoleszenz hinein. Das kann durch längeres Verbleiben in Bildungseinrichtungen, durch erschwerte Berufseintritte in Folge der Enge auf den Arbeitsmärkten bis zum 30. und 35. Lebensjahr der Fall sein. Die Erscheinung der Postadoleszenz hat ihre Ursachen in der Verlängerung der Bildungsgänge. Das lineare Phasenmodell Primärsozialisation – Bildung – Beruf erfährt Dopplungen: Vielfach kommt es nach einer Erstausbildung zu einer ersten Berufsphase, es schließt sich aber nochmals eine weitere Bildungsphase an (Weiterbildung, Zweitstudium usw.). Ein weiterer Grund für die Postadoleszenz besteht in der Orientierung des

Lebensalltags junger Menschen an »Scenen« der Großstädte mit einem mitunter lebenslangen, jugendspezifischen Lebensstil (*Scherer* 1988, 26 f.). Dies vor allem dann, wenn kreative und künstlerische Tätigkeiten gepflegt werden. Einher geht bei diesen Alternativ-Kulturträgern die Unlust, in ein bürgerliches Erwerbsleben hineinzugleiten. In dieser Phase der Postadoleszenz werden drei Orientierungsmuster ausgemacht (*E. Weber* 1987, 26):

- die konventionelle Erwachsenenorientierung: Die Jugendlichen arrangieren sich mit den Erwachsenen. Die Erwachsenen sind eine wichtigere Bezugsgruppe als die Jugendlichen;
- die strategische Erwachsenenorientierung: Man orientiert sich, ohne recht überzeugt zu sein, stärker an den Erwachsenen als an den Gleichaltrigen – den Peers. Vorwiegend aus Opportunismus folgt man den Erwachsenen, hat es aber lieber mit Jugendlichen zu tun;
- die autonome Jugendorientierung: Man will der Jugend so lange wie möglich zugehören. Muster und Verhaltensweisen der Gleichaltrigen und der Scene-Personen sind maßgebend. Das Hineinwachsen in die Erwachsenengesellschaft wird eher kritisch vermieden. Man betont die Eigenständigkeit in alternativkulturellen, auch freizeitorientierten und hedonistisch-genussvollen Umfeldern.

Generell kann es in dieser postadoleszenten Phase zum typischen Postadoleszenzkonflikt kommen. Er besteht zwischen der

- Reife in sozialer, moralischer, intellektueller, politischer und erotisch-sexueller Hinsicht und
- der Unselbständigkeit in ökonomischer Hinsicht (finanzieller Abhängigkeit von Eltern bzw. vom Sozialleistungssystem mit Ausbildungsförderung).

Da andererseits auch Erwachsene ständig neu- und umlernen müssen; auf der anderen Seite aber auch für sie ein juveniler Lebensstil mit Sport, Teilhabe an der Freizeitwelt und Bewegung in jugendlichen Szenen und Kulturen (vgl. auch Teil 4.3.1) als erstrebenswert gilt, stellt sich die Frage der Abgrenzung der Stufen und Lebenswelten von Kindheit, Jugend und Erwachsenen grundsätzlich (*Doehlemann* in Soziologie 2000, 128 f.):

- Die Kindheit verliert an eigenständiger Prägung und geht früher zu Ende;
- die Jugend verlängert sich und verliert an Unbeschwertheit;
- die Erwachsenen stilisieren sich jugendlich auf und erleben Verunsicherungen, die früher vor allem jugendtypisch waren.

Selbst das Alter wird von diesen Verschiebungen tangiert. Denn die Erwachsenen trachten danach, ihren an Vitalität, Autonomie und Kompetenz ausgerichteten Lebensstil ins Alter hinüberzuretten (*Klages* 1994, 16), hier im (dritten) Alter der »Jungen Alten« kann es dann bei Krisen zu Zusammenbrüchen dieses Lebensstils kommen, weil dieser – im Lebensablauf gesehen – statt vorwärts (aufs Altern hin) rückwärts, (zur Jugend hin) gerichtet ist Diese Fehlhaltung kann zu gefährlichen Identitätsabstürzen mit Depression, Lebensüberdruss bis hin zu Suizidneigungen führen.

4.2 Verschiedene Typen Jugendlicher

Die Soziologie arbeitet seit *Max Webers* verstehender Soziologie (vgl. Teil 1.1) mit allgemeinen Typisierungen, mit sogenannten Idealtypen. Häufig vorkommende Erscheinungen werden wissenschaftlich .in einen Sinnzusammenhang gebracht. Damit sollen Verhaltensweisen und Konstellationen unter Menschen besser verstanden werden. Eine solche Typologie setzt also an der Wirklichkeit an. Diese Wirklichkeit wird immer als soziale Lebenswelt gedacht. Ihre Grundstrukturen werden in typisierten, lebensweltlichen Ansätzen erfasst und beschrieben. Dieser typisierende, lebensweltliche Ansatz geht auf die Erkenntnistheorie der Phänomenologie zurück, einer geistigen Anschauung vom Wesen der Erscheinungen. Das intersubjektiv Gültige der sozialen Wirklichkeit soll hierbei herausgearbeitet werden. Es geht diesem lebensweltlichen Ansatz um eine Wahrnehmung von Gegebenheiten, wie sie sich darbieten, wie sie vom Beobachter entweder erfahren werden oder wie sie sich dem Betrachter zumindest als erfahrbar erweisen können (*Treibel* 1993, 116 ff.).
Die phänomenologisch-verstehende und lebensweltlich typisierende Soziologie hat zur Erkenntnis von Verhaltensweisen Jugendlicher in der Gesellschaft einiges beigetragen. Hier sollen *Margaret Meads* historische Generationstypen, *Schelskys* zeithistorische Typisierung sowie *Baackes* Lebenswelt-Typologie der Jugend um das Jahr 1990 dargestellt werden mit einem Ausblick auf die Orientierungen Jugendlicher um die und nach der Jahrtausendwende.

4.2.1 Historische Generationstypen

An der geschichtsphilosophischen Stadienlehre eines *Comte*, *Marx* oder *Spengler* orientiert sich *Margaret Mead* (1971, 126 ff.). Sie sieht in der Zuordnung der Generationen junger und alter Menschen historisch folgenden Ablauf:

In den statischen Kulturen sei die Zuordnung *postfigurativ* gewesen: Die Älteren hätten die Verhaltensmuster vorgegeben, die die Jüngeren nachgeahmt hätten. Die Kultur sei so tradiert worden, die jeweilige Gesellschaft statisch geblieben.
Bei Umbrüchen wie der Industrialisierung oder auch in der Folge von Naturkatastrophen wirken die Generationen nach dem Muster der *Konfiguration* zusammen: Alt und Jung lösen gemeinsam neue Aufgaben, für deren Bewältigung

es in der Vergangenheit der Kultur noch keine Lösungsmuster gibt. Die konfigurierende Kultur kann auch bei der Situation der Migration hilfreich sein.

In der Gegenwart sieht *Margaret Mead* die *präfigurierenden* Kulturen aufkommen: Die Jugend zeigt hier initiativ den Weg der Entwicklung den Älteren auf, um die drohenden Zukunftsprobleme in Angriff zu nehmen. Die älteren Menschen einer Gesellschaft haben an der ferneren Zukunft kein Interesse mehr, um so mehr haben dies die jungen Menschen. Sie nehmen deshalb die Lösung von Umweltproblemen, die Erhaltung des Lebensraumes sowie die Bereinigung von Konflikten in Angriff. Notwendig werden in der präfigurierenden Kultur kontinuierliche Dialoge zwischen Alt und Jung, in denen die Jugend nicht mehr feststehende Lerninhalte lernt, sondern das Lernen an sich, in der sie nicht mehr von Bindungen an etwas Bestimmtes überzeugt wird, sondern vom Wert einer Bindung an sich. *Margaret Mead* führt aus:

»Diese Jugend sagt: Die Zukunft ist jetzt. Das klingt nach unvernünftigem jugendlichem Feuereifer, und außerdem werden so manche Forderungen erhoben, die in konkreten Einzelheiten nicht durchführbar sind. Aber meines Erachtens weist uns die Jugend auch hier wieder einen Weg – den Weg zu einer Umgestaltung unseres Denkens.«

4.2.2 Von der Jugendbewegung zu den Skeptikern

In einen engeren zeitlichen Rahmen, den der ersten Hälfte des 20. Jahrhunderts in Deutschland, stellt *Helmut Schelsky* seine Typologie. Nach *Schelsky* (1957, 84 ff.) hat die deutsche Jugend folgende Stadien durchlaufen:

Um die Zeit nach der Jahrhundertwende entstand die *Jugendbewegung*. Es war die Zeit des Ausbruchs eines Teiles der Jugend aus der modernen Gesellschaft mit ihren Standards von Nationalismus, wirtschaftlichem Erfolg, Verstädterung und Verfeinerung des Lebens. Man wollte wieder zu einer natürlichen Lebensweise mit starken persönlichen Bindungen, mit Naturerleben und Gemeinschaftsgefühl, zurückfinden.
Dieser Epoche folgte in der Zeit des Nationalsozialismus die kollektive, zwangsweise Vereinnahmung der Jugend in der *Staatsjugend*. Hitlerjugend (HJ) und Bund Deutscher Mädels (BDM) missbrauchten jugendlichen Idealismus für die hegemoniale Ausweitungssucht des NS-Staates.
In der Zeit nach dem Zweiten Weltkrieg hatte die Jugend mitzuarbeiten am Wiederaufbau ihres zerstörten Landes. Sie zeigte sich enttäuscht über den Missbrauch ihrer Ideale oder des Einsatzes der jungen Generation vor ihr durch den diktatorischen Staat. Vor allem politischen Ideologien gegenüber verhielt sich die Nachkriegsjugend sehr skeptisch. *Schelsky* sprach darum von der *skeptischen Generation*. Es waren Jugendliche, die früh Verantwortung im privat-familialen Bereich übernehmen mussten. Die frühe In-Pflicht-Nahme, die Notzeiten, prägte diese Jugendkohorte stark. Wichtig mag diese Prägung auch heute noch sein. Denn diese Jugendlichen der damaligen »skeptischen Generati-

on« sind heute Erwachsene im höheren Lebensalter und werden die künftige Alterskohorte sein. Viel von ihrer fleißigen, teils sparsamen, zumeist pragmatischen Verhaltensweise wird aus ihrer Jugendzeit um 1950 auch fernerhin erklärbar bleiben.

Dass eine Jugend ganz anderer Typologie nachfolgen würde, erkannte *Schelsky* bereits 1957 prophetisch:

»Ob eine Jugend, die bereits wieder als Kind in gesicherten Verhältnissen des kleingruppenhaften Sozialhorizontes, ja in einer Gesellschaft mit fast selbstverständlich hohem Stand des materiellen Konsums, Komforts und der sozialen Sicherheit aufgewachsen ist, andere Grundlagen und Bedürfnisse des Jugendverhaltens entwickelt, was zu vermuten ist, und was sie von den Zügen des Verhaltens der gegenwärtigen Jugendgeneration beibehalten wird, darüber wollen wir hier keine Voraussagen treffen.«

4.2.3 Lebenswelt-Typologie der Jugend um die Jahrtausendwende

Nach *Schelskys* Annahme ist es nicht verwunderlich, dass sich die Typologie Jugendlicher um das Jahr 1990 anders darstellt als in der Nachkriegszeit. *Dieter Baacke* betont in seiner lebensweltlichen Typologie derzeitiger Jugendlicher den Erlebnischarakter aller Verhaltenstypen (*Baacke* 1987, 26 ff.). Gemeinsam ist allen Jugendkultur-Typen eine affektive Zielsetzung, die einen hohen Erlebniswert erbringt. Baacke unterscheidet auch nach sozialstruktureller Verankerung die folgenden drei Grundtypen jugendkultureller Ausrichtung, wobei nicht jeder Jugendliche von diesen Typen erfasst wird, manche Jugendliche aber sogar mehreren dieser Typen zuneigen – sei es gleichzeitig, sei es zeitlich nacheinander:

Die *Action-Jugendlichen* sind Jugendliche, die gerne erwachsenenfeindliche Aktionen an den Tag legen. Sie verhalten sich durchaus auch aggressiv, zeigen körperlichen Risikoeinsatz, besetzen kurzfristig Plätze, Räume oder Straßen und liefern sich mit Ordnungskräften auch tätliche Auseinandersetzungen. Auf sich selbst zurückgezogen betonen diese Action-Jugendlichen hedonistisch-genussvolle Kumpanei, geben sich irrealen Träumerein über technische Medien hin und versetzen sich in eine technizistische, unwirkliche Mega-Welt. Sie träumen von einem irrealen Schlaraffenland, beschäftigen sich stark mit Sience Fiction und identifizieren sich mit deren Helden. Hierin ist zwar ein leicht irreal-präfigurativer Zug zu sehen, im übrigen sind die Action-Jugendlichen politisch eher konservativ und rechtsgerichtet.
Die Herkunft dieser Jugendlichen liegt im chancengeminderten Arbeitermilieu. Oftmals haben diese Jugendliche Probleme mit ihrer Ausbildung und Berufsfindung. Diese Problemlage erklärt bis zu einem gewissen Grad ihre Aggressivität (Crash-Kids, S-Bahn-Surfen, rechtslastige Orientierungen und Auffälligkeiten).

Die gegenkulturelle Alternativ- und *Protestbewegung* ist an einer Reformierung der gegenwärtigen Gesellschaft interessiert und tritt auch dafür ein. Hier neigen einerseits ältere Jugendliche dazu; die Protestscene ist also eher aus Postadoleszenten zusammengesetzt. Andererseits gehören Jugendliche höherer Bildungs- und Statuslage zu ihr, denn es geht bei dieser Protestbewegung um die Reflektion vorhandener gesellschaftlicher Muster. Sie sollen zum Besseren hin reformiert werden. Partiell nimmt die derzeitige Protestscene jedoch an der Konsumgesellschaft Anteil, hört beispielsweise deren Musiktitel und kleidet sich auch nach deren Mode ein. In ihren Artikulationen treten die Protestler jedoch für eine sparsamere Lebensweise, eine umweltfreundlichere Energiepolitik und mehr Partizipation ein, vgl. Greenpeace, Öko-Gruppen, Atomkraftgegner.
Dritter jugendkultureller Verhaltenstyp ist die modische, *manieristische Jugendkultur*. Sie hat historisch ihren Ausgangspunkt in der Teenagerkultur der 1950er Jahre. Eine hedonistisch lebensfreudige Orientierung und der ausgiebige Konsum peergruppen-bezogener Objekte, deren »Kleiderordnung« bis hin zur Edelpunk-Aufmachung und Attribute stehen im Vordergrund: Mode, Musik, Disco, Video, Boutiquen, Cafés. Sozialstrukturell sind die Manieristischen eher unspezifisch gestreut, jedoch erfordern die konsumtiven Neigungen eine zumindest mittlere Statuslage. Den Manierierten gehören folglich besser gestellte, berufstätige Jugendliche an (Angestellte, aber auch Auszubildende mit einem stärkeren sozialstrukturellen Hintergrund).
Künftig beeinflusst die Techno- und Info-Welt die Jugend noch stärker. Es wird hierbei Gewinner und Verlierer geben, also eine winner-looser-Spaltung. Jugendgewalt wird deshalb mit der Unterlegenheit der »Looser« den »Winnern« gegenüber erklärt: Die »Looser« werden gewalttätig gegenüber den Anweisern ihrer schlechteren Plätze und gegenüber den mit ihnen gleichaltrigen Besetzern dieser besseren Plätze in der Gesellschaft (wie Lehrern, Ausbildern, besser gestellten Jugendlichen). In den neuen Kommunikationswelten finden sich viele Jugendliche nicht mehr zurecht, sondern Versinken in »Kommunikationsanarchie« (*Ernst* u.a. 2000, 61 ff.).

Eine *Such- und Plausibilitätsjugend* wird sich angesichts zunehmender Bindungslosigkeit in partizipativen und/oder ökologischen, innovativen Nischenwelten zu vernetzen suchen. Sie schafft sich kleinräumige Gemeinschaften und kleine, personal kommunizierbare Lebenswelten. Denn bei aller neuen Unübersichtlichkeit (*Brand* 1993, 179) ohne feste Regeln, ohne Maßstäbe und ohne allgemein gültige und befolgte Grundsätze bleibt der Jugend über alle Kulturen und Zeitabschnitte hinweg die Sehnsucht nach Gruppenerlebnissen und Wir-Gefühlen als ein gemeinsames Anliegen (*Brand*, 1993 204 f).
Auf solche sichernden kommunikativen Netze verlässt sich die Jugend um das Jahr 2000 eher als auf Normen, Institutionen und Autoritäten; diese werden abgelehnt (*Schmidtchen* 1997, 3 1). So kommt auch die 13. Shell-Jugendstudie zu der Erkenntnis, dass bei den derzeitigen Jugendlichen technizistische Mo-

dernität mit hohem sozialen Engagement im engeren kommunikativen Bereich angestrebt wird (Jugend 2000, 16). Trotz der Bewusstheit der heutigen Jugend, hohe Anforderungen zum Erreichen ihrer Zielsetzungen in Beruf und familialem Bereich vorzufinden (die indes zentrale Entwürfe bleiben – Jugend 2000, 14), herrscht eine zuversichtliche Zukunftssicht vor, wenn auch kein unbekümmerter Optimismus. Die heutigen Jugendlichen versuchen, ihre Lebensentwürfe mit hohen Plätzen für Beruf und Familie aktiv, zielstrebig und realistisch zu verfolgen. Sie trauen dabei eher ihren individuellen Such- und Lösungskonzepten als gesellschaftlichen Normen (Jugend 2000, 95):

»Jeder Jugendliche wird heute zum flexiblem Konstrukteur seiner eigenen Biografie mit einem persönlichen Wertekosmos, er muss und kann sich seine Identität und seine Wertorientierungen aus Versatzstücken selbst und eigenverantwortlich zusammenbasteln, sozusagen sein eigenes biografisches und ethisches ›Gesamtkunstwerk‹ schaffen und inszenieren, ein Kunstwerk, dessen Inhalt er selbst ist.«

Auch bei diesen eher individuell zu lösenden Lebensgestaltungs-Aufgaben fühlen sich unterstützte Jugendliche (durch Bildung, elterliche Hilfen, klare Planungsfähigkeit, Selbstvertrauen) besser als Jugendliche, die unter schlechteren Bedingungen antreten (geringe familiale Ressourcen, Ostdeutsche, ausländische Jugendliche – Jugend 2000, 13).
Somit können die jahrhundert-typischen Grundfigurationen von Jugend unter Einschluss der 1968er-Jugend (vgl. Teil 4.4) nach *Schelskys* zeithistorischer Typologie und nach *Baackes* affektuell akzentuierten jugendkulturellen Typen mit der künftigen Such- und Plausibilitäts-Jugend nach dem historischen Ablauf-Schema von Abb. 21 »Jugendsoziologische Grundfigurationen im Wandel der Zeiten« wiedergegeben werden.

Jahre	**Figuration**	**Verhalten**
1910er	Jugendbewegung	Verneinung von Erwachsenenstandards; Aufbruch in eine zivilisationsferne Natürlichkeit
1930er	Staatsjugend	kollektiv agierend, manipulierend, auch noch für die DDR-FDJ geltend
1950er	skeptische Jugend	distanziert, privatistisch, frühe Übernahme von Verantwortung
1970er	politische Jugend	politisch fordernd, starke, emanzipatorische und partizipative Impulse setzend
1990er	Erlebnisjugend der Fun-Gesellschaft	teils affektuell, teils ästhetisch stilisierte Eigenwelt; partielle Proteste
21. Jahrhundert: 2010er	Such- und Plausibilitäts-Jugend; Nischensitzer	Bau einer Nischenwelt aus plausiblen Versatzstücken; Suchhabitus (*Beck*); Ablehnung von ungeprüften Normen, Autoritäten und Institutionen (*Schmidtchen*); Ausdauer und Flexibilität bei der Realisierung von Lebensentwürfen

Abb. 21: »Jugendsoziologische Grundfigurationen im Wandel der Zeiten«

4.3 Reaktion auf hohe Hürden

Fall Klaus & Co

Die Zuordnung der Verhaltensweisen der Clique von Klaus & Co zu Typologien Jugendlicher im vorigen Kapitel war nicht unbedingt eindeutig vollziehbar. Rechtsradikales Handeln war beispielsweise in der Staatsjugend der 1930er Jahre möglich. Davon sind wir heute erfreulicherweise weit entfernt. Ein Rückgriff rechtsradikal sich gebärdender Jugendlicher auf die Zeit vor 60 Jahren ist unter dem Gesichtspunkt des Modell-Lernens nicht unbedingt plausibel. Die Vorbilder sind allenfalls diffus und höchstens noch indirekt vermittelt präsent. Es fragt sich daher, ob die Zuschreibungen nicht vorschnell vorgenommen werden.

Eine Zuordnung von Klaus & Co zu Baackes Action-Jugendlichen wäre im Hinblick auf das chancengeminderte Herkunftsmilieu dieser Jugendlichen und die Rechtsradikalität als Ventil dafür denkbar. Sie scheitert aber daran, dass wir bei Klaus & Co wenig von technizistischen und Science-Fiction-Träumereien hören.

Gegenüber solchen gleichsam von außen vorgenommenen Definitions- und Deutungsversuchen, wie sie die verstehende und lebensweltliche Soziologie vornimmt, fragt eine andere soziologische Erklärungsrichtung, nämlich der symbolische Interaktionismus (vgl. Teil 1.2), nach der Bedeutung und dem Sinn, den die Akteure selbst ihren Handlungen beilegen. Wichtig sind für die Handlungen der Akteure die Beziehungen, die zwischen ihnen und den Mithandelnden bestehen. Sie sehen im Handeln einen Sinn für sich selbst und eine Bedeutung anderen gegenüber. So wird eine Gruppe von Ausländern für verschiedene Jugendliche eine jeweils unterschiedliche Bedeutung haben: Für die einen werden Ausländer ihnen die Möglichkeit eröffnen, ihren Erfahrungshorizont zu erweitern. Für wieder andere sind Ausländer Eindringlinge, die ihnen Chancen auf Arbeitsplätze und Wohnungen streitig machen.

Umgekehrt wird auch das Umfeld den Akteuren Zeichen für die eigene Verortung setzen. Die Handlungsweisen anderer geben dem Individuum Aufschlüsse über seine Identität. Die Reaktion des Umfeldes zeigt dem Akteur, wer und was er ist: Ein Mensch, der im allgemeinen so und nicht anders gesehen wird – ein generalisierter anderer (*George Herbert Mead* 1983, 217).

Fall Klaus & Co

Die Jugendlichen der Clique von Klaus & Co definieren sich zum einen an sich selbst, an ihrer Clique. Zum andern erfahren sie ihre eigene Einordnung aber auch an ihrem weiteren sozialen Umfeld: Sie kämpfen für Arbeit und Job, stoßen dabei aber u. U. auf Schwierigkeiten. Sie merken, dass sie anders sind als die theoretisierenden, ›jungen Linken‹, die nur reden, und denen sie es heimzahlen wollen.

Im Sinne des symbolischen Interaktionismus hat die Jugendsoziologie einige Positionen abgesteckt: Die Freigabe und Aneignung der gesellschaftlichen Kultur durch die Jugendlichen selbst im Sinne einer Juvenilisierung der Kultur nach *Friedrich H. Tenbruck* sowie die Frage der gelungenen oder misslungenen Identitätsbildung nach *Erik Erikson*. Es ist bezeichnend, dass bei diesen Fragestellungen, die um die Wertungen und die Einordnungen der Persönlichkeit kreisen, ein Psychologe wie *Erikson* ins Gespräch kommt (*Griese* 1977, 56 ff.).

4.3.1 Die Aneignung der gesellschaftlichen Kultur

Nach *Friedrich H. Tenbruck* (1976, 92) wird die Verortung des Jugendlichen in der modernen Gesellschaft nicht mehr primär von den Erwachsenen, sondern von den Jugendlichen selbst vorgenommen. Die Jugendlichen fallen mehr und mehr aus altersheterogenen Gruppen heraus und verlieren die Erwachsenen als generelles Modell. Die Jugendlichen sozialisieren sich sozusagen selbst. Den Jugendlichen wird so schon früh Kultur zur Benutzung freigegeben mit Sport, Sexualität, Unterhaltung und Medien. Ganze gesellschaftliche Bereiche wie Mode, Medienkultur und Sport passen sich sogar den Jugendlichen an und übernehmen Verhaltensstile, die die Jugendlichen geprägt haben. Allgegenwärtig ist die Turnschuhgeneration oder die Beliebigkeit der Kleidung mit der Smokingjacke über Bluejeans.
In einem zweiten Durchgang übernehmen sogar die Erwachsenen die von den Jugendlichen kreierten Verhaltensweisen und die von der Jugend geschaffenen Darstellungsstile. Die Gesamtkultur juvenilisiert, ja puerilisiert. Bei *Tenbruck* (1976, 92) heißt es:

»In diesem Sinne besitzt die moderne Jugend eine eigene Teilkultur. Formen und Normen ihres Lebens haben einen Grad der Eigenart und Autarkie erreicht, der früher selbst dort fehlte, wo die Rebellion gegen die Welt der Erwachsenen zum Programm wurde. Entscheidend dafür ist nicht, daß die trennenden Unterschiede zahlreicher und schärfer geworden, sondern daß die Orientierungen zu den Erwachsenen hin abgebaut worden sind. An die Stelle des Zwanges, den eigenen Lebensstil zu verbergen oder doch an den Werten der Gesamtkultur zu messen und notfalls gegen sie zu rechtfertigen, ist die instrumentale Benutzung der Gesamtkultur zu eigenen Zwecken getreten. Bei dieser Selbständigkeit überrascht es nicht, daß die jugendliche Teilkultur fast souverän alle Lebensgebiete erfaßt. Die Jugendlichen haben nicht nur ihre unverwechselbaren Formen des Umgangs, Sports, Vergnügens, sie besitzen auch ihre eigene Mode, Moral, Literatur, Musik und Sprache.«

Die Reaktion der Erwachsenenwelt auf das Entstehen dieser jugendlichen Teilkultur fasst *Tenbruck* so (1976, 92):

»Der Erwachsene orientiert sich nicht mehr vorwärts zum eigentlichen Alter, ja es mangelt bereits das Gefühl, daß es spezifische Aufgaben für diese Lebensphase gibt. Die Jugend zu verstehen, mit ihr Schritt zu halten, sich ihr anzupassen, wird normales Bemühen. Eine Nivellierung der Altersunterschiede ersetzt die nunmehr als bloß autoritär empfundenen Autoritäten, in und außerhalb der Familie, durch Kameraderie oder Interessenkompromiß. Altersmäßig differenzierte Leitbilder werden durch eine einheitliche Idealform verdrängt, die deutlich juvenile Züge trägt. Die moderne Jugend besitzt nicht nur eine eigene Teilkultur, sie ist in mancher Hinsicht zur dominanten Teilkultur geworden.«

Kritik ergibt sich daran, dass *Tenbruck* Verhaltensunsicherheit und Orientierungslosigkeit der Jugendlichen ausblendet. Die Teilkultur ist sicher nicht für alle Jugendliche erreichbar und auch nicht für alle verpflichtend. Zudem muss man auch sehen, dass Medien und Marketing die von Jugendlichen kreierten Moden und Künste zum Zwecke der Gewinnmaximierung transportieren. In diesem Sinne sind am wenigsten die Jugendlichen für die Gesamtkultur verhaltensleitend. Vielmehr sind es die Meinungsmacher und Manipulateure, die sich neuer modischer Strömungen zur Vermarktung bedienen.
Auf die zunehmende Unschärfe der Abgrenzung der Altersstufen sei verwiesen (vgl. Teil 4.1.2) – hier besonders auf die Grenze zwischen Erwachsenen und Alten.

4.3.2 Schwieriges Suchen und Finden

Die Persönlichkeitsfindung Jugendlicher ist ja nun nicht damit getan, dass sie sich irgendwelchen Strömungen und Moden anschließen. Ihre Personlichkeitsbildung setzt die Identitätsfindung voraus: Der Jugendliche muss mit sich selbst und seinem Umfeld in Einklang kommen. Es muss sich eine Übereinstimmung herausbilden davon, wie er sich selbst sieht und wie sein Umfeld ihn definiert. Im Sinne des Interaktionismus muss es zu stimmigen Verhaltensvorgängen kommen können, ohne dass der Jugendliche laufend in konfliktorische Auseinandersetzungen oder in dauernden Rückzug verfällt.
Dem erwünschten Ziel der Identitätsfindung setzt *Erikson* (1973, 107) die Gefahr der Identitätsdiffusion entgegen:

»Viele Jugendliche kommen mit der übernommenen, ihnen durch die unerbittliche Standardisierung der amerikanischen Jugend aufgezwungenen Rolle nicht zurecht und flüchten: Lassen Schule oder Arbeitsplatz im Stich, bleiben nächtelang fort oder verkriechen sich in ausgefallene oder unzugängliche Stimmungen. Im allgemeinen ist es hauptsächlich die Unfähigkeit, sich für eine Berufs-Identität zu entscheiden, was die jungen Leute beunruhigt. Um sich selbst zusammenzuhalten, überidentifizieren sie sich zeitweilig – bis zu einem Grad scheinbar völliger Aufgabe des Ich – mit den Helden von Cliquen und Massen. Andererseits werden sie bemerkenswert exklusiv, intolerant und grausam gegen andere, die ›verschieden‹ sind in Hautfarbe oder Herkunft, Geschmack und Gaben, oft auch nur in ganz winzigen Momenten der Kleidung und Gestik, die willkürlich als die Kennzeichen der Gruppenzugehörigkeit gewählt werden. Es ist wichtig, dass man diese Intoleranz als notwendige Abwehr gegen ein Gefühl der Identitätsdiffusion versteht, was nicht heißt, dass man sie billigt oder teilt.«

Als einen Ausfluss verhinderter Identitätsfindung beschreibt *Wilhelm Heitmeyer* (1992, 75 ff.) rechtsradikale Gewaltstandards. Das Arbeits- und Wirtschaftsleben hält keine problemlosen und widerspruchsfreien Identifikationsbilder für alle Jugendlichen bereit. Gewaltmuster jedoch sind für diejenigen, die sich nicht positiv identifizieren können, als erklärende und erlebnisschaffende Korsette da. Radikale Freund-Feind-Polarisierungen scheinen in frustrierenden Situationen zu helfen. Bereits vor über 30 Jahren wurde für die fortgeschrittenen Industriegesellschaften auf das Auseinanderklaffen von

- affektiv-emotionalen Zielsetzungen in der Sozialisation junger Menschen und die
- rational-funktionalen Verhaltenserwartungen in der Berufswelt und in den anonymisierenden, großen Ausbildungsinstitutionen hingewiesen (*Scheuch/ Klingemann* 1967, 17):

Die Jugendlichen werden einem Wechselbad ausgesetzt in der Konfrontation mit

- solidarischen, mitmenschlichen Wertungen in Familie, Peers, schulischer (Religionsunterricht) und außerschulischer Sozialisation (Jugendpflege) und andererseits
- Erwartungen an funktionales, selbstbezogenes Verhalten in Betrieben, Wirtschaftswelt und bürokratischen Ausbildungsstätten.

Dies ergibt Orientierungskonflikte. Zur sichernden eigenen Verortung greifen besonders benachteiligte Jugendliche auf starre und rigide Wert- und Orientierungsmuster zurück, wie sie der Rechtsradikalismus bietet.

Fall Klaus & Co

In dieser Schwierigkeit der Perspektivenfindung dürfte einer der Schlüssel zur Erklärung des Verhaltens der Clique von Klaus & Co liegen: Die Perspektiven für das weitere Leben dieser Jugendlichen sind nicht rosig. Für ihre Zukunft bestehen eher trübe Aussichten. Das verunsichert und macht aggressiv. Das rechtsradikale Gehabe ist möglicherweise eher ein Mittel, diese Unsicherheiten zum Ausdruck zu bringen, als ein von Anfang an und durchgehend anvisiertes Ziel.

Ein Auffangen dieser Orientierungsdilemmata durch Umfeld und Familie sieht *Heitmeyer* nicht als zusätzlich beeinflussende, konfligierende Mit-Ursache für den Rückgriff auf radikale Lösungsmuster, sondern er stellt familiale Potenziale eher als mögliche Hilfen für die verunsicherten Jugendlichen dar. Bleibt diese Hilfe aus oder sind die von den benachteiligten Jugendlichen vorgefundenen und für sie anwendbaren Muster gewaltförmig, ist der Weg zu radikalem, gewaltbereitem Rechtsextremismus bereitet (*Heitmeyer* 1992, 81 f.):

»Identitätsprobleme werden dann provoziert, wenn der gesellschaftliche ›Einforderungsdruck‹ zu stark wird und gleichzeitig keine ›Rückenstärkung‹ aus dem sozialen Milieu und den Familienbeziehungen erwartet werden kann. Es ist anzunehmen, daß solche schwierigen Situationen dann auch nicht mehr kommunikativ geregelt werden können, sondern Gewalt als letztes zur Verfügung stehendes Mittel provozieren, sei es gegen sich selbst oder andere, sei sie politisch motiviert oder schlicht diffus destruktiv ausgerichtet. Ein Beispiel aus den Biographien rechtsextremistisch organisierter Jugendlicher kann dies verdeutlichen: Ein nicht unbeträchtlicher Anteil von Jugendlichen in organisierten rechtsextremistischen Gruppen kann jenen zugerechnet werden, deren Lebensperspektive höchst ungesichert ist. Ein Rückgriff auf ›Rückenstärke‹ im familiären Kontext ist gleichfalls nicht gegeben, wenn man berücksichtigt, daß ein hoher Anteil von Jugendlichen mit zerstörten Familienbeziehungen zurechtkommen muß. Der Rückgriff auf konsistentes, in der eigenen Biographie entstandenes Potential erscheint auch nicht möglich, da zerstörte Familienbeziehungen eher ›Niederlagen‹ und Brüche verursacht haben. Zerstörungen von Familien sind zudem in der Regel mit gewaltförmigen Auseinandersetzungen verbunden, die Beziehungen werden mit Gewalt (psychischer wie physischer) ›geregelt‹. Das in der Biographie erworbene Potential ist also auch von Gewalt durchzogen, zumindest ist man es gewohnt, z. B. mit Gewalt umzugehen und den Versuch zu unternehmen, sie in unklaren Situationen einzusetzen und Ambivalenzbelastungen etwa dadurch zu ›klären‹.«

Gewalt wird außer in der (herkunftsfamilialen) Biografie auch wiederholt in den medialen Darstellungen erlebt. Hassgefühle dürfen, so lautet die vielfache »Rambo«-Botschaft der Medien, in Gewalthandlungen umgesetzt werden. Im Verein mit Cliquen begünstigt Mediengewalt im Wege von Nachahmung und Verstärkung eine nicht unerhebliche Folgekriminalität (*Glogauer* 1995, 158).

4.3.3 Unsichere Selbstdefinition

Man muss davon ausgehen, dass Jugendliche ihre Identitätsfindung in altersgleichen Gruppen erreichen müssen. Die Familie und auch die Berufswelt reichen zu ihrer Verhaltensprägung nicht hin. Die Muster der Lebenswelt, in die die Jugendlichen eintreten, sind zu komplex (*Baacke* 1985, 136 ff.). Die wechselseitigen Definitionen der Jugendlichen für sich selbst erfolgen in einem eigenen kommunikativen System. Dieses unterscheidet sich von normativen Definitionen Erwachsener. Es ist nach *Bohnsack* (1973, 46 ff.) stärker auf die augenblickliche Situation bezogen, nicht so sehr überzeitlich bzw. zeitlos gültig angelegt. Die Situationsdefinition Jugendlicher in ihren Handlungsvollzügen ist auch wenig komplex. Man bezieht sich bei Bewertungen von Situationen sehr stark auf die eigene Clique, definiert die anfallenden Vorgänge selbstbezogen, also auf die eigenen Gruppengenossen, hin. Die Einschätzung der Situationen ist also von einer Clique aus gesehen autonom, das heißt wenig an Erwachsenen-Definitionen oder an allgemein gültigen gesellschaftlichen Normen orientiert. Auch sind die Einschätzungen Jugendlicher bei bestimmten Vorgängen stark affektiv geprägt und nicht distanziert. Dies hat *Bohnsack* dazu geführt, die Jugendlichen in sie emotional stark berührenden Situationen als normativ wenig kompetent zu bezeichnen. Er schreibt (1973, 46):

»Gruppen, deren Mitglieder Situationen mangelnd kompetent empirisch identisch definieren, sind aber immer auch der Gefahr ausgesetzt, kriminalisiert zu definieren ... Konsequenterweise müßte Delinquenz ein mehr oder weniger ausgeprägtes Merkmal fast aller Gruppen Heranwachsender sein.«

Fall Klaus & Co

Die Verhaltensweisen der Clique um Klaus & Co sind also unter interaktionistischen Gesichtspunkten relativ naheliegend. Das kommt daher, dass die Cliquenmitglieder ihre Situation einheitlich bewerten. Eine mögliche andersartige Bewertung durch gesellschaftliche Instanzen ist im Augenblick der Handlungen kaum im Horizont der Jugendlichen. Eher etwas nebulös können sie sich für ihre weitere Zukunft andere Verhaltensweisen vorstellen, als sie sie jetzt an den Tag legen: Als Erwachsene eben dann die Bomberjacken und die Springerstiefel abzulegen bzw. verkaufen.

Frage ist nur, wie man an das von der Jugend einheitlich definierte Handlungsfeld herankommt. Hier werden akzeptierende Jugendarbeit (*Krieger/Mikulla* 1994, 80) und Streetwork mehr nützen als Handlungsstrukturen zu zerschlagen: Jugendliche würden vor repressiven Maßnahmen flüchten, aber nicht kapitulieren. Sie würden ihre Handlungsgefüge an anderer Stelle wieder erneut errichten. Streetworker und Fan-Betreuer versuchen, »das Schlimmste zu verhüten. Partnerschaften zu anderen Fan-Clubs und gegenseitige Besuche sollen die Feindseligkeiten eindämmen« (*Schröder* 1992, 233).
Die *Akzeptierende Jugendarbeit* geht davon aus, dass der pädagogische Antifaschismus (vgl. Teil 4.4.1) gescheitert ist. In Betreuungsprojekten erlebten Studierende der Sozialpädagogik der Hochschule Bremen um 1990, dass das mit rechtsextremer Symbolik garnierte, gewalttätige bis vandalierende Verhalten vorwiegend männlicher Jugendlicher zwischen 15 und 22 Jahren eher Ergebnis negativer ökonomisch-sozialer Alltagserfahrung ist als auf mangelnde zeithistorische Aufklärung im Schulunterricht zurückzuführen ist (Akzeptierende Jugendarbeit 1992, 28). Die Betreuer versuchten, dieses gewaltbereite, sich rechtslastig äußernde Handeln zu verstehen und nahmen dazu die Jugendlichen ohne Pädagogisierung zunächst nur einmal in ihren Äußerungen emst. Denn die Jugendlichen suchten »mit ihrem äußerlich harten Identitäts-Korsett« ein Gegenüber. Die rechtsextremen Sprüche und Aufmachungen der Jugendlichen sahen die Betreuer als Suche nach Orientierung. Denn die Aktivitäten der Jugendlichen waren normal bis spießig (Schützenfestbesuch, Kegeln, Radtour), wurden dann aber von den Akteuren mit Regelverletzungen (anpöbeln, beschädigen, verschmieren) erlebnismäßig hochgefahren.

Die Sozialpädagogen machten den Jugendlichen angesichts von deren Gewalthandlungen wie Pöbeleien und Schlägereien klar, dass dies nicht ihre (der Sozialpädagogen) Form von Kommunikation und Auseinandersetzung ist, sondern dass mit ihnen nur verbal kommuniziert werden kann. Regeln wurden besprochen und auch praktiziert – beispielsweise einen Widerspruch gegen ein Hausverbot im Jugendzentrum einzulegen. Es kam zu gegenseitigem Respekt und Anerkenntnis zwischen Jugendlichen und Betreuern.

Man traute darauf, dass sich der Transfer solcher Regel-Anerkenntnis in andere Handlungsfelder der Jugendlichen ergeben würde. Verhaltensänderungen darf man nach dem Konzept der Akzeptierenden Jugendarbeit aber nicht als programmierbar ansehen, sondern man muss darauf setzen, dass sich sozialverträgliches Verhalten gleichsam selbstprogrammiert ergibt. In diesem Sinn ist Sozialverträglichkeit bei Akzeptierender Jugendarbeit nicht Voraussetzung für, sondern Produkt von Vertrauen, Offenheit und Akzeptanz (*Krafeld* 1992, 195). So will Akzeptierende Jugendarbeit nicht ausgrenzen und stigmatisieren, sondern sie begleitet und hofft auf positive Veränderungen (Akzeptierende Jugendarbeit 1992, 37 f.):

»Der Anspruch, ihre verhaltensauffällige Alltagsdramaturgie abzubauen, kann nicht Voraussetzung, allenfalls erhofftes Ziel der Arbeit mit ihnen sein. Und in ihrer Alltagsdramaturgie sind Saufen, körperbetontes und gewaltbereites Auftreten, aggressive und provokante Äußerungen und Handlungen konstitutive Merkmale«.

Grenzen freilich mussten und müssen gezogen werden. Das ist ein wunder Punkt und eine Unsicherheit des Konzepts. Sie sollten jenseits der Essentials der Handlungsweisen der Cliquen liegen, da man sonst den Kontakt mit ihnen verlieren würde. Die Grenzen liegen da, wo die Betreuer die begleitende Arbeit selbst nicht mehr aushalten können und/oder da, wo andere Jugendliche gesundheitlich und/oder psychisch zerstört werden; also bei Straffälligkeit, Erniedrigung, psychischen/körperlichen Verletzungen und Vernichtungen.

Im Gegensatz zu dieser in ihrer Zielvorgabe eher passiv hoffenden und zu der in Begleitung verharrenden Akzeptierenden Jugendarbeit impliziert *Streetwork* immer noch einen Rest an Perspektiven-Vorgabe durch die Soziale Arbeit. Jüngst hat dieses Konzept, das dissoziale Jugendliche in ihren Milieus aufsucht, sogar Eingang gefunden in die Bekämpfung der Jugendarbeitslosigkeit durch die Arbeitsverwaltung. Hier werden zur Motivierung von arbeitslosen Jugendlichen nicht nur Sozialabeiter/Sozialpädagogen eingesetzt, sondern auch die von diesen erreichten, betroffenen Jugendlichen angeheuert, um an weitere Klienten heranzukommen. So bestimmt Art 11 § 3 Abs. 3 der Richtlinien zur Durchführung des Sofortprogramms zum Abbau der Jugendarbeitslosigkeit vom 1.12.1999:

»Jugendliche, die nach Arbeitslosigkeit eine Beschäftigung oder Ausbildung gefunden haben, können zur Unterstützung der Kontaktaufnahme mit passiven beschäftigungslosen Jugendlichen vom Träger einbezogen werden.«

Über ein Streetwork-Projekt von Sozialdiakon *Michael Heinisch* in Lichtenberg ist zu lesen (*Schröder* 1992, 177):

»Ziel des Projekts ist es, sozialgefährdeten und arbeitslosen Jugendlichen für zwei Jahre einen Job und eventuell später auch eine Wohnung zu verschaffen ... Michael Heinisch meint, da Feindbilder statt Perspektiven die einzig greifbare Orientierung vieler verunsicherter Jugendlicher seien, müsse man ihnen eine andere Perspektive geben – Argumenten und verbaler Auseinandersetzung seien sie nicht zugänglich. ›Ich meine, daß man die meisten aus diesem Kreis der Gewalt herausholen kann, versuche deshalb mit ihnen positive Identifikationen zu entwickeln, kulturelle Ausdrucksformen, Feste, Spiele, Arbeit, die ihnen gerecht werden und in irgendeiner Weise in die Gesellschaft passen. Das heißt keineswegs, daß sie mit ihr konform gehen müssen.‹«

4.4 Jugend als Motor von Entwicklungen

Hört und liest man von politisch motivierten Auseinandersetzungen, bei denen die Jugend als Partei auftritt, könnte man meinen, dass die Jugend im politischen Kampf ein besonderer Akteur sei. Die Clique um Klaus & Co zeigt zumindest ansatzweise politische Absichten. Dass die Jugend im politischen Spektrum dabei mehr auf der fortschrittlichen Seite zu stehen scheint, ist nicht erst seit der 68er-Studentenrevolte klar. Bereits in der Mitte des 19. Jahrhunderts traten namentlich die Studenten-Burschenschaften für mehr staatliche Liberalität ein. Auch hat die Arbeiterjugend in ihrem Kampf für mehr Rechte der Arbeitenden eine ein Jahrhundert lange Tradition.
Es ist daher naheliegend, dass soziologische Konflikttheorien auch für die Jugendsoziologie nutzbar gemacht wurden. Es gibt einerseits die marxistische Konflikttheorie (vgl. Teile 1.5 und 2.3.2.1), die für. die Jugendarbeit in antikapitalistische Strategien einfloss (vgl. Teil 4.4.1). *Dahrendorfs* Herrschafts-Konflikttheorie (vgl. Teil 2.3.2.3), die die Auseinandersetzungen zwischen Herrschafts-Besitzenden und der Herrschaft Unterworfenen beschreibt, findet ihren Niederschlag in soziologischen Untersuchungen über den Einflussgewinn Jugendlicher Protest- und Agitationsgruppen (vgl. Teil 4.4.2).

4.4.1 Antikapitalistische Ziele

Die marxistische Jugendtheorie zielt auf Emanzipation der Arbeiter-Jugend von kapitalistischer Herrschaft. Sie will hierzu Erkenntnis-Erhellung und Handlungsstrategien liefern. Sie hält Klassenwidersprüche für wesentlicher als generative Auseinandersetzungen. Bestenfalls gebe es innerhalb der (Arbeiter-)Klasse noch Altersgruppen, die Auseinandersetzungen zwischen den Generationen innerhalb der Arbeitenden müssten aber hinter dem grundlegenden Klassenwiderspruch zurücktreten.
Unter den Bedingungen kapitalistischer Verwertung bilden sich nach *Manfred Liebel* (1976, 91 ff.) bei den Arbeiterjugendlichen folgende Verhaltensweisen heraus:

- Jugendliche ziehen sich zurück;
- sie greifen noch Schwächere (wie Jüngere, Isolierte, Ausländer, Homosexuelle) an;
- sie werden deswegen von der Gesellschaft kriminalisiert.

Ziel soll es sein, die Unzufriedenheiten der Jugendlichen in der Arbeitswelt politisch-emanzipatorisch mit dem Ziel aufzugreifen, Veränderungen herbei-

zuführen. Anknüpfungspunkte waren um das Jahr 1968 die Lehrlingsbewegung »Jour Fix« sowie Selbsthilfeprojekte mit jungen Arbeitslosen.
Die beschriebene Herrschafts-Weitergabe auf noch Schwächere liest sich so (*Liebel* 1976, 91):

»Das durch die ›sinnlos‹ verlängerte Separation vom Arbeitsprozeß provozierte Bedürfnis nach neuen sozialen Orientierungen und Sinnzusammenhängen kann sich in projektiven Phantasien, magischen Vorstellungsweisen oder absentistischen Verhaltensweisen äußern, mit deren Hilfe ein ›neues Leben‹ jenseits der sozialen Realität und Machtkonstellationen gesucht wird (Drogengebrauch, religiöse Schwärmerei u. ä.). Die Ausbruchsversuche können sich z. B. in diffuser Aggressivität äußern, die sich auf noch Schwächere (z. B. Mitschüler, Jüngere) oder sozial noch Isoliertere (z. B. Homosexuelle, Ausländer) richtet, deren zusätzliche Unterdrückung so gleichsam die Basis bildet für das vorübergehend gestärkte ›Selbstwertgefühl‹. Oder die Ausbruchsversuche können sich in einem Verhalten äußern, das die Jugendlichen vor allem zur Beute kriminalisierender Instanzen (Polizei, Gerichte, Knast) werden läßt. Unter diesen Umständen, die durch Minderheiten von Jugendlichen, durch Jugendverbände, durch Initiativgruppen mit herstellbar sind, können die Geduld untergrabenden und auf Ausbruch zielenden Momente, in welchen Formen auch immer sie sich zunächst äußern, zur Basis eines Handelns werden, das die gesellschaftlichen Bedingungen der Zukunftslosigkeit und zunehmenden Unterdrückung tatsächlich angreift.«

Die Zusammenhänge sind eher auf der Ebene einer Diffusion der Selbstdeutung (vgl. Teil 4.3) als in sozioökonomischen Strukturen gegeben. Immer wird es enttäuschte Jugendliche mit daraus folgendem, dissozialem Verhalten geben. Denn sonderbarerweise hatte sogar die DDR als nicht-kapitalistischer Staat in ihrer Endzeit bereits ein nennenswertes rechtsradikales Jugendpotenzial (Funkkolleg Deutschland im Umbruch 1997, SB 3, 9/10 ff.). Jugendliche wie die Marzahn-Clique des Falles Klaus & Co ärgerten sich ob der Macht und Privilegien der DDR-Funktionäre. Sie konnten in einem Protest gegen den von Staats wegen verordneten Antifaschismus wirksame Mittel und Wege sehen, die Mächtigen empfindlich zu treffen.

4.4.2 Verluste nach gewonnener Schlacht

In seinen an der Herrschaftssoziologie orientierten Untersuchungen stellt *Leopold Rosenmayr* (1971, 257) folgendes fest: Alte Sozialisationsmächte haben wesentlich an Bedeutung verloren. Abweichung, Protest und Revolte werden auf der Seite der Jugendlichen immer natürlicher. Die Jugend bewirkt so einen Wandel zu ihren Gunsten in Richtung auf ein Mehr an Rechten, Möglichkeiten und Freiräumen:

»Bei gesteigerter Bereitschaft zur Kritik von Autoritäten, Ablehnung von traditionellen Lebensformen, welche eine Diskrepanz zwischen geforderten und gelebten Werten tolerieren, und einem regelkreisartigen Vorgang des Eingehens auf aktuelle Herausforderungen beginnen Abweichung, Protest und Revolte immer ›natürlicher‹ zu erscheinen ... Daher können aktive Minoritäten zu Meinungsbildnern, unter Umständen zu Drohfaktoren werden, die als Bezugsbedingungen für Entscheidungen maßgeblichen Einfluß ausüben, politische Maßnahmen, ja Gesetzgebung veranlassen, wenngleich die schweigende Mehrheit entschieden anderer Meinung ist und erst unter dem Druck neugeschaffener (gesatzer) Normen ›nachzieht‹ ... In den generellen Prozessen des Wandels von Normen und Werten innerhalb von sozialen Strukturen, besonders in den Institutionen, beschleunigen Jugendliche und vor allem junge Erwachsene den sozialen Wandel durch ihre auf situationelle Angebote bezogenen Haltungen. Wie immer man dies bewerten mag: Die Radikalität von Studenten ist akzeleratorisch, indem sie Links-Trends in der Gesellschaft verschnellert und die Anhebung ihrer eigenen sozio-politischen Position zu beschleunigen versteht.«

Diese Sätze vom für die Jugend siegreich bewirkten Wandel hat *Rosenmayr* zweifellos unter dem Eindruck der 68-Studentenrevolte geschrieben. Es wurden seinerzeit ja auch Rechte und zunehmende Freiräume für die Jugend geschaffen: Herabsetzung des Volljährigkeitsalters, Ausbildungsförderung, Mitbestimmung in den Hochschulgremien, Tolerieren eines freieren Sexualverhaltens und ähnliches mehr.
Inzwischen muss man jedoch feststellen, dass die Eröffnung vieler Freiheiten für die Jugendlichen die Jugend in neue Konfliktlagen bringt. Es bestehen nämlich zwischen den angeblichen, von der Jugend erworbenen Freiräumen und den tatsächlichen Realisierungsmöglichkeiten starke Spannungsverhältnisse. Das, was der Jugend nach gesellschaftlicher Übereinkunft angemutet und möglich ist, kann bei weitem nicht immer eingelöst werden. An fünf Spannungsfeldern, in denen Jugendliche stehen, soll dieses Missverhältnis zwischen Anmutung und Realisierungsmöglichkeit aufgezeigt werden (die Felder folgen annähernd den Darstellungen bei *Scherer* 1988, 158 f. und Soziologie 2000, 124 ff.).

Leitbild Anpassungsfähigkeit: Es wird erwartet und für möglich gehalten, dass Jugendliche heute flexibel und mobil sind, dass sie sich schnell anpassen und ihre Chancen dort, wo diese sich bieten, auch nutzen. Auf der anderen Seite genießen die Jugendlichen die emotionale Geborgenheit bei Freunden und Eltern. Die elterliche (Über-)Betreuung (»Hotel Mama«) lässt Jugendliche oft im Verein mit Unbequemlichkeiten nicht so mobil und flexibel sein, wie dies zuweilen erwartet wird.

Leitbild Spontaneität: Ein Verhaltensstil, der zum Jungsein gehört, scheint Spontaneität zu sein. Lockerheit und Lässigkeit werden gern zur Schau gestellt und mit der Jugend verbunden. Auf der anderen Seite sind die Entfaltungs- und Erfahrungsgelegenheiten für Jugendliche sehr starr festgelegt: Sowohl räumlich als auch organisatorisch. Wollen Jugendliche etwas unternehmen, sind die Rahmenbedingungen fixiert. Es ist entweder nur in der eigenen oder in der Wohnung von Freunden möglich, innerhalb von Vereinen oder bei kommerziellen Anbietern. Einen gestaltbaren »Abenteuer«-Raum gibt es höchst selten.

Leitbild Konsum: Konsum und Teilhabe an der mannigfachen (Jugend-)Kultur scheinen uferlos. Lebensgenuss und Hedonismus scheinen neue, von der Jugend akzeptierte Wertsetzungen zu sein. Auf der anderen Seite erfordert der Erfolg im Ausbildungswesen und im Berufsleben Disziplin, Pflichterfüllung,

Bedürfnisaufschub und das Erbringen von Leistung. Rigide Arbeitstugenden werden nach wie vor eingefordert und stehen im Gegensatz zu Genuss, Augenblicksorientierung und dem Verausgaben von Geld.

Leitbild Partizipation: Wie gezeigt, hat die Jugend der vorangegangenen Generation Mitbestimmungs- und Partizipationsmöglichkeiten erstritten. Freiräume sind der Jugend aufgetan worden. Diese Möglichkeiten stehen im Gegensatz zu der allgemeinen Institutionalisierung, Technokratisierung, zu der allgegenwärtigen Vergesellschaftung und auch der Verwissenschaftlichung unseres Lebens. Die Organisationsgesetzlichkeiten und Spezialisierungen engen kreative Spielräume stark ein.

Leitbild Qualifikation: Die Bildungsexpansion der letzten 30 Jahre scheint der Chancengerechtigkeit ein Stück näher gekommen zu sein. Heutige Jugendliche haben viele Möglichkeiten zum Qualifikationserwerb. Frühexpertentum ist in vielen Bereichen keine Ausnahmeerscheinung. Auf der anderen Seite entsprechen die Möglichkeiten der Berufseinmündung diesen gestiegenen Qualifikationen nicht in vollem Umfang. Beim beruflichen Positionserwerb kommen als Voraussetzungen neben dem Qualifikationsabschluss von Schule/Hochschule weitere Zugangskriterien hinzu wie Beziehungen, Auftreten, Kapitaleigentum, Geschlecht, Alter und Gesinnung. Die formalen Qualifikationen reihen den Jugendlichen nurmehr in den Bewerberkreis um eine Berufsposition ein. Ausgewählt wird nach den genannten, zusätzlichen Kriterien.

Ohne Zweifel haben sich im Sexualverhalten der Jugendlichen Liberalisierungen ergeben. Die sexuelle Betätigung erfolgt heute wesentlich früher als vor Jahrzehnten und muss auch vor der Erwachsenenwelt nicht mehr verheimlicht werden. Vor der Eingehung von Dauerbeziehungen kann in der Paarbeziehung experimentiert werden. Voreheliicher Sexualverkehr ist keineswegs mehr ein Tabu (*Hornstein* 1982, 34, 63 und 111). Diese Liberalisierung hat keineswegs zu einem wahllosen Austausch der Sexualpartner geführt. Dauerbindungen werden nach wie vor angestrebt. Hier scheint sich in Deutschland West und Ost noch ein gewachsener Unterschied zu zeigen: Während westdeutsche Jugendliche innerhalb einer auf Dauer angelegten Sexualbeziehung eher auch das Ziel einer nichtehelichen Partnerschaft bzw. Lebensgemeinschaft anstreben, tendieren ostdeutsche Jugendliche in diesem Fall eher zum Abschluss einer Ehe (Jugend im deutsch-deutschen Vergleich 1992, 154 ff.).

4.5 Peergroup als Einübung

Fall Klaus & Co

Sehen wir von den bisherigen Erklärungen des Verhaltens der Marzahn-Clique von Klaus & Co einmal ab: Vom phänomenologisch-lebensweltlichen Erklärungsansatz mit dem rechtsradikalen Aktionspotential, von der inter-

aktionistischen Erklärung mit dem Reagieren auf eingeschränkte Lebensgrundlagen und auf bloße Theoretisierer, vom neomarxistischen Ansatz – so treffen wir in dieser Clique eine gleichaltrige Gruppe an, wie wir sie ganz landläufig finden können. Sie hat eine hohe Binnenstruktur, ihre Mitglieder kennen sich wechselseitig recht gut, sie haben aber eine gewisse Ahnung davon, dass ihre Freundschaften nicht lebenslang andauern werden. Die Jugendlichen wissen, dass ihre Cliquen-Aktivitäten aufhören, wenn man »sich dafür zu alt fühlt«, wenn »die Zeit vorbei ist«, eben wenn »das normale Leben beginnt – vernünftiger, ruhiger«.

Eine jugendliche Gleichaltrigengruppe ist offenbar ein Übergangsphänomen, das mit dem Ende der Jugendzeit und dem Eintreten der Mitglieder in die Erwachsenenwelt verschwindet. Man kann deshalb danach fragen, ob solche Gleichaltrigengruppen oder Peergroups notwendige Bestandteile der heutigen Gesellschaft sind.

4.5.1 Von der Familie in sekundäre Institutionen

Die funktionalistische Soziologie beschäftigt sich mit dem Zusammenwirken der gesellschaftlichen (Sub-)Systeme innerhalb der Gesellschaft (vgl. Teile 1.3 und 2.2). Im Anschluss an *Parsons*' Strukturfunktionalismus hat *Shmuel Noah Eisenstadt* den Übergang des Jugendlichen von der Kindheit in der Familie zum Erwachsenen, der sich in sekundären gesellschaftlichen Institutionen bewegen können muss, untersucht. Die Anpassung des Heranwachsenden von der altersheterogenen Familie mit ihren Dominanzsystemen an die gesellschaftlichen Sekundärsysteme von Betrieben, Hochschulen, Vereinen und Freizeitstätten mit der prinzipiellen Gleichordnung und Altershomogenität ihrer Mitglieder ist nicht einfach. *Eisenstadt* sieht die Peergroup hier als geeignete, notwendige Vermittlungsinstanz, die teilweise noch familiale Muster wie die Affektivität und Emotionalität kennt, aber andererseits durch ihre Gleichaltrigkeit und Selbststeuerungsfähigkeit schon auf gleichgeordnete sekundäre Gesellschaftssysteme hin tendiert. *Eisenstadt* sieht den Jugendlichen im Übergang von den Verhaltensleitungen der Familie, die partikularistisch, diffus-allseitig, affektiv und kollektiv sind, zu jenen der gesellschaftlichen Sekundärsysteme, die im Gegensatz zu den Familiensystemen nun universalistisch, spezifisch-arbeitsteilig, affektneutral und selbstorientiert sind. *Eisenstadt* (1976, 68 ff.) bemerkt hierzu:

»Vom Standpunkt der Persönlichkeit aus ist wahrscheinlich der Übergang von partikularistischen zu universalistischen Beziehungen am schwierigsten, denn er erfordert eine ziemlich scharfe Änderung emotionaler Einstellungen gegenüber Objekten sowie auch eine Änderung von Kriterien, die die Beziehungen des Individuums zu ihnen regeln, und gefährdet die emotionale Sicherheit der Bindung, die partikularistische Beziehungen auszeichnet. Andere Orientierungsalternativen wie Spezifität und Leistungsorientierung können gelegentlich mit der Arbeitsteilung innerhalb von Verwandtschaftsbeziehungen vereinbar sein, und zwar dann, wenn die Verwandtschaftsgruppen die Haupteinheiten für

Spezialisierung und Leistung darstellen. Deshalb sucht das Individuum Handlungspartner, die es ihm einerseits ermöglichen, bis zu einem gewissen Grad seine emotionale Sicherheit zu wahren, ihm aber andererseits Verhaltensbeziehungen erlauben, deren Reichweite über die Beziehungen innerhalb der Familie hinausgeht und ihm gestatten, gemäß anderen als den vorherrschenden Kriterien und Orientierungen in altersheterogenen Beziehungen zu handeln ... In Gesellschaften, die von universalistischen Kriterien und Werten geregelt sind, die ihrem Wesen nach von denen der Familie und der Verwandtschaftseinheiten sich unterscheiden, in solchen Gesellschaften entwickeln deren Mitglieder an den Übergangsstellen von Verwandtschaftsrollen zu andersartig institutionalisierten Rollen ein Bedürfnis nach Interaktionen und sozialen Beziehungen, die entsprechend diffusen und zugeschriebenen Kriterien und Eigenschaften geregelt sind; welche von denen der Blutsbande sich unterscheiden und für alle Mitglieder der Gesellschaft die gleichen sein können. Sie entwickeln das Bedürfnis, primäre, derart geregelte Solidaritätsgruppen einzurichten oder ihnen beizutreten, die teilweise die zukünftigen Rollen abwehren, teilweise auf diese hin orientiert sind. Für diesen Zweck sind altershomogene Gruppen am besten geeignet, in denen das Imago einer bestimmten Altersstufe zum bedeutsamen Symbol kollektiver Identifikation wird.«

Die Übergangsfunktion der Peergroup zwischen Familiensystem und gesellschaftlichen Sekundärsystemen wird in Abb. 22 »Peergroups zwischen Familie und gesellschaftlichen Sekundärsystemen« verdeutlicht.

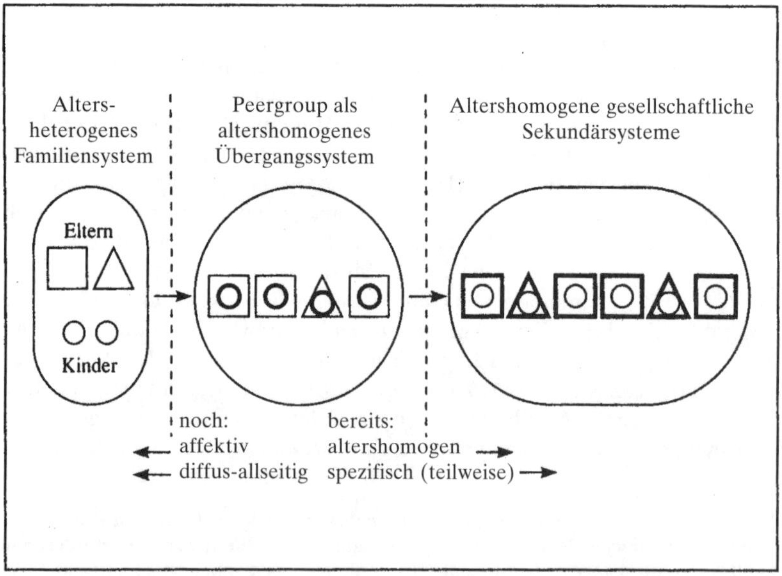

Abb. 22: Peergroups zwischen Familie und gesellschaftlichen Sekundärsystemen

4.5.2 Funktionen der Peergroup

Peergroups bilden sich nach *Baacke* (1985, 136 ff.) vorwiegend in Nachbarschaften, in Schulen und in Ausbildungstätten. Peergroups können sowohl sein

- informelle, lockere Gruppen wie Cliquen oder Nachbarschaftsgruppen oder aber auch
- formelle Gruppen wie Jugendorganisationen, kirchliche Gruppen, Sportvereine und ähnliche Gruppierungen.

Es bedarf zur Peergroup-Bildung aber gar keiner Gruppenverfestigung mit ständigen Wechselbeziehungen ihrer Mitglieder. Das Peer-Verhalten kann sich aus zufälligen Interaktionen bei Sportveranstaltungen, Popkonzerten, bei Discobesuchen oder der Teilnahme an sonstigen Veranstaltungen ergeben. Von der sozialen Herkunft her gesehen, sind Peers meist schichtenhomogene Zusammenschlüsse. Der emotionale Zusammenhalt und die Verhaltensähnlichkeiten, aber auch der Problemhintergrund sind meist nur in der gleichen Sozialschicht so verbindend, dass die Peergroup als hilfreich angestrebt wird. In der ehemaligen DDR gerieten die Peergroups als Protestverhalten gegen die offizielle sozialistische Staatsdoktrin oft rechtsradikal (Funkkolleg Deutschland im Umbruch 1997, SB 3, 9/24).
Die Peergroups haben die folgenden vier Funktionen:

- eine *Schutz- und Ausgleichsfunktion*: Es wird Verständnis bei den Gleichaltrigen und Rückhalt gegen die Erwachsenenzumutungen gesucht, selbständig wird konsumiert, ausgegangen, Urlaub gemacht, werden Freundschaften geschlossen;
- eine *Ablösungsfunktion*: Es soll möglich sein, von Erwachsenenstandards abzuweichen und eine eigene Identität aufzubauen;
- eine *Sozialisationsfunktion*: Das gesellschaftliche System braucht zu seinem Erhalt einen differenzierten Persönlichkeitsaufbau, wie er nur in Auseinandersetzungen mit anderen Jugendlichen zustande kommen kann;
- eine *Integrations- und Anpassungsfunktion:* Jugendliche stellen in der Peergroup eigene Bedürfnisse auch einmal zurück und reifen dadurch; sie erhalten sich dadurch ein Stück solidarischen Tuns.

Das Misslingen der Vermittlung zwischen Familie und Gesellschaft ist dann denkbar, wenn sich die Peergroup aus einer mit der Gesamtgesellschaft noch kohärenten Teilkultur in eine radikale Gegenkultur bewegt. Starke Revolten und Konflikte sind dann die Folge. Dabei kann es sich um Delinquenz oder aber um radikale gegenkulturelle Entwürfe handeln. Herrschende Werte und Normen der Gesellschaft werden dann gerade verneint. Hier wären zu nennen Chaoten, Skinheads, Randalierer, Jungrevolutionäre und Kriminelle.

Fall Klaus & Co

Unsere Marzahn-Clique von Klaus & Co würde, wenn sich ihr aggressives Verhalten verfestigt und mit strafbaren Handlungen gezielt gegen Gegner richtet, zu einer radikalen, gegenkulturellen Peergroup werden können. So wie die Dinge in der momentanen Schilderung verlaufen, sind die Verhaltensweisen ihrer Mitglieder eher episodenhaft und erfolgen übergangsweise. Eine harte, strategisch operierende Kerntruppe mit eindeutig gegenkultureller Zielsetzung ist in dieser Clique jedoch nicht zu sehen.

4.6 Wandlungen von Interaktionssystemen

Die Frage, wie sich ein Handlungszusammenhang auch unserer Marzahn-Clique von Klaus & Co verändert oder stabilisiert, wird von der Systemtheorie untersucht. Mit ihren Fragestellungen kann man spekulieren, ob und wie unsere Marzahn-Clique als Handlungszusammenhang überlebt, oder wie sich u. U. die Handlungsweisen ihrer Mitglieder verändern ließen.

4.6.1 Das Interaktionssystem und sein Umfeld

Nach der Systemtheorie von *Niklas Luhmann* (1975, 9 ff.; siehe auch Teil 1.4) sind in sozialen Systemen Handlungen der dem System angehörenden Personen mehr oder weniger sinnvoll aufeinander bezogen. Handlungssysteme sind als nach außen abgegrenzte *Interaktionssysteme* eingebettet in die sie umgebenden Organisationssysteme. Diese *Organisationssysteme* (beispielsweise Jugendämter; Sozialdienste, Gerichte) sollen generalisierte, überdauernde Verhaltensweisen sicher stellen. Sie halten damit das *Gesellschaftssystem* als das die Interaktions- und Organisationssysteme einschließende Gesamtsystem flexibel, damit aber auch stabil. Interaktionssysteme können sich selbst organisieren und damit überdauern. Sie sind aber auch von außen zerstörbar. Eine Änderung in einem System bewirkt auch Änderungen im Nachbarsystem.

Fall Klaus & Co

Die Marzahn-Clique von Klaus & Co kann als Interaktionssystem betrachtet werden. Sie hat sich aus sich heraus gebildet und erhält sich einstweilen auch durch Anwerben neuer Mitglieder. Auf Dauer wäre eine riesige Zahl solcher Cliquen für die Gesamtgesellschaft unerträglich. Jugendämter und Sozialdienste bis zu Jugendgerichten haben daher als Organisationssysteme die Aufgabe, mäßigenden Einfluss auf solche unerwünschten Cliquen-Interaktionssysteme zu nehmen. Sie könnten sie zerschlagen. Die Systemtheorie hält die Variation von Systemen aber für erfolgversprechender. Insofern erhoffen sich Agenten der Organisationssysteme, die etwa nach dem Konzept der Akzeptierenden

Jugendarbeit vorgehen und die Mitglieder der Clique zu einem weniger radikalen Verhalten kommen lassen, eine Veränderung, die auch für das Gesellschaftssystem insgesamt förderlich ist.

4.6.2 Vom Mit- und Gegeneinander der Handlungszusammenhänge

Jugendliche Interaktionssysteme, in vielen Fällen Peergroups, können, wie gezeigt wurde, stärker oder weniger stark von gesamtgesellschaftlichen Standards abweichen. *Schäfers* (1982, 147 und 172, 1995, 145 f.) spricht hier von latenten und radikalen Subkulturen:

»Der Begriff der Subkultur ist weder in der Alltags- noch in der Wissenschaftssprache eindeutig festgelegt. Hier wird er mit dem Begriff ›gesellschaftliche Teilkultur‹ gleichgesetzt. Zwischen Teilkultur im Sinne von ›Teil der offiziellen Kultur‹ bis zur bewußt und aggressiv von der ›offiziellen‹ Kultur abweichenden subkulturellen Bewegung liegt ein breites Spektrum an Möglichkeiten. Diese variieren

- hinsichtlich der Inhalte und ›Stile‹, die teilweise oder völlig von der dominanten Kultur abweichen (Sprache, Kleidung, Körpersprache, Gewohnheiten, Verhaltensweisen, Anerkennung gesellschaftlicher Werte wie Eigentum, Leistung etc.);
- hinsichtlich der Größe der abweichenden Gruppe;
- hinsichtlich ihrer Aktions-Bereitschaft, latenten und manifesten Aggressivität;
- hinsichtlich ihrer alters- und schichtspezifischen Besonderheiten ...

Die so beschriebenen Peergroups stellen den ›Normalfall‹ der Jugendkultur dar; sie sind durch typische jugendliche Verhaltensweisen gekennzeichnet. Ihre ›latente Subkultur‹ entspricht noch im großen und ganzen den Erwartungen (Befürchtungen, Hoffnungen), mit denen die Jugend und Jugendzeit von den Älteren begleitet wird. Anders die ›radikalen Subkulturen‹: Sie weichen deutlich von diesen Erwartungen ab. «

Entscheidend ist nun, wie das die latente Subkultur umgebende Organisationssystem der Gesellschaft auf diese latente Subkultur reagiert: Toleriert es die latente Subkultur, wird sie nicht in Radikalität verfallen. Beschneidet die Umgebung der latenten Subkultur jedoch ihre Betätigungsmöglichkeiten, wird die latente Subkultur in Radikalität verfallen. In vielen Fällen ist dies in jüngster Zeit zu beobachten gewesen: Gerade in den östlichen, neuen Bundesländern hat die Schließung von Begegnungsmöglichkeiten für jugendliche Gruppierungen dazu geführt, dass sich die Mitglieder dieser Gruppierungen radikalisiert haben. Insofern ist es für die Agenten des Organisationssystems eher ratsam, mit Gelassenheit, Toleranz und einem gewissen Maß an Ressourcen-Gewährung latenten subkulturellen Gruppierungen gegenüberzutreten. Geschieht dies nicht, werden den latenten Gruppierungen alle Existenzmöglichkeiten genommen, ist damit zu rechnen, dass sie in die Radikalität abdriften. *Schäfers* (1982, 172) folgert:

»Die problematische Situation der Jugend in der Gegenwartsgesellschaft ergibt sich aber zum Teil daraus, daß in der Vorstellungs- und Handlungswelt vieler Erwachsener auch für den Normalfall der jugendlichen Subkultur wenig Platz ist. Dadurch fühlen sich einzelne Jugendliche bzw. Peergroups herausgefordert, aus der Latenz ihrer Subkultur aggressiv herauszutreten.«

Nach der Systemtheorie verändert ein System, das die Umweltbedingung für ein anderes System setzt, durch Variationen dieses andere System. Will man einen Handlungszusammenhang Jugendlicher, also beispielsweise eine Gleichaltrigen-Gruppe, ändern, müsste folglich auch das umgebende Organisationssystem (etwa Jugendamt, Jugendgericht) von sich aus Änderungen vornehmen. Soll sich delinquentes Verhalten in einem jugendlichen Handlungszusammenhang verändern, müsste dies also systemtheoretisch dadurch geschehen, dass auch der andere (sanktionierende, erwachsene) Teil des gesellschaftlichen bzw. des Organisations-Systems sich verändert. Im Strafvollzug Jugendlicher wird daher vom einseitig sanktionierenden und kriminalisierenden Maßnahmenvollzug nach § 16, 17 JGG mit Arrest und Strafe abgegangen im Sinne der *Diversion* zu erzieherischen und pädagogischen Maßnahmen nach §§ 9 bis 13 JGG. Hier kommen in Ansatz die Verpflichtung zur Inanspruchnahme von Erziehung nach §§ 27 ff. KJHG mit Gruppenarbeit § 29, Erziehungsbeistand § 30 und betreutem Wohnen § 34 – auch für junge Erwachsene nach § 41 – sowie ferner Weisungen, Wiedergutmachungen und Entschuldigungen.
Bohnsack (1973, 131 ff.) unterteilt seine Vorschläge in Veränderungen mittlerer Reichweite und grundlegende Veränderungen:

Veränderungen *mittlerer Reichweite* setzen bei der Situation im Gerichtsverfahren vor dem Jugendgericht an und wollen die Verständigung zwischen jugendlichem Delinquenten und den Instanzenvertretern verbessern. Der Jugendliche soll in seiner geringen Kompetenz zur Deutung der Handlungssituationen mehr Hilfe erhalten. Das Verfahren soll seinen rituellen Charakter verlieren und eher zu einem herrschaftsfreien Gespräch zwischen Angeklagtem, Geschädigtem und den Zeugen werden. Der Richter soll eher als Gesprächsleiter denn als Autoritätsperson fungieren:

»Die Verhandlung muß ihren rituellen Charakter – wie er oben dargestellt wurde – vollständig verlieren. Sie muß zu einem ›unverzerrten‹ Gespräch werden – unter Anwesenheit möglichst aller an der problematisierten Situationsdefinition irgendwie beteiligten Jugendlichen, um ihnen die gemeinsame Rekonstruktion dieser Situation zu ermöglichen. Dabei soll es zu einer Kommunikation zwischen Angeklagten, Zeugen und – sofern der Fall – Geschädigten kommen, mit dem Ziel, alle besonderen Aspekte der Situation aus den verschiedenen Perspektiven darzulegen und sich gegenseitig verständlich zu machen. Der Richter muß den Charakter einer ›mystifizierten‹ Autoritätsperson verlieren und zum Gesprächsleiter und Koordinator werden, der insbesondere Strategien entwickelt, mangels kompetenten Personen über Schwierigkeiten bei der Rekonstruktion und Konstruktion von Typisierungen und Legitimationen hinwegzuhelfen. Anwalt und Staatsanwalt haben zusammen mit dem Richter die Aufgabe, die so entwickelten Wirklichkeitskonstruktionen derart mit den kodifizierten absoluten Rechtsnormen zu verknüpfen, daß den Jugendlichen die einzelnen Schritte einer solchen Operationalisierung – soweit irgendwie möglich – deutlich werden. Das alles vollzieht sich eher in Form einer Rechtsbelehrung als in irgendwelchen moralischen Degradationen.«

Kleinkriminalität soll im Sinne der Diversion gar nicht mehr jugendgerichtlich abgeurteilt werden. Hier soll ausschließlich das Jugendamt erzieherisch tätig werden. Nur bei Schwerkriminalität sind die inhaftierenden Sanktionen Arrest und Haft angezeigt (bei Mord, Totschlag, Raub, Erpressung u. ä.). Auch hier ist aber Sorge dafür zu tragen, dass der Jugendliche generalisierter deutet und wertet (siehe Teil 4.3.3), sich weiterbildet, zu planen lernt und eigenverantwortliche Kompetenzen gewinnt.
Sodann schlägt *Bohnsack* (1973, 135 ff.) *grundlegende Veränderungen* vor. Seiner Meinung nach hat die Sozialisation in eine immer komplexer werdende Institutionenwelt einzuführen. Die Frage ist, ob dies den relativ einfach strukturierten Sozialisations-Agenturen (Familie, Schule, Betrieb) gelingen kann. Möglicherweise gibt es Grenzen für eine Sozialisationsleistung. Infolgedessen werden zwei Vorschläge gemacht:

die Sozialisationsagenturen sollten Autorität zurücknehmen und den Jugendlichen mehr Eigenverantwortung zutrauen mittels rechtzeitiger Ermöglichung eigenständigen Planens durch den Jugendlichen;

Moratoriums-Aufschübe sollten in den Sozialisationsinstanzen möglich sein mit interaktiven, modellhaften kleinen Sub-Einheiten, die Verständnis, Geduld und Verzeihen aufbringen. Hierbei sollen die Verantwortlichen gerade auch dafür sensibilisiert werden, die Außen-Sicht der Jugendlichen von der Institution zur Kenntnis zu nehmen und in Rechnung zu stellen. Die Jugendlichen sollten durch Kommunikationen mit den Institutionenvertretern generalisierende Deutungs- und Handlungskompetenzen gewinnen können:

»In der eigentlichen Übergangssituation ist es langfristig gesehen weniger sinnvoll, neue institutionalisierte Bereiche zu schaffen, in denen Jugendlichen ein Schonbereich – ein Moratorium – außerhalb der übrigen Institutionen angeboten wird. Es ist vielmehr notwendig, daß in den bestehenden Institutionen (Betrieb, Schule, Familie und in allen übrigen Bereichen) sich sozusagen viele mikrosoziale, also interaktive und damit dynamische Moratorien in einem neuen Sinn entwickeln. Und zwar würde das bedeuten, daß sich ganz allgemein bewußtseinsmäßige und strukturelle Veränderungen solcher Art vollziehen, daß man Personen die aus ihrer mangelnden Eingebundenheit in die hochroutinisierten Prozesse resultierenden »Fehltritte‹ nachsieht, um somit eine Bereitschaft entwickeln zu können, von ihnen die Fülle dessen zu lernen, was man immer von Personen lernen kann, die dadurch, daß sie routinierte Strukturen von ›außen‹ betrachten, für deren Inkonsistenzen und Kontrafaktizitäten in besonderer Weise sensibilisiert sind.«

4.7 Literaturverzeichnis

Akzeptierende Jugendarbeit mit rechten Jugendcliquen. Hg. *Heim, Gunda/Krafeld, Franz Josef*, Bremen 1992

Baacke, Dieter: Einführung in die außerschulische Pädagogik. Weinheim-München 1985

Baacke, Dieter: Jugend und Jugendkulturen. Weinheim-München 1987

Böhnisch, Lothar: Wozu Jugendarbeit? Ludwigshafen 1989 – Vortragsmanuskript der Evangelischen Fachhochschule Ludwigshafen

Bohnsack, Ralf: Handlungskompetenz und Jugendkriminalität. Neuwied 1973
Brand, Volker: Jugendkulturen und jugendliches Protestpotential. Sozialgeschichtliche Untersuchung des Jugendprotestes von der Jugendbewegung zu Beginn des Jahrhunderts bis zu den Jugendkulturen der gegenwärtigen Risikogesellschaft. Frankfurt-Berlin-Bern-New York-Paris-Wien 1993

Eisenstadt, Shmuel Noah: Altersgruppen und Sozialstruktur, in: Jugend in der modernen Gesellschaft. Hg. *Ludwig von Friedeburg*, Köln 1976,49 ff.
Erikson, Erik: Identität und Lebenszyklen. Frankfurt 1973
Ernst, Heiko/Hauser, Renate/Katzenstein, Bernd/Micic, Pero: Lebenswelten 2020 – so werden wir leben. Köln 2000

Funkkolleg Deutschland im Umbruch, SB 3, Tübingen 1997

Glogauer, Werner: Die neuen Medien verändern die Kindheit, 3. Aufl. Weinheim. 1995
Griese, Hartmut M.: Sozialwissenschaftliche Jugendtheorien. Weinheim-Basel 1977

Heitmeyer, Wilhelm: Rechtsextremistische Orientierungen bei Jugendlichen. Weinheim-München 1992
Hornstein, Walter: Unsere Jugend. Über Liebe, Arbeit, Politik.. Weinheim- Basel 1982

Jugend im deutsch-deutschen Vergleich – die Lebenslage der jungen Generation im Jahr der Vereinigung. Hg. *Georg Neubauer/Melzer Wolfgang/Hurrelmann Klaus,* Neuwied 1992
Jugend 2000: 13. Shell-Jugendstudie., Hg. Deutsche Shell, Opladen 2000

Kinder der Freiheit. Hg. *Ulrich Beck*, Frankfurt 1997
Kinder und Jugendliche in Armut. Hg. *Andreas Klocke/Hurrelmann, Klaus*, Opladen 1998
Kinderarmut in Deutschland. Ursachen, Erscheinungsformen und Gegenmaßnahmen. Hg. *Christoph Butterwegge*, Frankfurt 2000
Kindheit und Armut in Deutschland. Beiträge zur Analyse, Prävention und Intervention. Hg. *Jutta Kamensky/Heusohn, Lothar/Klemm Ulrich*, Ulm 2000
Klages, Helmut: Alt werden im Wertewandel – Probleme und Zukunftschancen, in: Praxishandbuch für Seniorenbüros Band 6/2, Bonn 1994, 11 ff.
Krafeld, Franz-Josef: Cliquenorientierte Jugendarbeit. Grundlagen und Handlungsansätze. Weinheim-München 1992
Krieger, Wolfgang/Mikulla, Jutta: Offene Jugendarbeit und die Krise der Moderne. Von der Bedürfnisorientierung zur Akzeptanz. Berlin 1994

Liebel, Manfred: Produktivkraft Jugend – aktuelle und historische Aspekte der Arbeiterjugendfrage. Frankfurt 1976
Luhmann, Niklas: Soziologische Aufklärung 2 – Aufsätze zur Theorie der Gesellschaft. Opladen 1975

Mead, George Herbert: Gesammelte Aufsätze Band 2. Hg. *Hans Joas*, Frankfurt 1983
Mead, Margaret: Der Konflikt der Generationen – Jugend ohne Vorbild. Freiburg-Olten 1971

Postman, Neil: Das Verschwinden der Kindheit Frankfurt 1987

Rosenmayr, Leopold. Zur theoretischen Neuorientierung der Jugendsoziologie, in: Neue Aspekte der Jugendsoziologie. Hg. *Klaus Allerbeck/Rosenmayr, Leopold*, München 1971, 229 ff.

Scheuch, Erwin/Hans-Dieter Klingemann: Theorie des Rechtsradikalismus in westlichen Industriegesellschaften, in: Hamburger Jahrbuch für Wirtschafts- und Gesellschaftspolitik 12/1967, 11 ff.

Schmidtchen Gerhard: Wie weit ist der Weg nach Deutschland? Sozialpsychologie der Jugend in der postsozialistischen Welt. Opladen 1997

Schäfers, Bernhard: Gesellschaftlicher Wandel in Deutschland. Ein Studienbuch zur Sozialstruktur und Sozialgeschichte, 6. Aufl. Stuttgart 1995

Schäfers, Bernhard: Soziologie des Jugendalters. Heidelberg 1982

Schelsky, Helmut: Die skeptische Generation. Düsseldorf-Köln 1957

Scherer, Klaus-Jürgen: Jugend und soziale Bewegung – zur politischen Soziologie der bewegten Jugend in Deutschland. Opladen 1988

Schröder, Burkhard: Rechte Kerle – Skinheads, Faschos, Hooligans. Reinbek 1992

Soziologie. Gesellschaftliche Probleme und sozialberufliches Handeln, von *Benno Biermann/Bock-Rosenthal, Erika/Doehlemann, Martin/Grohall, Karl-Heinz/Kühn, Dietrich*, 3. Aufl. Neuwied-Kriftel 2000

Tenbruck, Friedrich H.: Moderne Jugend als soziale Gruppe, in: Jugend in der modernen Gesellschaft. Hg. *Ludwig von Friedeburg*, Köln 1976, 87 ff.

Treibel, Annette: Einführung in soziologische Theorien der Gegenwart. Opladen 1993

Weber, Erich: Generationenkonflikte und Jugendprobleme aus erwachsenenpädagogischer Sicht, München 1987

5 Erklärungsmodelle für abweichendes Verhalten

Kurt Witterstätter

5.1 Fallbeispiel und Einführung

Sozialarbeiter und Sozialpädagogen haben es in ihrer Praxis vielfach mit Verhaltensweisen bei ihren Klientinnen und Klienten zu tun, die nicht den Forderungen der gesellschaftlichen Normen entsprechen. Es handelt sich hierbei um sogenanntes abweichendes oder deviantes Verhalten. Die Abweichler oder Devianten machen einen Großteil des Klientels von Sozialarbeit/Sozialpädagogik aus: Straffälligen, Obdachlosen, Rauschmittel-Abhängigen sowie Suizidgefährdeten ist beizustehen. Normen der Selbstbestimmung, der freien Persönlichkeitsentfaltung, des pfleglichen Wohnverhaltens sowie der Eigentumsordnung sind entweder bei den Klienten selbst oder aber bei deren sozialem Umfeld gefährdet.

Fall Geschwister Köhnlein

Der soziale Dienst kommt wegen Auffälligkeiten der Geschwister Michael und Tanja mit der Familie Köhnlein in Kontakt.
Michael Köhnlein besucht als 17jähriger die Klasse 11 seines Gymnasiums. Die Klasse 10 musste er wegen unzulänglicher Leistungen wiederholen. Nicht nur deswegen ist er in der neuen Klasse, der er nun eineinhalb Jahre angehört, ziemlich isoliert. Er war schon immer eigenbrötlerisch.
Vor zwei Jahren kam er durch einen Mitschüler seiner alten Klasse in Berührung mit der Gruppe der rechtsradikalen Wiking-Jugend. Die Aktivitäten sagten ihm zunächst nicht sonderlich zu. Als er zu Schuljahrsende nicht versetzt wurde, machten ihm seine Eltern heftige Vorwürfe, obwohl sie sich sonst kaum um ihn kümmerten: Der Vater, der als Handelsvertreter viel unterwegs ist, meinte, wenn Michael so weitermache, werde er ein Versager. Er als Vertreter wisse schließlich, was draußen an Konkurrenzkampf los sei.
Frau Köhnlein hat zu Michaels Schule keine Beziehung, da sie sich nur für die Feten mit ihren Kegeldamen und ihre Frauenzeitschriften interessiert. In Michaels Schule hatten sich jedenfalls weder Herr noch Frau Köhnlein bisher einmal sehen lassen.
In der Wiking-Jugendgruppe nahm man Michaels Nichtversetzung nicht so tragisch. Die viele Lernerei bringe sowieso nichts, das sehe man ja an den vielen arbeitslosen Akademikern, die ihre Examina auch nichts nützten. Vor allem Bernhard Bohnen, ein älterer Freund und Gönner der Wiking-Gruppe, tröstet Michael. Die meisten Lehrer seien sowieso »Schlappschwänze« und

»linke Schwätzer«, denen man nicht glauben solle. Die sollten lieber den Schülern klarmachen, dass die vielen Ausländer den Deutschen die Arbeit wegnehmen und aus Deutschland rausgesetzt gehörten. Bohnen nimmt sich Michael freundschaftlich zur Seite und muntert ihn auf. Aus ihm, Michael, werde sicher etwas werden, dafür werde er, Bohnen, schon sorgen, denn er habe auch geschäftlich gute Beziehungen.
Bei der Sommersonnenwendfeier in dem von Bohnen zur Verfügung gestellten Wochenendhaus wird Michael offiziell mit dem Fahneneid in die Wiking-Jugend aufgenommen und erhält Kluft, Dolch und das erste Rangabzeichen.
Als in Michaels neuer Klasse in Religion und Geschichte über den Zweiten Weltkrieg und Arbeitslosigkeit gesprochen wird und er sich mit den Meinungen beteiligt, so viele Juden, wie behauptet, seien gar nicht umgebracht worden, und an der gegenwärtigen Arbeitslosigkeit seien die vielen Ausländer schuld, sind sowohl die Lehrer als auch die ganze neunte Klasse gegen ihn. »Unser Faschist« wird er genannt. In der Folge verteilt Michael dann mit Wiking-Jugend-Kumpeln Flugblätter, die aus Bohnens »Reichsdruckerei« stammen, mit den Titeln »Zur nationalen Sammlung«, »Für die Ausweisung von Ausländern« und »Schluss mit der Auschwitz-Lüge«. In der Nacht zum 9. November 1991 pinselt Michael schließlich mit den Wiking-Kumpanen die Parole »Türk und Jud verreck« an Mauern und Hauswände.
Auch mit Tanja gibt es Probleme. Sie hat sich zu ihrem 14. Geburtstag ein Phil-Collins-Plattenalbum gewünscht, es aber nicht bekommen. Die Mutter meinte, sie selbst hätte früher so viel Spaß an Elvis-Presley-Liedern gehabt und schenkte ihr ein LP-Album. Taschengeld bekommt Tanja wenig: Nur 20 DM monatlich. Es reicht gerade für ihre Schminke, ab und an eine Cola und ein paar Süßigkeiten. Ihre Freundin Monika ermuntert sie beim Bummel durch die Kaufhaus-Schallplattenabteilung, eine bereitliegende Phil-Collins-Kassette mitgehen zu lassen, indem sie sagt: »Ich kenne die, da sind ganz dufte Nummern drauf«. Als Tanja meint, das mache sie nicht, entgegnet Monika, da solle sie sich nicht verrückt machen, so ein Verlust sei von einer so großen Firma, wie dem Kaufhaus, eingeplant und das Personal würde dadurch sowieso nicht geschädigt, die bekämen ihr Geld auch so.

Der Diebstahl einer Kassette im Kaufhaus kommt relativ häufig vor. Gleichwohl wird Tanja in diesem Fall mit einem Verfahren wegen Diebstahls nach § 242 StGB vor dem Jugendrichter zu rechnen haben. Denn nach § 19 StGB wäre sie nur schuldunfähig, wenn sie den Diebstahl als noch nicht 14jährige begangen hätte. Sie ist aber zur Zeit der Entwendung der Kassette bereits 14 Jahre alt gewesen. Nichts ändert hieran, dass die Strafmündigkeit mit Vollendung des 14. Lebensjahres inzwischen sehr willkürlich erscheint, da auch viele unter Vierzehnjährige bereits Straftaten begehen, aber wegen noch nicht eingetretener Strafmündigkeit nicht vor dem Jugendrichter abgeurteilt werden. Hier haben sich die Verantwortlichen wie die Jugendämter andere Maßnahmen –

vor allem durch Eltern und Schule – auszudenken wie Wiedergutmachungen, Aufräumen und Herrichten, gemeinnützige Arbeit. Kinder und Jugendliche sollten gänzlich unter den dann konsequent zu verfolgenden Erziehungsgedanken gestellt werden mittels sozialpädagogischer Begleitung (vgl. Teil 5.7.3; *Fieseler/Herborth* 2001, 215 f. – siehe auch Kriminalität bei Schülern 1988). Der Staat sollte sich auf jeden Fall ernsthaft und konsequent zeigen. Vielfach kommt es auch zur Gründung von Aktionsgruppen »Eltern gegen Gewalt«, die sich gerade auch schützend vor von jugendlicher Gewalt bedrohte Kinder stellen (Prävention – Entkriminalisierung, Sozialarbeit 1995, 91).

Fall Geschwister Köhnlein

Michael Köhnlein macht sich mit der Verbreitung der Schriften aus Bernhard Bohnens Druckerei eines Verstoßes gegen § 131 StGB schuldig, weil er Schriften mit Rassenhass verbreitet. Er hat sich vor dem Jugendrichter zu verantworten. Wie auch im Fall des Ladendiebstahls seiner Schwester Tanja hat die Jugendgerichtshilfe des zuständigen Jugendamtes nach § 38 Jugendgerichtsgesetz JGG ihre Ermittlungen zur Persönlichkeit und sozialem Umfeld der Geschwister dem Gericht darzulegen und zu möglichen Maßnahmen Stellung zu nehmen (hier werden im wesentlichen Ermahnungen, im Falle Michaels vielleicht die Meidung des Umgangs mit den Wiking-Leuten als Auflage in Frage kommen).

5.2 Abweichendes Verhalten (Devianz)

Ein nachhaltiger Eingriff in Rechtsgüter anderer ist durch die Taten der Geschwister Köhnlein zweifellos nicht erfolgt. Leben, körperliche Unversehrtheit oder sexuelle Selbstbestimmung dritter sind nicht beschädigt worden. Die Taten von Michael und Tanja werden unter Umständen aus ihrem weiteren Lebensverlauf betrachtet einmalige Episoden bleiben. Andererseits ist bei Michael schon eine gewisse Verknüpfung von Entwicklungsabschnitten zu sehen: Seine Schulprobleme und die Vorhaltungen der Eltern haben ihn seinem normalen Umfeld von Schule und Elternhaus in gewisser Weise entfremdet. Er hat sich einer ihm zunächst fernliegenden Gruppierung, der Wiking-Jugend, angeschlossen. Wird hier keine Reflexion erfolgen, wäre durchaus anzunehmen, dass er weiter in den Rechtsradikalismus abdriftet. Weitere Straftaten könnten die Folge sein.

Gleichviel, wie verfestigt das Verhalten von Tanja und Michael auf Dauer sein wird, es ist hier zunächst als abweichendes Verhalten oder Devianz auszumachen. Von *abweichendem Verhalten* spricht man immer dann, wenn die von der Gesellschaft per Norm erhobene Verhaltensanforderung und das tatsächliche Verhalten nicht übereinstimmen und für diesen Vorgang negative Sanktionen

innerhalb des gesellschaftlichen Systems der sozialen Kontrolle vorgesehen sind (*Lamnek* 1993, 53; *Peters* 1989, 93).
Dabei ist es zunächst unerheblich, ob die Sanktionen für das gezeigte, normwidrige, abweichende Verhalten in Strafmaßnahmen der Justiz bestehen oder nicht. Die gesellschaftliche Sanktion kann auch lediglich in missbilligenden Reaktionen des sozialen Umfelds oder darin bestehen, dass der Abweichler in seinen Lebensgrundlagen beeinträchtigt wird – ihm beispielsweise keine Wohnung vermietet wird, kein Arbeitsverhältnis mit ihm eingegangen wird.
Natürlich ist normwidriges Verhalten überwiegend mit strafjustiziellen Sanktionen bewehrt. Dafür ist das Interesse der Gesellschaft an normgerechtem Verhalten zu groß. Das Interesse der Allgemeinheit muss gegen das oftmals eigensüchtige Interesse des einzelnen geschützt werden.
In vielen Fällen kommen zu strafjustiziellen Konsequenzen noch Beeinträchtigungen der Lebensgrundlagen, wie sie vorstehend angesprochen wurden (kein Arbeitsplatz, keine Wohnung) hinzu (vgl. den Reaktions-Ansatz der sekundären Devianz in Teil 5.7.2).
Man kann menschliches Verhalten auf einem Kontinuum zwischen normgerechtem und normwidrigem Verhalten sehen. So kann beispielsweise wirtschaftlich erfolgreiches Handeln bestehen in qualifizierter Arbeit (normgerecht), im Übervorteilen anderer (beispielsweise verdrängt ein Geschäftsmann einen Mitkonkurrenten und mag sich dadurch die Missbilligung der Kunden und Freunde des Verdrängten zuziehen) oder aber im Betrügen eines anderen (normwidriges Verhalten). Der Zwischenbereich zwischen normgerechtem Verhalten (erfolgreiche Arbeit) und normwidrigern Verhalten (Gebrauch unlauterer Mittel) ist nicht immer exakt abzugrenzen: Wieweit beruht wirtschaftlicher Erfolg auf Cleverness, auf Gerissenheit, auf Glück oder auf Gaunerei? Die Entscheidung, welches Verhalten negativ sanktioniert wird, wird von Gesellschaft zu Gesellschaft nach Opportunitätsgesichtspunkten differieren, sie mag auch in ein- und derselben Gesellschaft im Zeitablauf variieren: Verhalten, was früher bestraft wurde, mag in späteren Epochen straffrei sein (Beispiele wären die Homosexualität unter Erwachsenen und die Abtreibung in sozialen Notlagen). Die Diskussion um die Freigabe von Drogen-Beschaffung und -konsum sowie um die Straffreiheit der Abtreibung innerhalb bestimmter Fristen nach der Zeugung zeigen dies nur zu deutlich (vgl. vor allem den radikalen Labeling-Ansatz – Definitionsansatz der Etikettierung in Teil 5.7.1).
Die Diskussionen um Normgerechtigkeit und Normwidrigkeit von menschlichem Verhalten sind deshalb so intensiv, weil im menschlichen Verhalten Individual- und Kollektiv-Interessen aufeinanderstoßen. Dies wird in Abb. 23 »Verhalten nach Zielrichtung und normativer Einbindung« verdeutlicht.
Im Anschluss an eine Systematisierung des abweichenden Verhaltens von *Peters* (1989, 24 ff.), die die Variablen persönliches Interesse bzw. persönliches Desinteresse, Heimlichkeit bzw. Öffentlichkeit und Zweckrationalität bzw. Affektivität (vgl. Teil 1.1) benutzt, soll das mit der Allgemeinheit möglicherweise

in Widerspruch geratende Verhalten nach folgenden Interessenslagen differenziert werden:

- Nach Teilhabe an knappen Gütern bzw. Prestigewerten,
- nach dem Ausleben von Affekten (Sexualität, Konsum von Rauschmitteln, Suizidalität) sowie
- nach dem Gestaltungswunsch von Lebensmöglichkeiten – sei es das eigene Leben oder handle es sich um die Lebensentwürfe der Mitmenschen (Politik, Kunst, Handwerk).

Dabei wird das normwidrige Verhalten bestehen

- im Falle knapper Güter in Eigentumsdelikten,
- im Falle von affektuellen Zielen in Sexual- und Tötungs-Delikten sowie in Rauschmittelbeschaffung,
- beim Gestaltungsdrang in politischen Delikten und in Verunglimpfung.

Ich → **sich entfalen** → (die anderen ←)

	normgerechtes Verhalten	Zwischenbereich	normwidriges Verhalten
Teilhaben an knappen Gütern/ Prestigewerten	**Haben** arbeiten u. verdienen, Vermögen besitzen, um Gewinn spielen	Hasardeur, Übervorteiler	stehlen, betrügen, rauben, sich prostituieren, unpfleglich wohnen, zerstören, verletzen, morden
Ausleben von Affekten	**Emotion erzielen** sich sexuell betätigen, sich berauschen, sich emotional ausleben	Frauenheld, Femme fatale, konformer Abhängiger	vergewaltigen, verbotene Rauschmittel nehmen, im Affekt verletzen u. morden, suizidieren
Gestalten von Lebensmöglichkeiten – eigener wie der anderer	**Gestalten** politisch Einfluss nehmen, neue Stile kreieren	Unruhestifter, Enfant terrible	terrorisieren, provozieren, besetzen, erschrecken

individuelles — Interesse — kollektives

Abb. 23: Verhalten nach Zielrichtung und normativer Einbindung

Zu sehen ist auch, dass nicht in allen Fällen mit normwidrigem Verhalten sehr nachhaltig in die Rechte anderer eingegriffen wird: Der Selbstmord wird – wenn man von unterhaltsberechtigten Familienangehörigen absieht – Rechte anderer nicht tangieren. Auch die Diskussion um die Freigabe von Drogen zeigt, dass Taten im Zusammenhang mit Rauschmittelkonsum nicht in jedem Fall die Rechte anderer verletzen (wenn man von Körper-Verletzungen, Sexual- und Verkehrs-Delikten bei der Beschaffung und/oder im Rauschzustand absieht). In allen drei Verhaltensrichtungen ergeben sich Zwischenbereiche zwischen normgerechtem und normwidrigem Verhalten:

- Beim Gütererwerb wäre der Übervorteiler bzw. der Hasardeur zu nennen,
- im Affektbereich ist an den Frauenhelden, die Femme fatale sowie an die konformen Alkohol- bzw. sonstigen Abhängigen zu denken,
- bei den Gestaltern fallen die Unruhestifter bzw. das Enfant terrible auf.

Geht man davon aus, dass abweichendes Verhalten sich überwiegend in Straftaten niederschlägt, ist die gesellschaftliche Bedeutung von Devianz außerordentlich hoch. Gegen Ende der 1990er-Jahre werden in Deutschland jährlich über 6 Millionen Straftaten verübt: Im Jahr 2000 waren es 6,25 Millionen (»Die Rheinpfalz« vom 23.5.2001). Bei Betrug, Eigentums-, Umwelt- und Rauschgiftdelikten sowie der Organisierten Kriminalität ist die Tendenz steigend, bei Körperverletzung, Sexualdelikten, Wirtschaftskriminalität und Widerstand gegen die Staatsgewalt fallend. Die bekannt gewordene Zahl der Straftaten auf 100.000 Einwohner stieg von 2.914 in 1963 über 6.198 in 1980 auf 8.179 im Jahre 1995. Die durchschnittliche Zahl der Strafverdächtigen liegt wegen der Mehrfachdelikte bei einer Tat und wegen mehrerer Straftaten im Jahr durch denselben Täter niedriger. Sie beträgt 1996 für Erwachsene 1.910 Verdächtige auf 100. 000 Erwachsene, für Jugendliche (14 bis 17 Jahre) 6.881, für Heranwachsende (18 bis 21 Jahre) 6.816 und für Kinder (8 bis 13 Jahre) 2.092 je 100. 000 der jeweiligen Bevölkerungsgruppe. Damit ist die Jugendkriminalität überdurchschnittlich; sie überragt aber in den meisten Gesellschaften die Erwachsenenkriminalität (*Brusten* 1999, 522). Es ist die Rede von einem hohen Plateau bei den 18- bis 21jährigen (*Kerner* 1993, 32).
Die Zahl der Alkoholabhängigen liegt in Deutschland bei 5 bis 6 Millionen Menschen, die der Konsumenten harter Drogen bei 300.000. Jährlich werden in Deutschland etwa 12.000 Suizide verübt. Die Zahl der Prostituierten wird offiziell mit rund 200.000 angegeben. Obdachlose gibt es nach Schätzungen 500.000 Personen, wirklich auf der Straße dürften 30.000 bis 50.000 Menschen leben (Gesundheitsbericht Deutschland, Wiesbaden 1998, 16 ff.). Es ist davon auszugehen, dass die Zahl vieler Devianzen noch höher ist, weil in einigen Bereichen ein hoher Dunkelziffer-Anteil vorliegt.
Es stellt sich die Frage, aufgrund welcher Entwicklungen die Zahl der Devianten in der jüngsten Vergangenheit so sehr zugenommen hat. *Bellebaum* (1984, 13) erklärt die Entstehung des abweichenden Verhaltens und seine Zunahme mit folgenden Voraussetzungen:

Mit der Zunahme der *persönlichen Individualität* bzw. Originalität. Diese könne biologisch begründet sein oder aber aus psychischen Befindlichkeiten der Menschen hergeleitet werden. Sicher ist die zunehmende Individualisierung der Lebensstile hier ein Grund dafür, dass auch nonkonformes, abweichendes Verhalten zunimmt, wobei gerade auch an unalltägliche Verhaltensweisen wie Provokationen, Happenings und Ordnungsstörungen zu denken ist.
Mit der zunehmenden *Differenzierung der Gesellschaft* in Untereinheiten mit je eigenen Rollen und Normen, deren gesamtgesellschaftliche Verbindlichkeit so abnimmt (man denke einerseits an Kleinkunst- und Alternativ-Szenen, andererseits aber auch an kriminelle Milieus wie die Sex- und Drogen-Szenen).
Mit zunehmenden *inter-gesellschaftlichen Kulturkontakten,* die durch die zunehmende, geographische Mobilität bedingt sind. Hierdurch werden Normen der Einzelgesellschaften relativiert. Die Beispiele gehen hier von so einfachen Dingen wie den Promillegrenzen für das Führen von Kraftfahrzeugen in verschiedenen Ländern über die Freigabe bzw. das Verbot von Drogen-Beschaffung und -konsum bis zu unterschiedlichen Abtreibungsvorschriften (ehemalige DDR mit Fristenlösung, alte Bundesrepublik mit Indikations-Erfordernis).

5.3 Dysfunktionen und Eufunktionen abweichenden Verhaltens

Wenn die Eigentumsordnung sowie die persönliche Integrität auch jenes abweichende Verhalten, welches sie in Frage stellt, immer von der Gesamtgesellschaft aus negativ sehen werden und darum auch negativ sanktionieren werden, so heißt dies nicht, dass abweichendes Verhalten grundsätzlich nur als gesellschaftsschädlich anzusehen ist. Abweichendes Verhalten hat oftmals auch eine gesellschaftsfördernde Wirkung, wenn überkommene, mehr schädliche als nützliche Normen damit angegriffen und überwunden werden. Insoweit ist mit *Wiswede* (1973, 32 ff.) zwischen Dysfunktionen (also Nachteilen für die Gesellschaft) und Eufunktionen (vorteilhaften Folgen) abweichenden Verhaltens zu unterscheiden.

5.3.1 Dysfunktionen

Die die Gesellschaft destabilisierenden Dysfunktionen abweichenden Verhaltens bestehen in folgendem:

Ungewissheitseffekt: Das Zusammenspiel in der Gesellschaft wird durch normwidriges Verhalten beeinträchtigt. Es besteht keine Sicherheit mehr etwa beim Güteraustausch: Wird die Leistung mit einer adäquaten Gegenleistung entgolten oder wird sie es nicht? Die Entfaltung der Persönlichkeit ist gefährdet, wenn Verhalten mit unvorhersehbaren Reaktionen beantwortet wird (wenn eine Frau mit teurem Schmuck eine Veranstaltung besucht, und dort oder auf dem Wege dorthin bzw. nach Hause dieses Schmuckes beraubt wird). Plünderung, Raub, Straßensperren u. ä. wären Beispiele für gravierende Ungewissheiten.

Aushöhlungseffekt: Halten sich einige Mitglieder der Gesellschaft nicht an die gesellschaftlichen Normen und erreichen sie dadurch Vorteile, stellt sich für die anderen Gesellschaftsmitglieder die Frage, warum sie nicht ebenfalls auf diese Weise Vorteile erringen sollen. Normen verlieren so an Gültigkeit. Ein einfaches Beispiel ist die Beobachtung einer langen Warteschlange: Drängen sich aus den Wartenden einige vor, werden die übrigen, bislang geduldig Wartenden sich sogleich ähnlich verhalten; die Warteschlange wird zu einem Gedränge verunstaltet werden.

Desorganisationseffekt: Bei Devianz in großem Stil wird das Zusammenspiel der gesellschaftlichen Institutionen nicht mehr möglich sein. Hierbei kann entweder ein zweites, von Unrecht geprägtes Normensystem an die Stelle des ursprünglichen vernünftigen gesellschaftlichen Normensystems treten (mafiose Zustände in Italien). Es kann aber auch das gesellschaftliche System teilweise oder ganz zusammenbrechen (politischer Terror linksextremer Arbeiter und Studenten in Frankreich im Mai 1968 mit einem Darniederliegen der öffentlichen Verkehrsbetriebe und des Transportsystems sowie dem Schließen von Geschäften, Schulen, Universitäten und Bildungseinrichtungen).

Belastungseffekt: Die Gesellschaft muss zu Abwehr und Sanktionierung von abweichendem Verhalten einen kostspieligen Apparat unterhalten: Polizei, Strafverfolgung, Justiz, Strafvollzug, Sicherheitsdienste, Alarmanlagen u. ä. Dies sind Kosten, die es nicht bräuchte, wenn mit normwidrigem Verhalten nicht zu rechnen wäre.

5.3.2 Eufunktionen

Abweichendes Verhalten erfüllt für die Gesellschaft aber auch positive Funktionen im Sinne von sozialer Integration und sozialem Wandel. Die vier Eufunktionen des abweichenden Verhaltens bestehen in folgendem:

Definitionseffekt: Normen werden gerade an der Abweichung auch geschärft und als erstrebenswert angesehen: An der Kriminalität wird gesetzkonformes Verhalten deutlich, am Schmuddeligen wird Sauberkeit evident, am politisch Radikalen wird die demokratische Bandbreite umso besser verdeutlichbar.

Ventileffekt: Normen werden durch kurzfristige Abweichungen erträglicher. Ein Beispiel ist das Sich-Ausleben-Können im Fasching vor der beginnenden Fastenzeit. Zuweilen wird auch die Prostitution als ein solches Ventil für die monogame Ehe angesehen. Bei diesen kurzfristigen, entlastenden Abweichungen für das normgerechte Verhalten davor und danach dürfen allerdings bestimmte Toleranzbereiche nicht überschritten werden, da der Ventileffekt sonst in nachhaltig dysfunktionale Effekte mit Aushöhlungs- und Desorganisations-Erscheinungen umschlägt.

Solidarisierungseffekt: Normen einigen die Normkonformen solidarisch gegenüber den Normbrechern. Nicht selten schließen sich die Konformen zusammen, um sich gegen die Normbrecher zur Wehr zu setzen. Im politischen Bereich ist oftmals die Rede von der Gemeinschaft der Demokraten gegenüber den politisch Extremen und Radikalen;

Innovationseffekt: Abweichler initiieren nicht selten sozialen Wandel und tragen mit ihrem Verhalten, das zum Zeitpunkt seiner Demonstration noch als abweichend gilt, zur Weiterentwicklung der Gesellschaft bei. Die Abweichler werden dann im nachhinein nicht selten als Neuerer, Pioniere oder Widerstandskämpfer gefeiert. Beispiele im politischen Bereich sind der Widerstand im Dritten Reich sowie die Oppositionellen in den kommunistischen Staaten. Auch Frauen, die bewusst Abtreibungen, die unter Strafe standen, verübten, sind hier im Sinne der Reform des Abtreibungsrechts zu nennen.

Fall Geschwister Köhnlein

Die Dys- und Eufunktionen des Ausländer verunglimpfenden, rechtsradikalen Verhaltensweisen von Michael Köhnlein können wie folgt umrissen werden:
Bei den Dysfunktionen spielt die Ungewissheit eine Rolle: Für Konfliktregelungen befürwortet der Rechtsradikalismus durchweg die schnelle, gewaltsame Lösung. Der internationale Austausch würde gefährdet. Die positive Bereicherung durch das Neue und das Fremde von Ausländern wäre gefährdet. Unsicherheiten würden sich auch für den internationalen Austausch sowie für den Aufenthalt von Ausländern in Deutschland ergeben.
Ausgehöhlt werden bei einem Aufkommen von rechtsradikalen Tendenzen die Werte von politischer Toleranz gegenüber Vertretern anderer Rassen und Meinungen. Michael bräuchte sich, wenn sich die Versprechungen von Bernhard Bohnen erfüllen, in der Schule nicht mehr anzustrengen, er würde in seinem Leben Vorteile nicht durch Leistungen, sondern durch Beziehungen erlangen.
Eine Desorganisation würde sich bei politischen Tugenden und politischen Werten einstellen. Das faire Zusammenspiel politischer Kräfte würde beeinträchtigt, der Wechsel zwischen Regierung und Opposition sowie auch die förderliche Auseinandersetzung zwischen den Konzepten von Regierung und Opposition würde durch dezidierte, nicht zu diskutierende Vorgaben Rechtsradikaler in Gefahr geraten.
Die Belastung der Gesellschaft durch rechtsradikale Umtriebe besteht darin, dass rechtsradikale Kräfte beobachtet werden müssen, dass gegen sie eingeschritten werden muss und ihre politischen Straftaten verfolgt werden müssen. Dadurch werden kostspielige Kräfte gebunden.
Dagegen sind Eufunktionen des Rechtsradikalismus in wesentlich geringerem Maße sichtbar. Kraft des Definitionseffekts würden demokratische Prinzipien wie die faire Auseinandersetzung unter politischen Kräften gestärkt. Ebenso wird an der Ablehnung von Ausländern durch Rechtsradikale deutlich, dass Fremde und Fremdes auch bereichernd sind.
Der Solidarisierungseffekt wird zum Zusammenstehen der Demokraten und der politischen Mitte gegen den Rechtsextremismus führen.
Einen Ventileffekt kann man rechtsradikalen Äußerungen nicht zusprechen. Vor allem eine dauerhafte rechtsextreme Attitüde wird in Aushöhlung politischer Tugenden umschlagen. Diese basieren auf Werten, die absolut gelten, und die man nicht für ein paar Tage im Jahr aufgeben kann.

Auch ein Innovationseffekt ist im Rechtsradikalismus nicht sichtbar, da die Verherrlichung der ohnehin rückwärts gewandten nationalsozialistischen Epoche abermals rückwärts gewandt ist; sie stellt in keiner Weise ein chancenreiches und adäquates Muster in einer international immer mehr zusammenwachsenden Welt dar.

5.4 Die Anomietheorie

Welche sozialen Beziehungen sind nun dafür maßgebend, dass viele Individuen bei Verfolgung ihrer Lebensziele normwidriges Verhalten an den Tag legen, während andere Menschen normadäquat reagieren? Eine Antwort darauf gibt die sogenannte Anomietheorie. Der Begriff *Anomie* wurde vom Soziologen *Emile Durkheim* um die Jahrhundertwende zur Erklärung von Selbsttötungshandlungen erstmals gebraucht. *Durkheim* (1973, 287 ff.) verstand darunter einen Zustand, in dem hergebrachte Normen ihre Gültigkeit verlieren. Die Unsicherheit eines solchen Zustandes der Normen- und Regellosigkeit ließe einige Menschen,' die sich nicht mehr zurechtfänden, ihrem Leben ein Ende machen. *Durkheim* kam zu dieser Folgerung durch Selbstmordhäufungen sowohl in Zeiten wirtschaftlichen Aufschwungs als auch in Zeiten wirtschaftlicher Schwäche: Die Suizidanten würden dabei zunehmend ihre sozialstrukturelle Verankerung verlieren.

Diese Unsicherheiten führten sie in den Selbstmord. Neben diesem sogenannten anomischen Selbstmord stieß *Durkheim* auch auf den egoistischen Suizid (extrem individualistisch veranlagte Menschen sähen in gesellschaftlichen Beziehungen keinen Sinn mehr) sowie auf den altruistischen Selbstmord (der Suizidant ist mit anderen, vor ihm verstorbenen Persönlichkeiten derart verbunden, dass er ihnen in den Tod folgen möchte). Der Amerikaner *Robert Merton* hat *Durkheims* Sicht gesellschaftlicher Anomie in seinem Anomie-Konzept des abweichenden Verhaltens weitergeführt (in: Kriminalsoziologie 1968, 283 ff.).

5.4.1 Klassische Ansätze: Ziel-Mittel-Diskrepanz

Merton sieht die Gesellschaft kulturell und sozial-strukturiert. Kraft der kulturellen gesellschaftlichen Struktur erfahren die Individuen Ziele: Diese sind in den westlichen, industrialisierten Gesellschaften vor allem auf das Materielle hin ausgerichtet. Die gesellschaftlich-soziale Struktur hält nun zum Erreichen dieser Ziele bestimmte, legitimierte Mittel bereit wie die Arbeit und das erfolgreiche Wirtschaften. Die Persönlichkeiten, die kraft der sozialen gesellschaftlichen Struktur niederen Schichten angehören, haben nur eingeschränkte legitime Mittel zur Verfügung, um die nach der kulturellen Zielsetzung vorgegebenen Ziele zu erreichen. Die legitimen Mittel zur Zielerreichung sind also sozialstrukturell ungleich verteilt. Die sozialstrukturell Benachteiligten reagieren auf die für sie spürbare Ziel-Mittel-Diskrepanz unterschiedlich. Es gibt fünf Reaktionsformen als Antworten auf die erlebte Diskrepanz zwischen kulturellen Zielen und den zu ihrer Erreichung zur Verfügung stehenden Mitteln:

Bei *Konformität* bejahen die Individuen sowohl die kulturell vorgegebenen Ziele als auch die ihnen zur Verfügung stehenden Mittel. Sie legen dann kein abweichendes Verhalten an den Tag, werden mithin nicht deviant.

Die *Ritualisten* geben die Ziele materieller Besserstellung auf, bejahen indes die ihnen zur Verfügung stehenden Mittel. Sie lösen ihre Ziel-Mittel-Diskrepanz beispielsweise durch Geiz oder durch übertriebenen Arbeitseifer. Sie nehmen Abstand von hochgesteckten Zielen. Auch sie werden nicht deviant.

Zum *Rückzug* bis hin zur Apathie neigen die Mitglieder, die weder die kulturell vorgegebenen Ziele materiellen Wohlstands, noch die ihnen möglichen Mittel bejahen. Sie ziehen sich, wie beispielsweise die Nichtsesshaften, aus dem gesellschaftlichen System weitgehend zurück.

Die sogenannten *Rebellen* gehen mit Zielen und Mitteln des kulturellen gesellschaftlichen Systems in vielen Hinsichten nicht einig, sondern entwerfen Alternativen zur hergebrachten kulturellen Struktur. Es sind Persönlichkeiten mit starkem Veränderungsdrang in Hinsicht auf die gesellschaftlichen Strukturen.

Die *Innovatoren* sind die im Hinblick auf abweichendes Verhalten interessantesten Persönlichkeiten: Sie akzeptieren die vom kulturellen System aufgestellten Ziele wie materiellen Wohlstand, nicht jedoch die zu dessen Erreichung vorgegebenen Mittel; vielmehr ersinnen sie andere als die vorgegebenen legitimen Mittel zur Zielerreichung. Sie lösen ihre Ziel-Mittel-Diskrepanz auch durch Rückgriff auf illegitime Verhaltensweisen wie Diebstahl, Raub, Betrug, Erpressung oder sonstiges.

Merton schreibt im einzelnen: »Durch dieses Zusammentreffen von kulturell vorgegebenen Werten und der Sozialstruktur erst wird der starke Druck zum Abweichen ausgelöst. Der Zugang zu legitimen Kanälen, um zu Geld zu kommen, ist eingeengt durch eine Schichtstruktur, die fähigen Menschen nicht auf jeder Stufe der Leiter die gleichen Chancen bietet. Trotz unserer herrschenden Ideologie von der offenen Gesellschaft erfolgt sozialer Aufstieg relativ selten und ist namentlich für solche Leute schwierig, die kaum eine formale Ausbildung und nur geringen finanziellen Rückhalt besitzen. So führt der herrschende Druck zur schrittweisen Aufgabe legitimer, aber im großen und ganzen unergiebiger Versuche und zur zunehmenden Anwendung illegitimer, dafür aber mehr oder weniger wirksamer Mittel ... Nur wenn das kulturelle Wertsystem bestimmte gemeinsame Erfolgsziele für die ganze Bevölkerung über alle übrigen Ziele setzt, während die Sozialstrukturen für einen großen Teil dieser Bevölkerung den Zugang zu den gebilligten Mitteln im Erreichen dieser Ziele entscheidend einengt oder sogar völlig verwehrt, haben wir abweichendes Verhalten in größerem Umfang zu erwarten. Anders ausgedrückt: Unsere Gleichheitsideologie leugnet implizit, daß es Individuen und Gruppen gibt, die sich nicht am Wettbewerb um wirtschaftlichen Erfolg beteiligen. Sie definiert vielmehr die gleichen Erfolgssymbole für alle. Die Ziele kennen angeblich keine Schichtgrenzen, sie sind nicht an diese gebunden, die tatsächliche soziale Struktur jedoch kennt schichtspezifische Unterschiede im Zugang zu diesen Zielen. Aus dieser Perspektive betrachtet, verursacht eine amerikanische Haupttugend – das Streben nach Erfolg – ein amerikanisches Grundübel – abweichendes Verhalten.«

Dabei ist es nun nicht so, dass die Angehörigen gehobener Schichten nur legitime Möglichkeiten zur Erreichung ihrer Ziele benutzen, und sich die Angehörigen der Unterschicht nur illegitimer Mittel bedienen. Man muss beim Gebrauch von legitimen wie illegitimen Mitteln zur Zielerreichung auch berücksichtigen, wie leicht bzw. wie erschwert der Zugang zu illegitimen Möglichkeiten und wie verbreitet bzw. wie eingeschränkt die Kenntnis von illegitimen Werkzeugen und Techniken ist. Man spricht hierbei von der unterschiedlichen Chancenstruktur zu abweichendem Verhalten. Die Angehörigen der gehobenen Schicht werden hier eher die doppelte Chancenstruktur des Gebrauchs von sowohl legitimen als auch illegitimen Mitteln zur Zielerreichung vorfinden. Viele Angehörige der Unterschicht werden zur Zielerreichung fast ausschließlich auf die Benutzung illegitimer Mittel angewiesen sein; ihre legitimen Möglichkeiten werden sie lediglich in die Lage versetzen, Ziele auf einem minderen Niveau zu erreichen, mithin nach der Typologie des Ritualisten zu handeln (also entweder sehr sparsam zu leben oder aber in großem Umfange Überstunden zu machen, so dass sie kaum noch sehr viel Zeit zu einem verschwenderischen Leben haben).

Die Stärke der Anomietheorie besteht in ihrem nahen sozialstrukturellen Bezug. Ungeklärt bleibt jedoch, warum angesichts der Ziel-Mittel-Diskrepanz das eine Individuum so (etwa mit innovativer Abweichung), das andere Individuum aber anders reagiert (also etwa mit Ritualismus oder Rückzug). Nicht immer einfach ist es auch, Ziele und Mittel auseinander zu halten. Ist Gelderwerb nun Mittel zum Ziel oder unmittelbares Ziel einer Verhaltensweise?

Praktische Hilfen kann dieAnomietheorie jedoch mit folgendem geben.

- Der Abweichler müsste dazu gebracht werden, mehr legitime, weniger illegitime Mittel zu benutzen; das kann beispielsweise durch Gespräche im Rahmen der Bewährungshilfe zur Geltung gebracht werden;
- Ungleichheit sollte egalisiert werden, d. h. es sollte sozialstrukturell mit Hilfen für Unterprivilegierte angesetzt werden;
- schließlich kann auch das Streben der Menschen weg vom Materiellen aufs Imaterielle gerichtet werden unter Hinweis auf religiöse Werte sowie praktisch unbegrenzt vorhandene geistige und/oder künstlerische Schöpfungen.

5.4.2 Fortführung: Mächtige Akteure

Es wurde festgestellt, dass nicht in jeder Gesellschaft mit ungleich verteilten Mitteln kriminelle Innovatoren auftreten. *Hans Haferkamp* (1990, 40) verweist darauf, dass die Mittel-Ungleichheit auch subjektiv als solche empfunden werden muss. Frühere, statische Ständegesellschaften haben mit der Unabänderlichkeit der Einordnung ihrer Individuen gar keinen Wunsch auf Veränderung der sozialen Platzierung aufkommen lassen. Die Individuen waren sich vielmehr dessen bewusst (wenn sie es überhaupt reflektierten), dass sie ihren Stand nicht würden verlassen können.

Inzwischen haben die Freiheitsrechte den Individuen die Möglichkeit gegeben, ihre zunächst zugeschriebene Positions-Platzierung zu verändern. Das bringt auch einen Schub mit sich in Richtung auf Norm-Veränderungen.

Die Individuen »wollen sich anders verhalten, sie wollen die Normen nicht einhalten, sie wollen anderen etwas wegnehmen oder andere verletzen. Sie können auch die gewollten devianten Taten ausführen, sie werden z. B. nicht daran gehindert von einer Gruppe, von der Polizei oder anderen Instanzen sozialer Kontrolle. Kriminalität in den USA und Westeuropa ist dadurch durchaus egoistisch im Sinne dieses Begriffs in Durkheims Selbstmordtypologie. Beim Blick auf den Zusammenhang von ökonomischer Ungleichheit und Kriminalität in Westeuropa findet man: Wenn ökonomische Ungleichheit zunimmt, dann steigt auch die Kriminalität. Es gilt umgekehrt für die Bundesrepublik Deutschland: Mit steigender Lohnquote fällt die Kriminalität. Bringt man nun den kriminalitätssteigernden Effekt von Realeinkommensverbesserungen in einen Zusammenhang mit der kriminalitätsreduzierenden Wirkung von abnehmender ökonomischer Ungleichheit, dann können starke Realeinkommensverbesserungen einen so großen Kriminalitätsanstieg hervorrufen, dass er von den bescheidenen Nivellierungstendenzen (gemessen an leicht steigender Lohnquote) nicht ausgeglichen werden kann. Genau das ist der Fall in der Bundesrepublik Deutschland. Sehr eindrucksvoll lässt sich dieser Zusammenhang in einer anderen als den drei hier untersuchten westeuropäischen Gesellschaften feststellen, nämlich in Schweden. Schweden ist von geringerer Ungleichheit als die drei anderen westeuropäischen Länder gekennzeichnet, von langen Phasen starker Realeinkommensverbesserungen, verbreiteter Gleichheitsideologie und sehr hohen Kriminalitätsanstiegen.« (*Haferkamp* 1990, 40 f.)

Somit führen also nicht nur sozialstrukturelle Benachteiligungen zu abweichendem Verhalten. Vielmehr verstärkt sich abweichendes und gerade auch kriminelles Verhalten in Gesellschaften, die ihren Bürgern bessere ökonomische Chancen bieten. Mehr Gleichheit schränkt also die Devianz nicht ein. Vorhandene Rest-Ungleichheit wird vielmehr unter der Gleichheitsideologie verstärkt wahrgenommen und führt in Verbindung mit einer erweiterten Chancenstruktur zu einer Zunahme von abweichendem Verhalten. Es sind also nicht die armen Mütterchen und die Zu-Kurz-Gekommenen, die sich das Notwendigste zusammenklauben. Es sind vielmehr gerade auch mächtige Akteure, die sich mit dem Faustrecht ihr vermeintliches Recht zu verschaffen wissen.

Fall Geschwister Köhnlein

Im Ausgangsfall der Geschwister Köhnlein steht Tanja in einem Ziel-Mittel-Konflikt. Ihr Ziel, eine aktuelle Kassette zu besitzen, wird ihr von ihrer Umgebung vorgegeben. Die ihr zur Verfügung stehenden Mittel – das monatliche Taschengeld von 20 DM – reichen zur Erreichung dieses Zieles nicht hin, da sie mit diesem Taschengeld ja auch noch andere Ausgaben tätigen muss. Sie löst diesen Konflikt innovatorisch, indem sie zu unerlaubten Mitteln, zum Ladendiebstahl, greift. Würde sie ihren Konflikt ritualistisch lösen, müsste sie entweder mehrere Monate auf die Anschaffung warten und Monat für Monat jeweils einige Mark ihres Taschengeldes zur Seite legen oder aber ihre Ausgaben für Kosmetika und Getränke einige Zeit drastisch beschränken. Da ihre

Eltern mit dem geringen Taschengeldbetrag wenig strukturflexibel handeln (vgl. Teil 3.7 1), besteht für sie keine doppelte Chancenstruktur, sondern praktisch nur die Chance, auf illegitime Mittel wie den Ladendiebstahl zurückzugreifen. Sie ähnelt insofern eher einem Angehörigen niederer und damit benachteiligter Sozialschichten als einem mächtigen Akteur.

5.5 Die Subkulturtheorie

Die Anomietheorie ist, wie gezeigt, vorwiegend darauf aus, abweichendes Verhalten zu erklären, das auf Gütererwerb ausgerichtet ist. Nun gibt es Abweichungen, die ihrem Täter keinerlei wirtschaftlichen Vorteil bringen, wie Zerstörungswut, Vandalismus, Randale und aufreizendes Gehabe. Anomietheoretisch ist dieses Verhalten nicht zu erklären, da hier keine Ziel-Mittel-Diskrepanz vorliegt und gelöst werden muss: Die reine Zerstörung von Straßenlaternen, Telefonzellen oder Schaufenstern (ohne anschließenden Diebstahl der Auslagen) bringt den Tätern keine ökonomischen Vorteile. *Albert Cohen* (1961, 97 ff.) erklärte solche Zerstörungstaten als Normen einer sie sichernden Subkultur, die Jugendliche im Gegensatz zu der sie umgebenden (Haupt-)Kultur bildeten, deren Statusnormen sie nicht folgen könnten und die sie darum ablehnten.

5.5.1 Die klassische Ausprägung

Albert Cohen erklärte sich subkulturelles, zerstörerisches bzw. aggressives Verhalten aus nicht zu lösenden Anpassungsproblemen vor allem Jugendlicher. Nicht einzulösen von ihnen wären etwa die Aufstiegserwartungen ihrer Umgebung (Eltern, Ausbilder). Das Nichtbewältigen der angesonnenen Platzierung löst bei den Jugendlichen Enttäuschungen und Frustrationen aus. Diese lassen sich zusammenschließen und eine eigene Werte-/Normenwelt mit eigenen Positionen und Rängen, die ihnen erreichbar erscheinen, errichten (*Wurr/Trabandt* 1993, 32 ff.). Diese Subkulturen sind nach außen »negativistisch«, d. h. zerstörerisch, bieten den zugehörigen Jugendlichen nach innen aber einen gewissen Zusammenhalt. Wegen der Aggressivität nach außen werden Subkulturen zuweilen auch als Kontra- oder Gegen-Kulturen bezeichnet.
Bei Subkulturen stimmen zumindest noch einige ihrer Normen mit der Gesamtgesellschaft überein: Geld wird noch als Zahlungsmittel akzeptiert, ein Motorrad wird als sinnvolles Fortbewegungsmittel angesehen, ein Fußballspiel wird als akzeptable Veranstaltung mit Unterhaltungswert besucht. Das Gesamt der Normen der die Subkultur umgebenden Gesamt-Kultur wird aber abgelehnt, insbesondere jene Normen, die der Status-Erreichung dienen. Diese zweckhaften Normen werden verneint, und dies wollen die Subkultur-Angehörigen den Mitgliedern der übrigen Gesellschaft demonstrativ zeigen. Sie wagen sich des-

halb immer wieder mit Zerstörungs- und Demonstrations-Taten ein Stück vor in ihrem. Kampf gegen die Gesellschaft. Wieweit sie dabei gehen, ist im Vorhinein immer schlecht abschätzbar, zumeist wissen das die Jugendlichen selbst auch nicht (*Cohen* 1961, 45):

»Für den Handelnden, der Anpassungsprobleme hat, die nicht innerhalb des Bezugsrahmens einer festen Gruppenkultur gelöst werden können, ist jede Reaktion der anderen auf das, was er sagt oder tut, ein Hinweis auf die Richtung, in der sich Wandlungen in einer für die anderen annehmbaren Weise vollziehen könnten, und auf die Richtung, in der keine Unterstützung dafür zu erwarten ist. Mein Vortasten dient dir als Hinweis, dein Vortasten mir als Hinweis. Durch eine zufällige, nicht völlig ernstgemeinte, zu nichts verpflichtende oder am Rande liegende Bemerkung kann ich mich ein wenig vorwagen, aber ich ziehe mich schnell zurück, wenn du dich nicht auch – durch irgendein Zeichen der Zustimmung – ein wenig vorwagst. Das Endergebnis, an das wir uns schließlich gemeinsam gebunden fühlen, ist wahrscheinlich ein Kompromissgebilde, das vielleicht von niemandem zunächst angestrebt oder vorausgesehen worden war.«

Status-Sperren finden vor allem Jugendliche aus benachteiligten Schichten vor. Sie leiden unter Schulversagen und Jugendarbeitslosigkeit. Deshalb gedeiht subkulturelles Verhalten zum einen in der Unterschicht. Jedoch sind davon auch Jugendliche aus gehobenen Schichten betroffen, die Karriere-Probleme haben. Von den drei hauptsächlichen Jugendkulturen, die *Dieter Baacke* für die zu Ende gehenden 80er Jahre ausmacht (*Baacke* 1987, 9 ff.; vgl. auch Teil 4.2.3): Den mittelschicht-orientierten Manierierten, den links-alternativen Protestlern aus dem Schüler- und Studenten-Milieu sowie den subkulturellen Action-Gruppen mit großstädtischer Abenteuersucht, gehören den letzteren auch Jugendliche mit Schul-, Ausbildungs- und Berufs-Problemen aus gehobenen Schichten an. Subkulturen entstehen, je mehr Freizeit Jugendlichen von der Gesellschaft zugebilligt wird. Gerade in Umbruchzeiten wie der Jugendzeit stellen sie ihren Mitgliedern einen sie sichernden Bezugsrahmen zur Verfügung zwischen der (nicht mehr) verbindlichen Herkunftsfamilie und dem (noch nicht) verpflichtenden Erwachsenenstatus (mit Arbeitsplatz und eigengegründeter Familie). Rollen-Struktur und Normen der Subkultur werden für ihre Mitglieder um so verbindlicher sein, je stärker sie die Normen und Rollen der Gesamt-Gesellschaft ablehnen. Es ist jedoch auch zu beobachten, dass Mitglieder von Subkulturen zwischen den Erwartungen ihrer Subkultur und jenen der Gesamtgesellschaft hin- und herpendeln. Insofern haftet Subkulturen sowohl eine starke Kohäsion (mit einem harten Kern) als auch eine gewisse Instabilität (mit Randsiedlern) an.

Bedarf nach Ersatz-Identität bieten Subkulturen nicht nur da, wo für das schulische und berufliche Fortkommen der Jugendlichen Gefahr besteht. Die subkulturelle (Ersatz-)Normenwelt gedeiht auch in funktionslosen Großstadt-Wohngebieten, in denen Jugendliche wenig Freizeit-Betätigungsmöglichkeiten haben wie Sportgruppen, Kulturszenen, Clubs und Jugendtreffs (*Peters* 1989, 57).

Die subkulturellen Ersatzhandlungen gelten u. a. der Beschädigung von Wohnanlagen, Kraftfahrzeugen, Infrastruktureinrichtungen und Grünanlagen. Aber auch Anhänger gegnerischer Fußballmannschaften werden angegriffen (*Pilz* 1982, 16): Dies vor allem von den gewaltbereiten sog. Hooligans im Gegensatz zu den friedlicheren sog. Kapuzengruppen.
Wie sich subkulturelles zerstörerisches Verhalten mit anomietheoretisch zu erklärender Aneignungs-Sucht verbindet, wird an den Ausschreitungen Jugendlicher in den Vororten um Paris im Herbst 1990 deutlich (vgl. »Die Welt« vom 24. 11. 1990):

»Die ›Zerstörer‹, das sind Jugendbanden der tristen Pariser Vororte. Seit vier Jahren liefern sich die Gangs arabischer und schwarzafrikanischer Einwandererkinder immer häufiger regelrechte Schlachten und machen die Vorortzüge unsicher. Ihre Croissants und ihre Sportschuhe, ihre Videogeräte und ihren Alkohol holen sie sich aus dem Supermarkt um die Ecke. Kassierer werden mit Messern und Fahrradketten angegriffen, Kunden mit Tränengas besprüht.
In den letzten Monaten gingen die Gangs in Bronx-sur-Seine zu regelrechten Plünderungen über. Vorbild ist Vaulx-en-Velin. Als in dem Vorort von Lyon ein ganzes Geschäftsviertel gebrandschatzt wurde, waren die Gazetten plötzlich voll von Berichten über die Jugendbanden. Und die sind stolz darauf. ›Es wie in Vaulx-en-Velin machen‹ wurde zur Devise. Die Stärke der ›Zerstörer‹ ist ihre Zahl und Aggressivität. Denn in Orte wie Argenteuil wagen sich die Polizeistreifen schon lange nicht mehr. Einen Steinhagel muss hier jeder fürchten, der eine Uniform trägt.
Doch eine Verhaftung von Bandenchefs und Rädelsführern würde das Problem nicht lösen. ›Es gibt keine Guten und Bösen in den Gettos‹, meint ein Sozialhelfer des Pariser Gerichts im ›Nouvel Observateur‹. ›Alle zerstören. Die Zerstörung ist Teil der Vorstadtkultur.‹ Viele sind zudem zu jung, als daß man sie bestrafen könnte.
Das Problem, darin sind sich die ratlosen Sozialarbeiter und Soziologen einig, ist kultureller Natur. ›Diese Leute leben nicht mehr auf demselben Planeten wie wir‹, meint ein Polizeisprecher in Val d'Oise. ›Sie begehen Verbrechen und geben das ganz einfach zu. Das sind ihre Sitten. Das Außergewöhnliche ist normal geworden.‹«

Nicht in jedem Fall ist subkulturelles Verhalten zerstörerisch und aggressiv. Die Punks beispielsweise nutzen die Konsumwelt zu ihrer Selbstdarstellung stilbildnerisch aus. Sie wollen auf ihr Anders-Sein lediglich mit einer von der Gesamtgesellschaft abweichenden Kleidung und Haartracht aufmerksam machen. Die gesamtgesellschaftlichen Normen von Mode und Frisur werden stark vergröbert und damit ins Lächerliche gezogen. Das Verhalten der Rocker – mit Lederkleidung, Motorrad, Ralley-Fahrten und Bier- und Grillfesten – verbindet eine gewisse Aversion gegen die Gesellschaft mit hedonistischem Gut-Leben-Wollen. Die Aggressivität ist hier eher Nebenprodukt bei der Suche nach einer eigenen, von der Erwachsenenwelt abweichenden Identität (*Peters* 1989, 79).
Die Diffusität der Subkulturen wird auch bei den politisch rechtsstehenden Subkulturen der »Skinheads, Faschos, Hooligans« (so der Titel von *Burkhard Schröder* 1992) deutlich. Nur ein Teil der Anhänger dieser rechten Subkultur-Szene befürwortet Terror und Gewalt. Es gibt hier Zugehörige, die »kein politisches Anliegen haben und denen es relativ egal ist, wen sie gerade verhauen

und welches Presseecho das nach sich zieht« (*Schröder* 1992, 16). Gemeinsam mit den Subkulturen ist jedoch auch diesem rechten Milieu, dass die Anhänger sich ihm aus Statusverunsicherung, Verlust-Ängsten und Arbeitslosigkeit heraus anschließen (vgl. auch Teil 4.3.2). Hinzu kommt hier allerdings das Ressentiment gegen die multikulturelle Realität der Bundesrepublik (*Schröder* 1992, 10).

Fall Geschwister Köhnlein

Michael Köhnlein schließt sich der rechtsradikalen Wiking-Jugend vor allem seiner Schulprobleme wegen an. Er macht die Erfahrung, dass er auf dem normalen schulischen Karriereweg Schwierigkeiten hat, zu Erfolg zu kommen. Es liegt nahe, dass er sich in eine Ersatz-Hierarchie flüchtet. Die findet er in der Wiking-Jugend. Auch hier gibt es ein Karrieremuster, wenn dieses für den Lebenserfolg auch weniger wichtig sein mag: Es gibt eine hierarchische Ordnung mit Führern, Rangabzeichen und Gefolgsleuten, die Michael sozusagen mit dem Aufstieg von Klasse zu Klasse vertauscht. Er findet eine ihn sichernde Umgebung, als die er Schule und Elternhaus nicht mehr erlebt. Hinzu kommt die vage Aussicht, die ihm Bernhard Bohnen für einen möglichen Lebenserfolg durch die von ihm behaupteten Beziehungen eröffnen will.

5.5.2 Subkultur und Drogenabhängigkeit

Der Vorwurf, den man dem subkulturellen Ansatz zur Devianz-Erklärung gemacht hat, er erkläre nämlich nur abweichendes Verhalten männlicher Jugendlicher (*Lamnek* 1993, 251) stimmt zumindest für eine Subkulturgruppe nicht: Die der Drogenabhängigen (*Kreuzer/ Wille* 1988, 62 ff.):

»Eine Fülle von Anzeichen deutet darauf hin, daß die Drogenszene in dieser Sicht eine Subkultur, ein strukturiertes Milieu darstellt, in dem Einstellungen und Verhaltensmuster erlernt werden können ... Die Arten der genommenen Drogen, ihre Sequenz und Applikationsweisen, die Riten, die Erscheinungsformen der Delinquenz werden weitgehend bestimmt von jeweiligen Gepflogenheiten entsprechender Peer Groups und Subkulturen. Die ›Ansteckenden‹ sind regelmäßig Drogenerfahrene in ihrer Rolle als Konsumenten; Erfahrene sind Lehrmeister, Verführer der Neulinge.«

Ähnlich der Rekrutierung der Mitglieder anderer Subkulturen werden auch von den Drogen-Subkulturen vor allem solche Jugendliche angezogen, die familiale, schulische und berufliche Probleme haben. Misserfolge beim Erreichen gesetzter gesellschaftlicher Normen lassen leicht Anschluss in die Drogenszene finden. Die Affinität disozialer Jugendlicher, bei denen familiale Einflüsse verlorengegangen sind, zur Drogenszene wird festgestellt. Auch die Drogen-Subkulturen besitzen eine hierarchische Rollenstruktur. Drogen nimmt man zunächst als Neu-Hinzugekommener aus Neugierde. Man will damit demonstrieren, dass einem die gesamtgesellschaftliche Erwachsenenwelt gleichgültig ist. Hohes Prestige haben diejenigen Mitglieder der Drogenszene, die richtig und viel Drogen zu konsumieren wissen (*Gerke* in Stigmatisierung Band 1, 1975, 67):

»Drogenkonsum bietet die Möglichkeit des Rückzugs aus sozialen Zwängen und das Erleben einer besseren Traumwelt, als Kompensation des eigenen Unvermögens in der Alltagsrealität ... Wie man Zugehörigkeit und Status in einer Gruppe erlangt, zeigen die Äußerungen von Mitgliedern einer Untergruppe, die ›weiche Drogen‹ wie ›Shit‹ (Haschisch) oder ›Trips‹ (LSD) nahm. Auf die Frage, warum man ›Gift‹ (Drogen) nimmt, antworteten sie: ›Zuerst aus Neugierde, dann findet mans gut, macht Spaß. Man gewöhnt sich daran, es gibt einem Befriedigung. Man fühlt sich zugehörig zu der Gruppe, die Gift nimmt. Man will ›in‹ sein, mit der Mode gehen. Die Gruppe wird verfolgt, weil es nicht erlaubt ist. Man will der Gruppe zeigen, daß die Erwachsenen einem den Buckel runterrutschen können. Die Technik spielt eine Rolle, um innerhalb der Gruppe ›in‹ zu sein. Man muß wissen, wie man einen Joint dreht und daran zieht, welche Namen es für Shit und Trips gibt und wie man sich bei Trips verhalten muß. Man muß immer etwas in der Tasche haben, das man vorzeigen kann. Das ist wie beim Saufen, da hat auch am meisten Prestige, wer am meisten vertragen kann, wer am schnellsten ist und wer ›Pils‹ und ›ex‹ unterscheiden kann. Das trifft aber nur zu, wenn alle mitmachen‹.«

5.6 Die Theorie des differentiellen Lernens

Auch abweichendes Verhalten gilt, wie jedes Verhalten, als erlerntes Verhalten. Der Übernahme von illegitimen Techniken, Handlungen und Motiven gilt deshalb besondere Beachtung. Hieraus hat sich die sogenannte Theorie des differentiellen Lernens entwickelt: Jeder habe Zugang zu legitimen Techniken, Handlungen und Motiven – aber auch zu solchen illegitimer Art. Je nachdem, welche der beiden Spielarten jemand nun überwiegen lasse, handele er normgerecht – legitim oder normwidrig – illegitim. Dies ist die Grundaussage der Theorie des differentiellen Lernens.

5.6.1 Differentielle Kontakte

Für die jeweilige Option auf dem Kontinuum des legitim – normgerechten oder illegitim – normwidrigen Verhaltens macht *Edwin Sutherland* (Kriminalsoziologie 1968, 395 ff.), auf den die Theorie der differentiellen Kontakte und des differentiellen Lernens zurückgeht, folgende Momente verantwortlich:

- Das Lernen von kriminellen Techniken und Motiven,
- das Überwiegen der das Verbrechen begünstigenden Einstellungen,
- die Häufigkeit, die Dauer sowie die Priorität (d. h. bereits in der Kindheit begründete Devianz) und die Intensität (Prestige, emotionale Bedeutung der Devianz) von illegitimen Wünschen,
- die Kontakte, die Nachbarschaft und die Wohngegend in bezug auf ein legitimes bzw. illegitimes Umfeld,
- die Intensität der Bedürfnisse der Handelnden sowie

- den Mangel an gebilligten Alternativen zu einem möglicherweise illegitimen Verhalten.

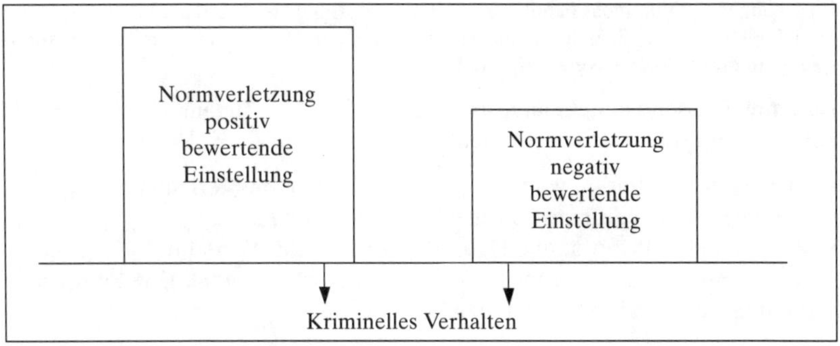

Abb. 24: Normen bewertende Einstellungen

Entscheidend für ein abweichend-kriminelles Verhalten bei einem Individuum ist somit dessen Hochwertung von

- illegitimen Verhaltensmustern,
- illegitimen Einstellungen sowie von
- Trägern illegitimer Handlungen.

Jeder hat Kontakte zu Personen, die gesetzestreues Verhalten positiv werten, und zu solchen Personen, die es negativ werten – mithin also unterschiedliche oder differentielle Kontakte. Entscheidend ist nun, welche Beeinflussungen und Optionen sich bei ihm ergeben (vgl. auch Abb. 24 »Normen bewertende Einstellungen«):
Wer Zugang zu kriminellen und nichtkriminellen Verhaltensmustern hat, beide Verhaltensmuster erlernt hat und in einer bestimmten Situation das kriminelle Muster überwiegen lässt, der wird kriminell handeln. *Sutherland* (in Kriminalsoziologie 1968, 397) teilt mit:

»Eine Person wird delinquent infolge eines Überwiegens der die Verletzung begünstigenden Einstellungen über jene, die Gesetzesverletzungen negativ beurteilen. Dies ist das Prinzip der differentiellen Kontakte. Es bezieht sich sowohl auf kriminelle wie auf antikriminelle Kontakte und betrifft daher das Aufeinandertreffen entgegengerichteter Kräfte. Wenn Personen zu Kriminellen werden, geschieht dies aufgrund von Berührung mit Kriminellen und Isolierung von antikriminellen Verhaltensmustern. Jede Person paßt sich unvermeidlich an die sie umgebende Kultur an, wenn nicht andere Verhaltensmuster mit ihr in Konflikt stehen ... in einem Gebiet mit hoher Delinquenzrate wird ein ungezwungener, geselliger, aktiver und kräftiger Junge sehr wahrscheinlich mit den anderen Jungen in der Nachbarschaft in Kontakt kommen, delinquentes Verhalten von ihnen lernen und ein Gangster werden; in derselben Nachbarschaft wird der psychopathische Junge, der isoliert, in sich gekehrt und träge ist, zu Hause bleiben, nicht mit den anderen Jungen in der Nachbarschaft in Kontakt kommen und nicht delinquent werden. In einer anderen Situation wird der gesellige, kräftige und aggressive Junge Mitglied einer Pfadfindergruppe und wird nicht in delinquentes Verhalten verwickelt werden. Die Kontakte einer Person werden determiniert durch den allgemeinen sozialen Zusammenhang. Ein Kind wird normalerweise in seiner Familie erzogen: Der Wohnort der Familie wird weitgehend durch das Familieneinkommen bestimmt; und die Delinquenzrate steht in vieler Hinsicht in Beziehung mit dem Mietzins der Häuser. Viele andere Faktoren spielen in dieses soziale Netzwerk hinein...«.

Zusammenfassend kann man feststellen, dass für den Zugang zur Illegitimität entscheidend sind folgende Momente und Variablen:

- Die eigene Definition von legitimem und illegitimem Verhalten,
- der Zugang zu legitimen bzw. illegitimen Techniken,
- die (zeitliche) Priorität und Häufigkeit krimineller Kontakte,
- die krimogene oder normgerechte Struktur von Familie, Verwandtschaft, Wohngegend und sonstigem sozialem Umfeld.

Kritik ist an der Theorie von differentiellen Lernprozessen, Kontakten und Gelegenheiten kaum möglich. Aus soziologischer Sicht kann man allenfalls feststellen, dass es sich hierbei eher um eine psychologische Theorie handelt, die gewisse soziologische Momente (Familienstruktur, Schichtzugehörigkeit, Wohngegend, soziales Umfeld) mit aufnimmt, ansonsten aber überwiegend lerntheoretische Erkenntnisse anwendet.
In eine ähnliche Beschreibung von persönlichem Auswählen und Entscheiden geht die *Theorie der Bindung* und Wahlhandlungen nach den Amerikanern *Travis Hirschi* und *Michael R. Gottfredson*, die von *Manfred Brusten* bekannt gemacht wird (*Brusten* 1999, 539 ff.). Bereits in frühester Jugend werden danach Muster für spätere aggressiv-krimogene Aktionen grund gelegt (vgl. Teil 3.5.1). Hier fällt nach dieser Bindungs- und Wahltheorie bereits die Entscheidung für oder gegen aggressives Verhalten bei der

- Wahrnehmung von Gewalthandlungen: hierbei wird entschieden, ob sie als feindselige Handlungen registriert und gewertet werden oder nicht;
- darauf fällt die Reaktionsentscheidung, aggressiv darauf zu antworten;
- in einer persönlichen Wahlhandlung überschreitet der junge Mensch seine Hemmschwelle und gibt seinen aggressiven Impulsen nach;
- dabei vollführt er bei einer entsprechenden Vorteilserwartung die impulsgeleitete, aggressive Tat, die er andernfalls – bei zu hohem Risiko – zurückhält, aufschiebt, umleitet oder abschwächt.

Dieses aggressiv-kriminelle Verhalten ist umso stärker, je schwächer und unzulänglicher die Bindungen des jungen Menschen sind. Nachteilig und kriminalitätsfördernd wirken sich hier unzureichende Bindungen aus

- an Personen mit positiver Affektivität,
- in soziale Netze mit normadäquaten Handlungskonventionen und
- an gesellschaftliche Werte, mit denen sich der Akteur über kommunikative Bezüge identifiziert.

5.6.2 Die doppelte Chancenstruktur

Der Frage, wie der Zugang zu legitimen bzw. illegitimen Möglichkeiten sozialstrukturell verteilt ist, die bereits die Anomietheorie bewegt (vgl. Teil 5.4.1), soll auch im Zusammenhang mit dem differentiellen Lernen nochmals nachgegangen werden. Übereinstimmung herrschte lange Zeit darüber, dass die Angehörigen benachteiligter Schichten (Unterschicht) weniger legitime Möglichkeiten zur Bedürfnisbefriedigung haben (s. auch Abb. 25 »Schichtspezifische legitime und illegitime Möglichkeiten«). Hingegen hätten die Angehörigen höherer Schichten den erheblich größeren Umfang an legitimen Möglichkeiten zu Gebote.

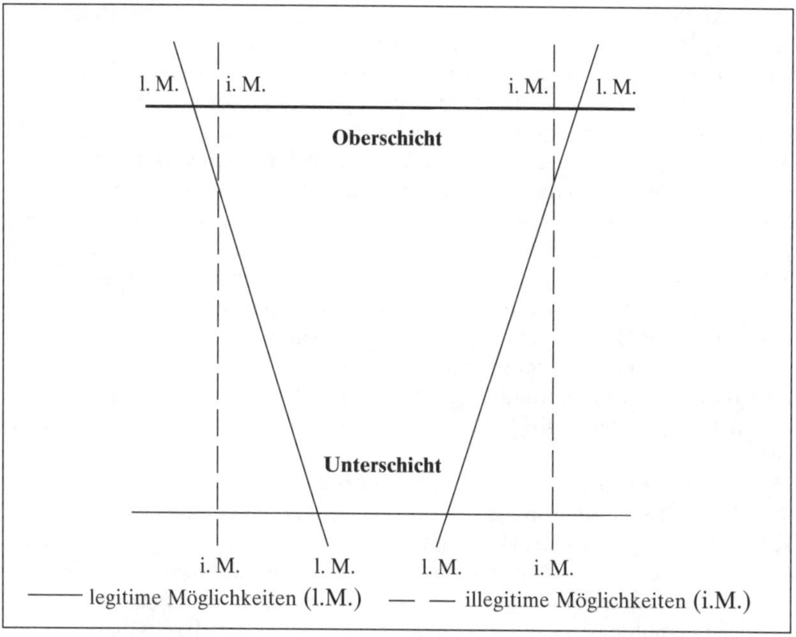

Abb 25: Schichtspezifische legitime und illegitime Möglichkeiten

Das bedeutet nun anomietheoretisch, dass die Angehörigen der Unterschicht, wollen sie ihre Handlungsmöglichkeiten und Gratifikationen ausweiten, Zuflucht nehmen müssen zu illegitimen Möglichkeiten, um mit Angehörigen höherer Schichten in etwa gleichziehen zu können. Insoweit würde sich für sie der (beschränkte) Zugang zu legitimen Mitteln durch die Eröffnung illegitimer Möglichkeiten im Sinne einer doppelten Chancenstruktur überlagern. Vor allem die Verbreitung von Eigentums- und/oder Gewalt-Kriminalität in unteren sozialen Schichten zeigt dies an (*Peters* 1989, 42). Die Theorie der differentiellen Gelegenheiten kann an dieser Stelle auch das Erklärungsdefizit der Anomietheorie ausgleichen. Nach diesem ist es ja unerklärlich, warum in vergleichbarer Mangellage das eine Individuum innovativ-abweichend wird, während das andere Individuum sich ritualistisch bescheidet. Die Erklärungen könnten bestehen im Überwiegen der illegitimen über die legitimen Motive sowie im leichteren Zugang des abweichenden Individuums zu illegitimen Techniken (im Vergleich mit dem erschwerten Zugang des konformen Individuums zu diesen illegitimen Techniken).

Eine andere Frage ist natürlich die Ausstattung der im Vorteil befindlichen, gehobenen Schichten mit illegitimen Möglichkeiten. Zuweilen wird hier eine negative Korrelation gesehen. Dies ist sicherlich in Bezug auf die Bedürfnisintensität richtig: Wer genügend legitime Möglichkeiten zur Bedürfnisbefriedigung hat, ist zur Ausweitung seiner Status- und Gratifikations-Lage nicht unbedingt auf den Gebrauch illegitimer Möglichkeiten angewiesen. Andererseits sind Bedürfnisse unermesslich. Auch derjenige, der aus der Sicht eines Benachteiligten zufrieden leben kann, wird unter für ihn noch immer unerfüllbaren Wünschen leiden. Legt die Bedürfnisintensität somit auch bei Angehörigen höherer Schichten das Ausweichen auf illegitime Techniken nahe, so bestehen diese für die Bevorzugten in den Möglichkeiten der sogenannten Weiße-Kragen-Kriminalität: Steuerhinterziehung, Unterschlagung, Urkundenfälschung, Scheck-, Subventions- und sonstiger Betrug sind eben eher Höhergestellten möglich. Der Unterschichtler hat – beispielsweise mangels Steuerpflicht – oftmals zu diesen Delikten überhaupt keinen Zugang. Somit ist auch Angehörigen höherer Schichten über spezifische Vermögensdelikte eine doppelte Chancenstruktur aus legitimen und illegitimen Möglichkeiten eröffnet. Der Gebrauch davon wird von den individuellen Motiven und Bedürfnisintensitäten abhängen.

Im Ergebnis werden sich sowohl der Unterschicht wie der Oberschicht zwar jeweils spezifische, aber insgesamt doch in beiden Fällen erhebliche Möglichkeiten zu illegitimem Verhalten bieten. Dies um so mehr, als mit *Haferkamp* (1990, 28) auch die Abhängigen durch Machtgewinn in Folge hohen gewerkschaftlichen Organisationsgrades und linker, ihnen geneigter Regierungen zusätzliche Handlungsfreiheiten erringen. Diese senken die Bereitschaft zu Konformität, erhöhen die Abweichung. Der Machtgewinn lässt Macht auch im persönlichen Umfeld ausprobieren. Es werden Manöver zur Erhöhung des Handlungsspielraums unternommen. Konformität ist nicht mehr zwingend geboten, Tugenden wie Bescheidenheit, Zurückhaltung und Vornehmheit stehen nicht hoch im Kurs. Diese Tugenden sind nichts für aufgestiegene Massen.

Laut *Haferkamp* äußert sich im hohen gewerkschaftlichen Organisationsgrad und in den Massen geneigten Regierungen »unübersehbar Machtgewinn, ja Machtwechsel zu Gunsten der bisher Abhängigen. Wenn man weiter in Betracht zieht, was politische Spitzen, auch von der Rechten Gestellte, derzeit von protestierenden Machtunterworfenen ihrer Gesellschaft hinnehmen müssen, und zwar bis in die Reihen des eigenen Personals hinein, dann kann man auch von den Akteuren, die abweichendes Handeln in Betracht ziehen, nicht aus Furcht vor Zugriffen des Herrschaftspersonals Konformität erwarten. Machtgewinn führt zu einer Zunahme von Handlungsfreiheiten, zunehmende Handlungsfreiheiten führen aber in westeuropäischen Gesellschaften zu mehr Konflikten zwischen den Akteuren, die Handlungsfreiheiten wahrnehmen, und denen, die Konformität fordern. Die Akteure, die Macht gewonnen haben, probieren Macht auch aus, unternehmen Manöver zur Erhöhung ihres Handlungsspielraums. Konformität ist nicht mehr so zwingend wie vordem. Devianz nimmt zu.«

Fall Geschwister Köhnlein

Tanjas Ladendiebstahl der Kassette lässt sich mit der Theorie des differentiellen Lernens recht gut erklären. Tanja hatte zweifellos positive Verhaltensmuster zur Verfügung, nämlich die Kassette mit Geld zu erwerben. Allerdings wird sie auch mit dem illegitimen Verhaltensmuster durch Monika konfrontiert, die vorschlägt, die Kassette einfach »mitgehen« zu lassen. Die Betonung Monikas, wie ausgesprochen gefällig diese Kassette sei, und dass der Verlust vom Kaufhaus einkalkuliert sei, setzte die Hemmung bei Tanja beim Gebrauch illegitimer Mittel wesentlich herab. Die Verlockung, die Kassette zu besitzen, ist bei Tanja von hoher Intensität. Technik und Ausführung des illegitimen Verhaltens sind Tanja vertraut. Monika setzt die Schwelle hierzu zusätzlich herab.

5.7 Die Zuschreibungsansätze

Die bisherigen Theorien zur Erklärung abweichenden Verhaltens – die Anomietheorie, die Subkultur-Theorie sowie die Theorie des differentiellen Lernens – erklärten die Devianz aus den Eigenschaften, Motiven und sozialstrukturellen Einbettungen des Abweichlers. Eine ganz andere Erklärungsrichtung, nämlich von den Reaktionen der Umwelt und Gesellschaft her, schlagen die Zuschreibungstheorien ein. Wirklichkeit ist für diese Theorien nicht das Handeln des Abweichlers, sondern wirklich sind nur die Vorstellungen, die die Beobachter der Abweichungshandlungen sich darüber machen. Die Zuschreibungstheorien kommen im wesentlichen vom Symbolischen Interaktionismus her. Das Wechselspiel zwischen Handelndem und seinem Beobachter ist Hauptinteressensgebiet: Das abweichende Handeln ist an sich keine objektive Tatsache, sondern Ergebnis einer Sicht des zuschreibenden Beurteilers, die oft genug orientiert ist am Wissen und am Interesse von Instanzen gesellschaftlicher Kontrolle. Da dieses Interesse oft darauf hinausläuft, den Handelnden mit einem Etikett oder Label zu belegen, aufgrund dessen weitere Maßnahmen an ihm und mit ihm (Strafen, Institutionalisierungen) verübt werden, spricht man hier auch vom sogenannten Labeling approach. Die Labeling-Theorie führt Abweichung zurück auf

- die in der Gesellschaft erfolgte Normsetzung,
- die sich durchsetzende Anwendung dieser Normen auf Personen,
- das Einengen der norm-konformen Handlungsspielräume dieser Personen und
- das Übernehmen des Fremdbildes, das gesellschaftliche Instanzen vom Handelnden aufstellen, zum Selbstbild des Abweichlers.

Die Labeling-Ansätze liegen in unterschiedlicher Radikalität, Konsequenz und Spielarten vor. Es gibt hier:

- den radikalen Labeling-Ansatz der Definition, der besonders auf die Erst-Etikettierung durch die Normaufstellung und Normanwendung abhebt (*Fritz Sack* 1979, *Howard Becker*, 1981),
- den gemäßigten Labeling-Ansatz der Reaktion, der sich vor allem für die sekundäre Devianz interessiert – also dafür, was mit dem Abweichler nach der Feststellung seines Abweichens geschieht (*Edwin Schur* 1974, *Günter Wiswede* 1973, *Edwin Lemert* 1975) sowie
- das Teufelskreis-Modell, das in mehreren Stufen den Verlust der Handlungsgundlagen des Abweichlers beschreibt (*Stephan Quensel* 1972).

Den Wandel des Selbstbildes des Abweichlers von der positiven zur negativen Dimension sowie die Schritte der primären und sekundären Devianz über Definitions- und Entzugs-Prozesse verdeutlicht Abb. 26 »Primäre und sekundäre Devianz«.

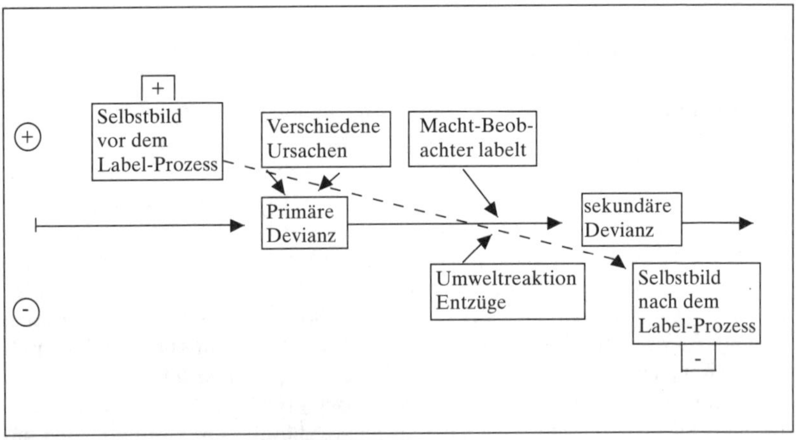

Abb. 26: Primäre und sekundäre Devianz

5.7.1 Der radikale Labeling-Ansatz der Definition: Etikettierung

Eine wichtige, aber umstrittene Prämisse der Labeling-Theorie in ihrer radikalen Ausprägung ist die, dass die Werte und Normen einer Gesellschaft etwas

Zufälliges, Austauschbares und damit auch Reversibles seien (*Becker* 1981, 14). *Becker* zufolge spielt das Interesse bei Regelverstößen und ihrer Ahndung die Hauptrolle – es sei eine Frage der Opportunität, ob von der Gesellschaft eingeschritten und sanktioniert werde oder nicht So werden Angehörige unterer Sozialschichten und bereits devianzartig Aufgefallene vom Sanktions- und Kontrollapparat stärker selektierend verfolgt (*Cyprian* 1996, 207):

»Die Zugehörigkeit zu einer niedrigen Schicht oder die Gestörtheit der Familienbeziehungen weckt bei Jugendlichen nicht unbedingt eine höhere Bereitschaft zu abweichendem Verhalten. Vielmehr ist bei solchen Jugendlichen (und auch Erwachsenen) die Wahrscheinlichkeit größer, dass ihr Verhalten von anderen als kriminell eingestuft wird, als bei jemandem, der sich zwar gleich verhält, aber aus einer höheren Schicht oder aus einem intakten Familienmilieu kommt«.

Überhaupt sind für die Vertreter des radikalen Labeling-Ansatzes Werte und Normen in einer Gesellschaft nicht einheitlich und verbindlich. Selbst das in staatlichen Gesetzen verankerte Werte- und Normensystem wird nicht als das übergeordnete und allgemein verbindliche Werte- und Normensystem angesehen. Dieser Ansicht ist beispielsweise *Fritz Sack* (Gesellschaftliche Perspektiven Band 1 1979, 131). Er hält Kriminalität und andere Abweichungen nur verursacht durch von außen auf die Handelnden einwirkende Definitionen und Bewertungen. Das die Abweichungen ahndende staatliche Recht sieht Sack nicht als übergeordnet an, sondern als schicht- und herrschaftsspezifisch zustande gekommen.

Er ist der Auffassung, daß »Kriminalität keine Eigenschaft darstellt, die einem Verhalten originär und inhärent zukommt, sondern nur aufgrund eines Urteils, das von außen an es herangetragen wird, und zwar durch Bewertungen der Gesellschaft oder der sozialen Gruppe, der der Täter als Mitglied angehört. Die Eigenschaft ›kriminell oder abweichend‹ ist deshalb keine primär ›deskriptive‹, sondern eine ›askriptive‹ Kategorie ... Auch innerhalb einer Gesellschaft lassen sich zum gleichen Zeitpunkt unterschiedliche Normensysteme ausmachen. Dazu müssen wir uns nur von der Fiktion lösen, daß eine Gesellschaft gleichbedeutend ist mit einem einheitlichen Wertsystem, das gemeinsam von allen Mitgliedern dieser Gesellschaft geteilt und akzeptiert ist. Das ist eine typische rechtswissenschaftlich-dogmatische bzw. normative Unterstellung. Im Sinne eines soziologischen Normenbegriffs ist zutreffender von der Vorstellung auszugehen, daß wir es in der sozialen Wirklichkeit mit einer Mehrheit von Normen- und Wertsystemen zu tun haben. Eines davon mag durch das im positiven Recht Manifestierte repräsentiert sein, aber ihm kommt keineswegs eine primäre oder übergeordnete Stellung a priori zu. Diese Frage ist nur anhand empirischer Befunde zu entscheiden.«

Dieser radikale Labeling-Ansatz ist wegen seiner wertemäßigen Indifferenz abzulehnen. Er macht die Abweichung praktisch abhängig vom interesse-geleiteten Etikettieren und Zugreifen. Das ist zwar bis zu einem gewissen Grade richtig, wie das Verbot von Drogen-Beschaffung und -Konsum und von Abtreibungen in einigen Rechtsordnungen und die Nicht-Bestrafung in anderen Rechtsordnungen zeigt. Jedoch wird es bei aller angeblichen Beliebigkeit von Definitionen von menschlichem Verhalten als Abweichung oder als Nicht-

Abweichung Werte geben, die über die Staaten und die in ihnen Herrschenden hinaus allüberall zu respektieren sind: Die Unversehrtheit menschlichen Lebens und menschlicher Gesundheit sowie die Selbstbestimmung des sexuellen Verhaltens. Mord, Körperverletzung, Vergewaltigung sowie andere Handlungsweisen, die die körperliche und existentielle Integrität von Menschen gefährden, sind durchweg zu ahnden und können nicht zur Disposition stehen. Gerade kriminelle Abweichungen können nicht lediglich zur interesse- und herrschafts-geleiteten Verfügung stehen. Im Übrigen ist darauf zu verweisen, dass nicht nur mächtige Interessengruppen ihre Anliegen mittels Rechtsnormen durchsetzen können, wie der Umweltschutz und der Kinderschutz zeigt, und dass Verhaltensweisen als problematisch empfunden werden, bevor der Gesetzgeber sie mit Normen ahndet, wie etwa der Datenmissbrauch. Auch ergeben sich – durchaus gegen Gruppeninteressen – Entkriminalisierungen, wie die Lockerung von Abtreibungsverboten gegen die erklärte Zielsetzung der katholischen Kirche zeigt (*Bellebaum* 1984, 106). Erkenntnistheoretisch ist auch mit der Behauptung, eine Abweichung werde dadurch zur Abweichung, dass sie normativ als Abweichung dingfest gemacht werde, wenig gesagt. Dies ist nicht mehr als eine Tautologie. Auch kann der radikale Labeling-Ansatz mit unentdeckten Straftaten nichts anfangen. Sie sind für ihn, da sie keine Konsequenzen seitens der Etikettierer zeitigen können, praktisch nicht existent. Somit wendet sich der radikale Labeling-Ansatz auch in keiner Weise den Opfern zu, da er sich lediglich für die Beziehungen zwischen Etikettierern und Etikettierten interessiert. Mit der Denunziation von Abweichungen als beliebige, definitorische Benennungen, wie sie die radikale Labeling-Theorie vornimmt, ist es »nicht mehr möglich, intersubjektiv gültige Aussagen über Objekte zu machen« (*Peters* 1989, 121).

5.7.2 Der gemäßigte Labeling-Ansatz der Reaktion: Sekundäre Devianz

Ungeachtet der Werte-Indifferenz vor allem des radikalen Labeling-Ansatzes hat die Theorie des Labeling approach – vor allem in ihrem gemäßigten Ansatz – wichtige Erkenntnisse eingebracht. Dieser sogenannte gemäßigte Labeling-Ansatz sieht lediglich die sekundäre Devianz durch Prozesse des Zuschreibens, des Einengens konformer Möglichkeiten und der Übernahme der abweichenden Identität durch den Devianten als sozial durch die Umgebung und die Instanzen verursacht an. Hier haben Beobachter in Machtpositionen (also Professionelle im Sanktionsapparat wie in der Sozialverwaltung, aber auch Ärzte, Psychologen und Angehörige von Abweichlern) eine weite Palette von Reaktionsmöglichkeiten. Deswegen spricht man beim gemäßigten Labeling-Ansatz auch vom sogenannten Reaktionsansatz. Er kann, und diese Gefahr gilt es zu sehen, zu eminenten Handlungs-Einengungen beim Abweichler führen und damit weitere Auffälligkeiten und Abweichungen auslösen.

Die Psychologen *Ullmann* und *Krasner* (in Funkkolleg »Beratung in der Erziehung« SBB 3 1975, 38) haben die vier Elemente für die Maßnahmen professioneller Kontrolleure folgendermaßen beschrieben:

Das Verhalten selbst:	Ein Individuum tut irgend etwas (jemanden schlagen, Rollen von Toilettenpapier sammeln, nicht essen, stottern, in die Gegend starren, sich schlampig kleiden);
der soziale Kontext:	unter bestimmten Bedingungen (beim Unterricht, an seinem Schreibtisch, während des Gottesdienstes);
der Beobachter in einer Machtposition	das jemanden so sehr erregt, ärgert, wütend macht oder stört (Arbeitgeber, Lehrer, Eltern, das Individuum selbst), dass bestimmte Handlungen ausgelöst werden (ein Polizist wird gerufen, ein Besuch beim Psychiater wird empfohlen, man macht Anstalten, das Individuum einzusperren);
die Etikettierung des Verhaltens/die Bezeichnung der Störung	durch die die »Etikettierer« der Gesellschaft in Kontakt mit dem Individuum kommen (Ärzte, Psychiater, Psychologen, Richter, Sozialarbeiter) und bestimmen, welches derzeit übliche Etikett am besten passt (schizophrene Reaktion, psychopathische Persönlichkeit, Angstreaktion) und welche Maßnahmen darauf angezeigt sind.

Angesichts randalierender Jugendlicher wird bei *Schur* (1974, 90) vom großen Spielraum der Polizeibeamten berichtet.

»Zwischen verschiedenen Handlungen und Vorkehrungen auszuwählen: Sowohl die an Ort und Stelle getroffene Entscheidung – ob der Junge mitzunehmen sei oder nicht – als auch die auf der Wache getroffene Entscheidung – welche Vorkehrungen zu treffen seien – basierten weitgehend auf Anhaltspunkten, die sich aus der Interaktion zwischen den Beamten und den Jugendlichen entwickeln. Anhaltspunkte, aufgrund derer der Beamte Rückschlüsse auf den Charakter des Jugendlichen zog. Zu diesen Anhaltspunkten gehörten die Gruppenzugehörigkeit des Jugendlichen, Alter, Rasse, äußere Erscheinung, Kleidung und Benehmen. Ältere Jugendliche, Mitglieder bekannter krimineller Gruppen, Neger, Jugendliche mit pomadisiertem Haar, schwarzen Jacken oder Jeans (die vermutete Uniform der ›harten‹ Jungen), und Jungen, die in der Interaktion mit dem Beamten nicht den als angemessen betrachteten Respekt zeigten, waren sehr strengen Maßnahmen ausgesetzt«.

Durch Aktenaufarbeitung von verhaltensauffällig gewordenen Jugendlichen in Nordrhein-Westfalen hat *Manfred Brusten* (Gesellschaftliche Perspektiven Band 2 1979, 85 f.) das Ergebnis gewonnen, dass die Jugendlichen es aufgrund der von Instanz zu Instanz übernommenen devianten Definitionen nicht vermochten, dem System sozialer Kontrollen zu entkommen. *Brusten* fand, dass die Akten-Definitionen oft ungeprüft handlungsleitend für andere Instanzen wurden – sogar für die Jugendlichen selbst. *Brusten* stieß von Bearbeitungsstufe zu Bearbeitungsstufe der Vorgänge auf ein verändertes Verhältnis der Bearbeiter zur Realität. Seine drei festgestellten Wirklichkeitsebenen der Bearbeitung entfernen sich immer mehr vom Jugendlichen und seiner Tat:

- Basis sind die Interaktionen des Jugendlichen in seiner Umwelt –*Wirklichkeitsebene 1*;
- danach kommt es zu Interaktionen zwischen den Instanzenvertretern und den Jugendlichen – *Wirklichkeitsebene 2*;
- schließlich finden nur noch Interaktionen zwischen den Instanzenvertretern ohne Kontakt mit dem Jugendlichen statt, also ohne eigentlichen Realitätsbezug – *Wirklichkeitsebene 3*.

Für die schlussendliche Aufstellung von Definitionen und Beurteilungen waren nach *Brusten* vor dem Realitätsbezug zum tatsächlichen Verhalten der Jugendlichen folgende Gesichtspunkte maßgebend:

1. Beurteilungen anderer (Vor-)Instanzen wurden als Tatsachen angesehen, nicht als subjektive Äußerungen derer, die sich äußerten;
2. die Beurteilungen resultierten mehr aus dem Bedürfnis und Interesse der Instanzen, als dass sie dem Wohl des Jugendlichen verpflichtet gewesen wären;
3. die Beurteilungen waren mehr aus vorangegangenen Akten gespeist als aus eigenen Beobachtungen der Urteilenden an den Jugendlichen;
4. die Aktenanalyse »potenzierte« das Verhalten der Jugendlichen zur »kriminellen Energie«.

Die Gerichtsbeschlüsse, die über die Jugendlichen ergingen, resultierten *Brusten* zufolge (a. a. O. 113 f.)

- aus Urteilen anderer Instanzen (Jugendamt, Gutachter),
- wurden kaum genau geprüft,
- dienten dem eigenen Legitimationsbedürfnis der Instanzen.

Als Folgen im Verhalten der Jugendlichen fand *Brusten* zum einen Widerstand, um aus den Einrichtungen, in die sie gewiesen worden waren, abgeschoben zu werden, oder aber zum anderen eine oberflächliche Anpassung mit dem Ziel schneller Entlassung, um den bisherigen, nonkonformen Verhaltensstil fortführen zu können. Im Ergebnis hatten die Maßnahmen gerade auch aufgrund ihrer Abstraktion von den abweichenden Jugendlichen selbst entweder zu sekundärer Devianz (Widerstand) geführt oder aber das anfängliche abweichende Verhalten zumindest nicht verändert (oberflächliche Anpassung).

Fall Geschwister Köhnlein

Michael Köhnlein ist im Ausgangsfall der Geschwister Köhnlein noch nicht mit strafjustiziellen Instanzen in Berührung gekommen. Das steht ihm mit ziemlicher Sicherheit noch bevor. Gleichwohl ist er davor schon ihn ›labelnden‹ Reaktionen ausgesetzt. Das Verhalten, das er zeigt und welches dazu zum Anlass genommen wird, besteht zunächst im Unterricht darin, dass er die Verbrechen an den Juden herunterspielt und für die herrschende Arbeitslosigkeit die in Deutschland weilenden Ausländer verantwortlich macht. Hierin kann man ein gezeigtes Verhalten in einem sozialen Kontext im Sinne einer primären Abweichung sehen. Normal wäre in diesem Falle, sich mit den Morden an den Juden und mit den verschiedenen Ursachen für Arbeitslosigkeit auseinander zu setzen. Die primäre Abweichung führt zu einer Definition seitens seines Umfeldes als »Faschist«. Er fühlt sich damit ungerecht behandelt, zumal er zunächst von der Wiking-Jugend noch gar nicht so viel hielt. Die Reaktionen von Lehrern und Mitschülern nehmen ihm aber ein Stück seiner Integration in der Schule. Sie entziehen ihm damit wichtige soziale Grundlagen seines Schüler-Daseins. Die Folge ist, dass er diese Verluste kompensieren muss. Er tut es durch einen verstärkten und aktiveren Anschluss an die Wiking-Jugend. Die Taten, die er hier begeht, und die zum Teil unter Strafe stehen – das Verbreiten von herabsetzenden Parolen und die Weitergabe rechtsradikaler Schriften –, sind somit in seinem Falle als sekundäre Devianz anzusehen, die mitverursacht ist durch die Zuschreibungen seitens der Interaktionspersonen in seiner Schule.

5.7.3 *Teufelskreis-Modell: Verlorene Handlungsgrundlagen*

Die gegenseitige Aufschaukelung von Interaktionsprozessen zwischen verhaltensauffälligen Jugendlichen und der immer heftiger reagierenden (Instanzen-) Umwelt hat *Stephan Quensel* (in *Steuber* 1981, 74 ff.) sein am Labeling-Prozeß orientiertes Teufelskreis-Modell aufstellen lassen. Dieses Teufelskreis-Modell zeigt in acht Phasen auf, wie ein Jugendlicher, von einer leichten Verfehlung ausgehend, schließlich durch Verlust seiner Lebensgrundlagen (Ausbildung, Arbeit) zum Kriminellen wird. Die acht Stufen *Quensels* bestehen aus folgenden Sequenzen:

1. Ein Jugendlicher erlebt ein kleines Delikt (vielleicht einen Ladendiebstahl) als Lösung eines Problems, das er vielleicht mit seinen Eltern oder aber mit seiner Schule, vielleicht auch mit Freunden hat. Möglicherweise wird dieses Delikt nicht bekannt. Negative Folgen treten somit nicht ein, für den Jugendlichen ist sein Umfeld-Problem zunächst einmal (wenn auch vordergründig) gelöst.
2. Der Jugendliche greift wieder zu dieser Problemlösung, da er vermutlich wiederholt in einer Problematik stehen wird. Es ist davon auszugehen, dass er bei wiederholten deliktischen Taten auffällt. Leichte Sanktionsmaßnahmen – eine Auflage etwa, vielleicht auch ein Arrest – werden jetzt die Folge sein.

3. Bei einer abermaligen Strafe nach einem ähnlichen Problemlösungs-Versuch findet der Jugendliche unter seinen Freunden dafür bestätigendes Lob. Es ist eine Art »Ritterschlag« für ihn.
4. Bei weiterer Devianz wird der Jugendliche doppelt belastet: Sein Problem vertieft sich, denn durch sein deliktisches Vorgehen kann er es in Wirklichkeit nicht lösen, und es wird von den Instanzen härter gegen ihn vorgegangen.
5. Der Jugendliche wird nun als delinquent definiert und übernimmt diese Definition als eigenes Selbstbild.
6. Der Jugendliche wird nun zum Außenseiter. Eine Berufsausbildung ist ihm jetzt nicht mehr möglich, er findet keinen Ausbildungsplatz, die Berufsausbildung ist ihm dadurch verwehrt. Seine delinquenten Techniken verfestigen sich.
7. Der Jugendliche kommt in eine Anstalt zur Heimerziehung, als Volljähriger u. U. auch in eine Strafanstalt. Die aggressive Insassenkultur der Institution, in die der Jugendliche gerät, verstärkt seine Devianz.
8. Nach seiner Entlassung wird der Jugendliche von seinem seitherigen Umfeld selektiv behandelt: Mögliche Arbeitgeber, Ausbilder und/oder Vermieter verwehren ihm die nötigen Hilfsquellen für eine normgerechte Lebensführung, die devianten Freunde verleiten ihn zu neuen Straftaten. Erneute, durch Vorstrafen härtere Strafen sind die Folge.

Hilfen für solche Jugendlichen oder jungen Erwachsenen, die derartige Teufelskreis-Spiral-Erlebnisse hinter sich haben, sind nicht einfach. Sporadische Interaktionen zwischen Sozialarbeiter und Jugendlichen/jungen Erwachsenen sind hier von vielen Konflikten behaftet. Der Sozialarbeiter steht im Intra-Rollenkonflikt, einerseits dem Sanktionsapparat berichten zu müssen (als Jugendgerichtshelfer oder Bewährungshelfer), andererseits Vertrauen beim Jugendlichen gewinnen zu müssen. Aus der Sicht des Jugendlichen/jungen Erwachsenen gehört der Sozialarbeiter zum Sanktionsapparat, was bei ihm – dem Jugendlichen/jungen Erwachsenen immer wieder Enttäuschungen auslösen wird. Der Jugendliche »testet« den Sozialarbeiter daraufhin ab, wieweit er eingreift und reagiert. Die normalen Verhaltensstile beider passen nicht aufeinander: Der Sozialarbeiter versucht sich im Gespräch, der Jugendliche/junge Erwachsene wird versuchen, entweder mit aggressivem Verhalten den Sozialarbeiter zu prüfen; oder aber er wird vordergründige »Probleme« benennen, damit der Sozialarbeiter irgend etwas tun kann und ihm vom Halse bleibt.
In dieser Konfliktsituation des doppelten Mandats (vgl. Teil 2.2.1) hat der Sozialarbeiter/Sozialpädagoge sowohl die subjektiven Bedürfnisse seiner Klienten als auch die Interessen und die Macht des Sanktionsapparats in Rechnung zu stellen. Er wird unter diesem doppelten Horizont seinen Klienten Chancen zu eröffnen haben zu ihrer Existenzbewältigung (*Wurr/Trabandt* 1993, 94).
Erfolgreicher als sporadische Einzelkontakte sind hier erzieherische Hilfen nach dem KJHG in Form von Erziehungsbeistandschaft § 30 KJHG, Betreutem Jugendwohnen § 34 KJHG oder Sozialpädagogischer Einzelbetreuung § 35 KJHG für Jugendliche; für junge Erwachsene kommen diese Hilfen auch als Hilfe zur Persönlichkeitsentwicklung in Frage (§ 41 KJHG). Kommen solche längerfristigen Erziehungs- bzw. Persönlichkeitshilfen wie Täter-Opfer-Aus-

gleich oder Trainingskurse zum Tragen, kann von einer Strafverfolgung bzw. Strafzumessung abgesehen werden (§§ 45, 47 JGG). Es bieten sich hier *Außen-Wohngruppen* für Jugendliche bzw. Heranwachsende an. Durch sie können die Jugendlichen bzw. jungen Erwachsenen aus dem problemverursachenden Milieu zunächst einmal herausgenommen werden. Sie sind in den Wohngruppen unter Anleitung von Sozialarbeitern/Sozialpädagogen an eine selbständige Lebensführung heranzuführen. Ihnen ist bei Ausbildung, Arbeit, Freizeit, Kommunikation und Haushaltsführung Hilfestellung zu geben. Wichtig ist, dass hierbei eher die Chance zu dauerhaften Bezugspersonen besteht, dass affektive Beziehungen aufgebaut werden und eine allmähliche Integration in die soziale Umgebung möglich wird (*Fieseler/Herborth* 2001, 212 ff.). Das ist das Konzept der *Diversion*: Anstelle förmlicher gerichtlicher Verfahren mit Zuchtmitteln mit den Delinquenten eindringliche Gespräche über Erziehungsmaßregeln. zu führen und erzieherische Maßnahmen zu ergreifen: Arbeit in der Kranken-/Altenpflege, Herrichtungs- und Aufräumarbeiten, Wiedergutmachung, Umweltschutzhilfe, Trainingskurse zu Konfliktlösung, Selbstsicherheit und Erhöhung der Straßenverkehrskompetenz (§§ 10, 13 JGG). Bei Anwendung solcher Diversionsmaßnahmen ist die Rückfallquote zunächst nicht höher, auf Dauer eher günstiger (*Kerner* 1993, 5 1).

5.8 Folgerungen für Sozialarbeit und Sozialpädagogik

Damit ist jenseits der Erklärungsansätze im Hinblick auf abweichendes Verhalten schon einiges gesagt zu den Folgerungen aus der Existenz von Devianz. Es wird hierbei um folgendes gehen:

Einmal werden die Handlungsgrundlagen der Abweichler sozialpolitisch zu erweitern sein: Anomietheoretisch wäre anzusetzen an einer Ausweitung der legitimen Mittel zur Zielerreichung der Abweichler. Ihr Ziel-Mittel-Konflikt würde damit entschärft.

Auf der anderen Seite ist in Gesprächen, die von einer guten Vertrauensbasis getragen sein müssen, entsprechend der Theorie differentieller Einstellungen das Normbewusstsein von Abweichlern zu schärfen. Eine solche Persönlichkeitsveränderung setzt naturgemäß positive Erfahrungen mit Erfolgen von legitimen Handlungsweisen voraus. Sie werden nur in einer schützenden Atmosphäre erprobt werden können, die den Abweichler gerade auch von seinen subkulturellen Beeinflussungen abschottet.

Im Zweifel wird der Resozialisierung der Vorzug vor dem Sanktionieren zu geben sein: Lebensgrundlagen sollen nicht beschnitten werden, damit nicht Ursachen für eine sekundäre Devianz geschaffen werden, wie sie der gemäßigte Labeling-Ansatz feststellt.

5.8.1 Erweiterung der Handlungsgrundlagen

Die sozialpolitische Seite der Devianz-Bekämpfung nennt als Forderung Maßnahmen wie eine wirksame Mindestlohngesetzgebung. Weiter wird eine aktive Vollbeschäftigungspolitik gefordert. Schließlich wird auch darauf verwiesen, dass negative Transfers wie Besteuerung noch gerechter gestaltet werden könnten. Nun sind dies sicherlich alles begrüßenswerte Maßnahmen. Ob sie unter Kostengesichtspunkten realisierbar sein werden, steht dahin. Zum andern ist allerdings wegen der Unbegrenztheit menschlicher Bedürfnisse auch zu sehen, dass es selbst bei noch wirksameren sozialpolitischen Allokationen zugunsten der Benachteiligten immer Abweichungen geben wird, zumal ein Teil der Abweichungen, wie gezeigt wurde, sich nicht auf den materiellen Bereich bezieht (affektuelle Handlungen, Verhaltensweisen zur Selbstdarstellung). Außerdem wird angesichts der Forderungen nach sozialpolitischen Erweiterungen die Frage aufgeworfen, ob es sich hierbei noch um genuin sozialarbeiterische Aufgaben handele. Die Frage ist sicher zu bejahen, da es auch zur Aufgabe von Sozialarbeit und Sozialpädagogik gehört, sozialpolitisch erweiternd zu agieren.

5.8.2 Schärfung des Normbewusstseins

Dem unverbindlichen Nebeneinander von Verhaltensentwürfen in der pluralistischen Gesellschaft wird es zuweilen zugeschrieben, dass die Devianz zunimmt. Wenn keine normativen Vorgaben mehr verbindlich sind, mag das Wertebewusstsein Schaden nehmen. Vermehrte Abweichungen können die Folge sein. Hier stellt sich mit Sicherheit eine wichtige, medien- und sozialpädagogische sozialisatorische Aufgabe. Sie hat zunächst einmal in der Sozialisation von Kindern und Jugendlichen begleitet von der Familie anzusetzen. Versäumnisse werden nicht ohne weiteres und immer mit Erfolg zu kompensieren sein. Die Aufgabe setzt länger dauernde, kontinuierliche und von gegenseitigem Vertrauen getragene Interaktionen der Sozialarbeiter und Sozialpädagogen mit ihren devianten Klienten voraus.

In Wohngruppen und sozialtherapeutischen Jugendwohngemeinschaften für aus der Behandlung bzw. aus dem Vollzug entlassene Klienten ist Zug um Zug eine eigenständige Lebensführung zu erproben. Das seitherige subkulturelle Umfeld ist zu meiden. Normadäquates Verhalten ist dabei einzuüben und im Sinn differentieller Einstellungen zu reflektieren. Wiedergutmachung und Täter-Opfer-Ausgleich (§§ 46 a StGB, 45 JGG) gegenüber den Geschädigten können normadäquatere Einstellungen stärken. Autonomie muss Stück für Stück auf den Klienten rückübertragen werden.

5.8.3 Im Zweifel resozialisieren statt sanktionieren

Eine Maßnahme zur Hinführung straffällig Gewordener an die gesellschaftlichen Werte und Normen ist die Bewährungshilfe bei Freiheitsstrafen nach § 56 d StGB bzw. §§ 24, 29 JGG. Der Bewährungshelfer steht dem Verurteilten zur Seite. Er soll gerichtliche Auflagen und Weisungen überwachen und auf die Einhaltung der vom Verurteilten gegebenen Zusagen und Anerbieten sehen. Bei Jugendlichen soll der Bewährungshelfer Hilfestellungen zu Ausbildung, Arbeit, Wohnen, Umgang und Freizeitverhalten geben. Hierin wird ebenso ein resozialisierender Ansatz deutlich, wie im Strafvollzugsgesetz (§§ 2 ff. StVollzG). Leitmotiv muss die soziale Eingliederung der Devianten in die Gesellschaft sein, damit es nicht zu sekundärer Devianz bzw. der Teufelskreisspiral-Entwicklung kommen kann. Im Mittelpunkt muss die Änderung des devianten Verhaltens stehen. Hierbei ist viel an Kraft und Phantasie erforderlich, damit der Deviante in die Lage versetzt wird, seine Verhaltens- und Entfaltungsziele auf normgerechte Weise erfüllen zu können. Der (Berufs-)Ausbildung, der Fähigkeit zum Bedürfnisaufschub sowie der Verhaltenszielsetzung, die über das rein Materielle hinaussieht, wird hier besondere Bedeutung zugemessen werden müssen. Stabilisierend auf charakterlich Labile in der Bewährungsphase mag sich die sog. elektronische *Fußfessel* auswirken, die derzeit von einigen Länderjustizverwaltungen erprobt wird (Hessen 2000 bis 2002). Hierbei kontrollieren über Telefonboxen gekoppelte Bewegungsmelder, ob sich die Probanden zu den vorgegebenen Zeiten an den ihnen zugewiesenen Wohn- und Arbeitsorten aufhalten. Wenn nicht, geht bei der Bewährungshilfe eine Alarmmeldung ein. In der Fußfessel wrid eine Art »forcierte Verhaltenstherapie« erblickt.

5.9 Literaturverzeichnis

Baacke, Dieter: Jugend und Jugendkulturen; Weinheim-München 1987

Becker, Haward S.: Außenseiter – zur Soziologie abweichenden Verhaltens. Frankfurt 1981

Bellebaum, Alfred: Abweichendes Verhalten. Kriminalität und andere soziale Probleme. Paderborn 1984

Brusten, Manfred: Kriminalität und Delinquenz als soziales Problem, in: Handbuch Soziale Probleme. Hg. *Günter Albrecht/Groenemeyer, Axel/Stollberg, Friedrich W.*, Wiesbaden 1999, 507 ff.

Cohen, Albert K.: Kriminelle Jugend. Zur Soziologie des Bandenwesens. Reinbek 1961

Cyprian, Gudrun: Jugendkriminalität, in: Soziologie für Erziehungs- und Sozialberufe. Hg. *Gudrun Cyprian/Frey, Hans-Peter/Heckmann, Friedrich*, 10. Aufl. München 1996, 203 ff.

Durkheim, Emile: Der Selbstmord. Darmstadt-Neuwied 1973

Fieseler, Gerhard/Herborth, Reinhard: Recht der Familie und der Jugendhilfe, Arbeitsplatz Jugendamt/Sozialer Dienst, Neuwied-Kriftel 2001
Funkkolleg »Beratung in der Erziehung«, SBB 3, Weinheim-Basel 1975

Gesellschaftliche Perspektiven der Sozialarbeit. Hg. *Hans-Uwe Otto/Schneider, Siegfried*, Bände 1 und 2, Neuwied-Darmstadt 1979

Haferkamp, Hans: Leistungsangleichung und Individualisierung – unbegriffene Ursachen der Kriminalität und des Strafens in Modernen Wohlfahrtsstaaten, in: Der Wohlfahrtsstaat und seine Politik des Strafens. Hg. *Hans Haferkamp*, Opladen 1990, 7 ff.

Kerner, Hans-Jürgen: Jugendkriminalität zwischen Massenerscheinung und krimineller Karriere, in: Sozialarbeit und Kriminalpolitik. Hg. *Werner Nickolai/Reindl, Richard*, Freiburg 1993, 28 ff.
Kreuzer, Artur/Wille, Rolf: Drogen – Kriminologie und Therapie, Heidelberg 1988
Kriminalität bei Schülern. Hg. *Siegfried Bäuerle*. Stuttgart 1988
Kriminalsoziologie, Hg. *Fritz Sack/König, René*, Frankfurt 1968

Lamnek, Siegfried: Theorien des abweichenden Verhaltens, 5. Aufl. München 1993
Lemert, Edwin L.: Der Begriff der sekundären Devianz, in: Seminar abweichendes Verhalten 1. Die selektiven Normen der Gesellschaft. Hg. *Kraus Lüderssen/Sack, Fritz*, Frankfurt 1975, 433 ff.

Peters, Helge: Devianz und soziale Kontrolle. Eine Einführung in die Soziologie abweichenden Verhaltens. Weinheim-München 1989
Pilz, Günter: Sport und Gewalt. Schorndorf 1982
Prävention – Entkriminalisierung – Sozialarbeit. Alternativen zur Strafverschärfung. Hg. *Richard Reindl/Kawamura, Gabriele/Nickolai, Werner*, Freiburg 1995

Quensel, Stefan: Sozialarbeit und Jugendkriminalität, in: Kriminalität und Sozialarbeit. Hg. *Bernhard Schmidtobreik*. Freiburg 1972, 53 ff.

Schröder, Burkhard. Rechte Kerle. Skinheads, Faschos, Hooligans. Reinbek 1992
Schur, Edwin M.: Abweichendes Verhalten und soziale Kontrolle. Etikettierung und gesellschaftliche Reaktionen. Frankfurt 1974
Steuber, Hartmut: Jugendverwahrlosung und Jugendkriminalität. Stuttgart 1981
Stigmatisierung. Zur Produktion gesellschaftlicher Randgruppen. Hg. *Manfred Brusten/Hohmeier, Jürgen*, Neuwied-Darmstadt 1975

Wiswede, Günter: Soziologie des abweichenden Verhaltens. Stuttgart 1973
Wurr, Rüdiger/Trabandt, Henning: Abweichendes Verhalten und sozialpädagogisches Handeln. Fallanalysen und Praxisperspektiven. Ein Lehr- und Arbeitsbuch zur Sozialpädagogik, 3.Aufl. Stuttgart-Berlin-Köln 1993

Stichwortverzeichnis